中国农村统计年鉴

RURAL STATISTICAL YEARBOOK OF CHINA

1999

国家统计局农村社会经济调查总队 编

中国统计出版社

(京)新登字 041 号

图书在版编目(CIP)数据

中国农村统计年鉴 1999/国家统计局农村社会经济调查总队编. -北京:中国统计出版社,1999.11
ISBN 7-5037-3146-x

Ⅰ.中…
Ⅱ.国…
Ⅲ.农村经济-统计资料-中国-年鉴-1999
Ⅳ.C832

中国版本图书馆 CIP 数据核字(1999)第 67771 号

责任编辑/王立群
封面设计/张 冰
出版发行/中国统计出版社
通信地址/北京市三里河月坛南街75号 邮政编码/100826
办公地址/北京市丰台区西三环南路甲 6 号
电 话/(010) 63459084、63266600-22500 (发行部)
印 刷/科伦克三莱印务(北京)有限公司
经 销/新华书店
开 本/787×1092 mm 1/16
字 数/770 千字
印 张/31.5
印 数/1-2000 册
版 别/1999 年 11 月第 1 版
版 次/1999 年 11 月北京第 1 次印刷
书 号/ISBN 7-5037-3146-X/C·1494
定 价/108.00 元

《中国农村统计年鉴》编辑委员会和编辑人员名单

编 者 说 明

一、《中国农村统计年鉴——1999》是一部全面反映中华人民共和国农村经济和社会发展情况的资料性年刊。本书收录了全国和各省、自治区、直辖市1998年农村经济和社会主要方面大量的统计资料以及建国以后各关键历史年份全国主要统计数据。

二、全书内容分为16个部分,即:1、农村经济专文;2、综合与概要;3、农村基本情况与生产条件;4、农村资金;5、农林牧渔业增加值、总产值;6、主要农产品种植面积与产量;7、农村市场和价格;8、农业经济效益与农产品成本;9、农民家庭收入与生活消费;10、农村教育、卫生、文化、邮电、社会福利及其他事业;11、乡镇企业;12、国营农场;13、各地区农村经济主要指标排序;14、国外主要农业指标;15、区域农村经济;16、县(市)农村经济。另附《主要指标解释》,对主要指标的含义、统计范围和统计方法作了简要说明。

三、本年鉴中资料大部分来自本年度统计报表,一部分来自抽样调查,其中农村教育、文化、卫生和广播、农村资金、工商、水利建设、乡镇企业、农产品成本等资料均来自各有关业务部门,国外主要农业统计指标资料来源于联合国粮农组织生产年鉴,畜牧业主要生产数据已与全国第一次农业普查数据相衔接。

四、本年鉴中所涉及的全国性统计数据,均未包括台湾省和港澳地区。

五、本年鉴中的符号:“...”表示数据不足本表最小单位数;“空格”表示缺或无该项数据;“#”表示其中主要项,未标年份的数据均为1998年数据;第十四部分中1990年德国数字指原联邦德国。

六、《中国农村统计年鉴——1999》备有数据盘,需要者可与编者联系。

目　录

六、主要农产品种植面积及产量

七、农村市场和价格

一、农村经济专文

新中国50年农村经济发展成就巨大

经过50年的建设与发展，中国农村经济获得了巨大发展，改变了旧中国农村贫穷落后的面貌。农业生产在制度与技术创新中成倍增长，在耕地面积占世界总量不到百分之十的条件下，生产出的农产品不仅满足了十二亿五千万人口的生活需求，也基本满足了工业生产对农产品原料的需求；农村非农产业从无到有，已经成为农村经济的支柱产业，在国民经济中具有举足轻重的地位。中国农村传统的农业经济正向现代的农村经济转变。

一、农业生产持续高速增长，主要农产品产量人均占有量大幅度提高

建国50年来，我国农业生产虽然也有起伏，但总的来看还是高速稳定增长的。1949～1978年，农业(总产值)的年平均增长速度为4.1%，而1978～1998年，农业(增加值)的增长速度达到5%，远远超过同期世界农业的平均增长速度。1998年，全国农业增加值约为1.45万亿元，平均每个农村人口约占1650元，平均每个农业劳动力为4600元。农业生产结构逐步改善，解放初期基本是单一种植业的农业生产结构，已逐步为种养业协调发展的格局所代替，1998年的农业生产结构中，种植业的比重已经下降到56.3%，牧业和渔业的比重超过了40%。

1. 农业综合生产能力大为提高。经过50年的建设，我国农业的基础设施水平有了很大的提高，建成了一大批成片的高产稳产田，初步摆脱靠天吃饭状况，农业综合生产能力大大提高。到1998年，全国农田有效灌溉面积达到5230万公顷，其中旱涝保收面积3805万公顷；农业生产的化肥施用量达4086万吨。1996年我国的粮食产量超过了5亿吨，1997年超过4.9亿吨、1998年的产量又超过5亿吨，而且还是在遭受特大自然灾害的情况下取得的，这说明我国的粮食生产能力已经达到5亿吨左右；而棉花的生产能力已经超过了需求水平；油料的生产能力在2200万吨左右，1998年，我国人均粮食、棉花、油料的占有量分别为400公斤、3.6公斤和18.6公斤，分别比1949年提高40%、3.5倍和3倍。

2. 林牧渔业协调发展。50年的经济建设消耗了大量的林木，但经过全民近20年的努力，全国范围内的植树造林取得了很大成绩。从最新一次森林资源调查的情况看，我国的森林面积已经有很大的回升，达到133.7万平方公里，占国土总面积的比重为13.92%。50年来，我国畜牧业生产增长了20倍，肉蛋奶都十几倍甚至几十倍数的增长，从而极大改善了我国人民的膳食结构，结束了中国人民长期以来以碳水化合物充饥的历史，为中华民族身体素质的提高做出了历史的贡献。50年来，我国的渔业生产增长了250多倍，年均增长速度超过12%，使渔业在农业中的比重从1952年的1%多一点上升到1998年的近10%。

二、农村经济由传统农业经济逐步转向现代农村经济

在八十年代以前，由于全国经济的经济结构表现为典型的城乡封闭的二元经济结构，所以中国农村经济仍然是传统的自给自

自足的单一的农业经济占统治地位。经过二十年的改革与发展，中国农村的经济结构发生了根本性的变化，农村非农经济成份已经超过了农业经济，农村经济在国民经济中的比重在经过国家工业化过程中的下降以后又开始迅速回升；农村经济活动中的装备水平和技术水平大为提高，资金和技术的投入已成为农村经济增长的主要推动力。

1. 乡镇企业快速发展，农村经济结构发生重大变化。新中国成立后，乡镇企业几经周折，在党的十一届三中全会以后才开始了较快的发展。1979 年以来，乡镇企业平均每年的增长速度超过了 30%，到 1998 年，全国乡镇企业职工总人数超过 1.25 亿人，完成增加值 2.22 万亿元，超过农业增加值 6900 亿元，其中乡镇工业增加值 1.55 万亿元。乡镇企业增加值已经占我国国内生产总值的 27.9%。同时，乡镇企业成为我国对外贸易的重要组成部分，加速了我国经济国际化的进程。1998 年，乡镇企业出口交货值 6854 亿元，占全国出口总额的 34.8%。

由于乡镇企业的发展，农村产业结构逐步改变过去比较单一的农业经济结构，目前，在农村经济两大物质生产部门中，工业已经超过农业，成为农村经济的支柱。1998 年，农村经济第一、二、三产业的比重分别为 39.2%、42.4% 和 18.4%，彻底摆脱了单一的传统农业经济模式。

农村产业结构的调整带来了农村就业结构的变化。全国农村现有劳动力近 4.6 亿，其中从事非农产业的农村劳动力约为 1.38 亿，占总劳动力的近 30%，而从事农业的劳动力比重已下降到 70%。在从事非农产业的农村劳动力中，60% 从事第二产业，第三产业约占 40%。东部地区大部分农业剩余劳动力已被当地的乡镇企业吸收，一部分有技能和资金的劳动力到大城市或中西部求发展；中西部地区的剩余劳动力除部分被当地乡镇企业吸收外，一部分流向大城市和东部地区。

2. 科技在农业生产中得到广泛的推广与应用。50 年来，我国的农业科技获得了突飞猛进的发展，以杂交水稻为代表的大批农业技术成果在我国农业生产中广泛应用，为我国农畜产品的大幅度增产发挥了决定性作用，科学技术在我国农业增长中的贡献率已达 40% 以上。同时，我国的农业机械化、化学化和电气化水平也基本从无到有，发展很快，在发展中国家处于前列，特别是化学化水平已经接近发达国家水平。以良种培育、技术推广、市场信息咨询为重点的农业社会化服务体系逐步形成，并在农业生产中发挥越来越重要的作用。

3. 城乡封闭被打破，城乡经济一体化进程加速。改革开放以后，我国城乡隔离的经济格局被打破，城乡经济互相交融，发挥优势，共同促进了二十年来整个国民经济的腾飞，城乡经济一体化进程加快，程度加深。现在，不仅有城市的资金、技术、人才加入到农村经济开发中，更有农村的劳动力、资金向城市的快速流动，为城市的发展作出了贡献。

三、农村经济的发展推动了国民经济的快速增长，提高了我国的国际地位

农村经济的发展，不仅改变了我国农业和农村经济长期限处于国民经济短线的状态，还从供给和需求两个方面，推动了国民经济的增长。在 1978 ~ 1988 年间，我国国民收入年均增长 9.22%，其中农村经济增长的贡献额为 5.87 个百分点，贡献率为 63.7%。九十年代以来，由于农业经济稳定增长，乡镇企业增长大大快于城市经济特别是国有企业的增长，因此每年在国民经济增长的贡献率中农村经济都超过了 50%。农业经济增长对国民经济的贡献率尽管只有 10% 左右，但由于农业经济的稳定增长，极大地丰富了农产品市场，促进了物价和社会的稳定，并且为国

民经济的宏观调整提供了坚实的基础，因此，农业对国民经济的贡献不仅仅在于提供了10%增长的份额，更重要的是为我国经济宏观环境的改善做出了贡献。

50年农村经济的发展，极大地提高了我国的国际地位。在主要农产品产量中，中国的谷物、棉花、油料、肉类和禽蛋总产量已连续多年名列世界第一；从人均占有量来看，谷物、棉花已经达到世界平均水平，并超过了许多发展中国家，肉类和禽蛋产量则已超过世界平均水平，其中肉类超过了世界平均占有量10公斤以上。

不仅如此，农村经济也为我国经济总量居世界第七位做出了贡献，1998年，中国的国内生产总值为7.9万多亿元，其中来自农业的1.45万多亿元，乡镇企业的约为2.22万亿元，即有3.67万多亿元的国内生产总来自农村，接近一半。

四、农民生活水平日益提高，乡村建设日新月异

50年来，农村经济的迅速发展极大地提高了我国农村居民的生活水平。改革初期，随着农村家庭联产承包责任制的实行，我国大部分农村已经解决了困扰多年的温饱问题，开始向小康社会迈进；乡村建设日新月异，农村基础设施日臻完善，特别在长江三角洲和东南沿海地区，已经基本实现了农村工业化，乡村城市化。

1. 农民收入增加，生活消费水平提高。1998年农村居民人均纯收入2162元，比1978年增长15倍，比1954年增长33倍。从1954年到1998年，农民人均纯收入年均增长8.3%。1998年，农民用于生活消费的支出约为1590元，比1978年增长12.7倍。改革以来农民人均生活消费支出年均实际增长6%，大大高于前29年平均增长3.7%的增长速度。从吃的方面讲，用于副食的支出超过了用于主食的支出，肉蛋奶和水产品的消费量都成倍增长，而主食中，农民的消费早已经以细粮食为主，粗粮仅作为一种调剂品来食用；农村居民开始讲究衣着的质量和款式，人均居住面积接近24平方米，其中一半以上是砖木结构房屋，农村交通大为改善，电视机普及率已经达到96%以上，其中彩电普及率近33%。

2. 农村基础设施建设取得很大成绩，农村面貌发生深刻变化。根据第一次全国农业普查资料，到1996年底，在全国4.3万多个乡(镇)中，基本上全都实现了“四通”，即通电、通邮、通公路、通电话，在行政村一级，“四通”的比例分别为96%、90.3%、87.4%和47.5%。同时，文教、卫生和福利建设成就也令人瞩目，全国乡镇共建有文化站3.4万个，图书馆7100多座，医院、卫生院5.1万多个，病床95.8万张。在农村基础设施不断完善的同时，我国农村的小城镇建设也取得出了很大大成绩，到1996年底，全国共有建制镇1.6万多个，镇区人口达到0.73亿人。

3. 农村教育空前发展。在党和政府的关怀下，我国绝大部分农村已经普及了九年制义务教育，科教兴国战略在农村得到有力的贯彻和执行。1998年，我国农村小学在校生为9439万人，占适龄入学儿童的98.4%，除了有生理缺陷的儿童外入学率已接近100%，小学毕业升入初中的人数为1414万人，占毕业生总数的91.5%，农民子弟升入高中、大学的人数不断增加，比重不断上升。农村教育水平的提高，促进了农村劳动力文化水平的提高。1998年，我国农村劳动力中文盲和半文盲的比重首次降到了10%以下，有45%的劳动力初中毕业，9.2%的劳动力高中毕业，1.8%的劳动力具有中专以上学历。

4. 农村扶贫工作取得重大进展。经过10多年的扶贫与开发，我国农村的贫困地区与人口大幅度减少。在改革开放之初，全国的绝对贫困人口约有2.5亿，随着农村改革政策的落实与完善，农村贫困人口迅速减少，到1993年底已经只剩下8000万人还处在贫困之中。为了在本世纪末解决农村贫困人口的温饱问题，国家在1994年开始实行“八七扶贫攻坚计划”，到1998年底，5年时间已经使近4000万人脱贫。在剩下的4210万贫困人口中，大约有近2000万由于身体的或智力的原因只能靠优抚或救济生活，因而实际需要脱贫的人口只有2000多万，只要措施得力，加强扶贫力度，一定会如期实现“八七扶贫攻坚计划”。

虽然我国农村经济发展取得很大的成绩，但我们应该清醒的认识到，同发达国家相比还有很大差距，特别是广大中西部地区农村经济仍然被城乡二元经济结构所困扰，发展乏力，农村经济的发展还有很长的路要走。我国农业为工业提供原始积累的历史使命已经完成，国民经济已经驶入工业化轨道，已经有能力反哺农业和农村经济，而农村经济的发展也迫切需要外部资金的注入以增强活力。从目前情况看，农村迫切需要解决的问题主要是加强基础设施建设和提高农村的教育水平，建议国家从这两方面入手，适当增加投入，改善农村经济环境，为农村的可持续发展奠定良好的基础。

党的十五届三中全会制定了我国农业和农村经济跨世纪的发展战略目标和方针政策，只要我们进一步巩固已有的改革成果，认真贯彻执行党的农村工作政策，我国农业和农村经济必将持续稳定发展，农业现代化、农村工业化、乡村城市化的目标就一定会实现。

（执笔：黄加才）

我国农林牧渔业生产成绩显著

——建国50年我国农林牧渔业生产综述

旧中国，由于农业经济制度是封建私人土地所有制，占农业人口不到10%的地主和富农占有全部耕地的70%以上，而占有农业人口90%的广大贫下中农占有耕地却不到30%，由于这种封建土地所有制的束缚，农业生产水平十分低下。主要农产品严重短缺，加上战争不断，广大人民过着吃不饱，穿不暖的生活。

新中国成立以后，经过1950－1952年的土地改革，废除了封建土地制度，解放了生产力，农业生产得到了迅速的恢复和发展。仅三年时间，粮食和棉花产量都已超过解放前最高年。粮食产量达到1.64亿吨，为解放前历史最高年产量的1.09倍，比1949年增长45%，棉花产量达到130万吨，为解放前最高产量的1.54倍，比1949年增加86万吨，增长近2倍。1952年以后，农村又进行了大规模的农田水利基本建设和农业技术改造，生产条件得到显著改善，保证了农业生产的稳定增长。1953年到1957年全国耕地面积扩大5800多万亩，新增灌溉面积2亿多亩。这一时期是建国以后我国农业发展较繁荣的时期，农产品产量进入快速增长阶段。

1958年农村中轻率地发动了“大跃进”和人民公社化运动，严重地破坏了农村生产力，农产品产量大幅度下降。虽然经过1963年到1965年的三年调整，农业生产得到恢复和发展，但又受到十年“文化大革命”的影响和破坏，农业生产中片面强调“以粮为纲”，割资本主义尾巴，不仅挤掉了经济作物，也限制了林、牧、渔业生产，农业生产进入徘徊阶段。

党的十一届三中全会扭转了农业生产长期徘徊的局面，推动了农、林、牧、渔业生产进入快速增长阶段，主要农产品产量大幅度增加，市场供应出现了根本性的变化，由过去的供应紧缺变成了供应充足，为我国国民经济稳定快速发展做出了重大贡献。

种植业生产

我国种植业产品主要包括粮食、棉花、油料、麻类、糖料和烟叶等。由于种植业是农业生产的基础，建国以来，一直受到中央和各级政府的高度重视，尤其是党的十一届三中全会以来，农村实行联产承包责任制后，我国种植业生产取得了突飞猛进的发展，主要体现在种植业产品产量大幅度增加，人均占有产量提高，市场供应充足。

一、粮食生产：我国粮食产量由1949年的1亿多吨，增加到1998年的5.12亿吨，增产粮食4多亿吨，年均增产800多万吨，创造了用占世界10%的耕地，养活了占世界22%的人口的奇迹。

从各个历史阶段来看，粮食发展速度也不均衡，建国初期(1949－1958年)，由于在全国范围内推广土改政策，全国粮食产量连续九年丰收，增产粮食8447万吨，年均增加938万吨；但随后“大跃进”和“文化大革命”运动造成我国粮食生产出现徘徊阶段，从1958年到1978年的二十年里我国粮食产量仅增加1亿吨，年均增加500万吨。1978年，党的十一届三中全会确定了我国农村联产承包责任制，广大农民的生产积性被极大地调动起来，此后粮食生产发展速度明显加快。到1998

年全国粮食总产量就突破5亿吨，达到5.12亿吨，创历史最好水平。只用了近20年时间就上了两个亿吨台阶，年均增加1000万吨，比前30年多增加340万吨。我国粮食总产量稳居世界第一位。粮食人均占有量1952年仅有288 公斤，1978年为319公斤，1998年达到400公斤以上。河北、内蒙古、辽宁、吉林、黑龙江、江苏、安徽、江西、山东、河南、湖北、湖南、宁夏和新疆14个省、区人均占有粮食超过400 公斤。在粮食供求关系上已出现了总量供求基本平衡的良好局面。

从粮食增产因素来看，粮食亩产水平的提高是我国粮食增产的主要因素。1949年我国粮食亩产水平只有68.6公斤，到1998年全国粮食亩产达到300公斤，这期间粮食作物亩产增加231公斤，增长3.4倍，而这期间粮食播种面积只增长3.5%。我国粮食亩产大幅度提高除受国家宏观政策影响，农民生产积极性大幅度提高，生产投入加大以外，另一个重要原因是农业科学技快速发展和大面积推广。建国以后，我国农业科技有了很大发展，尤其是改革开放以后，国家在农业生产上实施了丰收计划等科技措施，在农业生产上，如水稻旱育稀植和抛秧、地膜玉米栽培、种子包衣等技术大面积的推广，促使我国农业生产科技含量增加，粮食单产水平大大提高。据统计，我国从1978年实施种植业丰收计划以来，农作物平均单产比实施前提高10－15个百分点。据测算目前我国农业科技贡献率已达39%。

建国以来我国粮食产量变化情况

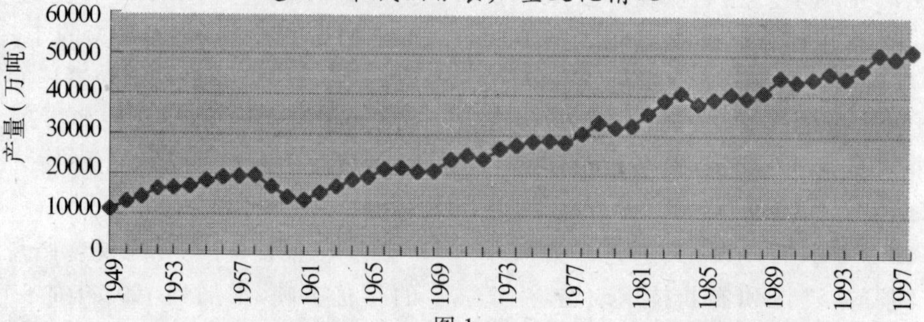

图1

建国以来各主要时期我国主要粮食品种产量变化情况

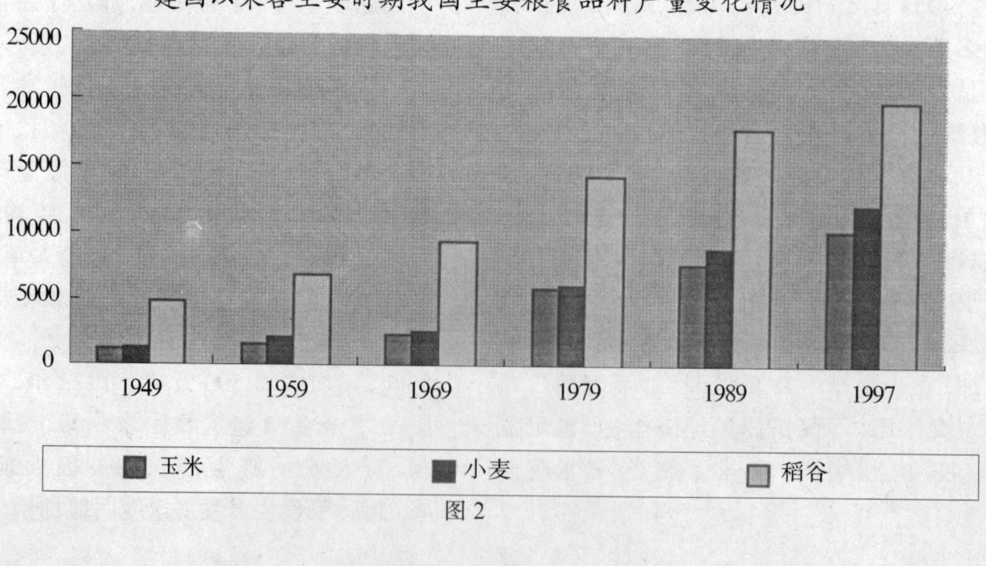

图2

从粮食分品种看，我国粮食作物有稻谷、小麦、玉米、大豆和薯类五个主要品种，此外还有高粱、谷子等杂粮作物，在我国主要粮食作物品种中，产量一直居于首位的稻谷，占粮食总产量的40%左右，小麦产量位居第二位，玉米产量位于第三位。1949年全国稻谷总产量仅有4865万吨，到1978年全国稻谷总产量达到1.37亿吨，比1949年增长1.8倍，1998年全国稻谷产量已达1.98亿吨，比1978年增长45.1%，比1949年增长3.1倍。稻谷产量稳居世界第一位。与稻谷生产情况相比，我国小麦和玉米生产发展速度更快，从1949年到1998年的50年里，我国小麦和玉米分别增长6.8倍和9.7倍，年均增产196万吨和246万吨。受品种结构调整和市场需求的影响，建国以来，我国大豆和薯类产量虽有增长，但增长幅度明显低于前三个品种。到1998年，大豆和薯类产量分别达到1500多万吨和3600多万吨，分别比建国初期增长1.98倍和2.66倍。

二、棉花生产：棉花是我国三大主要农作物之一，在农业生产中占据了重要地位。纵观我国棉花生产的历史，虽然生产波动频繁，生产总量较建国初期仍有较大幅度增长，到1984年全国棉花总产量达到625吨的历史最高产量，比1949年增长13倍多；比1978年增长1.9倍，年平均增长19.3%；之后受市场供求因素的影响，虽然有所调整，但平均每年产量仍在400万吨以上，1998年棉花产量达到450万吨。棉花产量位居世界首位。人均占有量由1949年的0.8公斤，提高到1998年的3.6公斤。

从棉花生产各历史阶段来看，由于棉花商品率较高，受市场因素和政策因素影响较大，因此在棉花生产历史过程中波动较大。从1950年到1958年的8年里，棉花产量增加120万吨，平均每年增加15万吨，1958年到1978年的20年里，棉花产量仅增加53万吨，平均每年只增加2.5万吨，1978年到1984年的6年间是我国棉花生产最繁荣阶段，6年增产棉花409万吨，年均增加68万吨；进入90年代，受国内外市场供求关系及自然灾害的影响，我国棉花生产又出现了较大的波动和徘徊，除1991年棉花产量达到567万吨外，其他年份的棉花产量则在400到500万吨之间徘徊。

建国以来我国棉花产量变化情况

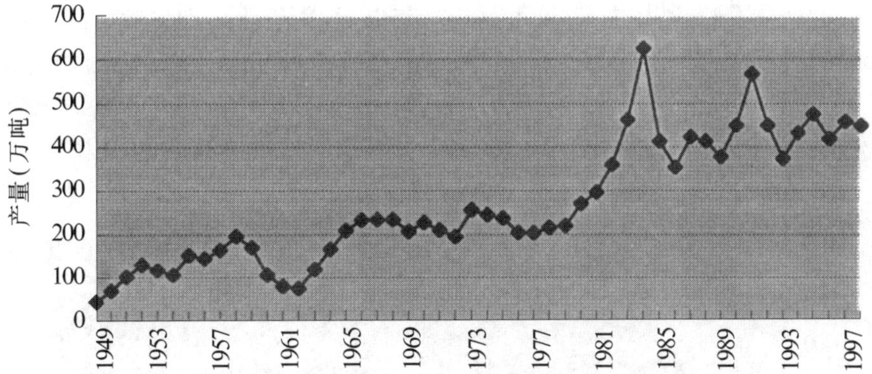

图3

三、油料生产：我国油料作物主要包括花生、油菜籽、葵花籽、芝麻等。建国以来我国油料种植面积不断扩大，尤其是1978年以后，随着城乡居民生活水平的提高，油料需求迅速增加，油料生产速度迅速加快，产量成倍增长。1978年全国油料产量达522万吨，比1949年增加265万吨，年均仅增加9万吨，总产量增长1倍多。而从1978年到1998年的20年间，全国油料总产量增加1792万吨，增长3.4倍，年均增加90万吨．到1998年全国油料总产量达到2314万吨，比1949年增长8倍。人均占有量由1949年的4.7公斤，提高到1998年的18.6公斤。

分品种看，油菜籽和花生是我国油料的主要品种，两者占总产量比重达85%以上，建国以来我国油菜籽和花生产量有较大幅度增长。据统计，1998年全国油菜籽产量830万吨，比1949年增长10.3倍。1998年全国花生产量达1188万吨，比1949年增长8.4倍。其它油料作物如胡麻籽、向日葵籽和芝麻产量都有不同程度增长。

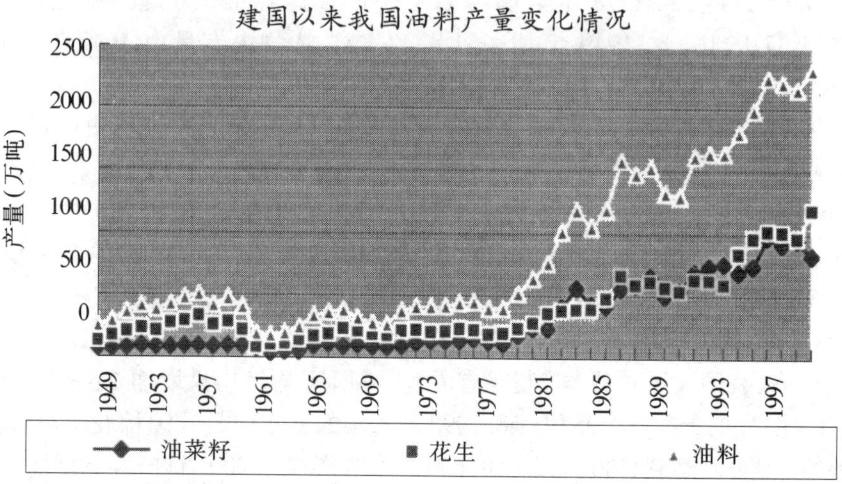

图4

四、糖料生产：在我国种植的主要糖料作物是甘蔗和甜菜两种。建国初期我国糖料总产量只有283万吨。其中甘蔗和甜菜产量分别为264万吨和19万吨。到1998年全国糖料总产量达到9790万吨，其中甘蔗和甜菜产量分别为8344万吨和1446万吨，分别比1949年增长33.6倍、30.6倍和75倍。从糖料生产历史来看，明显分为两个时期。受“以粮为纲”政策的影响，在1978年以前，虽然糖料总产水平有所提高，但增长速度不快，到1978年我国糖料产量只有2382万吨，仅比1949年增长7.4 倍，年均增长70万吨。1978年以后，由于土地承包政策的不断落实，农民有了充分种植自主权，我国糖料出现快速增长阶段，据统计，从1978年到1998年的二十年里全国糖料增加7400多万吨，年均增加370

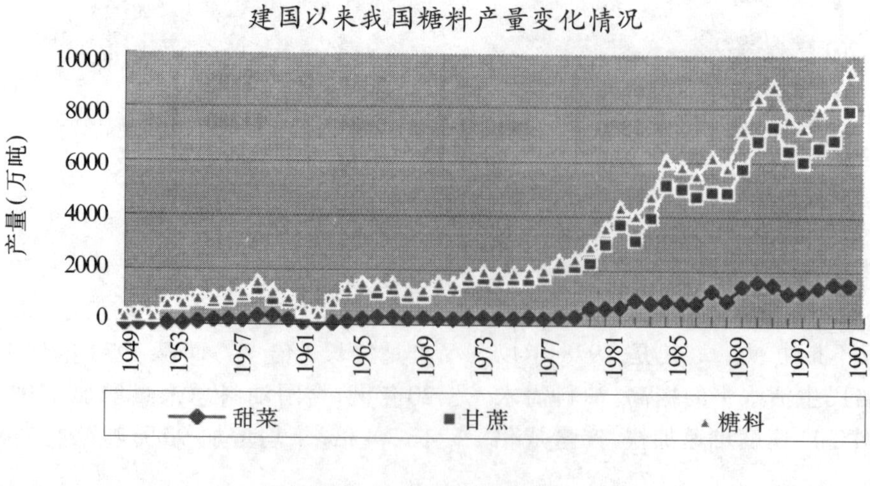

万吨，明显快于前三十年，尤其甘蔗产量增长速度更快，甘蔗生产已成为糖料增长的主要因素。据测算，人均占有糖料产量由1949年的5.2公斤，提高到1998年的78.8公斤。

林业生产

建国以来，我国在造林绿化方面，也取得了较大进展。造林面积不断增加，生态环境有所改善，主要林产品产量大幅度增加。

一、造林数量增加，质量和效益稳步提高

建国以来，我国在造林绿化方面，坚持以消灭宜林荒山荒地和实现全面绿化为中心，大力调整林种、树种结构，严把造林质量关，取得了显著成效，特别是从1978年开始，为加快改善我国生态环境步伐，国家相继实施了"三北"、"长防"、"沿海"、"防沙治沙"等十大林业重点工程，经过几十年的努力，我国生态环境得到进一步改善。全国造林绿化以每年人工造林400万公顷、义务植树24亿株的速度推进，造林质量和效益稳步提高，人工造林核实率和保存率始终保持在90%以上，目前全国人工造林保存面积已达3400万公顷以上，居世界第一位。森林覆盖率由"五五"期间的12%提高到"八五"期间的13.92%。全国已有12个省(区)基本消灭了宜林荒山荒地。

工程造林取得显著成绩，三北防护林体系建设工程1978年到1997年，累计造林2578万公顷。森林覆盖率由1975年的5.05%提高到8.60%，使三北地区1100万公顷农田实现了林网化；1800万公顷的黄土高原披上了绿装，初步控制了约30%的水土流失面积。长江中上游防护林体系建设工程从1989年到1997年，累计造林411万公顷，森林覆盖率由19.9%提高到25%。已有100多个县的水土流失得到初步控制。地处三峡库区的宜昌地区，水土流失面积比治理前减少了28%，湘、鄂、黔等省山区沙化、石化速度开始下降，生态环境明显改善。全国防沙治沙工程从1992年到1997年累计完成沙区治理开发面积644万公顷，其中人工造林82万公顷，飞播造林种草36万公顷，封沙育林育草134万公顷，人工种草及改良草场52万公顷，治沙造田及改造低产田47万公顷，种植药材及其它经济作物24万公顷。治理区域内有1330多万公顷农田实现了林网化，约有10%的荒漠化土地得到治理。平原绿化工程截止1997年底，全国已有829个平原、半平原、部分平原县实现了平原绿化达标，占全国2000年达标规划918个县的90.3%。据不完全统计，全国实现林网化的农田面积已达3500万公顷。

同时，我国大力加强自然资源的保护，野

建国以来我国年造林面积变化情况

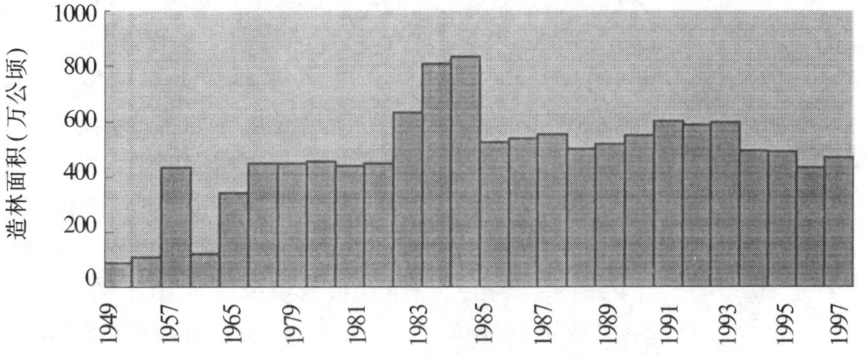

图6

生动植物及生物多样性保护体系初步形成。截止1997年底,全国林业系统建设与管理的各种类型自然保护区630处,总面积达6150万公顷,占国土面积的6.4%,其中国家级自然保护区85处,面积达1618万公顷,其中长白山、卧龙、梵净山、神农架、武夷山、博格达峰、锡林郭勒、鼎山湖、九寨沟等14处自然保护区加入了国际人与生物圈保护区网;吉林向海、黑龙江扎龙、湖南东洞庭湖、江西鄱阳湖、海南东寨港、青海鸟岛和香港米埔7处自然保护区被列入《关于特别作为水禽栖息地的国际重要湿地公约》中的国际重要湿地名录。而且,全国建立了各级森林公园870处,遍布28个省(区、市),经营面积748万公顷,占国土面积的0.78%,其中国家级森林公园292处,经营面积537万公顷。

二、林种结构得到合理调整,主要林产品产量大幅度增加

为适应市场经济发展的需要,林种、树种结构得到了较大调整。在我国有林地面积中,按林种分为用材林、防护林、经济林、薪炭林、特种林。建国以来,各种林地面积都有了较大发展,尤其是改革开改以来,经济林的比重不断扩大,据统计,全国经济林面积占人工林面积的比重由1978年的19.6%提高到目前的31.5%,上升近12个百分点,目前全国经济林面积已达1610万公顷,促进了全国干、鲜果品生产迅速发展,极大地丰富了人民的物质生活。全国水果产量由建国初期1952年的244万吨,增加到1978年的657万吨后,到1998年又增到5453万吨,比1952年增长21倍多,苹果、梨、柑橘等主要品种产量分别达到1948万吨、727万吨、859万吨,分别比1952年增长164倍、18倍 、41倍。在森工产品方面,随着造林绿化工作的进一步拓展,我国森林工业也发展迅速,产量迅猛增长,品种不断丰富,基本上满足了国民经济发展需要。1997年生产木材6395万立方米、竹材44921万根、锯材2012万立方米,均比建国初期有大幅度增长。

畜牧业生产

畜牧业在我国农业生产中所占的地位日见明显,尤其是在改革开放的今天,它已成为增加农民收入、满足城乡人民需求的一个重要产业。主要畜产品产量增加,市场货源充足,品种丰富,为丰富城乡居民菜蓝子做出了应有的贡献。

建国初期,我国猪牛羊肉总产量仅有338.5万吨,在世界各国的排位远远居后,人均占有量仅有4.1公斤。经过50多年的努力,尤其是改革开放以来,国家相继放开了畜产品价格政策,我国畜牧业生产进入快速增长阶段。到1997年我国猪牛羊肉总产量达到4090万吨(与第一次农业普查衔接数,下同),比建国初期增长12倍多。

牲畜饲养量和出栏量连年增加。纵观历史,我国畜牧业饲养规模不断扩大。到1997年底全国大牲畜存栏达1.4亿头,比建国初期增长1.5倍。

一、生猪生产稳定发展。1997年底,全国生猪存栏达3.89亿头以上,比1949年增长5倍。生猪出栏增加,猪肉产量增长也较快,目前,全年生猪出栏达4.5亿头以上,生猪出栏率达到124%,比建国初期的94%提高近30个百分点,到1997年全国生产猪肉3464万吨,比建国初期增长近6倍。

二、牛羊饲养业迅速发展。随着城乡居民生活消费水平的提高,城乡居民对牛羊肉的需求不断增加,我国牛羊等草食家畜有了很大发展。到1997年底全国牛存栏达1.17亿头,虽比建国初期增长1.66倍,但出栏率却有很大提高。我国牛的出栏率由1952年的0.96%提高到1997年的28.2%。到1997年出栏肉牛3105万头,生产牛肉415万吨,比1949年增长30多倍;1997年底全国羊存栏达2.56亿只,比1949年增长5倍多,其中山羊存栏1.37亿只,增长7.5倍,绵羊存栏1.19亿只,增长3.5倍。出栏羊1.55亿只,生产羊肉210万吨,比建国初期增长20多倍。

渔业生产

曾几何时,人们还把水产品当成餐桌上的奢侈品,改革开放的今天,水产品已成为人们日常生活的必需品,水产品产量大增,市场货源充足,品种齐全。到1998年全国水产品总产量已达3906万吨,比建国初期1952年增长22倍。回顾历史,我国渔业发展主要表现在以下几个方面:

一、水产品生产能力提高,生产规模不断扩大

建国50年以来,我国渔业生产规模不断扩大,生产能力不断提高。尤其是改革开放20年以来,我国渔业保持强劲的发展势头,水产品年增长率达到10.5%,与前20年相比,提高了8.3个百分点。这一增长速度比同期世界渔业3.1%的增长率高出7.4个百分点,居世界渔业国家的前列。长期高速度发展使我国渔业生产规模急剧扩大,水产品生产总量大幅度提高,到1998年底,全国水产品总产量已达3906万吨,比建国初期的166万吨,增长22倍。比1978年增长6倍多。全国海水产品产量2357万吨,增长21倍。生产淡水产品1550万吨,增长24.5倍。

长期以来,我国水产品人均占有量和消费量都大大低于世界平均水平,经过建国50年来的努力,水产品产量大幅度增加,使我国水产品人均占有量逐年提高,从1995年起达到和超过世界平均水平,1998年人均占有量达到31.4公斤,约超过世界平均水平10公斤。1985年党中央、国务院提出的用三、五年间解决我国"吃鱼难"的奋斗目标早已实现。如今中国市场的水产品不仅数量充足,而且品种繁多,质量提高,价格平稳,成为我国城乡居民菜蓝子的不可缺少的重要品种,消费量显著提高。

建国以来我国水产品产量变化情况

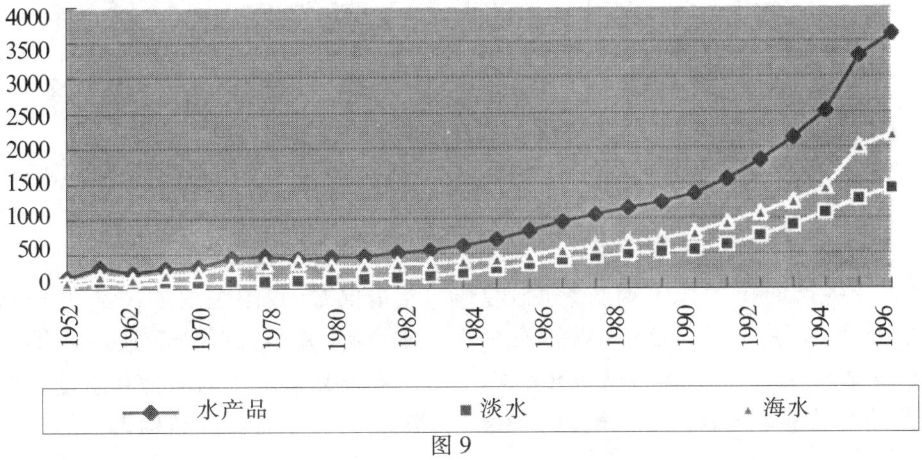

图9

二、养殖渔业发展迅速

我国渔业生产的快速发展,得益于水产品养殖面积的不断扩大和单产的提高,50年来,我国丰富的内陆水域、浅海滩涂和低洼宜渔荒地等资源得到了有效的开发利用,养殖领域从沿海地区和长江、珠江流域传统养殖区不断扩展到内陆、三北地区,到1998年全

国水产品养殖面积已达607万公顷，比建国初期扩大500多万公顷，增长5倍多。水产品养殖每亩产量已由建国初期的41公斤，提高到1998年的240公斤；全国海淡水养殖总产量也由建国初期的69万吨，提高到1998年的2181万吨。实现了我国渔业由捕捞为主向养捞并举方向转变的历史重任。水产养殖业成为近年来我国渔业增产的主要因素，这期间水产品增加绝对量中有60%以上来自于养殖业，养殖产量占水产品产量比重从20年前的29%升至56%，提高27个百分点。中国成为世界主要渔业国家中唯一养殖产量超过捕捞产量的国家。同时养殖品种也向多样化、优质化方向发展。

三、捕捞渔业健康发展

在养殖渔业高速发展的同时，我国捕捞渔业也得到稳定的发展。我国水产品捕捞产量已达1725万吨，比建国初期1952年的146.6万吨，增长11倍。其中淡水捕捞产量达228万吨，增长近4倍；海水捕捞1497万吨，增长13倍。

远洋渔业形成规模。我国远洋渔业从1985年起步，到目前已有十多年了，十多年来大小远洋渔船发展到1000多艘，在海外形成了年捕捞70万吨的生产能力，迄今，全国16个省、自治区、直辖市和计划单列市共有48个远洋渔业企业，在38个国家和地区创办65个独资、合资或合作经营企业或代表处。成为我国新兴海洋跨国产业和外向型经济中的一支生力军，十年来我国远洋渔业已取得了较好的经济效益和社会效益。

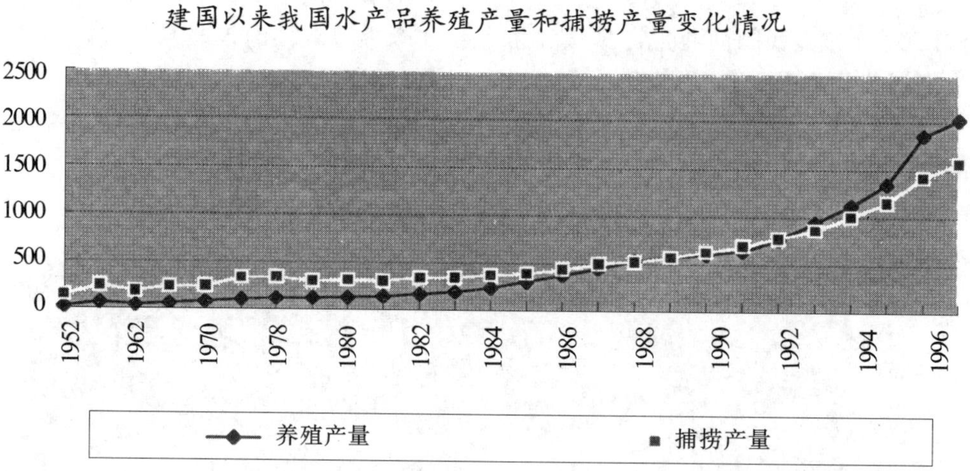

图10

我国农业生产的持续稳定增长表明：经过50年的努力，尤其是经过20多年的农村改革，我国的农业综合生产能力已有较大提高，农产品供需已基本可以保证平衡，从1998年情况看，我国主要农产品生产总量基本达成平衡，其中部分产品还出现供过于求。解决农产品供求中的品种和质量的结构性矛盾应当成为今后农业结构调整的一个重点。

（执笔：王明华）

建国 50 年我国乡镇企业的发展成就

我国乡镇企业的前身是农村手工业和社队企业，其发展经历了一个艰难而漫长的过程。由于自然经济浓厚基础的束缚和长期“以粮为纲”指导思想和方针政策的失误，乡镇企业在二十几年中一直处于半死不活的地下状态，在经济缝隙中顽强挣扎和缓慢发展。

1978 年党的十一届三中全会之后，我国乡镇企业异军突起，迅猛发展，进入了黄金时期，并取得了世人瞩目的伟大成就。乡镇企业在国民经济发展中居于越来越重要的地位和作用，已经成为农村经济的主体力量和国民经济的重要组成部分。乡镇企业的发展，对促进国民经济增长和支持农业发展，对增加农民收入和吸纳农村剩余劳动力，对壮大农村集体经济实力和支持农村社会事业，逐步实现农村城镇化都发挥了不可替代的重要作用。

一、发展历程

建国 50 年来，我国乡镇企业的发展主要分为两个时期: 一是解放初期至 1978 年改革开放前夕；二是 1978 年改革开放以后。

(一)解放初期到 1978 年改革开放前夕

这个时期主要分为两个阶段:

1. 50 年代末社队企业的首次兴起是一次政策硬性灌输的结果，虽然导致消化不良、劳民伤财，但仍然留下一点基础。经过经济恢复建设，到第一个五年计划完成时，全国经济形势出现了一个比较繁荣的局面，1959 年底农村建立了 70 多万个小工厂，从业人员达 500 万人，产值超过 100 亿元，占当时全国工业总产值的 10%。但随后因总体目标过高，总体策略失误，推行人民公社化，全民大炼钢铁，使农村田地荒芜了。由于这一次农村工业的兴起并非是农民真正的发展需要，而是错误地把经济活动当作政治运动来贯彻执行，不按客观经济规律办事，则导致这种工业化缺乏生命力，使农业生产遭到极大破坏，浪费了大量农村资源。

2. 70 年代初社队企业第一次出现了真正的发展高潮。1970 年国家提出了在农村利用本地资源，兴办为农村生产、生活服务的小工厂，各地的社队企业纷纷发展起来了。特别是在东部沿海地区，由于人口增长过快和人多地少等各种矛盾十分突出，发展社队企业已成为转移农村剩余劳动力、壮大集体经济的迫切需求。因此沿海地区社队企业的发展大大领先于全国平均水平。到 70 年代中后期乡镇企业迅速发展的势头尤为突出。社队企业总产值 1974 年180.9 亿元，到 1978 年已达 493 亿元，4 年共增长 1.7 倍，年均增长速度达到 28.5%。

(二)1978 年改革开放以后，乡镇企业发展大致分为 5 个阶段:

1. 1978 年到 1983 年为第一阶段。

1978 年以后我国经济体制改革率先在农村展开，联产承包责任制的全面推行使农民的生产积极性及劳动热情空前提高，农业生产迅速增长，粮棉油肉等主要农产品连上新台阶，为农村非农产品的发展提供了良好的物质条件，农业劳动生产率的迅速提高又使大量农村劳动力从土地的束缚中解放出来，迫切需要大力发展非农产业予以吸收。从 1978 到 1983 年，社队企业的恢复和发展收到良好的效果，总产值从 493 亿元增加到 1017 亿元，5年年均增长速度为21%，到1983年社队企业共吸收农村劳动力3235万人，比1978年增长14.4%。与此同时为发展农村经济、转移剩余劳动力的需要，农村个体、联户办企业悄然兴起并逐渐发展壮大。1984年中央4号文件将社队企业正式改称为乡镇企业，对家庭办和联户办企业及时给予了充分的肯定。至此，乡镇企业进入了全面发展的新时期。

第二阶段是1984年至1988年。

这是乡镇企业全面高速发展的第一个高峰期。1984年乡镇企业数发展到607万个，其中户办、联办企业占69%，从业人数达5208万人，总收入达1268亿元。此后几年，国家对乡镇企业采取了更加积极扶持的政策，企业在组织生产、产品销售等方面获得了较大的自主权，乡镇企业全面高速发展，仅用1986年、1987年两年的时间，就超额完成了“七五”计划的产值目标。到1988年企业个数达1888万个，从业人数达9546万人，总收入达4232亿元，4年间乡镇企业数平均每年增长52.8%，从业人数平均每年增长20.8%，总收入平均每年增长58.4%。

第三阶段为1989年至1991年。

这一时期由于国民经济结构矛盾加剧，社会供求总量失衡，不得不进行治理整顿。国家控制了乡镇企业贷款，压缩了基建规模，关、停、并、转了一批经济效益差、浪费能源原材料、污染严重的企业。三年治理整顿期间乡镇企业发展速度减缓，两年减少了近300万人，1989年增长速度为13%，1990年为14%，1991年恢复为37%，三年平均增长速度比1984－1888年减少42个百分点。治理整顿的磨炼，使乡镇企业苦练内功，调整结构，度过难关，迎来了又一次快速发展时期。

第四阶段是1992至1994年。

这是乡镇企业发展的第二个高峰期。1992年邓小平同志南巡讲话，国务院(1992)19号和(1993)10号文件，充分肯定了乡镇企业的重要作用，为乡镇企业创造了空前良好的外部环境。同时乡镇企业也强化了管理和科技人才开发，经济效益恢复提高，总量迅速增长，出口创汇等跃上了新的台阶，涌现出一批大中型企业和现代化企业集团，进入了第二个发展高潮。1992年完成总产值17975亿元，比上年增长54.7%，1993年则又比上年增长75.5%。1994比1992年总产值增长1.4倍，纯利润增长1.3倍；每百元固定资产实现利润提高了48.6%，每百元资金实现利润提高了25%，每百元营业收入占用的流动资金降低了16.8%，人均创利税提高了1倍多。

第五阶段是1995年以后的稳步发展时期。

这个时期乡镇企业经过改制和优胜劣汰，开始趋于平缓发展。1998年乡镇企业个数发展到2004万个，比1995年减少199万个；从业人员为12537万人，比1995年减少2.5%；实现营业收入89351亿元，净利润4635亿元，实交税金1583亿元，分别比1995年增长56%、43%和10%。首部《乡镇企业法》的出台，东西部合作进程的加快，地区差异的有所缓解，都促使乡镇企业逐步走上了法制、健康、有序的发展道路。

二、在国民经济中的作用日益显著

1.乡镇企业已成为国民经济的重要组成部分。

乡镇企业通过几十年的发展，已成为国民经济的重要组成部分。1998年乡镇企业实现增加值22186亿元，占国内生产总值的比重达27.9%；上交国家税金达1583亿元，占全国税收总额的20.4%。乡镇企业生产的产品产量年年增加，已占全国相当大的比重。1998年乡镇企业原煤产量64218万吨，占全国的比重由1978年的16%上升为51.4%；水泥产量23025万吨，占全国的比重由5%上升为43%；机制纸产量1232万吨，占全国的比重由10%上升为58%。

2.乡镇企业在农村经济发展的主体地位日益巩固。

改革开放以前我国农村非农产业主要表现为副业，起到拾遗补缺的作用，1978年乡镇企业产值占农村社会总产值的比重不到1/4，经过十年的快速发展到1987年则首次超过了农业总产值，达52.4%，已成为农村经济的半壁江山。此后，乡镇企业持续增长，比重逐年提高，在农村经济的主体地位日益巩固。乡镇企业在自身获得发展的同时还大力支援了农业生产。1998年，仅集体工业企业上交的支农资金就达64多亿元，成为农业生产投资的重要经济来源之一，对改善农业生产条件，增加农业发展的后劲，保持农业生产稳定持续发展起到了积极的促进作用。

3.乡镇企业的发展促进了我国农村工业化和城镇化的进程。

乡镇企业的产生和发展，改变了我国二元经济结构，打破了农村、农业、农民三位一体的自然经济。1998年乡镇工业企业完成增加值15530亿元，占全国工业增加值的46.3%，已初步走出了一条具有中国特色的实现农村工业化的道路。乡镇企业的发展，为农村创造了财富，赢得了积累，为农村小城镇基础设施建设和各项事业的繁荣提供了强有力的物质保证。在乡镇企业发展的带动下，一大批小城镇迅速崛起，1998年我国仅建制镇就发展到1.9万个，是1978年5.7倍，目前全国建制镇约容纳了1.5亿农村居民定居，完成了由农民转向城镇居民的历史性跨越，有力地促进了我国农村城市化的进程。

4.拓宽了农村就业门路，提高了农村居民的生活收入。

乡镇企业的迅速发展，吸收了大量的农村剩余劳动力就业。1998年乡镇企业从业人员12537万人，比1978年的2827万人增加3.4倍，改革开放以来我国乡镇企业已经解决了近1亿多农村剩余劳动力的就业问题。乡镇企业在拓展了农村劳动力就业门路的同时也大大增加了农民收入。1978年乡镇企业从业人员人均工资仅为300多元，到1998年已达4000多元，比1978年翻了4番。1998年全国农民人均从乡镇企业获得的收入已达700多元；农民收入的增加有1/3是通过乡镇企业职工工资收入增加而实现的。乡镇企业的发展对拓宽农村就业门路，提高农村居民生活水平作出了重大贡献。

5.外向型经济已具规模，成为国家创汇的重要来源。

乡镇企业外向型经济起步于八十年代初，且在短短几年的时间局面迅速打开。到1990年乡镇企业出口创汇的企业已达到5.6万家，出口产品外贸收购总额达到485亿元，比1985年增长10倍，占全国出口产品收购总额的四分之一。到1995年，全国乡镇企业出口创汇企业发展到12万家，出口交货值增加到5395亿元，比1990年增长10.7倍，平均每年增长43.5%。进入“九五”以后，外向型经济开始平稳发展。1998年我国乡镇企业出口产品交货值为6854亿元，比1995年增长27%，占全国出口的34.8%。乡镇企业为适应国际市场的需求，不断改善产品质量与包装，已在国际市场占据了一席之地。

建国以来，我国乡镇企业从无到有，从小到大，经济总量稳定增长，产品质量和总体效益逐步提高，企业改革逐步推进，结构布局不断优化，为我国农村社会经济和整个国民经济的持续发展做出了重要贡献。

三、存在的主要问题

改革开放以后，我国乡镇企业虽然发展迅猛，但还存在的高投入低产出、行业布局和区域布局无序、企业负担沉重等一些困难和问题，阻碍了乡镇企业的健康快速发展。

1. 乡镇企业经济效益起伏较大。

从企业经营情况看，经济效益不太稳定。“六五”时期企业经济效益是比较好的时期，固定资产投资的回收期短，成本费用低，资金使用效率较高；“七五”期间，由于外部环境差，市场疲软，需求不足，产品大量积压，加剧了资金周转的困难，企业经济效益持续下降，企业亏损现象严重。进入“八五”以后，乡镇企业普遍强化了管理，注重科技与新产品的开发，产品产销衔接较好，企业效益开始好转。而“九五”以来，乡镇企业经济效益又开始持续下滑，企业总资产报酬率逐年下降。乡镇企业在发展中受外部环境影响太大，难以经得起大风浪，难以保持良好的速度与效益关系。

2. 结构布局不合理、经营管理粗放现象依然严重。

乡镇企业的发展一开始就存在不合理规划和不合理布局行业的情况，主要是乡镇企业与国有企业的产业、产品同构现象十分突出，不仅不能与国有企业形成互补关系，而且往往形成竞争；乡镇企业的“小而全”，地区行业结构趋同，大量重复建设造成资源浪费。随着我国市场经济体制的建立和国有企业改革进程的加快，乡镇企业低成本和灵活的经营机制优势已逐步消失，而技术和装备水平低、职工素质差、管理不科学等问题愈加暴露出来，严重影响了乡镇企业的发展。

3. 吸收劳动力能力开始下降。

乡镇企业的发展为解决我国农村剩余劳动力就业发挥了巨大作用。“六五”时期乡镇企业劳动力就业人数平均每年增加552万人；“七五”时期平均每年增加596万人；“八五”时期平均每年增加688万人。而1995年以来，乡镇企业吸收劳动力就业的数量明显下降，平均每年仅增加94万人。到1998年，乡镇企业从业人数仅12537万人，在1997减少458万人的基础上又减少了513万人。乡镇企业吸收劳动力能力的持续下降，不利于农村剩余劳动力的转移和农民收入水平的提高。

4. 乡镇企业负担过重，发展后劲不足。

长期以来，乡镇企业担负着支撑地方财政和补农支农的任务，对乡镇企业“取”与“予”的关系一直没有处理好。“八五”期间乡镇企业的公积金提留率为24.1%，比“七五”期间低11.3个百分点。另据统计，有些地方乡镇企业除应缴国家税金、以工补农建农和农村各项社会性支出费用外，还负担各种基金和名目繁多的收费项目多达100多种，这些负担使企业获利能力下降，难以休养生息和开展技术革新提高产品竞争力，严重影响了乡镇企业的生产后劲和综合能力的提高。

四、发展导向

1. 创造良好环境，保持一定的发展速度。

党中央国务院乡镇企业的发展态势十分关注。各地应贯彻落实各项政策措施，为乡镇企业的发展创造一个良好的环境。对企业融资、贷款应给予支持，要打破所有制界线，做到合理公平、一视同仁，积极鼓励乡镇企业提高自我积累和扩大生产，大力推行东西合作工程项目，加快中西部乡镇企业的发展，使乡镇企业保持一定的发展速度和规模效益。

2. 加快现代化建设，推动乡镇企业由粗放型向集约型转变。

应积极促使乡镇企业的改革向深层次推进。完善企业承包、租赁、兼并、拍卖、破产等项制度，促进各种形式经济、技术的联合；积极探索各种有效的资产组织形式，特别是要逐步适应市场经济体制的要求，以产权制度改革为中心推动企业改革向纵深发展，积极稳妥地推行股份制、股份合作制等现代企业制度，使企业产权明晰、权责明确，经济增长逐步完成从粗放到集约型的转变。

3. 加快小城镇建设，引导乡镇企业聚集连片发展。

应把发展乡镇企业和小城镇建设结合起来，引导乡镇企业适当集中，连片发展。应积极鼓励乡镇企业到小城镇集中发展，以推动我国农村城市化的进程，通过乡镇企业与小城镇共同发展，节约土地资源，减少公共设施的投入，改善外部环境从中受益。

4.抓好内部管理和技术改造，提高企业整体素质。

各级有关部门要切实帮助企业出谋划策，排忧解难，制定发展规划，规范改制方式，做好市场调研，发展适销对路的产品。同时企业要建立科技和资金双向投入机制，引进先进技术，并加以消化、吸收、创新、扩大优势产业，不断提高产品的科技含量，优化产品和产业结构，创高精尖产品，创名牌优质产品；要注重人才开发和培训，不断提高企业整体及人员素质。

5.加强法制建设，加大保护措施，切实减轻负担。

乡镇企业各种不合理的负担多而重，其中很重要的原因是由于法制不健全或有法不依，部门、社会的行为不规范。因此应加强法制建设和法治教育，采取有效措施，正税除费，切实减轻乡镇企业的负担，提高企业竞争力。

（执笔：万忠兵）

摆脱贫穷，走向富裕

—— 中国农村居民生活变迁 50 年

建国 50 年来，我国农村居民生活发生了翻天覆地的变化，农村居民生活从食不裹腹，衣不蔽体到今天的物质生活相对丰裕，消费质量明显提高，生活环境显著改善。

一、翻天覆地：农村居民生活发生巨大变化

经过 50 年的奋进，特别是党的十一届三中全会后，我国农村居民生活发生了翻天覆地的变化，主要表现在：

1. 收入快速增加，为生活提高奠定了坚实的基础。收入是消费的基础。中华人民共和国的建立，结束了近代以来我国农村经济长期停滞乃至倒退的颓局，农业生产迅速增长，农民收入快速提高。1949－1998 年，农村居民人均纯收入由 44 元提高到 2162 元，提高 48 倍。尤其是 1978 年党的十一届三中全会后，农村率先推行的以家庭联产承包责任制为主要内容的经济体制改革，更为农村居民收入持续快速增长带来新的契机，到 1998 年短短 20 年收入翻了 4 番，比 1978 年的 134 元增加 2028 元。收入增加额是 1949－1978 年增加额的 22.5 倍。1978－1998 年期间，农村居民名义纯收入增长了 15 倍，年平均增长 14.9%；扣除物价后的实际纯收入增长 3.4 倍，年平均增长 6.3%。

2. 消费水平全面提高，消费结构日趋合理。1949 年前，饱受封建主义和帝国主义剥削和压榨的中国农村居民普遍处于极度贫困境地，到 1949 年时，农村居民人均全部生活消费支出仅 40 元左右，1949—1998 年 50 年来，农村居民生活整体水平显著提高，过去那种食不裹腹、衣不避体的贫困景象已一去不再复返。在收入快速增加的基础上，如今农村居民整体生活已彻底摆脱贫困，消费水平全面提高，消费领域不断扩大，消费结构日趋合理。到 1998 年，全国平均每个农村居民生活消费支出达到 1590 元，比 1949 年提高 37.8

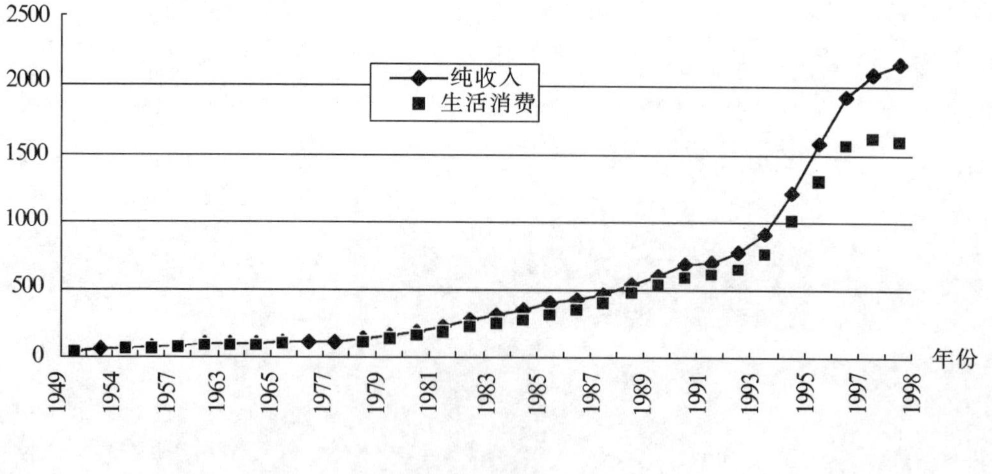

倍，年均增长 7.8%。其中，1978 年农村经济体制改革后农村居民生活消费变化更为明显，农村居民人均生活消费支出在 1978－1998年的 20 年间增加1474 元，增长 12.7 倍，年平均增加74 元，年递增14%；扣除物价因素，实际增长也达 3 倍以上，每年实际递增达到6%，高于前 29 年年均消费增长 3.7% 的速度。

作为农村居民生活水平改善标致的生活消费结构序列则由满足基本生存需要的“一吃二穿三住”变化为其他更高层次的享受性支出大幅度提高。消费结构也明显表现出生存资料比重减少，发展和享受资料比重提高趋势。1954 年，生活消费结构序列为基本生存型的吃、穿、住、用品及其他。其中吃的比重高达 69%；穿占 13%；居住占 9%；用品及其他占 9%。到 1984 年，以农村居民的恩格尔系数降到 60% 以下为标志，消费结构序列越过了一个质的界线，农村居民整体生活跨入温饱阶段。吃、穿比重较大幅度下降，居住、文化娱乐用品、服务性支出及其他比重有较多增加。这期间，农村居民生活消费支出中吃的比重虽然仍位居第一，但所占份额已下降到 59.1%；居住为第二位，占 17.4%；文化娱乐用品、服务性及其他支出为第三位，占 13.1%；穿着位次后移占 10.4%。1998 年，随着农村居民整体生活水平的进一步提高，农村居民消费构成中满足基本生活需要的吃、穿、住份额继续下降，生活消费结构序列进一步升级优化为吃占 53.4%；文化娱乐用品、服务性支出及其他支出提高为 25.3%；居住占 15.1%，穿为 6.2%。如今，全国已有 95% 以上的农村居民过上了温饱有余生活，有 25% 左右的农户已经过上了小康生活。

3. 生产的商品化进程加快，农村居民货币收入率提高。改革 50 年来，随着农村社会化，商品化进程的逐步加快，改变了过去较长时期我国农村经济的自给，半自给状况及以农为主的单一生产结构，农村居民的实物收入为主状况逐步被货币收入的迅速提高所替代。1978 年，农村居民出售农副产品收入人均仅为 27 元，占总收入的 17.6%；人均全部货币纯收入为 56 元，在全年纯收入中，货币收入率只占 41.9%。到 1998 年，随着农村商品经济在广度和深度上、以及数量和质量上的不断拓展和提高，农村居民的商品生产和商品交换活动增加，收入形态逐渐货币化。一方面 1998 年农民全年出售产品收入提高到 1029 元，比 1978 年增长 38 倍，占总收入的比重提高到 34%，提高了 16.4 个百分点；另方面纯收入中，货币纯收入额达到 1400 多元，增长 24 倍，货币收入率提高到了 67% 以上，这种变化不仅标志着我国农村居民生产已经走出了传统的自给自足经济的圈子，步入了商品经济发展的轨道。而且农村居民货币收入率的提高，也使广大农村居民有可能较大程度的改善生活，进而直接导致农村居民消费行为的变化。据统计，1978－1998 年，全国每一农村居民的货币性生活消费支出额由 48 元达到 1128 元，增长了 23.5 倍，货币性生活消费支出占生活消费支出总额的比重由 1978 年的 41% 提高到 1998 年的 70.7%，提高了近 30 个百分点。

重要年份农村居民生活消费构成（%）

表 1

	1954年	1978年	1984年	1990年	1998年	1998比1954年
生活消费	100.0	100.0	100.0	100.0	100.0	－
#食品	68.6	67.7	59.1	58.8	53.4	－15.2
衣着	13.1	12.7	10.4	7.8	6.2	－6.9
居住	8.6	10.3	17.4	17.3	15.1	+6.5
其他	9.7	9.3	13.1	16.1	25.3	+15.6

4. 生存环境极大改善。生存环境或社区环境对一个地区经济的发展和农民生活的改善具有重要影响。旧中国的农村，农村社会发育

程度普遍低下，社区环境落后，建国以后，党和国家政府除了领导农村居民大力发展生产，增加收入外，还采取各种措施大力兴办各种集体福利事业，逐步改善农村居民落后的社区环境，尤其是1978年后，随着国家和地区对各种基础设施投入力度的加大，更为农村居民生活质量的提高起到了重要的作用。广大农村居民在自身生活质量提高的同时，生活条件，生存环境也逐步改善。到1998年，全国农村有95%以上的行政村通了公路，70%左右的行政村通了电话，70%以上的行政村用上了安全卫生水，95%以上的行政村通了电。农村交通，邮电，电力事业的发展，改善了农村生活，生产条件，加快了落后地区的脱贫步伐，更方便了城乡经济、文化交流，为农村经济的持续稳定发展奠定了坚实的基础。

二、改革开放：农村居民生活质量显著提高

如果说，建国后的前30年，我国农村居民生活曾有过曲折的发展过程，则后20年以党的十一届三中全会为标志，农村居民生活质量已显著提高，尤其是改革开放所带来的市场物质日渐充裕，带来了农村居民消费观念和消费水平的历史性变化，具体地说生活质量有5大提高：

1. 食品质量明显提高。农村居民食物消费质量普遍提高主要表现在，彻底摆脱了过去较长一段时期的消费品不足而转变为讲究吃好，档次提高，营养丰富三大变化上。一是食物消费在吃饱的基础上转化为吃好。人均主食支出占食品支出的比重由1978年高达65.3% 下降到1998年的35.5%，下降了29.8个百分点。同期，人均副食支出占食品支出的份额则由1978年的31.4%上升到1998年的42.9%；二是食物消费细粮增加，粗粮减少。1998年与1978年比较，农村居民人均粮食消费总量虽然仅增加了1.6公斤，但其中细粮消费数量由123公斤增加到 209公斤，细粮消费比重由49.4%提高到83.9%；粗粮消费则由125公斤减少到40.5公斤，减少了67.6%。三是营养状况显著改善，营养丰富的油脂类和享受性食物成倍增长。1998年，农村居民人均消费的油脂类食物比1978年增长了2.1倍；肉禽类食物增长了1.6倍；蛋类增长了4倍；水产品增长了3.3倍。热量摄入达到了营养部门要求标准；同时热量中，来源于淀粉类食物的比重下降，来源于水产品、禽蛋产品等高蛋白食物及其他精制食品的比重上升。

2. 穿着更加舒适高档。衣着是人们对物质生活和精神生活的共同需要。十一届三中全会后，随着农村居民温饱问题的解决，衣着消费观念逐步更新，昔日不能讲究穿戴的普通农民，如今也注重衣着打扮，其突出的变化是对原布的购买量逐步下降，对成衣的购买量逐步增加，并越来越讲究穿着的款式、花色、质量、舒适和装饰，且趋于高档化。1998年农村居民人均衣着支出达到98元，比1978年增长5.6倍；人均购买各种布料1.97米，比1978年减少64.1%；人均购买成衣服装1件，比 1983年增长了1.2倍。

3. 居住状况极大变化。较长一段时间，农村居民住房条件较差，房屋比较简陋，土坯墙的草顶、瓦顶房居多，如今，排排砖瓦房甚至一幢幢新颖、别致的楼房拔地而起，成为改革后农村最直观、最明显的变化。1998年，农村居民人均居住支出240元，比1978年高出19.1倍。平均每户年末使用住房面积由1978年的8.1平方米增加到1998年的23.7平方米，增长1.9倍。人均住房面积中，砖木结构和钢筋混泥土结构住房面积1998年达到17.88平方米，占75.4%，比1981年的48.6%提高了26.8个百分点；新建房屋每平方米价值，1985年只40元，1998年提高到227元，提高了4.7倍。目前，较为富裕地区的相当农

民家庭的住房及内部装饰正向着现代化生活方式发展。

4. 家庭耐用品成倍增加。农村居民购买耐用品数量成倍增加，是这些年农村居民生活水平显著提高的又一重要标志。1965年平均每百户农民家庭拥有自行车7.6辆，收音机2台，钟表10只，缝纫机2.6架。到1998年，这些过去农村居民家庭渴望的老四大件(自行车、缝纫机、钟表、收音机)等耐用品的拥有已基本饱合，并稳中趋降，而其他新型家用电器则迅速增长。1998年末，平均每百个农村住户年末拥有电视机96台，其中彩色电视机33台，拥有收录机32台，电风扇112台，洗衣机23台，一些农户还购买了录像机、照像机、电冰箱，甚至空调、电脑也已进入部分富裕农户家庭。

5. 精神生活日益充实。建国以来，随着农村社会经济的逐步繁荣，农村居民在物质生活丰富的同时，享受性的精神生活也日益丰富多彩。如今，不仅电视机获得了相当的普及，很多农户也意识到知识和信息的重要性，对文化教育的投入增多，到1998年，农村居民人均文教娱乐用品及服务支出159元，占生活消费的10%；同时，由于农村基础设施的改善及社会经济生活的逐步一体化，农村居民交通通讯支出增加，1998年人均该项支出达到61元，占生活消费的3.8%；随着收入的提高，农村居民亦开始更多的关注自己的身心健康，过去大病小治，小病不治的现象有了较大改变，1998年，农村居民人均医疗保健支出达到68元，占4.3%。

三、共同富裕：农村居民生活的新追求

50年来，农村居民生活虽然提高，但发展不平衡，因此，追求共同富裕，寻求发展前景的新突破，成为各个地区、每个农村居民生活的新追求。

1. 农村居民收入普遍增长，但存在差距。1978－1998年，各省区农村居民年均收入均保持了10%以上的增长速度。从按地理位置划分的东中西地带纵向分析，不仅经济实力较为雄厚的东部地区保持了较高的增长速度，就是基础力量较为薄弱的中西部省区收入也成倍增长。东、中、西部地区农村居民收入增长分别达到19.5倍、14.6倍和11.7倍。由于地区经济发展不平衡等诸多因素的影响，各地区农村居民在追求共富的进程中也存在较为明显的差距。其中，收入最高的上海市郊农民在短短的20年中收入增加多达5117元，而至今收入仍居次低名次的甘肃省农村居民收入增加仅为1295元，收入增额差距2.95倍。东、中、西地区收入增长也由改革初期的差距不大变为较为明显的东高西低的趋势，1978年东、中、西地区农村居民收入差距系数分别为1.20:1.09:1(以西部地区为1，下同)，1998年则提高到1.94:1.35:1。

2. 农村居民生活提高不平衡。区域经济发展的不平衡，使东、中、西地区农村居民生活消费水平的提高与收入增长呈现东高西低的趋势一致，也是不平衡的。东、中、西部农民家庭人均生活消费比值(以西部地区为1)，1980年为1.35:1.15:1，绝对值分别为184元、157元和136元；1998年则达到1.61:1.18:1，绝对值分别为1995元、1461元和1240元。这期间消费支出最高省与最低省之间的消费差距比(以消费支出最低省为1，下同)1980年为1:2.58，1998扩大为1:4.43；消费水平差距由197元扩大到近3500元。此外，从整体上看，1998年，我国东部地区农村居民生活消费的恩格尔系数为49.8%，达到小康生活标准值；同期，中部地区农村居民生活消费的恩格尔系54.8%，消费质量与东部地区农民家庭比较存在明显差距；而西部地区则相差较远，食品支出占生活消费支出的比重即恩格尔系数，1998年仍达59.2%。

3. 贫困人口大幅度下降，但要达到本世

纪末的国家反贫目标尚需努力。建国50年,我国农村居民生活从普遍贫困到整体解决了温饱,尤其是1978年改革开放以后,我国在缓解贫困方面取得了很大进展,到1998年,全国农村贫困人口仅余4210万人,比1978年的2.5亿人减少2亿多人。年均脱贫1000多万人;1998年,农村贫困发生率为4.6%,比1978年的30.7%减少26.1个百分点。尽管我国农村反贫工作已取得巨大成效,但要达到在本世纪末基本解决农村贫困人口的国家目标,任务仍很艰巨。统计数据显示,今明2年,要使尚存的4210万农村贫困人口基本解决温饱,平均每年的脱贫规模必须在1000万人以上;而要大幅度减少西部地区特别是西部贫困山区的贫困人口,还须下大力气,继续坚持不懈地抓紧抓好扶贫攻坚工作才能解决问题。

4. 近年农村居民收入缓慢增长对其生活质量提高带来一定局限。不容否认,50年来,农村居民生活取得了举世瞩目的成就,但在回顾农村居民生活取得辉煌成就的同时,也应看到近年来农村居民收入的缓慢增长对其生活质量提高带来的一定局限。

(1)收入低速增长制约了消费增加。近几年,由于国内外各种因素的综合作用,农村居民纯收入增长速度放慢,受其影响,农民生活消费支出增加额在1998年只相当于1996年的17%的基础上,1998年继续下滑,全年生活消费支出低于上年,为1590元,尽管1998年由于农村生活消费指数的负指现象,拉动了农村居民生活消费的实际支出于1997年基本持平,但其直接导致的农民消费能力弱化是显见的,以至1998年,农村居民需求消费倾向下降了4个百分点,需求乏力、需求不足的矛盾更为突出,进而制约经济的进一步发展。

(2)市场购买欲望近年持续缩减。主要表现在农村居民的市场消费需求增长逐年下降。农村居民对工业品的购买总额增速1996年同比上年低13.8个百分点,1997年同比上年低17.1个百分点。1998年,同比上年再次下降6.2个百分点。究其原因:

一是收入增长速度放慢,储蓄动机增强。1998年,农产品价格的普遍低走,农村居民增收困难,与此同时,教育,医疗等改革措施的陆续出台,使农民收入消费预期变化,一定程度上促使其消费倾向下降,储蓄动机增强。1998年末,农村居民人均拥有手存现金和存款合计1633元,同比上年增长22%,远高于同期农村居民纯收入增幅。

二是购买力分布差距较大。从不同收入层次分析,购买力更多的集中在较高收入农户手中。1998年,全国农村居民整体人均拥有可购买商品额3204元,其中,人均年收入在2000元以下的农户占总农户的一半以上,达53%,拥有的购买力份额只占三分之一为32.7%;年收入在4000元以上的农户占总农户的比重仅十分之一,为10.6%,拥有的购买力份额则占全部农户拥有购买力的四分之一,为25%。从不同地带分析,1998年,东部地区农村居民人均拥有可购买商品额4600多元,占全部购买力份额的53.5%;中部地区农村居民人均拥有可购买商品额近2600多元,占全部购买力份额的28.6%;西部地区农村居民人均拥有可购买商品额近2000元余,占全部购买力份额的17.9%。

(3)整体生活消费尚未完全摆脱生存性为主的消费模式。以农村居民用于满足基本生存需要的食品支出占生活消费支出的比重即恩格尔系数为例,进入90年代后一直没有明显的下降趋势,尽管1998年,由于市场供给充足,农村生活消费价格指数尤其是食物价格的回落,使农村居民总体生活消费的恩格尔系数下降到0.5343。但整体看温饱型生活特征极为明显,特别是西部地区尚属低水平的温饱型消费,其恩格尔系数仍高达0.5916。

(4) 农村消费环境至今仍较薄弱。这主要表现在：一方面市场规模较小，网点分散，商品结构不尽合理，既难以满足广大农民经济实惠的消费需求，也无法满足部分富裕农民向名、优、新发展的消费欲望；另一方面售后服务往往跟不上，加上社区环境及基础设施落后的制约，如交通、供电、供水不足等因素，也直接影响了消费水平的提高。

总之，50年农村居民生活已稳定提高，尽管目前农村居民生活质量的进一步改善面临着一些不利的因素，但日渐优化的消费发展也显示出美好的前景。我们坚信，随着今后经济的适度快速增长，必将为农村居民生活的改善和提高奠定更加坚实的基础，农村居民生活必将在下一个世纪步入更加富裕的新阶段。

（执笔：唐平）

二、综合与概要

2-1 农村经济主要指标

指　　标	单位	1978年	1980年	1985年	1990年	1995年	1996年	1997年	1998年
一、年末乡村总人口	万人	80319.7	81096.0	84419.7	89590.3	91674.6	91941.0	91524.7	91960.1
二、年末乡村劳动力	万人	30638.0	31835.9	37065.1	42009.5	45041.8	45288.0	45961.7	46432.2
三、年末耕地面积	万公顷	9938.9	9930.5	9684.6	9567.3	9497.1			
四、农业机械总动力	亿瓦特	1175.0	1474.6	2091.3	2870.8	3611.8	3854.7	4201.6	4520.8
五、农林牧渔业总产值	亿元	1397.0	1922.6	3619.5	7662.1	20340.9	22358.2	23764.0	24516.7
六、农林牧渔业增加值	亿元	1018.4	1359.4	2541.6	5017.0	11992.9	13391.2	14148.6	14537.6
七、非农产业产值	亿元	640.5	869.6	2720.6	8957.1	51780.4	65191.7		
#农村工业产值	亿元	396.5	544.0	1750.1	6719.7	38116.2	48426.3		
农村建筑业产值	亿元	134.7	180.0	510.5	978.5	5204.3	6178.4		
农村运输业产值	亿元	34.5	47.1	190.4	579.6	3617.7	4408.2		
农村商业产值	亿元	74.8	98.5	269.6	679.3	4842.3	6178.8		
八、农村集体所有制单位固定资产投资	亿元			199.2	366.1	2367.7	2802.3	3055.6	3233.3
九、主要农产品产量									
1.粮食	万吨	30477.0	32056.0	37911.0	44624.0	46662.0	50453.5	49417.1	51230
2.棉花	万吨	216.7	270.7	414.7	450.8	476.8	420.3	460.3	450.1
3.油料	万吨	521.8	769.1	1578.4	1613.2	2250.0	2210.6	2157.4	2313.9
4.糖料	万吨	2381.8	2911.2	6046.8	7214.5	7940.1	8360.2	9386.5	9790.4
5.黄红麻	万吨	54.4	54.9	206.0	72.6	37.1	36.5	43.0	24.8
6.烤烟	万吨	105.2	71.7	207.5	225.9	207.2	294.6	390.8	208.8
7.猪牛羊肉	万吨						3694.7	4249.9	4598.2
8.牛奶	万吨		114.1	249.9	415.7	576.4	601.1	663.8	662.1
9.禽蛋	万吨			534.7	794.6	1676.7	1965.2	1895.3	2018.5
10.水产品	万吨	466.0	450.0	705.0	1237.0	2517.2	3288.1	3601.8	3906.5
11.水果	万吨	657.0	679.3	1163.9	1874.4	4214.6	4652.8	5089.3	5452.9

2－1续表

指标	单位	1978年	1980年	1985年	1990年	1995年	1996年	1997年	1998年
十、乡村企业主要经济指标									
营业收入	亿元			1827.4	5143.5	32142.3	36616.4	37952.9	38284.1
利税总额	亿元	110.1		279.9	540.5	2798.1	2862.1	3238.1	3150
实交税金	亿元	22.0		212.2	275.4	1301.7	1436	859.4	867
利润总额	亿元	88.1		171.3	232.7	1496.4	2035.6	2034.1	1970
固定资产净值	亿元			589.7	1668.7	7139.8	8632.2	9567.9	10109
工资总额	亿元			301.4	606.8	2192.5	2511.4	2529.3	2483
全员劳动生产率	元/人	1744.0		4956.3	13790.6	11838.0	13860	19079	21542
十一、农村物价总指数(上年＝100)									
1.农副产品收购价格指数	%	103.9	107.1	108.6	97.4	119.9	104.2	95.5	92.0
2.农村商品零售价格指数	%	100.1	104.4	107.0	103.2	116.4	106.4	100.7	97.6
3.农业生产资料价格指数	%	99.9	101.0	104.8	105.5	127.4	108.4	99.5	94.5
4.农村居民消费价格指数	%			107.6	104.5	117.5	107.9	102.5	99.0
十二、农民人均纯收入	元	133.6	191.3	397.6	686.3	1577.7	1926.1	2090.1	2161.9
农民人均生活消费支出	元		162.2	317.4	584.6	1310.4	1572.1	1617.2	1590.3
十三、农村教育、卫生									
1.在校学生数									
普通中学	万人	4821.0	3961.0	2896.5	2739.0	2773.0	2937.3	3061.3	3206.3
普通小学	万人	12878.7	12767.5	11076.3	9595.6	9306.2	9486.9	9560.4	9439.5
农民高等学校	人			895	353	966	999	859	900
农民中等专业学校	人			61086	112574	191769	227402	224951	200200
农民技术培训学校	万人			336.0	1050.0	4948.7	5243.8	5340.7	5983.0
2.乡(镇)卫生院床位数	万张	74.7	77.5	72.1	72.3	73.3	73.5	74.2	73.8
卫生技术人员	万人	83.8	90.0	78.4	77.7	91.9	94.2	94.2	99.9

2－2 农村经济在国民经济中的地位

单位：%

年　份	农业总产值占工农业总产值比重	农业增加值占国内生产总值比重	农业劳动者占社会劳动者比重	以农产品为原料的轻工业产值占轻工业产值比重	农村消费品零售额占全社会消费品零售总额比重	农牧业税占国家财政收入比重
1952	56.9		83.5	87.5	52.2	14.7
1957	43.3		81.2	81.6	46.0	9.6
1962	38.8		82.1	73.2	41.4	7.3
1965	14.9		81.6	71.7	42.6	5.4
1970	32.5		113.8	70.0	45.1	4.8
1975	28.2		77.2	70.1	42.0	3.6
1978	24.8	28.4	70.2	68.4	40.8	2.5
1979	26.6	31.5	70.5	69.3	44.8	2.7
1980	27.2	30.4	68.6	68.4	47.0	2.6
1981	28.8	32.4	69.3	71.0	48.8	2.6
1982	29.9	34.0	67.8	70.1	50.0	2.6
1983	29.9	33.9	67.1	69.4	51.4	2.6
1984	29.7	33.1	64.2	68.1	52.5	2.3
1985	27.1	29.8	62.4	68.9	53.0	2.3
1986	26.4	28.5	41.5	70.2	52.1	2.0
1987	25.3	28.3	60.0	70.1	51.7	2.2
1988	24.3	27.2	59.5	68.9	50.8	2.8
1989	22.9	26.4	60.1	69.5	50.0	2.9
1990	24.3	28.4	60.2	70.0	48.5	2.7
1991	22.4	26.2	60.0	69.2	47.0	2.5
1992	19.7	23.6	58.6	68.4	45.5	2.9
1993	17.3	21.5	56.4	66.6	42.0	2.5
1994	17.0	21.6	54.3	65.4	40.5	4.4
1995	18.1	20.8	52.2	64.6	39.9	4.4
1996	18.3	20.2	46.9	66.6	39.6	5.0
1997	17.3	19.3	46.6	66.2	39.0	4.6
1998	17.1	17.6	49.8	63.3	38.9	4.1

注：1994年为农业税占财政收入比重。

2-3 各地区农村经济在国民经济中的地位

(1998年)

单 位: %

地　区	农业总产值占工农业总产值比重	农林牧渔业增加值占国内生产总值比重	第一产业人员占从业人员比重	乡村人口占总人口的比重
全国总计				
北　京	8.0	4.3	11.4	29.2
天　津	5.7	5.5	18.9	40.7
河　北	19.0	18.6	48.8	81.1
山　西	13.4	12.9	45.1	72.3
内蒙古	32.0	28.9	53.9	59.9
辽　宁	12.7	13.7	36.8	55.1
吉　林	28.1	27.6	48.2	54.2
黑龙江	21.5	15.1	48.3	49.0
上　海	3.4	2.1	11.9	25.5
江　苏	12.3	12.7	42.8	73.0
浙　江	8.1	12.7	41.8	80.3
安　徽	23.8	24.7	60.6	81.0
福　建	17.8	18.3	48.6	80.9
江　西	31.1	24.3	55.7	75.5
山　东	17.1	17.0	53.7	79.5
河　南	23.8	24.5	59.0	83.1
湖　北	15.2	20.0	49.1	67.3
湖　南	23.2	25.3	60.1	82.4
广　东	10.6	12.2	41.0	79.0
广　西	33.8	30.0	65.7	84.6
海　南	48.8	36.0	61.6	63.3
重　庆	25.9	19.6	57.6	79.9
四　川	27.4	25.1	62.3	81.8
贵　州	33.6	31.5	71.6	82.8
云　南	29.0	22.0	74.2	81.8
西　藏	76.7	34.3	76.3	84.6
陕　西	27.0	20.3	58.6	76.6
甘　肃	23.7	23.2	58.9	79.8
青　海	25.1	18.9	61.2	65.8
宁　夏	25.6	21.4	58.7	70.2
新　疆	41.3	26.0	57.7	51.5

2－4 国家财政农业收入和税收

单位:亿元

年 份	国家财政收入	#农业收入	农业收入占国家财政收入的比重%	国家财政税收收入	#农牧业税收入	农牧业税收入占税收收入比重(%)
1952	183.70	37.06	20.17	97.69	27.35	28.00
1957	310.20	39.69	12.79	154.89	29.67	19.16
1962	313.60	29.81	9.51	162.07	22.83	14.09
1965	473.30	34.30	7.25	204.30	25.78	12.62
1970	662.90	34.89	5.26	281.20	31.98	11.37
1975	815.60	30.00	3.68	402.77	29.45	7.31
1978	1121.10	31.65	2.82	519.28	28.40	5.47
1980	1085.20	33.11	3.05	571.70	27.67	4.84
1985	1866.40	87.38	4.68	2040.79	42.05	2.06
1986	2260.30	80.37	3.56	2090.73	44.52	2.13
1987	2368.90	89.99	3.80	2140.36	51.81	2.42
1988	2628.00	121.38	4.62	2390.47	73.69	3.08
1989	2947.90	141.63	4.80	2727.40	84.94	3.11
1990	3312.60	126.38	3.82	2821.86	87.86	3.11
1991	3610.90	133.67	3.70	2990.17	90.65	3.03
1992	4153.10	149.51	3.60	3296.91	119.17	2.88
1993	5088.20	236.03	4.64	4255.30	125.74	2.27
1994	5218.10	302.65	5.80	5126.88	231.49	4.06
1995	6242.20	362.05	5.80	6038.04	278.09	4.60
1996	7407.99			6909.82	369.46	5.35
1997	8651.14			8234.04	397.48	4.83
1998	9853.0			9262.80	398.80	4.30

2－5 按人口平均的主要农产品产量

单位: 千克

年　份	粮　食	棉　花	油　料	糖　料	猪牛羊肉	水产品
1949	208.9	0.8	4.7	5.2		0.8
1952	288.1	2.3	7.4	13.4		2.9
1957	306.0	2.6	6.6	18.7		4.9
1962	240.3	1.1	3.0	5.7		3.4
1965	272.0	2.9	5.1	21.5		4.2
1970	293.2	2.8	4.6	19.0		3.9
1975	310.5	2.6	4.9	20.9		4.8
1978	318.7	2.3	5.5	24.9		4.9
1979	342.7	2.3	6.6	25.4		4.4
1980	326.7	2.8	7.8	29.7		4.6
1981	327.0	3.0	10.3	36.2		4.6
1982	351.5	3.6	11.7	43.2		5.1
1983	378.5	4.5	10.3	39.4		5.3
1984	392.8	6.0	11.5	46.1		6.0
1985	360.7	3.9	15.0	57.5		6.7
1986	367.0	3.3	13.8	54.9		7.7
1987	371.7	3.9	14.1	51.2		8.8
1988	357.7	3.8	12.0	56.2		9.6
1989	364.3	3.4	11.6	51.9		10.3
1990	393.1	4.0	14.2	63.6		10.9
1991	378.3	4.9	14.2	73.2		11.7
1992	380.0	3.9	14.1	75.6		13.4
1993	387.4	3.2	15.3	64.7		15.5
1994	373.5	3.6	16.7	61.3		17.9
1995	378.4	3.8	17.6	63.4		19.3
1996	414.1	3.5	18.2	68.7	30.3	23.1
1997	401.7	3.7	17.5	76.3	33.2	29.3
1998	412.4	3.6	18.6	78.8	46.1	31.4

注: 按年平均人口计算。

2－5续表

单位：千克

年份	黄红麻	烤　烟	水　果	牛　奶	禽　蛋	茶　叶
1952	0.3	0.4	4.3			0.14
1957	0.2	0.4	5.1			0.18
1962	0.1	0.2	4.1			0.11
1965		0.5	4.5			0.14
1970	0.2	0.5	4.6			0.17
1975	0.4	0.8	5.9	1.0		0.23
1978	0.6	1.1	6.9	0.9		0.28
1980	0.6	0.7	6.9	1.2		0.31
1985	2.0	2.0	11.1	2.4	5.1	0.41
1986	0.7	1.3	12.6	2.7	5.2	0.43
1987	0.5	1.5	15.4	3.0	5.4	0.47
1988	0.5	2.1	15.1	3.1	6.3	0.49
1989	0.6	2.2	16.4	3.4	6.4	0.48
1990	0.6	2.0	16.5	3.7	7.0	0.48
1991	0.4	2.3	18.9	4.0	8.0	0.47
1992	0.5	2.7	20.9	4.3	8.7	0.48
1993	0.6	2.6	25.6	4.2	10.0	0.51
1994	0.6	2.5	29.4	4.4	12.4	0.49
1995	0.3	1.7	32.0	4.6	13.1	0.49
1996	0.3	2.4	38.2	5.2	16.0	0.49
1997	0.3	3.2	41.4	5.4	17.3	0.50
1998	0.2	1.7	43.9	6.0	16.2	0.54

三、农村基本情况与农业生产条件

3－1 农村基本情况和农村劳动力

指　　标	单　位	1990年	1995年	1997年	1998年	1998年比1997年增长速度%
一、农村基层组织情况						
1.乡镇个数	个	55838	47136	44689	45462	101.7
(1)乡个数	个	44446	29854	26287	26402	100.4
(2)镇个数	个	11392	17282	18402	19060	103.6
2.村民委员会个数	个	743278	740150	739447	739980	100.1
二、农村户数和人口情况						
1.乡村户数	万户	22237.2	23281.5	23406.2	23692.7	101.2
2.乡村人口数	万人	89590.3	91674.6	91524.7	91960.1	100.5
3.劳动年龄内人口	万人		45665.2	46521.8		
#劳动年龄内上学人口	万人		1871.9	1962.0		
劳动年龄内丧失劳动能力人口	万人		1062.8	1108.8		
三、农村劳动力资源及主要行业分布						
乡村劳动力	万人	42009.5	45041.8	45961.7	46432.2	101.0
(一) 按性别分组						
1.男劳动力	万人	22551.8	24037.4	24500.6	24733.1	100.9
2.女劳动力	万人	19457.7	21004.4	21462.1	21699.2	101.1
(二) 按部门分组						
1.农林牧渔业劳动力	万人	33336.4	32334.5	32434.9	32626.4	100.6
2.工业劳动力	万人	3228.7	3970.7	4031.3	3928.6	97.5
3.建筑业劳动力	万人	1522.8	2203.6	2372.7	2393.5	100.9
4.交通运输业、仓储及邮电通信业劳动力	万人	635.3	983.0	1057.8	1087.9	102.8
5.批发零售贸易业、餐饮业劳动力	万人	693.2	1170.4	1381.5	1461.9	105.8
7.其他非农行业劳动力	万人	2569.8	4379.7	4683.9	4933.9	105.3
#外出合同工、临时工	万人		2448.8	2476.3	2666.6	107.7

3－2 各地区农村基层组织情况

单 位：个

地　区	乡镇个数		1.乡个数		2.镇个数		村民委员会	
	1997年	1998年	1997年	1998年	1997年	1998年	1997年	1998年
全国总计	**44689**	**45462**	**26287**	**26402**	**18402**	**19060**	**739447**	**739980**
北　京	254	240	139	120	115	120	4071	4044
天　津	225	225	131	131	94	94	3877	3877
河　北	1970	1972	1119	1101	851	871	50201	50027
山　西	1936	1937	1410	1409	526	528	32365	32365
内蒙古	1553	1554	1262	1253	291	301	13962	13993
辽　宁	1198	1678	606	1042	592	636	16372	16310
吉　林	911	898	466	453	445	445	10112	10121
黑龙江	1161	1161	744	735	417	426	14410	14387
上　海	207	209	9	8	198	201	2920	2895
江　苏	1979	1971	962	956	1017	1015	35856	35726
浙　江	1841	1832	848	826	993	1006	43222	43108
安　徽	1867	1870	987	972	880	898	30726	30558
福　建	973	980	381	380	592	600	14960	14970
江　西	1731	1811	1168	1140	563	671	20752	20677
山　东	2375	2366	979	934	1396	1432	87762	87750
河　南	2147	2144	1449	1386	698	758	48357	48436
湖　北	1395	1388	558	532	837	856	32704	32662
湖　南	2299	2351	1348	1362	951	989	47544	49849
广　东	1589	1707	35	129	1554	1578	23153	22945
广　西	1360	1363	674	660	686	703	14822	14816
海　南	308	308	105	106	203	202	2684	2633
重　庆	1440	1483	791	830	649	653	20853	20647
四　川	4981	5007	3316	3323	1665	1684	55024	55042
贵　州	1464	1473	788	781	676	692	25742	25847
云　南	1574	1574	1175	1167	399	407	13424	13423
西　藏	916	914	881	879	35	35	7803	7306
陕　西	1968	1969	1283	1116	685	853	32423	31969
甘　肃	1533	1535	1352	1351	181	184	17774	17803
青　海	432	432	404	402	28	30	4046	4054
宁　夏	299	299	239	239	60	60	2592	2602
新　疆	803	811	678	679	125	132	8934	9138

3－3 各地区乡村户数和乡村人口

地　　区	乡村户数(万户)		乡村人口(万人)	
	1997年	1998年	1997年	1998年
全国总计	**23406.2**	**23692.7**	**91524.7**	**91960.1**
北　　京	125.0	125.9	365.3	364.4
天　　津	112.4	112.7	389.7	389.7
河　　北	1394.4	1401.6	5313.8	5325.6
山　　西	609.3	612.2	2284.2	2293.1
内 蒙 古	346.1	347.7	1412.3	1405.4
辽　　宁	660.4	663.8	2298.8	2289.9
吉　　林	354.0	357.8	1430.0	1433.0
黑 龙 江	427.8	437.7	1842.9	1848.1
上　　海	139.0	131.4	399.3	373.2
江　　苏	1505.4	1503.1	5277.0	5245.2
浙　　江	1067.0	1073.3	3585.7	3579.6
安　　徽	1255.6	1256.5	4999.4	5007.7
福　　建	617.0	630.2	2647.5	2669.8
江　　西	714.0	720.6	3208.5	3165.5
山　　东	1984.0	1993.1	7036.6	7027.2
河　　南	1890.0	1912.1	7716.6	7739.8
湖　　北	992.0	986.4	4003.0	3975.4
湖　　南	1437.0	1441.7	5333.5	5355.1
广　　东	1173.4	1319.8	5261.2	5644.6
广　　西	859.6	877.9	3921.6	3953.3
海　　南	101.4	99.9	486.5	476.6
重　　庆	708.6	709.8	2452.8	2445.1
四　　川	1951.4	1958.9	6940.9	6947.0
贵　　州	698.2	708.7	3000.6	3030.0
云　　南	794.4	806.4	3366.3	3389.1
西　　藏	37.0	36.7	214.0	213.3
陕　　西	682.6	686.0	2755.3	2755.2
甘　　肃	435.4	440.3	1993.5	2009.0
青　　海	65.7	67.1	328.3	331.1
宁　　夏	80.8	81.0	371.8	377.8
新　　疆	187.3	192.3	887.7	900.5

3－4　各地区农村劳动力

单位：万人

地　区	乡村实有劳动力		1.男劳动力		2.女劳动力	
	1997年	1998年	1997年	1998年	1997年	1998年
全国总计	**45961.7**	**46432.2**	**24500.6**	**24733.1**	**21462.1**	**21699.2**
北　京	161.2	161.0	81.4	81.1	79.8	79.9
天　津	173.0	173.0	92.8	92.8	80.2	80.2
河　北	2613.4	2635.9	1405.6	1414.1	1207.8	1221.8
山　西	964.0	969.7	536.1	538.4	427.9	431.3
内蒙古	605.4	606.9	350.4	349.1	255.1	257.8
辽　宁	921.5	933.2	520.9	523.3	400.6	410.0
吉　林	616.2	616.3	359.5	360.2	256.7	256.1
黑龙江	688.1	904.3	427.2	527.1	261.0	377.2
上　海	242.6	223.2	120.5	109.7	122.1	113.5
江　苏	2750.4	2735.9	1412.0	1402.4	1338.4	1333.5
浙　江	2099.6	2096.5	1142.1	1136.2	957.6	960.3
安　徽	2674.8	2717.5	1429.0	1447.6	1245.8	1269.9
福　建	1181.4	1200.3	639.6	647.3	541.8	553.0
江　西	1550.5	1541.5	810.7	806.5	739.8	735.0
山　东	3588.7	3595.8	1915.7	1918.4	1673.0	1677.4
河　南	4015.2	4067.2	2112.9	2145.2	1902.3	1921.9
湖　北	1783.5	1770.5	938.9	932.8	844.6	837.7
湖　南	2774.7	2786.9	1506.6	1513.7	1268.1	1273.2
广　东	2627.8	2632.9	1363.5	1367.3	1264.3	1265.6
广　西	2032.3	2068.2	1066.4	1090.5	966.0	977.7
海　南	209.7	210.3	107.2	107.8	102.6	102.5
重　庆	1320.9	1317.0	706.9	705.1	614.0	611.9
四　川	3823.6	3829.5	2007.3	2011.4	1816.3	1818.1
贵　州	1646.0	1682.7	858.4	880.3	787.6	802.4
云　南	1884.0	1908.6	971.9	985.5	912.1	923.1
西　藏	97.8	97.5	49.1	50.4	49.7	47.1
陕　西	1342.1	1355.8	737.4	746.0	604.7	609.8
甘　肃	900.4	906.7	472.8	476.8	427.6	429.9
青　海	161.4	162.4	82.9	83.3	78.5	79.1
宁　夏	176.6	181.2	92.5	95.1	84.1	86.1
新　疆	334.9	343.9	182.7	187.6	152.2	156.3

3-4 续表1

地　区	农林牧渔业		工　业		建筑业	
	1997年	1998年	1997年	1998年	1997年	1998年
全国总计	**32434.9**	**32626.4**	**4031.3**	**3928.6**	**2372.7**	**2393.5**
北　京	65.3	67.7	39.4	36.6	10.8	11.8
天　津	79.4	79.4	49.0	49.0	9.7	9.7
河　北	1620.3	1635.5	380.2	380.1	188.1	191.5
山　西	633.0	639.9	119.8	115.2	45.0	46.2
内蒙古	512.1	512.4	16.3	15.5	18.3	18.1
辽　宁	624.3	633.0	83.9	78.1	49.5	49.2
吉　林	521.6	517.0	20.2	20.1	16.7	17.7
黑龙江	579.0	760.3	32.9	34.3	18.2	21.5
上　海	72.7	76.3	101.6	88.8	7.8	8.2
江　苏	1532.5	1531.5	490.9	462.5	240.9	245.7
浙　江	1106.6	1102.7	448.2	439.9	102.7	102.1
安　徽	1964.8	1992.9	156.6	148.1	129.3	144.2
福　建	771.4	776.8	125.8	128.1	73.0	14.5
江　西	1089.4	1073.7	97.5	91.5	54.6	56.2
山　东	2497.5	2487.0	349.3	339.2	272.3	279.7
河　南	2902.7	2940.3	311.7	312.6	253.5	254.3
湖　北	1266.0	1232.9	130.6	122.2	90.1	95.7
湖　南	2074.1	2062.9	177.0	176.3	104.0	111.2
广　东	1502.2	1508.2	374.1	380.0	188.5	187.5
广　西	1589.9	1604.1	61.5	61.7	73.8	78.0
海　南	168.7	170.2	6.0	5.4	7.6	7.4
重　庆	962.6	943.7	56.1	51.9	65.8	68.4
四　川	2859.6	2811.9	183.8	173.4	170.8	180.6
贵　州	1382.5	1388.4	51.8	54.1	22.4	25.3
云　南	1653.6	1661.8	49.7	50.2	43.6	46.3
西　藏	91.0	89.3	1.0	1.6	1.0	1.6
陕　西	1045.7	1047.4	64.6	61.8	64.5	68.0
甘　肃	680.1	683.8	32.5	30.8	36.6	37.5
青　海	138.2	138.2	6.0	6.1	3.4	3.6
宁　夏	145.4	146.6	5.3	5.7	6.8	8.1
新　疆	302.8	310.7	8.1	7.8	3.8	3.8

3-4续表2

地　区	交通运输仓储和邮电通信业		批发零售贸易业及餐饮业		其它非农产业		#外出合同工、临时工
	1997年	1998年	1997年	1998年	1997年	1998年	1998年
全国总计	**1057.8**	**1087.9**	**1381.5**	**1461.9**	**4683.9**	**4933.9**	**2666.6**
北　京	9.2	10.2	7.3	8.7	29.1	26.0	
天　津	9.5	9.5	8.7	8.7	16.6	16.6	5.7
河　北	89.1	89.6	122.2	126.1	213.5	213.1	84.9
山　西	51.9	52.3	37.5	39.2	76.9	76.9	25.1
内蒙古	10.6	10.8	11.2	11.5	37.1	38.6	10.9
辽　宁	33.1	33.4	42.7	43.8	88.0	95.6	29.8
吉　林	11.6	12.3	14.2	16.3	31.9	32.9	9.5
黑龙江	13.5	15.8	18.4	23.8	26.2	48.6	24.3
上　海	4.0	4.5	5.2	6.4	51.3	39.0	11.7
江　苏	91.3	91.2	90.2	95.1	304.6	309.9	120.1
浙　江	64.0	64.3	108.7	112.3	269.4	275.1	91.3
安　徽	49.3	52.8	73.7	78.2	301.1	301.3	136.2
福　建	35.2	36.0	47.2	51.0	128.9	193.9	56.3
江　西	19.8	21.0	29.6	29.8	259.6	269.3	161.6
山　东	101.4	106.1	125.5	134.5	242.7	249.3	147.0
河　南	98.3	98.6	122.7	123.1	326.3	338.3	170.4
湖　北	41.7	42.6	63.1	69.8	192.0	207.3	117.6
湖　南	41.3	43.8	62.9	67.5	315.5	325.2	241.3
广　东	72.7	72.0	105.4	108.3	385.0	376.9	319.4
广　西	29.7	30.8	42.2	44.7	235.3	248.9	84.7
海　南	6.2	5.9	7.5	7.4	13.9	14.0	7.5
重　庆	14.9	15.8	26.3	27.9	195.3	209.3	181.1
四　川	46.3	49.2	87.4	95.8	475.6	518.6	368.0
贵　州	15.1	16.4	21.6	24.7	152.6	173.9	131.2
云　南	31.5	34.1	26.9	30.0	78.8	86.2	48.5
西　藏	2.0	1.6	1.0	1.4	2.0	2.0	0.7
陕　西	31.9	33.3	37.7	40.0	97.6	105.3	57.0
甘　肃	17.8	18.2	18.3	18.7	115.2	117.7	16.4
青　海	3.8	3.9	3.0	3.0	6.9	7.6	3.7
宁　夏	5.3	5.9	5.0	5.2	8.8	9.8	4.6
新　疆	5.7	5.9	8.3	9.0	6.3	6.7	

3－5 农民家庭劳动力情况

指　　　标	单位	1990年	1997年	1998年	1998年为下列各年％	
					1990年	1997年
一、平均每户常住人口	人	4.80	4.35	4.30	89.58	98.85
#整、半劳动力	人	2.92	2.79	2.78	95.21	99.64
1. 整劳动力	人	2.45	2.21	2.16	88.16	97.74
2. 半劳动力	人	0.47	0.58	0.62	131.91	106.90
整、半劳动力占常住人口比重	%	60.83	64.14	64.65		
二、平均每户常住人口中:						
职工人数	人	0.06	0.07	0.08	133.33	114.29
占常住人口比重	%	1.25	1.61	1.86		
乡村企业从业人数	人	0.12	0.13	0.12	100.00	92.31
占常住人口比重	%	2.50	2.99	2.79		
外出劳动人数	人	0.07	0.18	0.21	300.00	116.67
占常住人口比重	%	1.46	4.14	4.88		

3－6 农民家庭劳动力文化状况

指　　　标	单位	1990年	1997年	1998年	1998年为下列各年％	
					1990年	1997年
平均每百个劳动力中:						
文盲或半文盲人数	人	20.73	10.10	9.56	46.1	94.7
小学程度人数	人	38.86	35.12	34.49	88.8	98.2
初中程度人数	人	32.84	44.30	44.99	136.9	101.5
高中程度人数	人	6.96	8.91	9.15	131.5	102.7
中专程度人数	人	0.51	1.24	1.46	286.3	117.7
大专以上人数	人	0.10	0.33	0.37	370.0	112.1

3－7 各地区农民家庭劳动力文化状况

(1998年)

单位：人

地　　区	平均每百个劳动力中					
	文盲或半文盲人数	小学程度人数	初中程度人数	高中程度人数	中专程度人数	大专以上人　　数
全国总计	**9.56**	**34.49**	**44.99**	**9.15**	**1.46**	**0.37**
北　　京	1.37	11.98	57.23	17.97	8.67	2.79
天　　津	2.13	27.76	52.49	13.49	3.23	0.90
河　　北	4.13	29.96	51.79	12.68	1.21	0.23
山　　西	5.57	30.36	53.29	9.37	1.01	0.39
内 蒙 古	9.13	34.79	44.78	9.96	1.03	0.31
辽　　宁	1.71	30.78	57.40	7.15	2.26	0.70
吉　　林	3.47	34.81	52.08	7.96	1.25	0.43
黑 龙 江	4.01	34.80	51.69	7.74	1.43	0.33
上　　海	5.20	25.80	49.53	10.67	6.40	2.40
江　　苏	6.59	30.19	50.30	10.67	1.68	0.56
浙　　江	8.92	38.02	42.58	8.59	1.36	0.53
安　　徽	10.88	32.69	45.99	8.06	2.04	0.35
福　　建	7.61	38.75	41.97	9.26	1.75	0.65
江　　西	6.64	42.54	42.13	7.66	0.83	0.20
山　　东	6.92	28.29	48.91	12.32	2.95	0.61
河　　南	7.82	27.56	52.62	10.67	0.98	0.35
湖　　北	6.90	32.94	47.24	11.30	1.50	0.12
湖　　南	4.17	37.92	46.14	10.31	1.20	0.26
广　　东	5.06	34.75	47.36	10.31	2.07	0.45
广　　西	6.71	38.03	44.27	9.61	1.20	0.18
海　　南	8.02	31.53	47.56	11.51	1.15	0.22
重　　庆	7.38	45.69	40.74	5.10	0.93	0.15
四　　川	9.31	41.86	42.66	5.37	0.74	0.07
贵　　州	23.18	38.45	33.42	4.15	0.73	0.06
云　　南	21.13	43.44	30.10	4.58	0.70	0.04
西　　藏	61.68	35.11	3.02	0.14	0.05	
陕　　西	11.02	27.29	47.83	12.40	0.97	0.48
甘　　肃	23.64	31.31	33.71	10.37	0.80	0.18
青　　海	33.00	38.64	23.56	4.44	0.30	0.05
宁　　夏	22.00	29.75	39.91	7.64	0.47	0.23
新　　疆	11.08	47.07	33.93	6.00	1.49	0.43

3－8 各地区农民家庭劳动力文化程度按人均纯收入分组

（1998年）

地　　区	劳动力文化程度构成（%）					
	文盲或半文盲人数	小学程度人数	初中程度人数	高中程度人数	中专程度人数	大专以上人数
全国总计	**9.56**	**34.49**	**44.99**	**9.15**	**1.46**	**0.37**
3000元以上地区	**6.14**	**31.95**	**48.01**	**10.65**	**2.48**	**0.78**
上　　海	5.20	25.80	49.53	10.67	6.40	2.40
北　　京	1.37	11.98	57.23	17.97	8.67	2.79
浙　　江	8.92	38.02	42.58	8.59	1.36	0.53
广　　东	5.06	34.75	47.36	10.31	2.07	0.45
天　　津	2.13	27.76	52.49	13.49	3.23	0.90
江　　苏	6.59	30.19	50.30	10.67	1.68	0.56
2000－3000元地区	**5.34**	**33.92**	**48.52**	**10.24**	**1.61**	**0.36**
福　　建	7.61	38.75	41.97	9.26	1.75	0.65
辽　　宁	1.71	30.78	57.40	7.15	2.26	0.70
山　　东	6.92	28.29	48.91	12.32	2.95	0.61
河　　北	4.13	29.96	51.79	12.68	1.21	0.23
吉　　林	3.47	34.81	52.08	7.96	1.25	0.43
黑 龙 江	4.01	34.80	51.69	7.74	1.43	0.33
湖　　北	6.90	32.94	47.24	11.30	1.50	0.12
江　　西	6.64	42.54	42.13	7.66	0.83	0.20
湖　　南	4.17	37.92	46.14	10.31	1.20	0.26
海　　南	8.02	31.53	47.56	11.51	1.15	0.22
1500－2000元地区	**8.96**	**35.81**	**45.60**	**8.20**	**1.15**	**0.27**
广　　西	6.71	38.03	44.27	9.61	1.20	0.18
内 蒙 古	9.13	34.79	44.78	9.96	1.03	0.31
河　　南	7.82	27.56	52.62	10.67	0.98	0.35
安　　徽	10.88	32.69	45.99	8.06	2.04	0.35
山　　西	5.57	30.36	53.29	9.37	1.01	0.39
四　　川	9.31	41.86	42.66	5.37	0.74	0.07
宁　　夏	22.00	29.75	39.91	7.64	0.47	0.23
重　　庆	7.38	45.69	40.74	5.10	0.93	0.15
新　　疆	11.06	46.97	33.86	5.99	1.49	0.43
1500元以下地区	**23.74**	**35.64**	**32.74**	**7.02**	**0.71**	**0.16**
青　　海	33.00	38.64	23.56	4.44	0.30	0.05
陕　　西	11.02	27.29	47.83	12.40	0.97	0.48
甘　　肃	23.64	31.31	33.71	10.37	0.80	0.18
云　　南	21.13	43.44	30.10	4.58	0.70	0.04
贵　　州	23.18	38.45	33.42	4.15	0.73	0.06
西　　藏	61.68	35.11	3.02	0.14	0.05	

3-9 各地区农民家庭平均每人经营耕地面积

(1998年)

地　区	经营耕地面　积(市亩)	#承包耕地面积	所占比重(%)	#自　留地面积	所占比重(%)
全国总计	**2.06**	**1.90**	**92.22**	**0.10**	**5.06**
北　京	0.85	0.77	90.21	0.04	4.68
天　津	1.60	1.57	98.29	0.01	0.84
河　北	2.03	1.93	95.10	0.08	4.15
山　西	3.05	2.88	94.38	0.14	4.49
内蒙古	6.89	6.57	95.34	0.18	2.61
辽　宁	2.84	2.63	92.63	0.19	6.56
吉　林	4.68	4.47	95.61	0.17	3.67
黑龙江	8.23	8.03	97.58	0.16	1.91
上　海	0.97	0.86	89.40	0.10	10.19
江　苏	1.25	1.16	93.14	0.08	6.34
浙　江	0.90	0.82	91.29	0.06	7.14
安　徽	1.49	1.43	95.88	0.04	2.36
福　建	0.84	0.74	87.72	0.07	8.19
江　西	1.32	1.20	91.47	0.08	6.08
山　东	1.46	1.41	96.57	0.04	2.85
河　南	1.51	1.38	91.77	0.07	4.84
湖　北	1.47	1.36	92.37	0.08	5.27
湖　南	1.14	0.99	87.02	0.10	8.72
广　东	0.93	0.82	88.88	0.06	6.78
广　西	1.32	1.05	80.13	0.09	6.68
海　南	1.32	1.01	76.20	0.16	12.46
重　庆	1.01	0.92	90.93	0.09	8.46
四　川	1.04	0.92	88.92	0.09	9.11
贵　州	1.09	0.89	81.08	0.13	11.86
云　南	1.70	1.37	80.56	0.17	10.08
西　藏	2.20	2.15	97.64	0.05	2.34
陕　西	2.33	2.16	92.32	0.10	4.08
甘　肃	2.74	2.47	90.00	0.24	8.64
青　海	2.72	2.30	84.57	0.21	7.68
宁　夏	3.76	3.37	89.73	0.20	5.44
新　疆	4.23	3.86	91.23	0.16	3.78

3-9续表

地区	经营山地面积(市亩)	#承包山地面积	所占比重(%)	#自留山面积	所占比重(%)	#植树造林面积	经营水面面积(市亩)
全国总计	**0.43**	**0.28**	**64.88**	**0.13**	**31.25**	**0.05**	**0.02**
北京	0.06	0.05	84.34	0.01	9.90	0.02	0.01
天津	…	…					0.04
河北	0.10	0.09	92.39	…		0.06	…
山西	0.08	0.06	72.78	0.02	22.57	0.02	
内蒙古	0.24	0.19	78.19	0.05	21.27	0.02	
辽宁	0.32	0.07	20.60	0.24	77.30	0.07	0.01
吉林	0.11	0.06	53.25	0.03	23.37	0.07	0.01
黑龙江	0.01	0.01	97.70	…		…	0.03
上海							0.01
江苏	0.01	…		…		…	0.05
浙江	0.61	0.34	55.20	0.26	42.35	0.07	0.03
安徽	0.43	0.30	70.41	0.12	29.13	0.02	0.01
福建	1.04	0.47	45.54	0.44	41.87	0.20	0.02
江西	0.67	0.46	67.98	0.20	29.29	0.07	0.05
山东	0.02	0.01	52.80	0.01	44.24	…	…
河南	0.01	…		…		…	…
湖北	0.73	0.37	49.75	0.37	49.85	0.07	0.03
湖南	0.52	0.25	47.63	0.26	49.27	0.06	0.04
广东	0.46	0.22	47.07	0.22	48.25	0.07	0.10
广西	0.54	0.29	52.70	0.21	38.96	0.14	0.02
海南	0.67	0.44	66.20	0.12	18.33	0.28	0.03
重庆	0.25	0.07	25.61	0.18	70.33	0.01	0.01
四川	0.28	0.09	33.58	0.17	62.91	0.05	0.01
贵州	0.33	0.21	64.44	0.10	29.35	0.03	…
云南	1.11	0.63	57.14	0.42	38.30	0.07	0.01
西藏							
陕西	0.70	0.52	75.30	0.16	22.31	0.06	…
甘肃	0.37	0.28	76.90	0.05	14.10	0.03	0.01
青海	6.83	6.83	99.98	…		…	
宁夏	0.06	0.05	97.38			…	0.01
新疆	…	…					

3－10 主要农业机械年末拥有量

年 份	农业机械总动力(亿瓦特)	大中型拖拉机(台)	小 型拖拉机(万台)	大中型拖拉机机引农具(万部)	联 合收割机(台)	农用载重汽 车(辆)	渔业机动船	
							艘	万千瓦
1957	12.1	14674			1789	4084	1485	8.0
1962	75.7	54938	0.1	19.2	5906	8239	5657	33.0
1965	109.9	72599	0.4	25.8	6704	11063	7789	47.0
1970	216.5	125498	7.8	34.6				
1975	747.9	344518	59.9	90.8				
1978	1175.0	557358	137.3	119.2	18987	73770	47176	214.0
1979	1337.9	666823	167.1	131.3	23026	97105	52225	430.0
1980	1474.6	744865	187.4	136.9	27045	137668	61022	258.0
1981	1568.0	792032	203.7	139.0	31268	175126	73586	293.0
1982	1661.4	812447	228.7	137.4	33904	206383	95692	322.0
1983	1802.2	840776	275.0	130.8	35728	274751	120167	327.0
1984	1949.7	853914	329.8	123.5	35861	349261	143430	335.0
1985	2091.3	852357	382.4	112.8	34573	429554	172582	367.0
1986	2295.0	866463	452.6	100.6	30945	499164	205923	424.0
1987	2483.6	880952	530.0	103.5	33802	550192	238628	486.0
1988	2657.5	870187	595.0	97.1	35004	591406	265126	545.0
1989	2806.7	848220	654.3	99.1	36582	625116	289205	609.0
1990	2870.8	813512	698.1	97.4	38719	624384	320927	696.0
1991	2938.9	784466	730.4	99.1	43996	616637	329843	733.4
1992	3030.8	758904	750.7	104.4	51075	642356	335875	786.1
1993	3181.7	721216	788.3	100.1	56304	690469	334656	804.4
1994	3380.3	693154	823.7	98.0	63918	747981	351327	831.0
1995	3611.8	671846	864.6	99.1	75351	793520	376813	966.0
1996	3854.7	670848	918.9	105.0	96378	836899	358869	864.1
1997	4201.6	689051	1048.5	115.7	141312	875571	400010	1084.0
1998	4520.8	725215	1122.1	120.4	182629	901105	411133	1174.3

3－11 主要农业机械年末拥有量增长情况

指　　标	单　位	1990年	1995年	1997年	1998年	1998年比1997年增长速度 %
农用机械总动力合计	万千瓦	28707.7	36118.1	42015.6	45207.7	107.6
一、耕作机械						
大中型农用拖拉机	万　台	81.4	67.2	68.9	72.5	105.2
	万千瓦	2745.5	2404.0	2486.5	2587.9	104.1
小型农用拖拉机	万　台	698.1	864.6	1048.5	1122.1	107.0
	万千瓦	6231.4	7848.0	9337.2	10031.5	107.4
大中型拖拉机配套农具	万　部	97.4	99.1	115.7	120.4	104.1
小型拖拉机配套农具	万　部	648.8	958.0	1253.0	1448.6	115.6
二、农用排灌机械						
柴油机	万　台	411.1	491.2	546.1	581.6	106.5
	万千瓦	3348.5	3839.0	4292.4	4499.0	104.8
电动机	万　台	430.8	510.3	627.1	664.5	106.0
	万千瓦	3748.8	4037.9	4569.4	4726.7	103.4
农用水泵	万　台	723.9	903.5	1087.6	1164.1	107.0
喷灌机械	万　套	39.3	58.6	67.8	88.1	129.8
三、收获机械						
联合收割机	万　台	3.9	75.0	14.1	18.3	129.8
	万千瓦	190.9	242.6	370.6	467.5	126.1
机动收割机	万　台	1.2	3.3	3.2	3.7	115.6
	万千瓦	9.8	25.0	33.5	36.6	109.3
机动脱粒机	万　台	493.3	605.9	710.7	760.8	107.0
四、植保机械						
喷雾机	万　部	44.8	116.0	144.2	154.6	107.2
	万千瓦	75.0	153.1	204.7	223.0	108.9
五、畜牧机械						
牧草收割机	台	19000	23968	35200	29171	82.9
剪毛机	把	7311	6612	6043	5257	87.0
六、林业机械						
挖坑机	部	473	732	1219	1322	108.4
植树机	部	1852	1839	1433	969	67.6
七、渔业机械						
渔用机动船	艘	321000	376813	400010	411133	102.8
	万　吨	353.1	513.0	586.5	652.9	111.3
	万千瓦	696.0	966.0	1084.0	1174.3	108.3
八、农产品加工机械						
农产品加工机械动力	万千瓦	4333.1	4637.3			
碾米机	万　部	206.7	219.7			
磨面机	万　部	160.5	160.3			
轧花机	万　部	18.1	17.0			
榨油机	万　部	30.9	35.6			
九、运输机械						
农用载重汽车	万　辆	62.4	79.4	87.6	90.1	102.9
	万千瓦	4621.0	6090.9	6575.0	6781.3	103.1
农用运输车	万　辆	23.2	110.4	78.2	107.5	136.6
十、其他农业机械						
推土机	万　台	2.6	4.6	5.6	5.9	105.4

3－12 各地区主要农业机械年末拥有量

地　　区	农业机械总动力(万千瓦)		大中型拖拉机			
			台		万千瓦	
	1997年	1998年	1997年	1998年	1997年	1998年
全国总计	**42015.6**	**45207.7**	**689051**	**725215**	**2486.5**	**2587.9**
北　　京	433.2	415.5	12088	12032	57.0	56.7
天　　津	586.8	602.1	8464	8901	38.4	40.8
河　　北	5808.7	6263.9	38414	45767	154.9	182.5
山　　西	1423.2	1505.8	21828	20751	81.1	78.2
内 蒙 古	1042.5	1125.2	29701	29451	127.8	128.5
辽　　宁	1090.5	1138.1	29518	29733	125.5	128.3
吉　　林	773.2	827.5	31223	31390	105.6	107.0
黑 龙 江	1285.4	1454.5	71440	69905	303.9	304.7
上　　海	158.7	155.7	9072	9037	45.3	33.7
江　　苏	2499.7	2594.8	35928	39844	134.3	147.5
浙　　江	1733.3	1798.8	6880	6299	19.4	17.8
安　　徽	2239.6	2546.6	9439	9579	36.0	36.6
福　　建	792.4	818.4	2981	3075	10.5	10.0
江　　西	750.0	793.9	7783	7803	25.8	26.4
山　　东	4763.6	5228.3	106293	113525	342.6	365.4
河　　南	4337.9	4764.4	56501	58567	189.5	196.6
湖　　北	1276.0	1325.9	71096	71345	149.4	149.5
湖　　南	1692.8	1825.6	4622	4975	20.2	22.0
广　　东	1673.0	1698.2	6567	6718	22.9	21.4
广　　西	1183.2	1263.1	10829	10703	39.6	39.4
海　　南	187.6	194.3	2305	2649	8.2	8.1
重　　庆	454.1	506.6	661	1878	1.4	3.1
四　　川	1348.2	1468.3	6644	10144	18.2	23.5
贵　　州	454.4	494.0	8259	9613	22.1	24.8
云　　南	1103.7	1177.1	9169	10902	39.0	42.0
西　　藏		91.5		2142		8.7
陕　　西	885.4	940.3	19252	22479	65.7	69.9
甘　　肃	813.2	883.1	12620	12735	49.1	50.3
青　　海	207.9	219.4	2772	2750	10.9	11.1
宁　　夏	288.4	316.2	3588	3620	14.1	14.1
新　　疆	729.0	770.4	53114	56903	228.2	239.4

3－12续表1

地区	小型拖拉机				大中型拖拉机配套农具（部）	
	台		万千瓦			
	1997年	1998年	1997年	1998年	1997年	1998年
全国总计	**10484813**	**11220551**	**9337.2**	**10031.5**	**1157316**	**1203687**
北京	30000	30793	34.0	31.5	25500	25184
天津	37100	38100	35.4	35.5	10800	11300
河北	1086445	1163353	1022.6	1105.2	59013	76953
山西	211426	182658	211.3	178.3	34483	39456
内蒙古	360869	382845	370.9	397.7	42431	44003
辽宁	134500	136800	124.3	128.1	46500	46100
吉林	288529	310063	267.6	288.8	45892	55060
黑龙江	450200	633164	422.5	583.8	192000	171813
上海	13098	10890	14.1	9.8	21360	21601
江苏	833196	838740	736.5	744.7	69997	76923
浙江	274425	266101	233.6	226.4	3532	3880
安徽	1175599	1401770	919.9	1087.4	13625	15535
福建	154679	152263	139.6	141.2	671	552
江西	74333	79200	70.4	81.2	2600	2600
山东	850214	987265	703.8	808.3	212033	234678
河南	2021500	2021500	1703.4	1703.4	87722	94989
湖北	184961	206044	140.2	156.8	64234	43293
湖南	196586	199544	176.9	180.0	2206	2381
广东	336789	326586	254.2	253.0	5338	5267
广西	280493	289051	275.5	294.7	7245	8103
海南	27426	26228	24.6	24.1	1272	1402
重庆	15170	15600	16.7	17.4	202	200
四川	138435	139800	151.6	155.4	6315	5800
贵州	50800	54000	49.5	52.0	3000	7000
云南	271705	292641	260.9	284.3	7080	7482
西藏		23468		24.7		1124
陕西	213918	214918	220.3	231.5	27732	33663
甘肃	288500	293540	284.2	295.6	17200	17905
青海	127796	138187	111.5	122.0	4285	4568
宁夏	129023	132335	123.1	127.6	4691	4738
新疆	227098	233104	238.3	260.9	138357	140134

3－12续表2

地　区	小型拖拉机配套农具（部）		柴油机			
			台		万千瓦	
	1997年	1998年	1997年	1998年	1997年	1998年
全国总计	**12530020**	**14485796**	**5461235**	**5816118**	**4292.4**	**4499.0**
北　京	11300	11616	800	502	1.0	0.6
天　津	32900	32900	21000	27900	19.2	22.7
河　北	1132057	1303028	1363408	1362672	1175.8	1164.4
山　西	168459	189435	11967	12058	15.0	14.3
内蒙古	373777	422204	92626	103341	77.2	85.4
辽　宁	127100	137400	52000	64000	50.0	57.0
吉　林	543345	685906	172725	202049	101.7	122.0
黑龙江	492700	514177	147600	139453	123.3	116.9
上　海	4366	10900	53	47		
江　苏	1386303	1430795	139660	147246	138.1	142.1
浙　江	237705	236854	76044	75794	37.3	37.3
安　徽	2126111	2684137	222253	239291	174.3	191.2
福　建	59543	60095	51882	54919	36.5	38.0
江　西	58275	64084	74016	94588	67.9	82.0
山　东	1291671	1460153	1360712	1421733	1114.4	1157.4
河　南	2306900	2691000	426900	455200	399.9	418.0
湖　北	233377	377491	132572	142059	121.8	126.5
湖　南	42643	48380	513964	564817	230.9	257.1
广　东	278940	254962	109816	115977	76.4	83.5
广　西	287333	321764	121067	146595	70.7	81.7
海　南	3573	4501	36143	43043	21.4	22.3
重　庆	3089	116500	44951	52700	30.6	34.0
四　川	99700	109500	174059	216900	117.4	142.1
贵　州	9700	13800	39900	46100	24.8	28.2
云　南	120964	132182	33714	37303	19.2	21.4
西　藏		10428		3065		3.0
陕　西	265664	257800	19332	21400	18.2	19.3
甘　肃	420200	453964	10800	12597	11.6	13.3
青　海	85921	91564	2501	2554	1.8	1.9
宁　夏	102802	108449	644	1189	0.6	0.9
新　疆	223602	249827	8126	9026	15.7	14.5

3－12续表3

地　区	电动机				农用水泵(台)		喷灌机械(套)	
	台		万千瓦					
	1997年	1998年	1997年	1998年	1997年	1998年	1997年	1998年
全国总计	**6270727**	**6644916**	**4569.4**	**4726.6**	**10875797**	**11640896**	**678307**	**880503**
北　京	63600	62660	69.4	67.8	49900	58015	6985	7048
天　津	69300	72000	96.8	103.9	84500	91200	2245	2404
河　北	1221374	1260496	900.1	943.0	1656454	1630372	20511	26437
山　西	96989	105800	111.0	123.1	128252	130350	4271	4096
内蒙古	108072	109507	86.2	87.5	170950	197444	3824	6637
辽　宁	444500	510400	153.9	160.2	736700	819500	4149	5893
吉　林	88234	92932	55.7	56.3	264765	302451	6550	7457
黑龙江	43600	37645	38.3	31.9	185500	292789	5855	6813
上　海	30566	29086	26.6	26.4	30567	27716	1268	1257
江　苏	331351	340569	400.5	411.2	506306	521980	29946	37571
浙　江	281662	294587	143.8	149.1	380372	392549	21094	22126
安　徽	597970	770709	249.2	262.3	887717	1025700	130487	264290
福　建	29697	30216	26.3	26.5	68937	72591	8561	10387
江　西	83018	88739	97.5	101.9	138687	160954	6201	8363
山　东	757699	780775	531.8	544.0	1750981	1850697	219250	247115
河　南	718300	737500	403.7	421.4	1449500	1547500	147472	157036
湖　北	168565	176542	286.4	284.2	287647	295864	7745	8001
湖　南	303088	333070	175.3	192.4	895963	924887	15956	9142
广　东	189700	193612	114.6	117.4	272983	263440	6545	12221
广　西	68590	70131	49.3	49.7	144431	167644	13740	18720
海　南	1762	2243	2.0	2.0	18802	22251	990	2121
重　庆	124176	89700	45.6	40.4	64443	78200	230	296
四　川	64571	65800	119.1	125.0	236622	281600	7219	5701
贵　州	32000	28700	19.5	20.8	66500	70900	170	451
云　南	39247	38418	63.3	63.5	65569	69045	1086	949
西　藏		1515		1.0		461		74
陕　西	220324	217700	133.1	134.5	227076	226400	2771	3603
甘　肃	55900	63415	98.4	101.6	61400	66640	1259	1773
青　海	2421	2520	7.1	7.5	1934	2016	112	75
宁　夏	12307	12469	14.2	14.5	16093	20976	17	22
新　疆	22144	25460	50.7	55.9	26246	28764	1798	2424

3－12续表4

地　区	联合收割机				机动收割机			
	台		万千瓦		台		万千瓦	
	1997年	1998年	1997年	1998年	1997年	1998年	1997年	1998年
全国总计	**141312**	**182629**	**370.6**	**467.5**	**31667**	**37325**	**33.5**	**36.6**
北　京	4277	4445	25.0	25.1	1405	1291	9.0	8.8
天　津	1917	2673	4.5	6.7	124	163	0.1	0.3
河　北	25006	32041	84.2	108.5	365	369	0.2	0.2
山　西	3841	4420	11.7	14.8	1179	1197	0.5	0.5
内蒙古	3653	3828	21.8	22.9	172	149	0.5	0.3
辽　宁	169	162	0.5	0.4	1369	774	0.8	0.4
吉　林	125	107	0.8	0.7	39	110	0.1	0.1
黑龙江	13459	15005	97.5	104.3	538	814	1.9	2.0
上　海	5711	5841	1.9	2.1	245	291	0.3	0.5
江　苏	27656	33343	13.5	20.0	3455	3423	1.5	1.5
浙　江	7741	11858	11.7	19.8	269	389	0.1	0.2
安　徽	3222	4472	7.1	9.9	3726	4123	2.3	2.6
福　建	333	385	0.4	0.5	99	199	0.1	0.1
江　西	357	522	0.7	1.2	84	112	0.2	0.1
山　东	17654	28178	13.6	23.9	7161	8512	4.5	5.6
河　南	11042	16898	24.4	42.7	6818	8849	3.4	5.0
湖　北	1521	2338	3.1	4.2	1140	1450	0.9	0.8
湖　南	156	239	0.2	0.2	349	388	3.8	4.3
广　东	592	710	1.4	1.4	2049	1909	1.8	1.6
广　西	41	87	0.1	0.1	183	204	0.1	0.1
海　南	445	198	0.4	1.1	250	134	0.8	0.2
重　庆	12	30		0.1	3	17		
四　川	1750	2150	0.6	0.7	60	85		
贵　州	6	23			70	93		
云　南	181	272	0.4	0.4	55	10	0.1	
西　藏		35		0.1		1675		0.9
陕　西	4972	6362	9.2	16.1	30	53	0.1	0.1
甘　肃	824	984	4.3	5.1	79	153		0.1
青　海	549	626	4.1	4.8	98	206	0.1	0.2
宁　夏	473	634	2.3	2.8	25	37	0.1	0.1
新　疆	3627	3763	25.5	27.0	228	146	0.5	0.3

3－12 续表 5

地　区	机动脱粒机(部)		喷雾机			
			部		万千瓦	
	1997年	1998年	1997年	1998年	1997年	1998年
全国总计	**7107125**	**7607702**	**1442563**	**1545675**	**204.7**	**223.0**
北　京	12736	12174	131900	127736	1.6	1.5
天　津	45218	44657	1800	2100	0.3	0.5
河　北	647128	635825	176633	196669	27.8	30.3
山　西	56196	58219	15683	19853	3.1	3.8
内蒙古	46433	48366	1878	2293	1.0	1.0
辽　宁	111838	117805	13400	14300	5.4	4.9
吉　林	120034	124425	1883	2294	0.8	0.8
黑龙江	83052	112459	9400	11459	6.0	7.2
上　海	125716	121356	22705	22774	3.5	3.4
江　苏	1214176	1238033	265523	291009	35.8	38.8
浙　江	1262440	1271665	24647	33404	3.9	4.7
安　徽	364827	424412	89075	96877	10.8	12.2
福　建	31658	38887	17160	20584	4.3	4.6
江　西	91036	119505	23039	28433	3.0	4.0
山　东	701704	700976	235877	226331	36.0	37.7
河　南	667448	706480	108282	119511	17.9	19.5
湖　北	111087	115636	73562	82736	9.7	10.8
湖　南	477950	583806	84810	81477	8.1	7.8
广　东	284869	319514	9024	9014	1.9	2.0
广　西	118421	146419	5696	8418	1.2	1.9
海　南	15755	18016	4788	4173	1.0	1.0
重　庆	61761	79493	9025	9400	1.5	1.5
四　川	191940	276206	42864	47200	6.5	7.0
贵　州	2877	5220	2600	2700	0.5	0.5
云　南	78109	82282	2313	2550	0.4	0.5
西　藏		6140		5513		0.2
陕　西	115266	125014	36377	39300	7.5	8.3
甘　肃	22789	24661	9000	9161	1.3	1.5
青　海	7371	8324	1939	2065	0.4	0.4
宁　夏	14653	15495	2139	2102	0.2	0.2
新　疆	22637	26232	19541	24239	3.6	5.0

3－12续表6

地　区	牧草收割机(台)		剪毛机(把)		挖坑机(部)		植树机(部)	
	1997年	1998年	1997年	1998年	1997年	1998年	1997年	1998年
全国总计	**35200**	**29171**	**6043**	**5257**	**1219**	**1322**	**1433**	**969**
北　京	100	8			2	2		
天　津		100			2	2		
河　北	36	14	5	5	4	503		
山　西	53	49	8		15	13		
内蒙古	18608	12645	362	247	75	80	251	237
辽　宁					4	5	5	10
吉　林	446	438	37	45	49	53	369	365
黑龙江	1000	1043	210	480	142	70	35	40
上　海								
江　苏	282	279			51	50		
浙　江								
安　徽		320			18	25	4	
福　建					246	186		30
江　西	102	103			21	31		
山　东		32		3	17	10		
河　南						1	5	5
湖　北	28	5	3	3	78	15	10	
湖　南	3	4	4	6	2	7	102	102
广　东					373	144	18	6
广　西						30		1
海　南					30	29	535	121
四　川		200	20	23	2	3		1
贵　州					3	12		
云　南	8002	8279			12			
西　藏		179		1				
陕　西		400	4	7	20	17		
甘　肃		36	308	129	2	5	1	1
青　海	141	57	1144	745	1	6		
宁　夏	12	8			9	3	3	
新　疆	6387	4972	3938	3563	41	20	95	50

3－12 续表7

地区	渔用机动船					
	艘		万吨		万千瓦	
	1997年	1998年	1997年	1998年	1997年	1998年
全国总计	**400010**	**411133**	**586.5**	**652.7**	**1084.0**	**1174.3**
北京						
天津	1235	1322	2.1	1.8	3.7	4.1
河北	9917	9898	18.8	19.1	33.2	35.3
山西						
内蒙古	69	31	0.1	0.1	0.2	0.1
辽宁	31962	32766	35.6	36.3	72.3	75.7
吉林	572	582	0.1	0.1	0.7	0.5
黑龙江	2443	4233	0.3	0.5	1.9	4.2
上海	2788	2766	12.1	11.9	20.8	21.1
江苏	60742	58431	75.5	94.9	101.1	104.7
浙江	57800	60471	178.6	192.5	337.2	369.1
安徽	10969	11657	11.0	10.5	10.2	10.4
福建	52217	56165	58.8	85.9	115.4	133.7
江西	10578	10731	5.1	5.2	5.0	5.6
山东	42708	42148	51.2	48.2	94.7	96.2
河南	475	698	0.2	0.3	0.5	0.6
湖北	12368	12616	3.7	2.9	6.5	6.9
湖南	9736	9625	2.2	2.2	3.8	3.9
广东	64679	66823	97.3	81.2	191.2	218.1
广西	11565	12224	16.7	17.7	40.2	42.7
海南	13892	14217	16.3	18.8	43.0	38.5
重庆	1078	1248	0.2	22.3	0.6	0.8
四川	659	1213	0.1	0.2	0.4	1.1
贵州	172	205	0.1	0.1	0.2	0.2
云南	814	679	0.2		0.7	0.6
西藏						
陕西	237	59	0.1		0.2	0.1
甘肃	17	14				
青海	18	18			0.1	0.1
宁夏	9	9				
新疆	291	284	0.2	0.2	0.2	0.2

3－12续表8

地 区	农用载重汽车				农用运输车（辆）		推 土 机（台）	
	辆		万千瓦					
	1997年	1998年	1997年	1998年	1997年	1998年	1997年	1998年
全国总计	**875571**	**901105**	**6575.0**	**6781.3**	**782478**	**1074657**	**56409**	**59473**
北 京	20729	18100	149.0	129.3	40078	52800	274	300
天 津	27768	27600	223.8	216.8	1384	2300	342	700
河 北	90251	92100	714.5	753.3	53203	67267	3792	4300
山 西	50595	53300	441.8	467.4	18877	19700	6148	6400
内蒙古	15109	14700	124.4	125.5	5884	9200	659	600
辽 宁	33261	33200	253.3	242.9	10183	13100	623	800
吉 林	8624	8900	70.4	74.1	8911	8700	589	500
黑龙江	9295	10293	79.5	76.2	12177	113972	3450	2469
上 海	1661	1500	10.5	9.6			23	
江 苏	27619	29100	165.8	172.1	32922	35200	2638	3200
浙 江	26510	28500	179.7	187.9	18746	23400	682	700
安 徽	35358	37400	251.9	264.4	25235	30400	2504	2900
福 建	18437	18500	164.5	164.5	36643	37700	1544	1700
江 西	25948	25960	188.1	193.5	46835	51286	1288	1100
山 东	76167	83100	467.0	488.7	50894	69500	4270	5000
河 南	55691	57500	398.0	408.3	70300	137600	2915	3300
湖 北	18303	18900	128.1	130.4	37436	40400	3204	4100
湖 南	58358	60100	467.0	481.2	47033	51700	2123	2300
广 东	76887	70500	479.9	459.2	51604	51800	7426	5700
广 西	26149	26800	241.8	249.2	18103	18900	2185	2400
海 南	5970	6200	45.0	46.1	15314	18900	1055	831
重 庆	19340	21300	140.0	158.8	21603	24800	43	100
四 川	44970	47100	362.0	374.1	53328	60100	817	1200
贵 州	13173	14000	74.5	102.0	16063	19500	237	200
云 南	35714	38052	320.8	337.4	21078	23356	1415	1300
西 藏		5000		40.6		5276		173
陕 西	17980	17200	139.1	130.9	13581	15900	1629	2300
甘 肃	13885	14000	115.9	118.5	8150	10100	748	900
青 海	5033	5600	44.8	47.8	3160	4700	556	600
宁 夏	4857	5000	43.7	44.6	34470	46500	1661	1800
新 疆	11929	11600	90.5	86.1	9283	10600	1569	1600

3－13 农村电力、灌溉面积、化肥施用量情况

年　份	乡村办水电站		农村用电量 (亿千瓦)	有效灌溉面积 (万公顷)	化肥施用量 (万吨)
	个 数 (个)	装机容量 (万千瓦)			
1952	98	0.8	0.5	19959.0	7.8
1957	544	2.0	1.4	27339.0	37.3
1962	7436	25.2	16.1	30545.0	63.0
1965			37.1		194.2
1978	82387	228.4	253.1	44965.0	884.0
1979	83224	276.4	282.7	45003.0	1086.3
1980	80319	304.1	320.8	44888.0	1269.4
1981	74017	336.0	369.9	44874.0	1334.9
1982	66256	353.0	396.9	44177.0	1513.4
1983	62328	346.3	428.1	44644.0	1659.8
1984	60062	361.5	464.0	44453.0	1739.8
1985	55754	380.2	508.9	44036.0	1775.8
1986	54136	387.9	586.7	44226.0	1930.6
1987	51978	394.1	658.8	44403.0	1999.7
1988	51558	428.9	712.0	44376.0	2141.5
1989	50862	416.8	790.5	44917.2	2357.1
1990	52387	428.8	844.5	47403.1	2590.3
1991	49644	456.9	963.2	47822.1	2805.1
1992	48082	478.6	1106.9	48590.1	2930.2
1993	45153	481.9	1244.9	48646.4	3150.1
1994	48722	503.7	1473.9	48759.1	3317.9
1995	40699	519.5	1655.7	49281.2	3593.7
1996	37743	533.7	1812.7	50381.4	3827.9
1997	36117	562.4	1980.1	51238.5	3980.7
1998	33211	634.8	2042.1	52295.6	4085.6

3－14 农村电力和农田水利建设情况

指　　标	单 位	1990年	1995年	1997年	1998年	1998年比1997年增长速度％
一、乡村办水电站	**个**	**52387**	**40699**	**36117**	**33211.0**	**92.0**
装机容量	万千瓦	428.8	519.5	562.4	634.8	112.9
发电量	亿千瓦小时		134.1	173.6	182.9	105.4
二、农村用电量	**亿千瓦小时**	**844.5**	**1655.7**	**1980.1**	**2042.1**	**103.1**
三、农田水利建设情况						
有效灌溉面积	千公顷	47403.1	49281.2	51238.5	52295.6	102.1
旱涝保收面积	千公顷	33638.5	36118.8	37440.1	38050.9	101.6
机电排灌面积	千公顷	27148.3	32205.3	33901.7	34716.3	102.4

3－15 农用化肥、农膜、柴油和农药使用量

指　　标	单　位	1990年	1995年	1997年	1998年	1998年比1997年增长速度％
一、化肥施用量(折纯法计算)	**万　吨**	**2590.3**	**3593.7**	**3980.7**	**4085.6**	**102.6**
氮　肥	万　吨	1638.4	2021.9	2171.7	2234.4	102.9
磷　肥	万　吨	462.4	632.4	689.1	682.8	99.1
钾　肥	万　吨	147.9	268.5	322.0	346.3	107.5
复合肥	万　吨	341.6	670.8	798.1	822.2	103.0
二、农用塑料薄膜使用量	**吨**	**481982**	**915487**	**1161532**	**1206867**	**103.9**
#地膜使用量	吨		470042	625746	672696	107.5
地膜覆盖面积	千公顷		6493	9150	10035	109.7
三、农用柴油使用量	**万　吨**		**1087.8**	**1229.4**	**1314.7**	**106.9**
四、农药使用量	**万　吨**	**73.3**	**108.7**	**119.5**	**123.2**	**103.1**

3－16 各地区农村电力和农田水利建设情况

地　区	乡村办水电站(个)		装机容量(万千瓦)		发电量(万千瓦)		农村用电量(万千瓦小时)	
	1997年	1998年	1997年	1998年	1997年	1998年	1997年	1998年
全国总计	**36117**	**33211**	**562.4**	**634.8**	**1736343**	**1828723**	**19801040**	**20421002**
北　京	40	40	1.8	1.7	3806	1823	251368	277060
天　津							330249	337565
河　北	102	108	1.6	2.1	6310	4355	1613201	1673688
山　西	128	126	2.7	2.8	7638	8048	544571	503589
内蒙古	7	5	0.1	0.1	36	30	177444	183009
辽　宁	61	61	2.2	2.2	3500	3000	960000	874000
吉　林	63	61	3.6	3.7	8112	9039	225842	225424
黑龙江	19	17	1.3	1.2	3071	3645	260509	257465
上　海							657900	695000
江　苏	9	4	0.7	40.0	184	53	2631225	2639514
浙　江	2228	2229	60.9	81.6	119633	170000	1901237	2009066
安　徽	605	596	8.1	9.3	13231	21272	431370	397633
福　建	3409	3457	75.2	78.4	306473	357260	578096	609966
江　西	3788	1635	22.7	20.6	66365	65276	308216	333030
山　东	31	31	0.3	0.3	270	359	1694599	1682299
河　南	513	486	6.3	6.2	5013	5220	1182697	1212093
湖　北	1073	1028	32.6	33.1	66457	65395	554245	564521
湖　南	5350	5086	38.0	39.3	124587	122255	416758	420064
广　东	5420	6052	126.4	126.4	377006	380133	2422170	2749356
广　西	1539	1250	14.3	15.0	35961	38893	271226	276911
海　南	98	105	1.3	1.2	1327	1141	18070	13084
重　庆	1012	931	23.1	22.1	70530	71303	227302	242934
四　川	3493	3358	76.6	76.3	305303	290529	684428	734522
贵　州	882	835	14.7	13.8	33500	32417	110547	117700
云　南	3263	2725	27.4	28.3	134362	131644	283443	314666
西　藏	202	222	1.1	1.2	1347	1391	1665	1697
陕　西	2290	2221	6.8	7.5	12135	13556	504750	479732
甘　肃	208	199	2.4	2.7	5683	5270	255558	275930
青　海	47	48	1.2	1.3	3379	4451	21446	21144
宁　夏							72664	73474
新　疆	237	295	9.1	16.7	21124	20967	208244	224867

3-16续表 单位:千公顷

地区	有效灌溉面积		旱涝保收面积		机电排灌面积	
	1997年	1998年	1997年	1998年	1997年	1998年
全国总计	**51238.5**	**52295.6**	**37440.1**	**38050.9**	**33901.7**	**34716.3**
北　京	320.7	323.7	246.7	256.7	300.2	297.7
天　津	352.3	351.9	230.9	232.2	405.4	404.6
河　北	4322.6	4388.1	3272.6	3389.7	4084.1	4149.8
山　西	1058.1	1068.6	678.8	690.2	913.2	924.7
内蒙古	1972.0	2067.9	1139.4	1175.5	1734.4	1852.2
辽　宁	1277.1	1335.1	1087.9	1131.8	1547.8	1563.6
吉　林	1078.0	1251.0	722.8	831.4	943.5	1130.3
黑龙江	1607.0	1815.0	768.2	722.9	1675.0	1932.3
上　海	281.6	277.5	281.6	277.5	281.6	266.4
江　苏	3836.5	3855.4	2880.8	2945.3	3772.2	3795.8
浙　江	1405.0	1385.8	999.2	985.2	1056.8	1039.5
安　徽	3049.0	3100.1	2227.4	2286.9	2586.9	2632.6
福　建	933.6	932.9	631.8	634.7	163.5	165.3
江　西	1900.1	1897.0	1506.2	1518.3	588.0	601.3
山　东	4736.7	4780.2	3579.8	3588.3	4336.9	4387.5
河　南	4333.1	4513.9	3416.3	3523.0	3417.8	3598.1
湖　北	2150.4	2161.9	1754.1	1745.8	1364.2	1209.2
湖　南	2676.8	2675.1	2182.2	2201.2	1265.8	1170.2
广　东	1516.0	1502.0	1041.0	1060.3	429.4	437.6
广　西	1489.1	1468.1	1161.5	1145.5	265.9	261.7
海　南	226.9	176.7	111.7	96.7	25.3	24.8
重　庆	508.9	614.1	317.9	316.5	179.8	188.0
四　川	2356.2	2390.5	1642.8	1660.7	586.8	615.2
贵　州	631.2	638.4	528.4	532.2	68.3	68.2
云　南	1321.0	1349.9	797.9	805.4	208.2	210.9
西　藏	156.5	150.3	71.3	76.5	8.6	8.8
陕　西	1293.3	1302.6	866.0	889.3	817.7	836.1
甘　肃	954.4	963.9	573.7	597.1	349.3	370.4
青　海	204.6	187.4	119.7	78.5	15.8	15.7
宁　夏	379.8	387.1	287.7	258.3	63.3	55.5
新　疆	2910.2	2983.6	2313.7	2397.7	446.1	502.4

3－17 各地区农用化肥施用量

(按折纯法计算)

单位:万吨

地 区	农用化肥施用量		1.氮 肥		2.磷 肥	
	1997年	1998年	1997年	1998年	1997年	1998年
全国总计	**3980.7**	**4085.6**	**2171.7**	**2234.4**	**689.1**	**682.8**
北 京	19.7	19.3	12.4	11.9	1.2	1.0
天 津	14.6	15.3	8.6	8.7	1.9	2.0
河 北	262.4	270.2	150.4	151.8	43.1	43.8
山 西	82.6	86.1	42.1	43.6	19.9	20.3
内 蒙 古	72.4	72.8	44.2	43.8	13.1	14.1
辽 宁	113.0	114.1	72.1	72.0	11.5	12.0
吉 林	107.6	112.5	65.9	68.6	5.5	5.4
黑 龙 江	121.8	125.9	56.5	57.5	29.8	31.0
上 海	13.1	14.8	9.8	11.1	1.1	1.3
江 苏	322.7	333.3	189.9	196.7	48.7	48.2
浙 江	99.0	90.8	68.0	61.3	13.2	12.7
安 徽	240.6	253.8	121.6	122.9	43.3	43.7
福 建	116.4	118.1	55.4	55.4	17.0	16.6
江 西	120.4	113.1	60.2	54.9	23.1	20.8
山 东	386.7	406.5	192.5	197.5	54.7	57.1
河 南	355.3	382.8	187.9	198.7	82.9	88.0
湖 北	262.2	270.6	147.5	165.3	59.2	49.8
湖 南	175.4	179.9	97.2	98.7	24.2	24.6
广 东	194.7	169.5	94.7	96.9	27.8	19.3
广 西	146.1	155.5	58.2	60.3	22.8	23.8
海 南	22.2	22.4	9.3	10.1	3.0	1.9
重 庆	69.6	71.2	45.9	47.2	15.3	15.5
四 川	201.3	205.3	121.3	123.7	40.0	40.3
贵 州	64.8	63.5	38.2	38.8	10.6	10.7
云 南	105.8	105.2	59.6	61.5	17.5	17.6
西 藏	3.1	4.6	1.2	2.4	0.6	0.6
陕 西	116.9	124.0	69.5	72.3	17.0	17.6
甘 肃	60.8	63.2	30.2	30.3	17.1	17.9
青 海	7.0	6.9	3.4	3.2	1.3	1.2
宁 夏	18.8	28.8	12.4	21.3	2.3	3.1
新 疆	83.8	85.6	45.9	46.1	20.6	21.1

3－17续表

地　区	3. 钾　肥		4. 复 合 肥	
	1997年	1998年	1997年	1998年
全国总计	**322.0**	**346.3**	**798.1**	**822.2**
北　京	0.3	0.4	5.8	6.0
天　津	0.5	0.7	3.6	3.9
河　北	13.5	15.3	55.5	59.3
山　西	3.8	4.1	16.8	18.1
内蒙古	2.2	2.3	13.0	12.7
辽　宁	6.7	7.2	22.7	22.8
吉　林	6.6	7.6	29.7	30.9
黑龙江	7.5	9.8	28.1	27.6
上　海	0.3	0.3	1.9	2.1
江　苏	13.7	14.6	70.3	73.8
浙　江	5.9	5.4	11.9	11.5
安　徽	20.2	22.8	55.5	64.4
福　建	21.6	22.6	22.5	23.5
江　西	18.5	18.4	18.6	19.0
山　东	29.2	32.4	110.3	119.6
河　南	26.2	30.4	58.3	65.7
湖　北	16.1	15.1	39.4	40.5
湖　南	28.6	29.5	25.4	27.2
广　东	33.0	34.0	39.2	19.4
广　西	31.4	34.1	33.8	37.3
海　南	2.4	2.6	7.5	7.8
重　庆	2.3	2.2	6.2	6.2
四　川	8.4	8.8	31.6	32.6
贵　州	4.2	4.3	11.7	9.7
云　南	9.7	8.8	19.0	17.3
西　藏	0.1	1.0	1.3	0.6
陕　西	5.3	5.9	25.0	28.2
甘　肃	1.4	2.2	12.2	12.8
青　海	0.3	0.3	2.1	2.2
宁　夏	0.1	0.1	4.1	4.4
新　疆	2.1	3.0	15.1	15.3

3－18 各地区农用塑料薄膜使用量

地区	农用塑料薄膜使用量（吨）		地膜使用量（吨）		地膜覆盖面积（公顷）	
	1997年	1998年	1997年	1998年	1997年	1998年
全国总计	**1161532**	**1206867**	**625746**	**672696**	**9149623**	**10034862**
北京	9744	9670	3991	3966	24160	23975
天津	7222	7670	3101	3113	30550	33296
河北	51828	55714	21995	26276	371746	451761
山西	26075	29139	20836	23761	392366	477682
内蒙古	28054	31532	23192	26298	502250	545357
辽宁	79739	80742	18332	19738	232379	199456
吉林	32476	35734	11635	12938	89575	109505
黑龙江	69907	53201	37827	26243	537868	472703
上海	7741	23404	2978	7723	38000	16011
江苏	56647	54442	22244	23843	317385	363198
浙江	27467	27811	14343	14780	134341	122219
安徽	50947	53376	22957	25384	452734	379001
福建	21455	19246	8685	7942	42479	45155
江西	24792	27509	12713	14883	108621	108147
山东	185836	187187	75017	77212	1058063	1191358
河南	69454	74871	30356	34980	466190	520230
湖北	51112	47779	23445	24763	377000	403590
湖南	35215	37791	24074	24040	276210	306099
广东	28667	22748	10866	12241	72811	76425
广西	11582	14163	7977	9660	183825	204362
海南	187	113	102	109	1849	2072
重庆	15909	17712	10836	12337	149740	154585
四川	51637	57701	37257	40476	533036	537364
贵州	19113	17023	11807	9422	156296	140876
云南	48546	43470	38622	34693	497114	494924
西藏	101	104	58	49	943	96
陕西	14731	22254	9889	16691	231423	477367
甘肃	51465	57844	44074	49150	595100	808553
青海	672	759	393	417	8932	6142
宁夏	4670	4490	2934	2855	63965	57836
新疆	78541	91668	73210	86713	1202672	1305517

3－19 各地区农用柴油和农药使用量

地　区	农用柴油使用量(万吨)		农药使用量(吨)	
	1997年	1998年	1997年	1998年
全国总计	**1229.4**	**1314.7**	**1195466**	**1231682**
北　京	6.9	7.4	6310	5098
天　津		19.1	3270	3002
河　北	172.6	189.4	72939	72120
山　西	21.4	22.3	14489	15698
内 蒙 古	23.0	26.4	7746	8325
辽　宁	48.2	48.2	31574	38898
吉　林	22.4	24.7	18383	16692
黑 龙 江	73.3	76.1	26923	28131
上　海	5.3	14.9	8277	14628
江　苏	72.9	73.2	96573	98816
浙　江	131.1	140.7	65191	65861
安　徽	37.3	41.2	75797	80146
福　建	36.0	38.7	52281	50298
江　西	15.1	16.0	45259	48704
山　东	136.3	139.5	137601	134764
河　南	67.8	72.7	84925	90961
湖　北	43.1	42.1	103235	100359
湖　南	19.4	21.8	80851	83005
广　东	52.4	55.2	79581	85115
广　西	36.4	38.7	42871	42375
海　南	7.5	15.0	8545	10368
重　庆	8.4	7.6	16831	18221
四　川	22.1	25.9	50961	53848
贵　州	3.5	2.8	7321	7119
云　南	38.7	40.3	23243	21474
西　藏	5.1	0.5	572	415
陕　西	55.0	44.9	9741	10470
甘　肃	18.6	18.4	8601	11320
青　海	3.9	3.9	1378	1682
宁　夏	6.4	7.1	1345	1357
新　疆	39.4	40.2	12852	12412

3－20 各地区农民家庭平均每户生产性固定资产原值

单位：元

地　　区	合计		1. 役畜、产品畜		2. 大中型铁木农具		3. 农林牧渔业机械	
	1997年	1998年	1997年	1998年	1997年	1998年	1997年	1998年
全国总计	**3896.56**	**3970.81**	**850.01**	**771.06**	**207.33**	**213.27**	**878.28**	**1033.75**
北　　京	3540.97	3568.36	127.59	123.24	54.64	22.22	740.60	824.27
天　　津	5133.45	5855.05	578.76	479.45	131.53	198.74	954.51	1622.29
河　　北	5292.05	5461.74	589.33	563.51	224.99	212.91	1698.54	2222.17
山　　西	2528.60	2903.51	721.61	711.09	63.22	71.90	372.46	713.75
内 蒙 古	7076.07	6956.62	1895.53	1810.41	291.27	358.01	1978.31	2156.35
辽　　宁	3299.64	3348.95	753.06	742.32	137.33	113.30	545.82	660.51
吉　　林	4788.62	4960.05	1454.55	1404.43	188.54	263.32	1588.04	1625.24
黑 龙 江	5972.33	5841.51	1199.61	803.86	458.34	458.86	2816.26	3183.29
上　　海	2588.43	2663.97	111.70	65.73	69.31	52.35	128.25	77.63
江　　苏	3265.45	3158.94	194.84	168.23	100.34	115.99	930.50	923.62
浙　　江	5777.06	6553.31	177.51	244.60	185.06	188.72	992.95	1220.66
安　　徽	4023.42	3674.22	723.66	585.41	281.67	276.91	1626.13	1590.09
福　　建	2735.77	2459.13	534.03	404.00	168.75	196.33	135.14	210.88
江　　西	2490.97	2564.05	768.97	669.15	252.86	291.25	142.51	132.51
山　　东	3642.00	4036.86	554.97	529.77	174.62	202.51	1113.34	1231.07
河　　南	3768.30	4007.27	590.59	489.39	177.83	179.02	1558.13	1922.14
湖　　北	2688.67	2604.21	773.75	681.59	190.28	176.37	351.61	380.70
湖　　南	2507.72	2563.06	494.57	443.13	271.20	268.03	256.80	242.96
广　　东	3004.71	2964.17	684.96	590.32	181.63	206.42	373.41	390.36
广　　西	3113.65	2869.05	1094.51	1005.12	124.55	170.44	477.75	469.60
海　　南	4231.71	4135.86	1997.02	1782.66	117.74	110.10	704.84	768.00
重　　庆	1844.11	1914.47	320.63	313.53	135.20	134.95	85.97	53.52
四　　川	3289.21	3325.13	741.24	696.07	168.03	180.97	163.45	150.35
贵　　州	2507.00	2670.64	1066.83	950.14	149.00	145.26	44.58	42.48
云　　南	4344.94	4053.64	1371.36	1121.38	89.29	76.39	285.01	403.72
西　　藏	15162.81	5067.99	7706.28	8146.92	260.61	157.93	321.14	1591.48
陕　　西	2601.02	2845.93	490.20	453.89	168.61	169.21	524.59	689.49
甘　　肃	3262.01	3377.53	877.97	863.48	354.11	331.46	806.19	918.48
青　　海	7004.60	7156.92	2229.56	2070.44	368.46	396.36	2389.22	2647.85
宁　　夏	5653.75	6066.32	1283.43	1179.43	211.58	286.98	1271.21	1548.71
新　　疆	7814.32	8077.50	2674.16	2306.38	784.90	604.43	1912.66	2883.24

3－20续表

单位:元/户

地　区	4.工业机械		5.运输机械		6.生产用房		7.其他	
	1997年	1998年	1997年	1998年	1997年	1998年	1997年	1998年
全国总计	**115.92**	**125.81**	**636.60**	**569.36**	**982.06**	**1000.80**	**226.36**	**256.77**
北　京	14.67	10.40	2068.37	1906.81	276.73	404.53	258.37	276.89
天　津	153.58	53.33	993.67	807.83	1973.17	1794.97	348.23	898.44
河　北	199.34	230.25	1672.01	1209.86	710.40	816.06	197.46	206.98
山　西	75.48	74.82	994.30	989.96	203.50	233.98	98.02	108.00
内蒙古	57.15	68.21	528.21	389.90	1086.94	996.19	1238.65	1177.55
辽　宁	34.79	36.23	750.45	625.82	879.39	898.41	198.80	272.36
吉　林	62.95	64.19	297.31	393.66	942.10	1019.48	255.13	189.73
黑龙江	31.51	38.48	425.78	446.69	676.79	693.89	364.03	216.45
上　海	191.67	191.67	214.33	298.17	1582.22	1375.79	290.95	602.63
江　苏	138.17	153.35	677.37	525.97	1133.50	1133.17	90.73	138.61
浙　江	706.75	770.57	784.33	787.71	2930.46	2878.55		462.49
安　徽	54.52	58.23	159.45	144.51	1021.82	810.17	156.17	208.91
福　建	134.57	153.29	458.93	390.57	1014.49	763.15	289.85	340.91
江　西	52.64	56.34	355.78	365.32	810.60	932.65	107.60	116.83
山　东	57.82	53.22	852.37	919.56	773.88	877.40	114.99	223.33
河　南	128.84	124.19	578.36	611.38	518.85	503.17	215.69	177.98
湖　北	100.34	101.02	390.31	240.21	748.41	849.29	133.98	175.04
湖　南	110.92	136.27	328.28	372.41	961.50	978.86	84.46	121.41
广　东	48.61	98.17	726.15	589.62	762.44	818.07	227.51	271.22
广　西	134.08	149.13	556.30	339.43	627.43	627.89	99.04	107.44
海　南	70.35	36.32	785.36	837.92	216.75	160.43	339.66	440.43
重　庆	41.23	51.27	178.33	152.91	873.72	1017.76	209.03	190.53
四　川	39.20	60.07	264.42	319.62	1616.34	1638.46	296.52	279.60
贵　州	63.12	74.67	172.86	251.95	912.12	1042.87	98.50	163.27
云　南	108.60	94.98	613.13	450.75	1641.48	1733.43	236.08	173.01
西　藏	249.94	245.40	3101.64	1669.64	3380.65	2907.60	142.55	349.03
陕　西	94.08	115.52	436.99	584.63	612.36	628.41	274.19	204.77
甘　肃	89.94	85.03	339.98	359.74	464.28	628.95	329.54	190.40
青　海	120.83	95.95	650.33	527.24	787.66	824.16	458.55	594.93
宁　夏	98.03	119.88	1482.79	1566.41	1234.64	1265.24	72.07	99.67
新　疆	73.13	63.09	965.37	821.92	846.41	1005.53	557.68	392.91

3－21 各地区农民家庭每百户年末拥有主要生产性固定资产数量

地区	汽车(辆)		大中型拖拉机(台)		小型和手扶拖拉机(台)		机动脱粒机(台)	
	1997年	1998年	1997年	1998年	1997年	1998年	1997年	1998年
全国总计	**0.82**	**1.01**	**1.39**	**1.22**	**14.26**	**14.34**	**7.41**	**8.58**
北　京	4.93	6.13	0.80	0.80	15.87	17.87	0.40	0.40
天　津	1.33	2.50	2.33	1.00	22.35	24.25	8.98	9.18
河　北	1.69	1.40	2.31	2.21	30.25	32.85	10.32	10.19
山　西	1.88	2.06	1.17	1.48	15.21	16.26	1.12	1.17
内蒙古	1.27	1.36	1.64	1.77	27.61	31.45	2.50	3.33
辽　宁	1.06	1.14	1.80	2.20	8.89	8.41	3.19	3.44
吉　林	0.63	0.44	1.00	1.38	17.69	18.18	5.06	4.13
黑龙江	0.70	1.15	3.07	4.10	32.90	35.80	4.00	4.88
上　海	0.33	0.83	0.00	0.00	1.17	1.17	9.08	11.62
江　苏	0.56	0.75	0.26	0.33	13.65	15.14	21.05	24.08
浙　江	0.67	0.92	0.33	0.19	4.98	4.93	31.30	32.29
安　徽	0.19	0.61	0.69	0.97	24.84	26.81	12.21	16.72
福　建	0.48	1.16	0.51	0.17	4.30	3.43	5.26	10.06
江　西	0.73	1.02	8.24	0.16	14.37	2.38	6.62	7.97
山　东	0.57	0.67	1.52	1.87	14.46	3.86	6.54	7.40
河　南	0.55	0.70	2.35	2.65	29.42	33.18	8.16	9.04
湖　北	0.56	0.72	1.16	1.16	5.53	6.03	1.63	3.00
湖　南	0.42	0.48	0.18	0.13	3.10	2.79	8.30	8.83
广　东	0.96	1.04	0.44	0.47	8.50	8.50	9.18	9.72
广　西	0.74	0.56	0.30	0.39	6.74	6.43	5.82	10.13
海　南	1.53	1.67	1.11	0.42	9.90	7.50	8.47	7.78
重　庆	0.33	0.67	0.27	0.13	0.67	0.23	4.53	6.33
四　川	0.75	1.13	0.40	0.35	1.63	1.51	4.50	6.67
贵　州	0.29	0.60	0.49	0.45	0.85	1.12	0.60	1.43
云　南	0.52	0.88	0.38	0.42	8.22	9.90	5.73	5.50
西　藏	2.92	3.54	1.25	2.71	20.21	22.08	4.79	6.46
陕　西	0.56	0.53	1.17	1.13	12.57	14.10	3.00	3.67
甘　肃	0.78	1.08	2.11	2.46	16.61	20.50	0.50	1.38
青　海	0.33	0.33	2.00	2.50	38.58	41.42	4.10	4.10
宁　夏	1.67	1.67	0.17	0.00	32.00	35.00	1.18	1.42
新　疆	1.07	1.13	3.17	3.77	21.27	24.20	2.20	1.93

3-21 续表1

地区	胶轮大车（辆）		胶轮手推车（辆）		抽水机（台）		水泵（台）	
	1997年	1998年	1997年	1998年	1997年	1998年	1997年	1998年
全国总计	**8.83**	**8.52**	**37.38**	**38.45**	**4.26**	**4.75**	**12.12**	**13.73**
北京	4.27	4.00	63.07	63.33	0.13	0.40	4.27	2.93
天津	22.90	19.32	36.92	30.50	6.20	4.38	14.58	18.85
河北	20.46	19.20	43.84	40.88	5.68	5.81	25.09	26.28
山西	6.19	6.52	39.06	37.30	0.38	0.48	2.05	2.38
内蒙古	27.30	30.34	39.63	38.35	3.13	4.31	22.15	22.61
辽宁	27.25	28.89	34.87	33.33	1.29	1.80	37.50	42.02
吉林	37.66	38.33	11.81	13.44	2.50	3.00	14.78	21.91
黑龙江	15.31	12.35	11.35	11.50	3.46	3.60	11.56	13.45
上海	0.00	0.00	56.92	59.50	0.33	0.00	2.17	3.17
江苏	9.03	9.45	39.21	40.84	2.38	2.22	8.32	8.46
浙江	1.11	1.15	52.80	90.64	4.10	3.64	16.68	18.23
安徽	2.55	2.53	44.41	44.15	5.55	7.06	26.05	30.20
福建	11.89	0.51	52.26	37.34	4.57	4.29	4.97	8.17
江西	3.80	5.95	38.99	42.15	3.27	4.50	4.37	6.36
山东	19.22	17.27	77.10	75.95	14.10	15.09	20.53	23.62
河南	5.23	5.57	66.45	63.14	5.25	5.56	22.24	24.15
湖北	6.03	6.19	25.27	25.00	4.05	5.33	7.22	9.88
湖南	0.88	1.15	10.40	10.31	4.92	5.20	9.14	9.16
广东	1.89	2.56	25.06	25.65	4.36	5.36	8.70	10.15
广西	1.93	1.60	17.03	18.01	5.53	7.12	5.86	7.12
海南	2.50	3.75	11.25	10.83	15.69	14.86	10.97	9.31
重庆	0.00	0.13	0.80	1.20	3.77	5.97	2.77	6.23
四川	1.20	1.10	4.30	4.45	5.73	7.33	8.23	10.84
贵州	2.01	2.68	4.39	4.26	1.21	1.50	1.51	1.63
云南	2.06	2.08	25.65	30.09	1.75	1.52	2.96	2.92
西藏	7.08	7.71	11.67	10.00	0.00	0.00	0.00	0.00
陕西	0.63	0.95	71.48	70.62	0.64	0.73	9.07	10.44
甘肃	2.28	1.92	70.56	70.29	0.89	0.54	1.94	1.79
青海	7.83	7.67	59.33	57.83	0.00	0.00	0.67	0.83
宁夏	1.00	1.17	68.17	66.67	0.00	0.00	2.00	4.08
新疆	28.33	28.27	48.20	45.93	0.20	0.60	2.47	2.67

3－21 续表2

地　区	机动船（条）		役畜（头）		产品畜（头）	
	1997年	1998年	1997年	1998年	1997年	1998年
全国总计	**0.27**	**0.25**	**55.58**	**48.39**	**52.72**	**52.20**
北　京			4.13	14.13	26.00	12.40
天　津		0.03	30.45	35.67	32.47	15.92
河　北	0.11	0.14	35.44	31.99	26.10	30.44
山　西			48.58	47.50	34.24	39.10
内蒙古			115.68	113.80	155.86	147.68
辽　宁	0.15	0.15	48.92	45.85	25.61	21.48
吉　林		0.06	68.63	70.13	40.44	25.50
黑龙江	0.60	0.55	54.00	41.00	87.50	78.35
上　海	0.17		7.33	0.00	40.67	39.50
江　苏	1.26	1.26	5.84	4.81	18.56	21.94
浙　江	1.47	1.38	4.67	6.14	32.93	38.12
安　徽	0.20	0.18	37.32	31.35	27.82	37.92
福　建	0.32	0.25	34.98	24.39	53.93	46.66
江　西	0.17	0.11	59.82	61.73	43.71	42.57
山　东	0.05		42.06	31.23	18.88	15.93
河　南			39.95	31.98	23.67	20.77
湖　北		0.06	78.44	50.82	33.58	21.43
湖　南	0.30	0.24	29.86	29.72	28.47	30.14
广　东	0.82	0.68	42.04	39.28	39.29	31.48
广　西	0.06	0.14	136.19	72.62	44.05	43.12
海　南	1.99	2.39	122.64	103.01	109.58	95.83
重　庆	0.07		23.81	20.11	23.40	39.20
四　川	0.08		36.57	31.12	73.82	66.84
贵　州			90.92	84.17	45.22	92.90
云　南	0.42	0.29	88.72	85.00	56.46	54.17
西　藏			392.29	417.08	623.13	625.42
陕　西			36.43	31.40	41.55	41.41
甘　肃		0.04	93.42	89.90	29.22	21.58
青　海			116.67	120.83	112.00	140.83
宁　夏			85.58	69.00	39.67	41.67
新　疆			125.00	101.67	316.27	308.93

3－22 灌溉、水库和除涝、治水、治碱情况

项目	单位	1985年	1990年	1995年	1996年	1997年
年底灌区数	处	5281	5363	5562	5608	5579
# 3.3万公顷以上	处	71	72	74	75	77
2.0－3.3万公顷	处	66	76	99	108	115
灌区有效灌溉面积	万公顷	2077.7	2123.1	2249.9	2206.2	2249.5
# 3.3万公顷以上	万公顷	599.6	604.7	631.4	615.0	640.8
2.0－3.3万公顷	万公顷	167.0	189.6	244.4	266.5	286.2
水库	座	83219	83387	84775	84905	84837
大型水库	座	340	366	387	394	397
中型水库	座	2401	2499	2593	2618	2634
小型水库	座	80478	80522	81795	81893	81806
水库库容量	亿立方米	4301	4660	4797	4571	4583
大型水库	亿立方米	3076	3397	3493	3260	3267
中型水库	亿立方米	661	690	719	724	729
小型水库	亿立方米	564	573	585	587	587
易涝面积	万公顷	2420.7	2446.7	2442.5	2458.2	2458.2
除涝面积	万公顷	1858.4	1933.7	2006.5	2027.9	2052.6
占易涝面积比重	%	76.8	79.0	82.2	82.5	83.5
水土流失面积	万公顷				18266.4	18266.4
治理水土流失面积	万公顷				6932.1	7224.2
占流失总面积比重	%				38.0	39.5
盐碱耕地面积	万公顷	769.3	753.9	765.6	772.5	772.5
治碱面积	万公顷	456.9	499.5	543.4	551.3	561.2
占盐碱耕地面积比重	%	59.4	66.3	71.0	71.4	72.7
堤防长度	万公里	17.7	22.0	24.7	24.8	25.1
堤防保护耕地面积	万公顷	3106.0	3200.0	3060.9	3268.6	3414.6

注：大型水库库容：1亿立方米以上；

中型水库库容：1千万至1亿立方米；

小型水库库容：10万至1千万立方米。

3－23 各地区水利设施和除涝、治碱情况

地　　区	水库数(座)	水库库容量(亿立方米)	除涝面积(万公顷)	除涝面积占易涝面积 %	治碱面积(千公顷)	治碱面积占碱地面积 %
全国总计	**84837**	**4583.4**	**2052.6**	**83.5**	**5612.3**	**72.7**
北　京	84	93.5	15.9	94.6	42.9	92.3
天　津	105	26.9	40.4	98.1	213.0	91.3
河　北	1122	149.4	163.3	87.6	807.5	79.3
山　西	757	44.1	8.9	78.7	209.2	61.2
内蒙古	443	74.0	25.7	61.6	291.9	55.3
辽　宁	922	306.6	98.0	97.4	329.2	85.6
吉　林	1324	306.8	100.3	89.5	135.8	49.5
黑龙江	568	78.3	299.4	71.1	196.7	34.7
上　海			6.5	91.1	29.9	86.1
江　苏	917	189.2	275.6	94.1	668.0	91.4
浙　江	3697	345.5	46.5	88.7	4.1	62.1
安　徽	4822	185.0	208.7	87.2	98.5	87.4
福　建	2949	79.2	11.1	52.0	21.6	55.3
江　西	9673	264.5	33.2	70.0		
山　东	5676	192.0	252.4	85.5	892.9	86.1
河　南	2389	267.3	178.9	84.8	672.8	84.2
湖　北	5827	502.7	119.1	88.2		
湖　南	13327	295.2	44.9	85.2		
广　东	6439	380.5	49.8	84.9		
广　西	4393	225.0	19.7	53.7	97.6	32.7
海　南	999	93.2	1.0	93.0		
重　庆	2725	35.2	1.4			
四　川	6616	86.5	8.2	48.0	0.52	19.6
贵　州	1907	72.2	4.3	47.1		
云　南	4973	78.2	20.7	80.0	3.76	64.8
西　藏						
陕　西	1069	41.0	13.3	87.0	61.9	74.0
甘　肃	289	86.1	1.2	36.4	77.2	58.7
青　海	145	5.3			9.9	50.1
宁　夏	195	18.4			68.9	79.5
新　疆	485	61.3	3.8	60.5	678.5	71.9

3－24 受灾和成灾面积

单位：千公顷

年份	受灾面积	# 旱灾	# 水灾	成灾面积	# 旱灾	# 水灾
1949				8525	8525	
1952	8189	2794	4236	4433	1844	2589
1957	29149	8083	17205	14983	6032	7400
1962	37175	9810	20808	16672	6318	8691
1965	20804	5587	13631	11223	2813	8107
1970	9974	3129	5723	3295	1234	1931
1975	35379	6817	24832	10239	3467	5318
1978	50790	2850	40170	21800	920	17970
1979	39370	6760	24650	15120	2870	9320
1980	44526	9146	26111	22317	5025	12485
1981	39786	8625	25693	18743	3973	12134
1982	33133	8361	20697	22784	4463	9972
1983	34713	12162	16089	16209	5747	7586
1984	31887	10632	15819	15264	5395	7015
1985	44365	14197	22989	22705	8949	10063
1986	47135	9155	31042	23656	5601	14765
1987	42086	8686	24920	20393	4104	13033
1988	50874	11949	32904	23945	6128	15303
1989	46991	11328	29358	24449	5917	15262
1990	38474	18175	11804	17819	7805	5605
1991	55472	24596	24914	27814	14614	10559
1992	51333	9423	32980	25895	4464	17049
1993	48829	16387	21098	23133	8611	8657
1994	55043	30425	17329	31383	17049	10744
1995	45821	23455	12731	22267	10401	2630
1996	46989	20151	18146	21233	6247	10855
1996	46989	20151	18146	21233	6247	10855
1997	53429	33514	11414	30309	20250	5840

3－25 全国受灾、成灾和绝收面积情况

指　　标	1990年	1995年	1997年	1998年	1998年比1997年增加%
一、受灾面积	38474	45821	53429	50145	－6.1
旱　灾	18175	23455	33514	14236	－57.5
水　灾	11804	12731	11414	22292	95.3
风雹灾	6354	4476	4494	4740	5.5
霜冻灾	2141	3576	2288	8665	278.7
二、成灾面积	17819	22267	30309	25181	－16.9
旱　灾	7805	10401	20250	5060	－75.0
水　灾	5605	2075	5840	13785	136.0
风雹灾	3415	1791	2951	3132	6.1
霜冻灾			830	3103	273.9
三、绝收面积		5618	6429	7614	18.4
旱　灾		2121	3958	947	－76.1
水　灾		2627	1339	5295	295.4
风雹灾		561	907	828	－8.7
霜冻灾		194	97	521	437.1

3－26 各地区受灾面积

单位：千公顷

地　区	受灾面积合计		旱　灾		水　灾	
	1997年	1998年	1997年	1998年	1997年	1998年
全国总计	**53427**	**50145**	**33516**	**14236**	**11415**	**22292**
北　京	143	78	118	30	3	13
天　津	194	141	186	40		50
河　北	3369	2466	2900	1220	282	380
山　西	2291	1675	2070	1228	40	180
内蒙古	3157	2295	2759	509	154	1304
辽　宁	2457	384	1587	140	870	148
吉　林	3035	1735	2374	141	661	1097
黑龙江	3207	3162	2131	417	533	2429
上　海	76				51	
江　苏	2808	3614	1005	604	467	443
浙　江	1351	1228	120	212	436	392
安　徽	2443	5904	1415	833	653	1996
福　建	587	1030	18	187	553	697
江　西	1034	3318	67	243	734	2416
山　东	4746	1541	3427	679	703	623
河　南	3751	3124	2853	1240	78	905
湖　北	2638	3243	1240	154	1088	2540
湖　南	1483	3607	543	984	646	2130
广　东	1242	701	88	203	952	411
广　西	803	1294	325	384	478	793
海　南	97	151		140	66	11
重　庆	1303	1394	974	521	143	653
四　川	2447	2665	1350	1133	621	1282
贵　州	1059	779	329	377	470	225
云　南	1820	1138	981	641	579	399
西　藏	103	150	9	77	6	48
陕　西	2494	1553	2200	1103	80	408
甘　肃	1871	929	1611	603	13	170
青　海	293	122	227	51	19	13
宁　夏	323	149	286	71	11	27
新　疆	802	575	323	71	25	109

单位: 千公顷

地　区	风雹灾		霜冻灾		台风	
	1997年	1998年	1997年	1998年	1997年	1998年
全国总计	**4493**	**4740**	**2287**	**8665**	**1718**	**212**
北　京	22	35				
天　津	8	51				
河　北	187	825		41		
山　西	118	206		61		
内蒙古	133	266	63	216		
辽　宁		96	111			
吉　林		262		235		
黑龙江	435	231	108	85		
上　海	25					
江　苏	537	361		2206	800	
浙　江	53	135	11	410	731	79
安　徽	187	265		2810	187	
福　建	13	25	3	30		91
江　西	100	78	133	581		
山　东	243	185	374	54		
河　南	667	255	153	724		
湖　北	173	175	137	374		
湖　南	93	59	200	434		
广　东	159	22	43	23		42
广　西		101		16		
海　南	8		23			
重　庆	145	121	41	99		
四　川	273	187	203	63		
贵　州	260	177				
云　南	235	94	24	4		
西　藏	11	25	77			
陕　西	26	16	188	26		
甘　肃	206	84	42	72		
青　海	27	43	20	15		
宁　夏	7	29	20	22		
新　疆	142	331	313	64		

3－27 各地区成灾面积

单位:千公顷

地　区	成灾面积合计		旱　灾		水　灾	
	1997年	1998年	1997年	1998年	1997年	1998年
全国总计	**30307**	**25181**	**20012**	**5060**	**5839**	**25181**
北　京	97	39	85	16	3	39
天　津	97	66	90	26		66
河　北	2231	1120	1983	436	150	1120
山　西	1603	634	1463	320	23	634
内蒙古	2138	1750	1860	258	123	1750
辽　宁	1615	106	1230	50	385	106
吉　林	1716	939	1500	41	216	939
黑龙江	1698	2056	1333	233	131	2056
上　海	22				20	
江　苏	1210	1583	353	133	200	1583
浙　江	708	398	28	11	251	398
安　徽	1165	2281	611	230	347	2281
福　建	272	372	5	53	257	372
江　西	627	2363	33	155	447	2363
山　东	2717	510	1963	216	476	510
河　南	2542	975	1862	281	43	975
湖　北	1386	2018	681	53	559	2018
湖　南	783	1852	291	273	399	1852
广　东	630	330	31	95	473	330
广　西	436	791	167	172	269	791
海　南	51	58	57		39	58
重　庆	577	1009	406	225	68	1009
四　川	1207	1540	699	647	308	1540
贵　州	535	359	95	118	236	359
云　南	903	365	443	202	321	365
西　藏	65	30	3		5	30
陕　西	1617	718	1467	433	40	718
甘　肃	1131	549	1000	265	7	549
青　海	93	52	53	13	17	52
宁　夏	100	77	90	23	7	77
新　疆	335	241	187	25	19	241

3-27 续表

单位:千公顷

地区	风雹灾		霜冻灾		台风	
	1997年	1998年	1997年	1998年	1997年	1998年
全国总计	**2951**	**3132**	**831**	**3103**	**678**	**101**
北京	10	17				
天津	7					
河北	98	508		36		
山西	69	229	49	35		
内蒙古	127	268	27	147		
辽宁						
吉林		193		58		
黑龙江	233	169		48		
上海	2					
江苏	478	361		911	179	
浙江	33			179	396	23
安徽	103	156		587	103	
福建	9	15	2	13		54
江西	80	45	67	227		
山东	151	56	128	26		
河南	555	52	82	333		
湖北	89	116	57	159		
湖南	27	42	67	124		
广东	117	10	9	13		24
广西		65		6		
海南	1		11			
重庆	91	204	12	86		
四川	100	114	101	25		
贵州	205	113				
云南	127		13	2		
西藏	3	7	53			
陕西	16	11	95	12		
甘肃	123	162		38		
青海	23	34		2		
宁夏	3	20		12		
新疆	71	165	58	24		

四、农村基金

4－1 国家财政用于农业的支出

单位:亿元

年 份	农业支出	支援农村生产支出和各项农业事业费	基本建设支 出	科技三项费 用	其 他	农业支出占财政支出的比重(%)
1952	9.04	2.69	3.84		2.10	5.10
1957	23.50	7.99	10.93		3.58	7.70
1962	38.23	19.29	8.67		7.57	12.50
1965	54.98	17.29	23.51	1.05	10.25	11.80
1970	49.40	15.91	22.52		8.18	7.60
1975	98.96	42.53	35.56	0.10	17.57	12.10
1978	150.66	76.95	51.14	1.06	13.88	13.60
1980	149.95	82.12	48.59	1.31	13.94	12.40
1985	153.62	101.04	37.73	1.95	12.90	8.30
1986	184.20	124.30	43.87	2.70	13.33	7.90
1987	195.72	134.16	46.81	2.28	12.47	8.00
1988	214.07	158.74	39.67	2.39	13.27	7.90
1989	265.94	197.12	50.64	2.48	15.70	8.60
1990	307.84	221.76	66.71	3.11	16.26	8.90
1991	347.57	243.55	75.49	2.93	25.60	9.10
1992	376.02	269.04	85.00	3.00	18.98	8.60
1993	440.45	323.42	95.00	3.00	19.03	8.30
1994	532.98	399.70	107.00	3.00	23.28	9.20
1995	567.22	430.22	110.00	3.00	24.00	8.31
1996	700.4	510.07				
1997		560.77				

4-2 农业基本建设投资和新增固定资产

日期和年份	农林牧渔水利业基本建设投资(亿元)	#水利基建投资	农业基本建设投资占基本建设投资%	水利基本建设投资占农业基本建设投资%	农林牧渔水利新增固定资产(亿元)
"一五"时期	41.83	24.31	7.10	58.10	34.46
"二五"时期	135.71	96.64	11.30	71.20	84.59
1963-1965年	74.46	28.92	17.60	38.80	60.64
"三五"时期	104.27	70.14	10.70	67.30	53.80
"四五"时期	173.08	117.11	9.80	67.70	92.60
"五五"时期	246.08	157.23	10.50	63.90	152.77
# 1980年	52.03	27.07	9.30	52.00	35.37
"六五"时期	172.84	93.01	5.10	53.80	140.51
1981年	29.21	13.57	6.60	46.50	23.13
1982年	34.12	17.47	6.10	51.20	23.75
1983年	35.45	21.13	6.00	59.60	36.56
1984年	37.12	20.68	5.00	55.70	27.08
1985年	36.94	20.16	3.40	54.50	29.99
"七五"时期					
1986年	35.06	22.87	3.00	65.20	30.32
1987年	42.11	27.01	3.10	64.10	30.94
1988年	46.17	23.62	3.00	51.20	30.59
1989年	50.65	29.53	3.26	58.30	37.22
1990年	67.22	40.65	3.95	60.47	45.67
"八五"时期					
1991年	85.00	50.16	4.02	59.01	50.24
1992年	111.04	68.28	3.69	61.49	62.94
1993年	127.77	81.55	2.77	63.83	77.19
1994年	154.94	98.17	2.41	63.36	91.59
1995年	219.09	142.50	3.09	65.04	135.86
"九五"时期					
1996年	317.85	206.55	3.69	64.98	153.22
1997年	412.71	258.83	4.16	62.71	211.73
1998年	637.11	411.73	5.35	64.62	288.74

4－3　农村集体单位和农村居民个人固定资产投资额

单位:亿元,%

日期和年份	全社会固定资产投资总额	#农村集体单位固定资产投资	占全社会固定资产投资比重	#农村居民个人固定资产投资	占全社会固定资产投资比重
"六五"时期	7997.5	699.8	8.8	1527.4	19.1
1981年	961.0	83.7	8.7	166.3	17.3
1982年	1230.4	131.4	10.7	198.5	16.1
1983年	1430.1	110.7	7.7	305.1	21.3
1984年	1832.9	174.8	9.5	379.1	20.7
1985年	2543.2	199.2	7.8	478.4	18.8
"七五"时期	19744.0	1818.3	9.2	3903.9	19.8
1986年	3019.6	245.4	8.1	574.8	19.0
1987年	3640.9	365.7	10.0	695.4	19.1
1988年	4496.5	456.7	10.2	865.2	19.2
1989年	4137.7	384.4	9.3	892.0	21.6
1990年	4449.3	366.1	8.2	876.5	19.7
"八五"时期	62211.0	7473.8	12.0	6712.9	10.8
1991年	5508.8	494.0	9.0	1042.6	18.9
1992年	7855.0	994.9	12.7	1005.5	12.8
1993年	12457.9	1631.2	13.1	1137.7	9.1
1994年	16370.3	1988.6	12.1	1519.2	9.3
1995年	20019.3	2367.7	11.8	2007.9	10.0
"九五"时期					
1996年	22913.6	2802.3	12.2	2544.0	11.1
1997年	24941.1	3055.6	12.3	2691.2	10.8
1998年	28406.2	3233.3	11.4	2681.5	9.4

注:自1997年起,全社会固定资产投资中除房地产投资,农村集体投资、个人投资外,基本建设、更新改造和其他固定资产投资的统计起点由5万元提高到50万元。本表对1996年的相应数据已经作了调整。

4－4 农民家庭生产费用现金支出

单位：元/人

项　　目	1990年	1997年	1998年	1998年为下列各年 %	
				1990年	1997年
生产费用现金支出	**183.35**	**599.91**	**565.97**	**308.7**	**94.3**
一、家庭经营费用现金支出	**162.90**	**539.93**	**511.66**	**314.1**	**94.8**
种植业生产支出	95.86	290.04	271.30	283.0	93.5
林业生产支出	0.76	1.93	1.83	240.8	94.8
牧业生产支出	43.18	172.32	159.82	370.1	92.7
渔业生产支出	3.02	10.42	12.50	413.9	120.0
手工业生产支出	3.60	8.37	6.12	170.0	73.1
工业生产支出	3.81	13.47	13.35	350.4	99.1
建筑业生产支出	0.42	5.08	4.14	985.7	81.5
运输业生产支出	7.46	19.20	17.37	232.8	90.5
商业生产支出	1.17	10.16	12.63	1079.5	124.3
饮食业生产支出	0.84	2.21	3.15	375.0	142.5
服务业生产支出	0.90	2.96	3.05	338.9	103.0
其他支出	1.88	3.76	6.42	341.5	170.7
二、购买生产性固定资产支出	**20.45**	**59.98**	**54.31**	**265.6**	**90.5**
#大中型铁木农具	0.83	1.77	1.47	177.1	83.1
农牧渔业机械	6.62	20.04	20.08	303.3	100.2
工业机械	1.37	3.27	3.29	240.1	100.6
运输机械		16.92	16.63		98.3
役畜		6.99	6.39		91.4
产品畜		2.84	1.73		60.9

4－5 各地区农民家庭生产费用现金支出

单位：元/人

地　　区	生产费用现金支出		1.家庭经营费用现金支出		2.购买生产性固定资产支出	
	1997年	1998年	1997年	1998年	1997年	1998年
全国总计	**599.91**	**565.97**	**539.93**	**511.66**	**59.98**	**54.31**
北　京	530.96	545.10	441.65	471.05	89.31	74.05
天　津	886.44	928.97	834.05	878.44	52.39	50.53
河　北	633.27	579.54	556.60	528.09	76.67	51.45
山　西	303.94	282.31	263.06	251.61	40.88	30.70
内蒙古	698.29	681.07	580.20	557.50	118.10	123.57
辽　宁	709.26	706.26	665.50	663.09	43.77	43.18
吉　林	755.24	654.40	683.57	595.70	71.67	58.70
黑龙江	960.13	901.49	807.68	787.53	152.45	113.96
上　海	541.29	436.10	500.63	407.53	40.65	28.57
江　苏	686.42	654.29	633.13	609.77	53.29	44.53
浙　江	870.24	880.76	784.72	779.17	85.52	101.59
安　徽	480.15	440.79	420.68	395.09	59.47	45.69
福　建	547.77	495.65	525.34	483.42	22.43	12.22
江　西	576.39	506.76	548.97	472.49	27.41	34.27
山　东	702.62	698.06	618.28	604.83	84.34	93.23
河　南	487.87	439.66	420.33	384.33	67.53	55.32
湖　北	492.56	445.34	462.89	419.71	29.67	25.63
湖　南	662.75	584.37	617.15	536.50	45.60	47.87
广　东	839.53	723.75	810.04	707.52	29.49	16.23
广　西	654.13	564.62	605.52	529.10	48.61	35.52
海　南	400.42	415.44	385.82	406.90	14.60	8.54
重　庆	383.51	352.84	353.28	331.94	30.23	20.91
四　川	531.75	549.32	507.21	515.18	24.53	34.15
贵　州	290.68	300.09	259.73	266.78	30.95	33.31
云　南	450.97	437.16	389.48	375.34	61.49	61.82
西　藏	211.27	143.29	117.88	106.26	93.39	37.03
陕　西	365.56	344.04	319.95	294.11	45.61	49.94
甘　肃	325.14	325.84	273.25	282.66	51.89	43.18
青　海	315.27	322.88	249.70	264.60	65.57	58.28
宁　夏	736.76	695.04	616.75	581.25	120.01	113.79
新　疆	1366.93	1507.26	1203.33	1337.93	163.60	169.33

4－6 各地区农民家庭总支出构成按人均纯收入分组

(1998年)

地　　区	构成(以总收入为100)				人均生产费用现金支出(元/人)
	总支出	生活费用支　出	生产费用支　出	其　他支　出	
全国合计	**100.0**	**64.7**	**28.8**	**6.5**	**565.97**
3000元以上地区	**100.0**	**72.9**	**21.6**	**5.5**	**726.40**
上　海	100.0	85.4	8.9	5.6	436.10
北　京	100.0	78.3	14.9	6.8	545.10
浙　江	100.0	72.1	23.6	4.3	880.76
广　东	100.0	73.0	21.6	5.4	723.75
天　津	100.0	61.2	30.6	8.1	928.97
江　苏	100.0	71.6	22.6	5.8	654.29
2000－3000元地区	**100.0**	**62.9**	**29.7**	**7.5**	**598.26**
福　建	100.0	73.9	20.2	5.9	495.65
辽　宁	100.0	60.7	31.3	8.0	706.26
山　东	100.0	57.7	35.2	7.2	698.06
河　北	100.0	61.4	32.9	5.7	579.54
吉　林	100.0	57.7	32.9	9.5	654.40
黑龙江	100.0	50.0	35.7	14.3	901.49
湖　北	100.0	68.7	22.8	8.5	445.34
江　西	100.0	66.2	28.0	5.8	506.76
湖　南	100.0	66.8	27.5	5.8	584.37
海　南	100.0	66.2	27.4	6.5	415.44
1500－2000元地区	**100.0**	**60.6**	**33.0**	**6.5**	**577.25**
广　西	100.0	65.9	31.0	3.1	564.62
内蒙古	100.0	56.1	35.4	8.5	618.07
河　南	100.0	64.1	28.9	6.9	439.66
安　徽	100.0	66.2	25.9	7.8	440.79
山　西	100.0	71.9	22.8	5.2	282.31
四　川	100.0	60.5	34.3	5.2	549.32
宁　夏	100.0	55.5	38.4	6.1	695.04
重　庆	100.0	66.7	28.4	4.9	352.84
新　疆	100.0	43.1	48.1	8.8	1507.26
1500元以下地区	**100.0**	**65.2**	**29.5**	**5.3**	**336.86**
青　海	100.0	67.1	27.5	5.4	322.88
陕　西	100.0	67.9	25.3	6.9	344.04
甘　肃	100.0	64.5	29.9	5.6	325.84
云　南	100.0	61.4	33.7	4.9	437.16
贵　州	100.0	66.6	29.2	4.1	300.09
西　藏	100.0	71.9	23.7	4.4	143.29

五、农林牧渔业增加值、总产值和农村非农行业总产值

5-1 农林牧渔业增加值和指数

年份	农林牧渔业增加值(亿元)	指数	
		以1978年为100	以上年为100
1978	1018.4	100.0	104.1
1979	1258.9	106.1	106.1
1980	1359.4	104.5	98.5
1981	1545.6	111.9	107.0
1982	1761.6	124.8	111.5
1983	1960.8	135.1	108.3
1984	2295.5	152.6	112.9
1985	2541.6	155.4	101.8
1986	2763.9	160.5	103.3
1987	3204.3	168.1	104.7
1988	3861.0	172.3	102.5
1989	4228.0	177.6	103.1
1990	5017.0	190.7	107.3
1991	5288.6	195.2	102.4
1992	5743.9	203.1	104.1
1993	6882.3	211.2	104.0
1994	9457.2	219.6	104.0
1995	11993.4	229.5	104.5
1996	13391.2	241.2	105.1
1997	14148.6	251.6	104.3
1998	14537.6	260.4	103.5

注：1996年、1997年、1998年增加值为农业普查衔接数。

5－2 农林牧渔业总产值、增加值、中间消耗及构成

(1998年，按当年价格计算)

	总产值	增加值	中间消耗	#中间物质消耗	#对非物质生产部门的劳务支出
一、绝对数(亿元)					
农林牧渔业合计	24516.7	14537.6	9979.1	9217.2	761.9
1. 农业	14241.9	9035.6	5206.3	4729.9	476.4
#种植业	13086.7	8421.7	4665.0	4233.7	431.3
其它农业	1155.2	613.9	541.3	496.2	45.1
2. 林业	851.2	611.8	239.4	207.7	31.7
3. 牧业	7000.7	3428.9	3571.8	3415.4	156.4
4. 渔业	2422.9	1461.3	961.6	864.2	97.4
二、构成(%)					
(以农林牧渔业合计为100)					
农林牧渔业合计	100	100	100	100	100
1. 农业	58.1	62.2	52.2	51.3	62.5
#种植业	53.4	57.9	46.8	45.9	56.6
#其它农业	4.7	4.3	5.4	5.4	5.9
2. 林业	3.5	4.2	2.4	2.3	4.2
3. 牧业	28.6	23.6	35.8	37.1	20.6
4. 渔业	9.8	10.0	9.6	9.3	12.7

5-3 各地区农林牧渔业总产值、增加值和中间消耗

(1998年,按当年价格计算)　　单位:亿元

地　区	总产值	增加值	中间消耗	#中　间 物质消耗	#对非物质生产 部门劳务支出
全国总计	**24516.7**	**14537.6**	**9979.1**	**9217.2**	**761.9**
北　京	176.6	86.5	90.1	85.0	5.0
天　津	156.2	74.0	82.1	74.2	7.9
河　北	1505.9	790.6	715.3	681.2	34.1
山　西	359.2	207.3	151.9	143.2	8.7
内蒙古	534.4	344.4	190.0	172.0	17.9
辽　宁	969.8	532.4	437.4	381.3	56.1
吉　林	666.5	429.5	237.0	221.5	15.5
黑龙江	736.3	429.1	307.2	266	41.2
上　海	206.8	78.5	128.2	117.5	10.8
江　苏	1849.2	915.5	933.7	869.8	63.9
浙　江	1003.7	631.4	372.3	335.6	36.7
安　徽	1202.3	694.0	508.3	476.2	32.2
福　建	973.4	610.1	363.3	335.2	28.2
江　西	734.9	450.4	284.4	263.0	21.4
山　东	2174.5	1215.8	958.7	899.5	59.2
河　南	1823.0	1068.6	754.4	700.7	53.7
湖　北	1147.5	742.0	405.5	367.6	37.9
湖　南	1232.8	811.7	421.1	393.1	27.9
广　东	1614.6	963.1	651.6	586.3	65.3
广　西	865.9	570.4	295.6	283.5	12.1
海　南	242.5	157.9	84.6	69.9	14.7
重　庆	434.4	280.7	153.7	147.8	5.9
四　川	1394.1	899.8	494.3	471.7	22.6
贵　州	402.3	264.8	137.5	130.8	6.6
云　南	614.5	394.3	220.2	203.9	16.3
西　藏	42.3	31.3	11.1	10.3	0.8
陕　西	479.4	280.9	198.5	183.5	14.9
甘　肃	335.8	202.2	133.6	128.7	4.9
青　海	60.8	41.6	19.2	17.9	1.3
宁　夏	78.8	48.7	30.1	29.4	0.6
新　疆	498.4	290.2	208.2	170.9	37.3

5－4 各地区分部门农林牧渔业增加值

(1998年,按当年价格计算)　　　　单位:亿元

地　区	合　计	农　业	林　业	牧　业	渔　业
全国总计	**14537.6**	**9035.6**	**611.8**	**3428.9**	**1461.3**
北　京	86.5	51.6	2.0	29.7	3.3
天　津	74.0	49.9	0.8	14.6	8.8
河　北	790.6	495.5	17.5	257.9	19.7
山　西	207.3	143.3	7.6	55.6	0.8
内蒙古	344.4	222.7	12.5	105.9	3.4
辽　宁	532.4	326.5	10.9	106.8	88.1
吉　林	429.5	282.0	5.4	135.8	6.2
黑龙江	429.1	351.1	7.8	63.3	6.9
上　海	78.5	43.1	0.3	22.7	12.4
江　苏	915.5	599.7	13.4	157.4	145.0
浙　江	631.4	368.9	47.1	77.1	138.2
安　徽	694.0	404.5	44.6	155.8	89.1
福　建	610.1	272.4	56.3	110.9	170.5
江　西	450.4	230.2	36.0	117.7	66.5
山　东	1215.8	725.0	32.4	256.7	201.7
河　南	1068.6	690.4	37.7	329.2	11.4
湖　北	742.0	439.5	28.5	191.6	82.4
湖　南	811.7	446.6	37.8	266.5	60.8
广　东	963.1	575.1	41.4	144.1	202.6
广　西	570.4	342.4	30.5	134.6	62.9
海　南	157.9	79.9	25.8	22.0	30.3
重　庆	280.7	189.7	12.4	67.7	10.9
四　川	899.8	612.1	36.8	228.0	22.9
贵　州	264.8	184.4	12.5	65.1	2.8
云　南	394.3	254.0	30.4	101.9	7.9
西　藏	31.3	15.5	0.7	15.0	…
陕　西	280.9	205.8	12.8	60.5	1.8
甘　肃	202.2	147.3	4.5	49.5	0.9
青　海	41.6	19.9	0.7	20.9	0.1
宁　夏	48.7	36.4	0.5	11.1	0.8
新　疆	290.2	230.4	4.5	53.3	1.9

5－5 各地区农林牧渔业增加值分部门构成

(1998年，按当年价格计算)

地 区	合 计	农 业	林 业	牧 业	渔 业
全国总计	**100**	**62.2**	**4.2**	**23.6**	**10.0**
北 京	100	59.6	2.3	34.3	3.8
天 津	100	67.3	1.1	19.7	11.9
河 北	100	62.7	2.2	32.6	2.5
山 西	100	69.2	3.7	26.8	0.4
内蒙古	100	64.7	3.6	30.8	1.0
辽 宁	100	61.3	2.1	20.1	16.5
吉 林	100	65.7	1.3	31.6	1.4
黑龙江	100	81.8	1.8	14.7	1.6
上 海	100	54.9	0.4	28.9	15.7
江 苏	100	65.5	1.5	17.2	15.8
浙 江	100	58.4	7.5	12.2	21.9
安 徽	100	58.3	6.4	22.5	12.8
福 建	100	44.6	9.2	18.2	28.0
江 西	100	51.1	8.0	26.1	14.8
山 东	100	59.6	2.7	21.1	16.6
河 南	100	64.6	3.5	30.8	1.1
湖 北	100	59.2	3.8	25.8	11.1
湖 南	100	55.0	4.7	32.8	7.5
广 东	100	59.7	4.3	15.0	21.0
广 西	100	60.0	5.3	23.6	11.0
海 南	100	50.6	16.3	13.9	19.2
重 庆	100	67.6	4.4	24.1	3.9
四 川	100	68.0	4.1	25.3	2.5
贵 州	100	69.6	4.7	24.6	1.1
云 南	100	64.4	7.7	25.8	2.0
西 藏	100	49.7	2.2	48.0	0.1
陕 西	100	73.2	4.6	21.5	0.6
甘 肃	100	72.8	2.2	24.5	0.5
青 海	100	47.9	1.6	50.4	0.1
宁 夏	100	74.7	1.1	22.7	1.6
新 疆	100	79.4	1.6	18.4	0.7

5-6 各地区分部门农林牧渔业增加值比重

(1998年,以该部门总产值为100)

地区	农业	林业	牧业	渔业
全国总计	**63.4**	**71.9**	**49.0**	**60.3**
北京	57.8	62.8	38.7	43.5
天津	50.4	65.5	38.3	48.8
河北	55.9	64.0	47.1	43.7
山西	57.5	56.9	58.6	50.1
内蒙古	66.4	73.7	59.7	70.4
辽宁	61.1	63.3	39.6	59.5
吉林	71.4	67.2	53.5	66.0
黑龙江	67.8	43.9	34.3	42.2
上海	48.4	40.0	26.0	41.8
江苏	54.7	55.4	36.1	49.5
浙江	70.6	79.2	46.5	54.1
安徽	59.5	76.1	46.4	69.4
福建	66.3	71.9	55.4	60.1
江西	63.7	75.7	49.4	76.1
山东	59.4	70.5	44.0	62.0
河南	59.5	75.0	55.1	70.5
湖北	63.9	69.0	64.7	67.6
湖南	71.0	78.4	56.0	76.4
广东	66.7	75.7	41.1	58.3
广西	71.9	80.7	51.0	71.6
海南	67.8	60.4	58.4	68.2
重庆	74.4	81.9	45.2	76.2
四川	74.3	80.1	46.2	72.9
贵州	67.2	80.7	60.2	68.2
云南	66.6	72.7	56.8	65.4
西藏	69.3	78.9	79.0	89.3
陕西	60.4	66.6	52.2	54.5
甘肃	58.3	50.9	67.5	84.4
青海	63.4	67.9	74.1	64.8
宁夏	67.6	52.0	49.4	48.7
新疆	59.5	61.0	53.3	55.9

5－7 各地区分部门农林牧渔业中间消耗

(1998年，按当年价格计算)

地　区	合　计	农　业	林　业	牧　业	渔　业
全国合计	**9979.1**	**5206.3**	**239.4**	**3571.8**	**961.6**
北　京	90.1	37.6	1.2	46.9	4.3
天　津	82.1	49.0	0.4	23.5	9.2
河　北	715.3	390.4	9.9	289.7	25.4
山　西	151.9	106.1	5.7	39.2	0.8
内蒙古	190.0	112.6	4.4	71.5	1.4
辽　宁	437.4	208.2	6.4	162.8	60.0
吉　林	237.0	112.8	2.7	118.3	3.2
黑龙江	307.2	166.5	9.9	121.2	9.6
上　海	128.2	46.0	0.5	64.6	17.2
江　苏	933.7	497.2	10.8	278.1	147.7
浙　江	372.3	154.0	12.4	88.8	117.2
安　徽	508.3	275.1	14.0	179.9	39.4
福　建	363.3	138.6	22.0	89.3	113.4
江　西	284.4	131.3	11.6	120.6	20.9
山　东	958.7	494.8	13.5	326.7	123.6
河　南	754.4	469.2	12.6	267.9	4.8
湖　北	405.5	248.6	12.8	104.7	39.5
湖　南	421.1	182.1	10.4	209.8	18.8
广　东	651.6	286.9	13.3	206.8	144.6
广　西	295.6	133.9	7.3	129.4	25.0
海　南	84.6	37.9	16.9	15.7	14.1
重　庆	153.7	65.3	2.7	82.3	3.4
四　川	494.3	211.6	9.1	265.1	8.5
贵　州	137.5	90.2	3.0	43.0	1.3
云　南	220.2	127.2	11.4	77.4	4.2
西　藏	11.1	6.9	0.2	4.0	…
陕　西	198.5	135.1	6.4	55.4	1.5
甘　肃	133.6	105.3	4.3	23.8	0.2
青　海	19.2	11.5	0.3	7.3	…
宁　夏	30.1	17.4	0.5	11.3	0.8
新　疆	208.2	157.0	2.9	46.8	1.6

5－8 各地区农林牧渔业中间消耗分部门构成

(1998年,按当年价格计算)

地　　区	以农林牧渔业中间消耗为100			
	农　业	林　业	牧　业	渔　业
全国合计	**52.2**	**2.4**	**35.8**	**9.6**
北　京	41.8	1.3	52.1	4.8
天　津	59.6	0.5	28.6	11.2
河　北	54.6	1.4	40.5	3.5
山　西	69.9	3.8	25.8	0.5
内蒙古	59.3	2.3	37.6	0.7
辽　宁	47.6	1.5	37.2	13.7
吉　林	47.6	1.1	49.9	1.4
黑龙江	54.2	3.2	39.4	3.1
上　海	35.9	0.4	50.4	13.4
江　苏	53.2	1.2	29.8	15.8
浙　江	41.4	3.3	23.8	31.5
安　徽	54.1	2.7	35.4	7.7
福　建	38.1	6.1	24.6	31.2
江　西	46.2	4.1	42.4	7.3
山　东	51.6	1.4	34.1	12.9
河　南	62.2	1.7	35.5	0.6
湖　北	61.3	3.2	25.8	9.7
湖　南	43.2	2.5	49.8	4.5
广　东	44.0	2.0	31.7	22.2
广　西	45.3	2.5	43.8	8.4
海　南	44.8	20.0	18.6	16.7
重　庆	42.5	1.8	53.5	2.2
四　川	42.8	1.8	53.6	1.7
贵　州	65.6	2.2	31.3	1.0
云　南	57.8	5.2	35.1	1.9
西　藏	62.3	1.7	36.0	0.0
陕　西	68.1	3.2	27.9	0.8
甘　肃	78.8	3.2	17.8	0.1
青　海	60.0	1.7	38.2	0.1
宁　夏	58.1	1.6	37.7	2.6
新　疆	75.4	1.4	22.5	0.7

5-9 各地区分部门农林牧渔业中间消耗比重

(1998年,按当年价格计算)

地区	以该部门总产值为100			
	农业	林业	牧业	渔业
全国总计	**36.6**	**28.1**	**51.0**	**39.7**
北京	42.2	37.2	61.3	56.5
天津	49.6	34.5	61.7	51.2
河北	44.1	36.0	52.9	56.3
山西	42.5	43.1	41.4	49.9
内蒙古	33.6	26.3	40.3	29.6
辽宁	38.9	36.7	60.4	40.5
吉林	28.6	32.8	46.5	34.0
黑龙江	32.2	56.1	65.7	57.8
上海	51.6	60.0	74.0	58.2
江苏	45.3	44.6	63.9	50.5
浙江	29.4	20.8	53.5	45.9
安徽	40.5	23.9	53.6	30.6
福建	33.7	28.1	44.6	39.9
江西	36.3	24.3	50.6	23.9
山东	40.6	29.5	56.0	38.0
河南	40.5	25.0	44.9	29.5
湖北	36.1	31.0	35.3	32.4
湖南	29.0	21.6	44.0	23.6
广东	33.3	24.3	59.0	41.7
广西	28.1	19.3	49.0	28.4
海南	32.2	39.6	41.6	31.8
重庆	25.6	18.1	54.8	23.8
四川	25.7	19.9	53.8	27.1
贵州	32.8	19.3	39.8	31.8
云南	33.4	27.3	43.2	34.6
西藏	30.7	21.1	21.0	10.7
陕西	39.6	33.4	47.8	45.5
甘肃	41.7	49.1	32.5	15.6
青海	36.6	32.1	25.9	35.2
宁夏	32.4	48.0	50.6	51.3
新疆	40.5	39.0	46.7	44.1

5-10 分项农林牧渔业中间消耗

单位:亿元

项　　目	1990	1997	1998
中间消耗总计		**10122.6**	**9979.1**
一、中间物质消耗	**2508.2**	**9332.2**	**9217.2**
1. 用种量	245.7	899.9	880.6
2. 饲料	995.2	3904.1	3770.1
3. 肥料	601.2	1720.2	1724.5
4. 燃料	152.0	573.4	585.0
5. 农药	70.7	273.4	226.9
6. 农膜		128.3	135.1
7. 畜牧用药			52.1
8. 用电量	61.6	384.2	405.4
9. 小农机			106.8
10. 原材料			363.5
11. 办公用品			42.5
12. 对物质生产部门的劳务支出			453.6
13. 其他	381.9	1448.7	471.1
二、对非物质生产部门的劳务支出		**790.3**	**761.9**

5-11 各地区农林牧渔业增加值、中间消耗占农林牧渔总产值比重

(1998年,按当年价格计算)　　单位:亿元

地　区	农林牧渔业增加值	占农林牧渔业总产值比重(%)	农林牧渔业中间消耗	占农林牧渔业总产值比重(%)
全国总计	**14537.6**	**59.3**	**9979.1**	**40.7**
北　京	86.5	49.0	90.1	51.0
天　津	74.0	47.4	82.1	52.6
河　北	790.6	52.5	715.3	47.5
山　西	207.3	57.7	151.9	42.3
内蒙古	344.4	64.5	190.0	35.5
辽　宁	532.4	54.9	437.4	45.1
吉　林	429.5	64.4	237.0	35.6
黑龙江	429.1	58.3	307.2	41.7
上　海	78.5	38.0	128.2	62.0
江　苏	915.5	49.5	933.7	50.5
浙　江	631.4	62.9	372.3	37.1
安　徽	694.0	57.7	508.3	42.3
福　建	610.1	62.7	363.3	37.3
江　西	450.4	61.3	284.4	38.7
山　东	1215.8	55.9	958.7	44.1
河　南	1068.6	58.6	754.4	41.4
湖　北	742.0	64.7	405.5	35.3
湖　南	811.7	65.8	421.1	34.2
广　东	963.1	59.6	651.6	40.4
广　西	570.4	65.9	295.6	34.1
海　南	157.9	65.1	84.6	34.9
重　庆	280.7	64.6	153.7	35.4
四　川	899.8	64.5	494.3	35.5
贵　州	264.8	65.8	137.5	34.2
云　南	394.3	64.2	220.2	35.8
西　藏	31.3	73.9	11.1	26.1
陕　西	280.9	58.6	198.5	41.4
甘　肃	202.2	60.2	133.6	39.8
青　海	41.6	68.5	19.2	31.5
宁　夏	48.7	61.8	30.1	38.2
新　疆	290.2	58.2	208.2	41.8

5－12 农林牧渔业总产值

（按当年价格计算）

单位：亿元

年　份	农林牧渔业总产值	农业产值	林业产值	牧业产值	渔业产值
1952	461.00	395.95	7.28	51.72	6.05
1957	537.00	443.93	17.51	65.41	10.15
1962	584.00	494.65	13.02	63.77	12.56
1965	833.00	684.31	22.32	111.54	14.83
1970	1021.00	838.44	28.59	136.61	17.36
1975	1260.00	1020.46	39.18	178.44	21.92
1978	1397.00	1117.60	48.06	209.27	22.07
1979	1697.60	1325.30	60.70	285.60	26.00
1980	1922.60	1454.14	81.38	354.23	32.85
1981	2180.62	1635.87	98.89	402.17	43.69
1982	2483.26	1865.30	110.04	456.70	51.22
1983	2750.00	2074.47	127.20	485.11	63.22
1984	3214.13	2380.15	161.61	587.32	85.05
1985	3619.49	2506.39	188.68	798.31	126.11
1986	4013.01	2771.75	201.19	875.71	164.36
1987	4675.70	3160.49	221.98	1068.37	224.86
1988	5865.27	3666.89	275.30	1600.61	322.47
1989	6534.73	4100.58	284.92	1800.38	348.85
1990	7662.09	4954.26	330.27	1967.00	410.56
1991	8157.03	5146.43	367.90	2159.22	483.48
1992	9084.71	5588.02	422.61	2460.52	613.48
1993	10995.53	6605.14	494.00	3014.40	881.99
1994	15750.47	9169.22	611.07	4671.99	1298.19
1995	20340.86	11884.63	709.94	6044.98	1701.31
1996	22358.16	13539.75	778.01	6019.97	2020.44
1997	23764.01	13852.54	817.77	6811.01	2282.69
1998	24516.67	14241.88	851.26	7000.65	2422.88

5－13　农林牧渔业总产值构成

(按当年价格计算)

年　　份	以农林牧渔业总产值为100			
	农业产值	林业产值	牧业产值	渔业产值
1952	85.9	1.6	11.2	1.3
1957	82.7	3.3	12.2	1.9
1962	84.7	2.2	10.9	2.2
1965	82.2	2.7	13.4	1.8
1970	82.1	2.8	13.4	1.7
1975	81.0	3.1	14.2	1.7
1978	80.0	3.4	15.0	1.6
1979	78.1	3.6	16.8	1.5
1980	75.6	4.2	18.4	1.7
1981	75.0	4.5	18.4	2.0
1982	75.1	4.4	18.4	2.1
1983	75.4	4.6	17.6	2.3
1984	74.1	5.0	18.3	2.6
1985	69.2	5.2	22.1	3.5
1986	69.1	5.0	21.8	4.1
1987	67.6	4.7	22.8	4.8
1988	62.5	4.7	27.3	5.5
1989	62.8	4.4	27.6	5.3
1990	64.7	4.3	25.7	5.4
1991	63.1	4.5	26.5	5.9
1992	61.5	4.7	27.1	6.8
1993	60.1	4.5	27.4	8.0
1994	58.2	3.9	29.7	8.2
1995	58.4	3.5	29.7	8.4
1996	60.6	3.5	26.9	9.0
1997	58.3	3.4	28.7	9.6
1998	58.1	3.5	28.6	9.8

5－14 各地区农林牧渔业总产值

(按当年价格计算)

单位:亿元

地区	农林牧渔业总产值		农业产值		#种植业	
	1997	1998	1997	1998	1997	1998
全国总计	**23764.0**	**24516.7**	**13852.5**	**14241.9**	**12806.1**	**13086.7**
北京	170.9	176.6	87.0	89.2	84.4	86.7
天津	139.2	156.2	89.8	98.8	77.4	85.4
河北	1437.3	1505.9	845.2	885.9	791.0	825.9
山西	340.8	359.2	226.9	249.5	219.7	243.0
内蒙古	489.4	534.4	301.0	335.3	270.9	303.2
辽宁	834.5	969.8	433.6	534.7	393.7	487.1
吉林	565.6	666.5	315.5	394.9	292.2	367.9
黑龙江	772.3	736.3	571.1	517.6	561.1	507.7
上海	204.4	206.8	85.2	89.1	85.2	89.1
江苏	1816.4	1849.2	1085.3	1096.9	897.2	886.9
浙江	1004.9	1003.7	516.2	523.0	426.6	434.2
安徽	1200.6	1202.3	701.1	679.6	655.7	624.6
福建	925.6	973.4	391.3	411.0	353.0	369.4
江西	785.5	734.9	394.6	361.5	359.5	321.0
山东	2038.3	2174.5	1117.2	1219.9	1087.3	1184.6
河南	1710.1	1823.0	1105.7	1159.6	1016.3	1059.3
湖北	1166.3	1147.5	711.9	688.1	705.0	684.4
湖南	1273.0	1232.8	660.0	628.7	618.5	582.8
广东	1568.9	1614.6	851.3	862.0	760.3	769.9
广西	882.6	865.9	482.5	476.2	486.0	466.1
海南	223.9	242.5	107.5	117.7	95.4	105.4
重庆	444.9	434.4	267.9	254.9	254.7	239.3
四川	1337.3	1394.1	798.2	823.7	745.8	768.6
贵州	417.5	402.3	289.2	274.6	256.7	241.9
云南	609.3	614.5	397.1	381.3	364.3	341.6
西藏	41.5	42.3	21.8	22.4	19.9	20.4
陕西	455.6	479.4	321.4	340.9	285.1	304.0
甘肃	299.2	335.8	223.1	252.6	207.1	231.5
青海	59.0	60.8	30.6	31.4	27.9	28.4
宁夏	72.8	78.8	49.5	53.8	48.8	53.0
新疆	476.5	498.4	373.9	387.4	359.4	373.1

5-14续表

单位: 亿元

	林业产值		牧业产值		渔业产值	
	1997	1998	1997	1998	1997	1998
全国总计	**817.8**	**851.3**	**6811.0**	**7000.7**	**2282.7**	**2422.9**
北 京	2.9	3.2	74.8	76.6	6.2	7.6
天 津	1.0	1.2	34.0	38.1	14.5	18.1
河 北	26.4	27.4	523.1	547.6	42.6	45.1
山 西	15.6	13.3	96.6	94.8	1.6	1.6
内 蒙 古	15.3	16.9	169.4	177.4	3.8	4.8
辽 宁	15.2	17.4	247.1	269.6	138.6	148.1
吉 林	8.0	8.1	233.4	254.1	8.7	9.4
黑 龙 江	17.1	17.7	168.7	184.5	15.4	16.6
上 海	0.5	0.8	88.4	87.3	30.4	29.5
江 苏	22.6	24.2	430.6	435.5	278.0	292.7
浙 江	59.3	59.5	190.0	165.9	239.4	255.4
安 徽	52.1	58.5	331.7	335.7	115.7	128.4
福 建	75.8	78.4	193.7	200.2	264.8	283.9
江 西	46.9	47.6	255.9	238.3	88.2	87.4
山 东	49.9	45.9	550.6	583.4	320.7	325.4
河 南	47.2	50.2	544.1	597.1	13.1	16.1
湖 北	37.3	41.3	304.0	296.3	113.0	121.9
湖 南	48.0	48.2	488.9	476.3	76.1	79.6
广 东	52.1	54.7	338.1	350.8	327.3	347.2
广 西	38.6	37.8	280.7	264.0	80.8	88.0
海 南	41.7	42.7	35.2	37.7	39.5	44.5
重 庆	11.7	15.1	152.5	150.0	12.8	14.4
四 川	41.3	45.9	469.5	493.1	28.3	31.5
贵 州	15.4	15.5	109.4	108.1	3.6	4.2
云 南	40.4	41.8	161.2	179.3	10.6	12.2
西 藏	0.9	0.9	18.8	19.0	0.0	0.0
陕 西	18.6	19.2	112.5	115.9	3.1	3.4
甘 肃	7.4	8.8	67.8	73.3	0.9	1.2
青 海	1.0	1.0	27.3	28.3	0.1	0.1
宁 夏	1.3	1.0	20.7	22.4	1.3	1.6
新 疆	6.5	7.4	92.6	100.1	3.5	3.5

5-15 各经济地带农林牧渔业总产值及构成

(按当年价格计算)

指 标	东部经济地带		中部经济地带		西部经济地带	
	1997年	1998年	1997年	1998年	1997年	1998年
一、绝对数(亿元)						
农林牧渔业总产值	**11246.8**	**11739.2**	**8303.6**	**8436.7**	**4213.7**	**4340.8**
1. 农业	6092.0	6404.3	4987.9	5014.7	2772.7	2822.9
2. 林业	385.8	392.9	287.4	301.8	144.6	156.5
3. 牧业	2986.2	3056.7	2592.7	2654.5	1232.2	1289.5
4. 渔业	1782.8	1885.3	435.7	465.7	64.3	71.9
二、构成(%)						
农林牧渔业总产值	**100**	**100**	**100**	**100**	**100**	**100**
1. 农业	54.2	54.6	60.1	59.4	65.8	65.0
2. 林业	3.4	3.3	3.5	3.6	3.4	3.6
3. 牧业	26.6	26.0	31.2	31.5	29.3	29.7
4. 渔业	15.8	16.1	5.2	5.5	1.5	1.7

5－16 农林牧渔业总产值

单位:亿元

年　份	农林牧渔业总产值	农业产值	林业产值	牧业产值	渔业产值
(按1957年不变价格计算)					
1952	417.00	364.90	2.90	47.90	1.30
1957	536.70	455.50	9.30	69.00	2.90
1962	430.30	370.80	7.30	44.50	
1965	589.60	484.80	12.00	82.70	10.10
1970	716.30	596.80	16.00	92.60	10.90
(按1970年不变价格计算)					
1975	1202.40	966.80	37.10	179.40	19.10
1978	1288.70	1031.00	44.40	193.00	20.30
1979	1386.30	1100.50	45.00	221.20	19.60
(按1980年不变价格计算)					
1980	1964.50	1491.60	94.50	339.60	38.80
1981	2091.40	1592.90	98.40	359.60	40.50
1982	2327.60	1767.34	106.80	407.96	45.50
1983	2508.20	1917.06	117.70	423.99	49.40
1984	2815.60	2136.83	140.10	480.61	58.10
1985	2912.20	2133.39	146.40	563.29	69.10
1986	3010.70	2191.32	141.20	594.85	83.30
1987	3185.14	2332.06	140.83	613.90	98.35
1988	3309.70	2364.33	144.11	691.48	109.78
1989	3412.76	2420.72	144.62	729.78	117.64
(按1990年不变价格计算)					
1990	8151.21	5190.79	378.43	2048.80	533.19
1991	8451.76	5239.60	408.55	2229.67	573.94
1992	8989.12	5461.34	439.89	2426.08	661.81
1993	9692.87	5747.23	475.26	2686.77	783.61
1994	10525.89	5933.82	517.33	3134.38	940.36
1995	11670.71	6404.96	543.44	3599.07	1123.24
1996	12129.10	6901.58	574.06	3373.29	1280.24
1997	12924.76	7209.98	593.08	3694.09	1427.62
1998	13693.79	7564.64	610.37	3965.54	1553.23

5－17 农林牧渔业总产值指数

(以 1952 年为 100)

年　份	农林牧渔业总产值	农业产值	林业产值	牧业产值	渔业产值
1949	65.2	64.6	55.2	70.4	46.2
1952	100.0	100.0	100.0	100.0	100.0
1957	128.7	124.8	320.7	144.1	223.1
1962	103.2	101.6	251.7	92.9	592.30
1965	141.4	132.9	413.8	172.7	776.9
1970	171.8	163.6	551.7	193.3	838.5
1975	192.4	179.4	745.5	232.2	1150.3
1978	206.2	191.3	892.2	249.8	1222.5
1979	221.8	204.2	904.2	286.3	1180.4
1980	224.9	203.6	1014.8	306.4	1270.7
1981	239.5	217.4	1056.6	324.4	1326.4
1982	266.5	241.2	1146.8	368.0	1490.1
1983	287.2	261.7	1263.9	382.5	1617.8
1984	322.4	291.7	1504.4	433.6	1902.8
1985	333.4	291.2	1572.1	508.2	2263.0
1986	344.7	299.1	1516.2	536.6	2728.1
1987	364.7	318.3	1512.3	553.8	3221.0
1988	379.0	322.4	1547.5	623.8	3595.3
1989	390.8	330.4	1553.0	658.3	3852.7
1990	420.5	356.7	1601.1	704.4	4238.2
1991	436.0	360.1	1728.5	766.5	4562.1
1992	463.0	375.3	1861.1	834.1	5260.5
1993	500.0	394.9	2010.4	923.8	6222.5
1994	543.0	407.5	2189.3	1078.1	7467.0
1995	602.2	439.7	2298.8	1237.7	8915.6
1996	658.9	474.0	2428.1	1379.0	10161.8
1997	702.1	496.3	2508.2	1510.1	11331.4
1998	744.2	520.6	2580.9	1621.8	12328.6

注: 本表按可比价格计算。1997、1998 为农业普查衔接数。

5-18 各地区农林牧渔业总产值指数

(1998年以上年为100)

地　区	农林牧渔总产值	农业产值	林业产值	牧业产值	渔业产值
全国合计	**106.0**	**104.9**	**102.9**	**107.4**	**108.8**
北　京	103.4	102.3	89.2	104.5	113.0
天　津	112.6	108.2	140.1	115.5	127.6
河　北	107.8	107.4	102.1	108.5	110.4
山　西	111.5	116.5	89.6	105.2	105.4
内蒙古	108.1	110.3	104.9	104.6	122.3
辽　宁	116.0	124.0	111.2	109.7	109.8
吉　林	117.9	125.7	104.0	108.5	107.3
黑龙江	100.1	96.1	97.8	109.9	110.3
上　海	102.4	105.1	139.3	101.9	96.7
江　苏	104.0	103.0	109.9	104.2	107.2
浙　江	103.8	100.4	96.5	103.6	112.3
安　徽	102.7	97.2	108.4	109.3	114.3
福　建	106.0	103.4	103.0	108.3	109.6
江　西	98.2	92.1	101.0	104.4	105.8
山　东	109.9	111.3	96.0	111.6	104.9
河　南	106.9	105.3	104.7	109.7	114.7
湖　北	101.1	98.0	114.2	101.7	107.8
湖　南	102.9	98.6	102.4	108.7	107.1
广　东	104.8	103.4	103.6	105.2	108.4
广　西	105.2	106.5	95.5	102.9	110.1
海　南	108.5	109.2	104.3	107.6	113.5
重　庆	102.5	101.5	117.2	101.7	112.4
四　川	104.4	102.7	103.0	106.6	111.7
贵　州	100.3	97.3	102.2	107.0	118.9
云　南	104.5	100.6	105.2	112.6	124.2
西　藏	102.3	104.5	103.2	100.7	188.0
陕　西	108.9	109.2	109.8	107.7	105.1
甘　肃	115.9	119.1	98.9	108.9	119.0
青　海	104.7	103.4	101.8	106.4	83.0
宁　夏	109.3	109.9	66.8	111.6	119.6
新　疆	110.8	111.5	105.7	109.0	101.8

5－19 各地区农林牧渔业总产值增减及占全国的比重

(按1990年不变价格计算)

单位:亿元

地区	1998年	1997年	1998年比1997年增减		占全国比重(%)	
			绝对数	%	1998年	1997年
全国合计	**13693.8**	**12924.8**	**769.0**	**6.0**	**100**	**100**
北京	93.5	90.5	3.1	3.4	0.7	0.7
天津	88.2	78.3	9.8	12.6	0.6	0.6
河北	723.8	671.4	52.4	7.8	5.3	5.2
山西	195.4	175.3	20.1	11.5	1.4	1.4
内蒙古	285.5	264.0	21.4	8.1	2.1	2.0
辽宁	572.5	493.4	79.1	16.0	4.2	3.8
吉林	367.2	311.5	55.7	17.9	2.7	2.4
黑龙江	425.7	425.4	0.3	0.1	3.1	3.3
上海	107.0	104.5	2.5	2.4	0.8	0.8
江苏	1034.6	994.9	39.7	4.0	7.6	7.7
浙江	550.2	530.1	20.1	3.8	4.0	4.1
安徽	629.1	612.5	16.6	2.7	4.6	4.7
福建	548.7	517.4	31.3	6.0	4.0	4.0
江西	445.6	453.9	−8.3	−1.8	3.3	3.5
山东	1409.3	1283.0	126.3	9.8	10.3	9.9
河南	991.1	926.9	64.2	6.9	7.2	7.2
湖北	647.8	640.9	6.9	1.1	4.7	5.0
湖南	675.0	655.8	19.1	2.9	4.9	5.1
广东	883.9	843.3	40.7	4.8	6.5	6.5
广西	519.7	494.1	25.6	5.2	3.8	3.8
海南	136.5	125.8	10.6	8.5	1.0	1.0
重庆	236.7	231.0	5.7	2.5	1.7	1.8
四川	755.9	724.1	31.8	4.4	5.5	5.6
贵州	202.5	201.9	0.7	0.3	1.5	1.6
云南	336.9	322.4	14.5	4.5	2.5	2.5
西藏	25.3	24.7	0.6	2.3	0.2	0.2
陕西	282.3	259.4	23.0	8.9	2.1	2.0
甘肃	176.3	152.1	24.2	15.9	1.3	1.2
青海	32.5	31.0	1.5	4.7	0.2	0.2
宁夏	42.8	39.2	3.6	9.3	0.3	0.3
新疆	272.6	246.1	26.5	10.8	2.0	1.9

5－20 各地区农林牧渔业总产值

(按1990年价格计算)

单位:亿元

地区	农林牧渔业总产值		农业产值		林业产值	
	1997年	1998年	1997年	1998年	1997年	1998年
全国总计	**12924.76**	**13693.79**	**7209.98**	**7564.64**	**593.07**	**610.37**
北京	90.45	93.51	47.36	48.46	1.78	1.59
天津	78.33	88.17	48.55	52.53	0.45	0.63
河北	671.4	723.77	391.5	420.46	14.5	14.81
山西	175.3	195.39	112.19	130.65	10.73	9.61
内蒙古	264.03	285.45	153.15	168.98	11.39	11.95
辽宁	493.4	572.47	215.97	267.75	11.82	13.14
吉林	311.49	367.22	171.48	215.62	6.04	6.28
黑龙江	425.4	425.66	288.2	276.83	16.5	16.14
上海	104.52	107.01	39.69	41.7	0.27	0.38
江苏	994.92	1034.58	594.94	612.59	13.8	15.17
浙江	530.08	550.19	266.18	267.14	36.31	35.04
安徽	612.51	629.12	356.05	345.93	29.49	31.97
福建	517.41	548.66	212.23	219.44	61.48	63.31
江西	453.92	445.61	225.26	207.4	39.24	39.65
山东	1282.96	1409.29	651.49	725.05	33.96	32.61
河南	926.91	991.06	559.17	588.7	32.1	33.61
湖北	640.85	647.79	351.17	344.2	26.43	30.17
湖南	655.82	674.95	345.7	340.93	35.26	36.12
广东	843.25	883.9	468.8	484.87	34.65	35.89
广西	494.11	519.73	265.75	283.03	33.16	31.67
海南	125.81	136.45	49.54	54.07	33.67	35.11
重庆	231.01	236.68	129.75	131.74	7.97	9.34
四川	724.09	755.93	405.81	416.83	29.08	29.94
贵州	201.89	202.54	135.08	131.4	10.89	11.13
云南	322.42	336.9	199.58	200.73	35.44	37.26
西藏	24.72	25.29	9.65	10.08	0.96	0.99
陕西	259.36	282.33	179.06	195.57	14.17	15.56
甘肃	152.08	176.28	109.47	130.36	5.04	4.99
青海	31	32.46	16.15	16.7	0.8	0.81
宁夏	39.2	42.83	24.9	27.38	1.29	0.86
新疆	246.12	272.58	186.16	207.53	4.4	4.65

5-20续表 单位:亿元

地区	牧业产值		渔业产值	
	1997年	1998年	1997年	1998年
全国总计	**3694.09**	**3965.54**	**1427.62**	**1553.23**
北京	37.8	39.5	3.51	3.97
天津	20	23.1	9.33	11.91
河北	237.4	257.6	28	30.9
山西	51.5	54.2	0.88	0.93
内蒙古	97.1	101.6	2.39	2.92
辽宁	160.65	176.3	104.96	115.28
吉林	129.2	140.2	4.77	5.12
黑龙江	107.2	117.8	13.5	14.89
上海	48.7	49.6	15.86	15.33
江苏	237	246.9	149.18	159.93
浙江	87.8	91	139.79	157.01
安徽	163.6	178.8	63.37	72.42
福建	88.4	95.7	155.3	170.21
江西	128.1	133.7	61.32	64.87
山东	372	415	225.51	236.63
河南	326.7	358.5	8.94	10.25
湖北	168.7	171.5	94.55	101.93
湖南	221.97	241.24	52.89	56.67
广东	161.1	169.4	178.7	193.75
广西	138.34	142.4	56.86	62.62
海南	18.5	19.9	24.1	27.36
重庆	86.8	88.3	6.49	7.3
四川	273.3	291.4	15.9	17.77
贵州	54.4	58.2	1.52	1.81
云南	82.8	93.2	4.6	5.71
西藏	14.1	14.2	0.01	0.02
陕西	64.23	69.2	1.9	2
甘肃	37.2	40.5	0.37	0.44
青海	14	14.9	0.05	0.04
宁夏	12.1	13.5	0.91	1.09
新疆	53.4	58.2	2.16	2.2

六、主要农产品种植面积与产量

6－1 主要农作物播种面积

单位：千公顷

年 份	农作物总播种面积	粮食面积	#稻谷	#小麦	#玉米	#大豆	#薯类
1952	141256	123979	28382	24780	12566	11679	8688
1957	157244	133633	32241	27542	14943	12748	10495
1962	140229	121621	26935	24075	12817	9504	12171
1965	144624	119627	29825	24709	15671	8593	11175
1970	143487	119267	32358	25458	15831	7985	10717
1975	149545	121062	35729	27661	18598	6999	10969
1978	150104	120587	34421	29183	19961	7144	11796
1979	148477	119263	33873	29357	20133	7247	10952
1980	146379	117234	33879	29228	20353	7227	10153
1981	145157	114958	33295	28307	19425	8023	9621
1982	144755	113463	33071	27955	18543	8419	9370
1983	143993	114047	33137	29050	18824	7567	9402
1984	144221	112884	33179	29577	18537	7286	8988
1985	143626	108845	32070	29218	17694	7718	8572
1986	144204	110933	32266	29616	19124	8295	8685
1987	144957	111268	32193	28798	20212	8445	8867
1988	144869	110123	31987	28785	19692	8120	9054
1989	146554	112205	32700	29841	20353	8057	9097
1990	148362	113466	33064	30753	21401	7560	9121
1991	149586	112314	32590	30948	21574	7041	9079
1992	149007	110560	32090	30496	21044	7221	9057
1993	147741	110509	30355	30235	20694	9454	9220
1994	148241	109544	30171	28981	21152	9222	9270
1995	149879	110060	30744	28860	22776	8127	9519
1996	152381	112548	31406	29611	24498	7471	9798
1997	153969	112912	31765	30057	23775	8346	9785
1998	155706	113787	31214	29774	25239	5500	10000

6－1续表

年份	棉花	花生	油菜籽	芝麻	黄红麻	甘蔗	甜菜	烤烟
1952	5576	1804	1863	1057	158	183	35	186
1957	5775	2541	2308	942	143	267	159	355
1962	3497	1301	1361	716	62	154	83	176
1965	5003	1846	1822	663	113	351	171	325
1970	4997	1709	1453	555	135	387	199	291
1975	4955	1877	2313	534	297	523	303	460
1978	4867	1768	2599	571	412	549	331	913
1979	4512	2075	2761	843	362	512	325	509
1980	4920	2339	2844	776	314	479	443	397
1981	5185	2473	2801	818	306	551	436	587
1982	5829	2416	4122	965	246	653	462	889
1983	6077	2201	3669	789	227	654	544	572
1984	6923	2421	3413	858	320	728	502	715
1985	5141	3319	4494	1052	991	965	561	1077
1986	4306	3253	4916	1007	345	950	521	895
1987	4844	3022	5267	869	272	859	498	913
1988	5535	2977	4937	703	277	924	745	1304
1989	5203	2946	4993	722	286	959	569	1503
1990	5588	2907	5503	669	300	1009	670	1342
1991	6538	2880	6133	680	270	1164	783	1562
1992	6835	2976	5976	746	277	1246	660	1849
1993	4985	3379	5300	754	274	1088	599	1835
1994	5528	3776	5783	690	176	1057	698	1302
1995	5422	3809	6907	642	147	1125	695	1309
1996	4722	3616	6734	594	147	1208	638	1683
1997	4491	3922	6475	616	162	1312	612	2161
1998	4459	4039	6527	630	93	1401	583	1200

6－2 主要农作物播种面积增减情况

单位: 千公顷

	1990年	1995年	1997年	1998年	1998 年比1997年增 长 %
农作物总播种面积	**148362**	**149879**	**153969**	**155706**	**1.1**
一、粮食作物	**113466**	**110060**	**112912**	**113787**	**0.8**
（一）谷 物		89309	91964	92117	0.2
1. 稻 谷	33064	30744	31765	31214	－1.7
2. 小 麦	30753	28860	30057	29774	－0.9
3. 玉 米	21401	22776	23775	25239	6.2
4. 谷 子	2278	1522	1442	1410	－2.2
5. 高 粱	1545	1215	1083	969	－10.6
6. 其它谷物		4192	3842	3511	－8.6
（二）豆类		11232	11164	11171	0.1
其中: 大 豆	7560	8127	8346	8500	1.8
杂 豆		3105	2817	3170	12.5
（三）薯类	9121	9519	9785	10000	2.2
其中: 马铃薯	2865	3434	3824	4064	6.3
二、油料作物	**10900**	**13101**	**12381**	**12919**	**4.3**
#花 生	2907	3809	3722	4039	8.5
油菜籽	5503	6907	6475	6527	0.8
芝 麻	669	642	616	630	2.4
胡麻籽	703	621	602	572	－5.0
向日葵	713	813	716	890	24.4
三、棉花	**558**	**5422**	**4491**	**4459**	**－0.7**
四、麻类	**495**	**376**	**327**	**224**	**－31.5**
#黄红麻	300	147	162	93	－42.6
苎 麻	81	97	84	78	－6.9
大 麻	21	16	14	12	－13.7
亚 麻	57	113	61	39	－36.4
五、糖料	**1679**	**1820**	**1923**	**1984**	**3.2**
1. 甘 蔗	1009	1125	1312	1401	6.8
2. 甜 菜	670	695	612	583	－4.7
六、烟叶	**1593**	**1470**	**2353**	**1361**	**－42.2**
#烤 烟	1342	1309	2161	1200	－44.5
七、药材	**153**	**279**	**308**	**372**	**20.9**
八、蔬菜、瓜类	**7059**	**10616**	**12591**	**13901**	**10.4**
#蔬 菜	6338	9515	11288	12293	8.9
九、其他农作物	**6161**	**6736**	**6683**	**6697**	**0.2**
#青饲料	1862	1825	1817	1862	2.5

6-3 主要农作物播种面积构成

（以农作物总播种面积为100）

	1990年	1995年	1998年
农作物总播种面积	**100.0**	**100.0**	**100.0**
一、粮食作物	**76.5**	**73.4**	**73.1**
（一）谷物		59.6	59.2
1. 稻谷	22.3	20.5	20.0
2. 小麦	6.3	19.3	19.1
3. 玉米	20.7	15.2	16.2
4. 谷子	14.4	1.0	0.9
5. 高粱	1.5	0.8	0.6
6. 其它谷物	1.0	2.8	2.3
（二）豆类		7.5	7.2
其中：大豆	5.1	5.4	5.5
杂豆		2.1	2.0
（三）薯类	6.1	6.4	6.4
其中：马铃薯	1.9	2.3	2.6
二、油料作物	**7.3**	**8.7**	**8.3**
#花　生	2.0	2.5	2.6
油菜籽	3.7	4.6	4.2
芝　麻	0.5	0.4	0.4
胡麻籽	0.5	0.4	0.4
向日葵	0.5	0.5	0.6
三、棉花	**14.4**	**3.6**	**2.9**
四、麻类	**0.3**	**0.3**	**0.1**
#黄红麻	0.2	0.1	0.1
苎　麻	...	0.1	0.1
大　麻	...		
亚　麻	0.1	0.1	.0
五、糖料	**1.1**	**1.2**	**1.3**
1. 甘蔗	0.7	0.8	0.9
2. 甜菜	0.5	0.5	0.4
六、烟叶	**1.1**	**1.0**	**0.9**
#烤　烟	0.9	0.9	0.8
七、药材	**0.1**	**0.2**	**0.2**
八、蔬菜、瓜类	**4.8**	**7.1**	**8.9**
#蔬　菜	4.3	6.3	7.9
九、其他农作物	**4.2**	**4.5**	**4.3**
#青饲料	1.3	1.2	1.2

6-4 各地区农作物总播种面积

单位: 千公顷

地　区	1990年	1995年	1997年	1998年	1998 年 比1997 年 增 长 %
全国总计	**148361.4**	**149879.4**	**153969.2**	**155705.7**	**1.1**
北　京	590.3	553.2	535.8	535.3	-0.1
天　津	573.2	572.7	569.4	578.1	1.5
河　北	8786.7	8720.1	8857.0	9097.7	2.7
山　西	4016.3	3895.6	3824.9	4038.0	5.6
内蒙古	4722.4	5079.4	5838.3	6027.0	3.2
辽　宁	3618.9	3623.7	3627.0	3630.3	0.1
吉　林	4039.8	4059.8	4067.4	4061.6	-0.1
黑龙江	8558.5	8647.4	9030.9	9193.8	1.8
上　海	631.1	542.1	552.2	556.4	0.8
江　苏	8259.2	7909.0	7966.8	8058.3	1.1
浙　江	4384.7	3923.0	3944.1	3919.6	-0.6
安　徽	8313.6	8354.2	8488.9	8564.2	0.9
福　建	2745.9	2835.1	2943.7	2918.8	-0.8
江　西	5758.1	5950.6	6037.6	5804.0	-3.9
山　东	10882.6	10837.3	10983.2	11138.0	1.4
河　南	11889.7	12136.8	12276.7	12567.1	2.4
湖　北	7361.1	7413.7	7739.2	7696.0	-0.6
湖　南	7951.8	7840.4	8009.0	7936.3	-0.9
广　东	5671.5	5304.3	5511.5	5540.2	0.5
广　西	5141.3	5745.7	6203.0	6293.4	1.5
海　南	821.3	870.0	914.5	937.6	2.5
重　庆			3605.4	3614.5	0.3
四　川	12475.3	12838.8	9497.5	9714.4	2.3
贵　州	3578.3	4203.1	4492.5	4514.2	0.5
云　南	4492.1	4958.9	5225.3	5225.9	.0
西　藏	213.5	219.3	228.6	229.4	0.3
陕　西	4859.8	4496.9	4504.1	4697.2	4.3
甘　肃	3611.3	3773.3	3757.9	3767.8	0.3
青　海	544.7	568.8	568.0	566.9	-0.2
宁　夏	888.9	956.0	977.6	1005.3	2.8
新　疆	2979.5	3050.2	3191.5	3278.6	2.7

6－5 各地区粮食播种面积增减情况

单位: 千公顷

地 区	1990年	1995年	1997年	1998年	1998 年比1997年增 长 %
全国总计	**113465.9**	**110060.4**	**112912.1**	**113787.4**	**0.8**
北 京	484.4	434.1	424.5	422.7	－0.4
天 津	457.9	443.3	440.5	446.6	1.4
河 北	6827.8	6829.5	7099.4	7305.7	2.9
山 西	3290.3	3151.5	3128.1	3296.7	5.4
内 蒙 古	3874.5	4143.2	4906.4	5030.7	2.5
辽 宁	3121.6	3030.9	3037.1	3039.2	0.1
吉 林	3525.9	3576.9	3592.1	3567.2	－0.7
黑 龙 江	7420.0	7500.2	7993.7	8088.9	1.2
上 海	417.1	343.9	365.7	352.5	－3.6
江 苏	6363.0	5755.2	5994.4	5946.3	－0.8
浙 江	3266.0	2814.4	2872.9	2799.5	－2.6
安 徽	6246.1	5852.5	6030.6	5991.0	－0.7
福 建	2080.6	2017.3	2041.3	2028.6	－0.6
江 西	3699.3	3509.3	3586.5	3414.5	－4.8
山 东	8151.9	8131.6	8083.1	8132.5	0.6
河 南	9316.1	8810.0	8879.9	9102.0	2.5
湖 北	5200.0	4776.7	4940.5	4728.1	－4.3
湖 南	5365.7	5115.6	5155.3	5074.8	－1.6
广 东	3996.3	3472.3	3528.8	3529.0	.0
广 西	3639.9	3662.7	3738.5	3757.7	0.5
海 南	567.5	574.9	577.2	571.2	－1.0
重 庆			2887.6	2900.6	0.5
四 川	9827.7	9933.7	7211.4	7337.7	1.8
贵 州	2543.2	2864.5	2927.5	3128.6	6.9
云 南	3622.3	3643.0	3719.1	3886.3	4.5
西 藏	191.7	188.2	197.4	200.4	1.5
陕 西	4134.7	3807.7	3811.5	4030.1	5.7
甘 肃	2875.1	2928.7	2880.9	2890.5	0.3
青 海	400.3	384.3	394.7	384.9	－2.5
宁 夏	723.5	761.8	781.8	817.4	4.6
新 疆	1835.5	1602.5	1683.8	1585.6	－5.8

6－6 各地区粮食播种面积

（按季节分）　　　　单位：千公顷

地　区	夏收粮食		早稻		秋收粮食	
	1997年	1998年	1997年	1998年	1997年	1998年
全国总计	**32025.3**	**31838.7**	**8160.9**	**7808.1**	**72725.9**	**74140.6**
北　京	171.3	171.3			253.2	251.4
天　津	151.1	153.4			289.4	293.1
河　北	2745.3	2793.8			4354.1	4511.9
山　西	1015.0	1020.2			2113.1	2276.5
内蒙古					4906.4	5030.7
辽　宁	223.1	210.6			2814.0	2828.6
吉　林					3592.1	3567.2
黑龙江					7993.7	8088.9
上　海	143.9	134.5			221.8	218.0
江　苏	2763.8	2696.3			3230.6	3250.0
浙　江	521.0	505.7	828.4	750.4	1523.5	1543.4
安　徽	2250.2	2207.0	418.0	397.0	3362.4	3387.0
福　建	180.2	180.2	529.9	526.8	1331.2	1321.6
江　西	138.1	135.4	1350.2	1327.7	2098.2	1951.4
山　东	4041.2	3983.3			4041.9	4149.2
河　南	4997.5	5035.7			3882.4	4066.3
湖　北	1626.5	1566.6	680.0	524.8	2634.0	2636.8
湖　南	343.1	315.5	1651.2	1610.1	3161.0	3149.2
广　东	257.2	261.7	1301.3	1284.5	1970.3	1982.8
广　西	104.8	104.5	1155.3	1147.9	2478.4	2505.3
海　南			175.8	173.7	401.4	397.6
重　庆	911.8	907.4	4.3	3.3	1971.5	1989.9
四　川	2270.0	2315.5	12.5	9.8	4928.9	5012.4
贵　州	1059.3	1105.4	0.6	0.6	1867.6	2022.6
云　南	1217.0	1238.5	53.4	51.5	2448.8	2596.3
西　藏					197.4	200.4
陕　西	1810.7	1820.7			2000.8	2209.4
甘　肃	1630.1	1603.2			1250.8	1287.3
青　海					394.7	384.9
宁　夏	376.2	374.1			405.6	443.3
新　疆	1077.1	998.4			606.7	587.3

6－7 各地区粮食播种面积

（按品种分） 单位: 千公顷

地区	谷物		1.稻谷		2.小麦		3.玉米	
	1997年	1998年	1997年	1998年	1997年	1998年	1997年	1998年
全国总计	**91963.5**	**92116.9**	**31764.9**	**31213.8**	**30056.7**	**29774.1**	**23775.1**	**25238.8**
北京	406.7	404.3	23.2	19.4	171.3	171.2	206.3	207.7
天津	394.5	395.4	66.4	54.4	151.1	153.4	152.2	163.0
河北	6068.4	6243.8	155.3	153.2	2720.7	2764.0	2425.9	2581.0
山西	2409.8	2484.7	6.1	6.1	951.2	963.4	822.8	886.6
内蒙古	3390.3	3404.6	122.1	117.8	1164.6	1092.5	1279.3	1470.8
辽宁	2657.2	2656.2	491.7	496.0	167.9	150.2	1573.4	1638.0
吉林	3133.0	3104.5	453.1	459.0	63.5	74.5	2454.2	2421.3
黑龙江	5297.7	5275.0	1396.9	1566.7	1074.4	961.4	2544.8	2487.2
上海	356.2	343.8	208.4	203.3	83.3	103.9	6.8	7.3
江苏	5472.1	5434.7	2377.6	2369.7	2341.4	2315.0	439.0	473.5
浙江	2529.6	2436.9	2085.9	2007.9	245.2	255.1	42.1	43.8
安徽	4953.2	4920.7	2212.1	2158.3	2137.6	2095.0	512.2	570.3
福建	1528.6	1510.8	1401.6	1387.9	60.3	55.0	32.7	35.5
江西	3183.8	3016.2	3063.5	2900.8	73.5	65.8	31.0	32.7
山东	6976.2	7057.6	164.7	157.6	4037.6	3982.0	2626.8	2781.9
河南	7537.3	7783.4	489.5	498.4	4927.3	4964.0	1952.4	2152.7
湖北	4211.3	3959.2	2466.0	2239.3	1276.5	1211.2	399.8	440.9
湖南	4470.4	4395.2	4075.8	3976.4	163.1	144.6	171.8	221.8
广东	2888.1	2888.6	2704.1	2686.0	19.4	17.8	133.6	156.1
广西	3062.6	3063.2	2434.3	2433.5	31.9	25.5	561.1	578.7
海南	414.8	407.6	391.4	388.5			17.5	18.6
重庆	1906.5	1921.8	803.9	794.7	556.3	548.2	513.2	526.1
四川	5579.5	5663.6	2196.1	2167.4	1824.5	1864.6	1290.4	1364.8
贵州	2053.7	2165.7	742.9	746.8	596.6	604.5	629.5	728.8
云南	2889.2	3035.0	921.2	919.6	697.5	706.8	979.5	1095.7
西藏	183.4	187.8	1.1	1.1	53.9	55.0	3.1	3.2
陕西	3006.4	3158.2	153.9	160.0	1602.8	1610.5	915.9	1065.2
甘肃	2470.9	2377.9	6.8	8.4	1320.1	1323.5	486.2	511.7
青海	298.6	289.3			213.5	211.9		2.3
宁夏	615.2	618.9	67.2	66.5	312.2	316.8	131.8	143.2
新疆	1618.3	1512.4	82.1	69.1	1017.4	966.8	439.8	428.6

6－7 续表1

地　区	4. 谷　子		5. 高　粱		6. 其 它 谷 物	
	1997年	1998年	1997年	1998年	1997年	1998年
全国总计	**1441.7**	**1410.3**	**1083.4**	**969.3**	**3841.7**	**3510.7**
北　京	2.9	3.1	2.3	2.2	0.7	0.7
天　津	1.4	1.3	22.0	21.7	1.4	1.5
河　北	346.8	332.6	78.9	77.1	340.7	335.9
山　西	286.9	304.4	105.4	97.5	237.4	226.7
内蒙古	256.8	224.5	133.9	103.5	433.6	395.5
辽　宁	106.0	100.8	257.6	222.8	60.5	48.4
吉　林	23.5	19.9	111.5	99.9	27.2	29.9
黑龙江	66.5	70.4	134.9	116.9	80.2	72.4
上　海					57.7	29.3
江　苏			0.1	0.2	314.0	276.3
浙　江					156.4	130.1
安　徽	0.3	0.3	7.4	5.7	83.6	91.1
福　建	0.8	0.7	6.0	5.7	27.2	26.0
江　西	0.1	0.1	1.3	1.5	14.4	15.3
山　东	80.1	74.2	40.1	39.7	27.0	22.3
河　南	82.3	85.0	16.2	13.1	69.5	70.2
湖　北	4.3	4.9	4.3	4.9	60.4	58.0
湖　南			10.6	10.9	49.1	41.6
广　东	0.8		0.3	0.3	29.9	28.4
广　西	4.7	4.7	4.1	4.5	26.5	16.3
海　南	0.5		0.1	0.1	5.3	0.5
重　庆			23.0	22.7	10.1	30.1
四　川			39.3	37.0	229.2	229.8
贵　州	5.9	6.8	18.9	19.5	59.9	59.3
云　南	0.2	0.1	3.2	3.6	287.8	309.2
西　藏					125.3	128.5
陕　西	117.5	119.7	27.4	25.5	188.9	177.3
甘　肃	41.2	41.2	19.4	19.4	597.2	473.7
青　海					85.2	75.1
宁　夏	11.1	14.8	0.6	0.8	92.3	76.8
新　疆	1.2	0.7	14.8	12.7	63.1	34.5

6－7续表2

地　区	豆　类		#大　豆		薯　类		#马铃薯	
	1997年	1998年	1997年	1998年	1997年	1998年	1997年	1998年
全国总计	**11163.6**	**11670.6**	**8346.2**	**8500.2**	**9784.9**	**9999.8**	**3824.0**	**4064.2**
北　京	12.6	13.4	9.3	10.2	5.2	5.0		
天　津	43.4	48.6	39.5	45.9	2.6	2.6		
河　北	610.2	647.8	460.0	496.2	420.8	414.2	164.6	170.0
山　西	392.7	466.5	218.6	264.2	325.6	345.5	276.8	293.5
内蒙古	1052.2	1124.7	758.2	771.3	463.9	501.4	454.4	498.1
辽　宁	274.3	273.4	249.3	249.6	105.6	109.6	62.2	67.6
吉　林	368.6	371.6	309.6	304.3	90.5	91.1	84.8	85.5
黑龙江	2454.1	2545.6	2393.1	2458.8	241.9	268.3	241.9	265.0
上　海	8.1	8.7	5.1	8.7	1.4			
江　苏	352.7	348.9	217.4	220.8	169.6	162.7		
浙　江	162.3	178.3	91.5	101.8	181.0	184.3	66.7	66.7
安　徽	608.8	584.9	518.0	494.3	468.6	485.4	6.3	9.4
福　建	140.2	140.7	111.1	109.3	372.5	377.1	83.0	87.9
江　西	235.7	237.7	161.5	159.9	167.0	160.6		
山　东	558.5	553.4	529.2	530.9	548.4	521.5	67.1	67.1
河　南	719.7	727.2	609.8	601.4	622.9	591.3		
湖　北	313.7	339.3	182.3	200.6	415.5	429.7	220.6	217.5
湖　南	291.9	284.8	205.3	200.8	393.1	394.7	90.8	92.9
广　东	125.7	128.3	99.4	97.4	515.0	512.1	50.8	52.2
广　西	344.5	349.0	267.5	275.7	331.4	345.5		
海　南	17.0	17.5	8.6	9.8	145.4	146.2		
重　庆	169.6	198.3	64.6	68.9	811.5	780.5	306.8	310.7
四　川	385.6	389.1	121.5	127.3	1246.3	1285.0	284.8	295.1
贵　州	290.7	316.9	220.9	137.8	583.1	646.0	391.8	435.3
云　南	510.0	508.3	96.4	102.1	319.8	343.0	229.9	252.6
西　藏	13.9	12.5	1.9	0.2		0.1		
陕　西	422.4	472.8	255.9	291.8	382.7	399.1	286.9	299.8
甘　肃	79.2	162.3	66.3	74.1	330.9	350.4	330.9	350.4
青　海	58.8	58.1			37.3	37.5	37.3	37.5
宁　夏	91.0	101.1	40.5	46.8	75.6	97.4	75.6	97.4
新　疆	55.4	61.0	34.1	39.2	10.1	12.2	10.1	12.2

6－8 各地区油料播种面积

单位: 千公顷

地　区	油料合计		#花生		#油菜籽	
	1997年	1998年	1997年	1998年	1997年	1998年
全国总计	**12381.1**	**12919.1**	**3721.6**	**4039.1**	**6475.1**	**6527.1**
北　京	10.0	9.7	9.5	9.2		
天　津	19.1	20.1	5.4	5.8		
河　北	602.8	632.4	399.7	425.2	34.4	34.1
山　西	297.1	351.1	21.9	21.5	9.4	9.7
内蒙古	499.0	567.4	1.7	2.4	116.7	155.9
辽　宁	98.2	122.4	69.1	91.0	0.3	0.3
吉　林	112.4	121.9	19.8	27.6		
黑龙江	142.2	208.8	3.3	12.5	21.3	34.2
上　海	54.1	57.6	1.0	1.0	53.0	56.6
江　苏	604.9	626.8	117.3	141.4	473.9	468.9
浙　江	275.8	281.9	10.1	11.7	262.0	266.6
安　徽	1135.1	1225.3	186.3	238.0	839.3	872.1
福　建	119.6	119.8	98.7	99.8	19.3	18.6
江　西	1003.3	947.7	142.6	151.8	801.1	745.3
山　东	809.4	858.8	784.2	836.2	19.7	18.0
河　南	1208.5	1235.9	754.3	791.0	240.3	237.2
湖　北	1038.7	1128.6	95.2	121.5	829.8	887.0
湖　南	956.0	912.5	126.4	129.2	820.6	776.2
广　东	350.2	356.0	333.1	340.6	14.3	12.8
广　西	363.1	353.9	216.7	222.1	133.4	120.3
海　南	52.2	55.9	46.9	50.4		
重　庆	191.8	192.4	30.1	33.5	152.2	148.9
四　川	799.4	835.6	154.1	166.3	639.8	664.5
贵　州	442.5	448.1	31.6	39.6	403.9	400.6
云　南	138.5	142.8	33.9	37.4	90.8	89.1
西　藏	17.3	17.0			17.3	17.0
陕　西	296.7	284.7	28.2	31.6	160.3	136.8
甘　肃	319.2	333.1	0.4	0.6	118.9	130.3
青　海	137.8	147.8			132.5	142.1
宁　夏	110.5	110.9			0.2	0.2
新　疆	176.0	212.1	0.3	0.5	70.4	84.1

6－8续表

地　区	#芝　麻		#胡麻籽		#向日葵籽	
	1997年	1998年	1997年	1998年	1997年	1998年
全国总计	**615.5**	**629.7**	**601.8**	**571.9**	**715.5**	**889.5**
北　京	0.2	0.2			0.3	0.3
天　津	1.6	1.7			12.0	12.5
河　北	27.2	29.8	86.7	81.4	49.8	57.7
山　西	11.3	16.6	91.8	90.7	109.9	154.1
内蒙古	3.8	5.3	135.1	114.5	216.1	271.2
辽　宁	6.1	9.1			22.5	21.9
吉　林	3.0	4.1			69.9	78.0
黑龙江	0.1	0.9			88.5	111.9
上　海						
江　苏	13.7	16.2			0.1	0.3
浙　江	3.7	3.6				
安　徽	109.4	114.2			0.1	0.1
福　建	1.5	1.3				
江　西	59.7	50.6				
山　东	4.5	4.2			1.1	0.5
河　南	213.1	205.7			0.7	2.1
湖　北	107.4	113.6			4.1	4.7
湖　南	5.6	5.4			0.4	0.5
广　东	2.8	2.6				
广　西	8.8	7.8				
海　南	5.3	5.5				
重　庆	5.8	6.1	0.1	0.1	3.1	3.2
四　川	2.0	2.2	0.1	0.1	1.0	1.3
贵　州	0.6	0.7			4.3	5.5
云　南	0.5	0.5	0.1	0.2	1.9	2.9
西　藏						
陕　西	17.7	22.0	23.0	21.1	34.3	45.7
甘　肃			180.7	177.8	7.9	9.9
青　海			5.2	5.7		
宁　夏			61.5	63.8	5.9	11.4
新　疆	0.4		17.5	16.5	81.9	94.1

6－9 各地区棉花和麻类播种面积

单位: 千公顷

地区	棉花		麻类合计		#黄红麻	
	1997年	1998年	1997年	1998年	1997年	1998年
全国总计	**4491.4**	**4459.4**	**327.0**	**224.4**	**162.2**	**92.7**
北京	2.2	2.1				
天津	4.4	6.1	0.4	0.2	0.4	0.2
河北	377.1	315.7	5.6	5.0	4.5	4.4
山西	68.4	65.4	1.0	0.5		
内蒙古	0.3	0.9	3.9	3.2		
辽宁	19.5	20.5	0.3	0.2		
吉林			0.8	0.4		
黑龙江			54.7	35.8		
上海	3.4	4.5				
江苏	438.7	416.2	1.3	1.0	0.8	0.5
浙江	62.0	62.8	3.9	2.6	3.7	2.4
安徽	399.4	395.5	50.6	22.7	41.4	16.9
福建		0.5	0.8	0.6	0.5	0.4
江西	102.2	108.4	11.5	10.3	3.0	2.8
山东	395.9	414.0	5.9	3.8	5.3	3.3
河南	868.3	800.0	57.6	31.4	56.4	30.3
湖北	480.6	431.6	28.3	24.6	10.1	7.9
湖南	176.5	198.7	25.3	22.5	1.1	0.9
广东			4.0	1.7	3.9	1.7
广西	2.6	2.1	10.2	8.7	8.9	7.5
海南			0.2	0.8	0.2	0.8
重庆	1.2	1.9	6.8	5.3	2.0	1.1
四川	139.2	139.6	39.7	31.1	19.1	11.1
贵州	2.8	3.1	3.6	3.5	0.7	0.6
云南	1.7	1.8	3.7	3.1	0.1	0.1
西藏						
陕西	39.9	35.2	1.2	1.1		
甘肃	21.4	33.5	2.4	2.6		
青海						
宁夏			0.2	0.2		
新疆	883.7	999.3	3.4	1.9		

6－9续表

地　　区	#苎　麻		#大　麻		#亚　麻	
	1997年	1998年	1997年	1998年	1997年	1998年
全国总计	**83.8**	**77.8**	**13.9**	**12.2**	**61.3**	**39.3**
北　京						
天　津						
河　北			0.4	0.4		
山　西			0.6	0.5	0.4	
内蒙古			0.3	0.1	3.5	2.8
辽　宁	0.1	0.1	0.2	0.2		
吉　林				0.3		
黑龙江			1.0	0.7	53.7	35.1
上　海						
江　苏	0.4	0.4	0.1			
浙　江	0.2	0.2				
安　徽	3.3	3.4	3.0	2.1		
福　建	0.3	0.3				
江　西	8.5	7.5				
山　东		0.0	0.5	0.4		
河　南		.0	1.1	0.9		
湖　北	18.2	16.6				
湖　南	24.2	21.6				
广　东						
广　西	1.3	1.3				
海　南						
重　庆	4.8	4.2				
四　川	19.9	19.4	0.5	0.5		
贵　州	2.1	2.2	0.4	0.4	0.4	0.1
云　南	0.2	0.2	2.7	2.4	0.1	0.1
西　藏						
陕　西	0.4	0.4	0.7	0.5		
甘　肃			2.4	2.6		
青　海						
宁　夏			0.2	0.2		
新　疆					3.3	1.2

6－10 各地区糖料播种面积

单位: 千公顷

地区	糖料合计		1. 甘蔗		2. 甜菜	
	1997年	1998年	1997年	1998年	1997年	1998年
全国总计	**1923.1**	**1984.3**	**1311.5**	**1401.2**	**611.6**	**583.2**
北京						
天津						
河北	7.2	8.0			7.2	8.0
山西	29.7	30.8			29.7	30.8
内蒙古	126.2	117.4			126.2	117.4
辽宁	23.8	17.2			23.8	17.2
吉林	18.9	23.3			18.9	23.3
黑龙江	251.4	230.6			251.4	230.6
上海	1.2	1.2	1.2	1.2		
江苏	5.0	3.8	3.5	3.3	1.5	0.5
浙江	11.0	10.7	11.0	10.7		
安徽	5.8	6.6	5.4	5.6	0.4	1.0
福建	36.5	32.8	36.5	32.8		
江西	41.8	38.6	41.8	38.6		
山东	4.5	0.8			4.5	0.8
河南	3.6	3.7	3.6	3.6		
湖北	18.0	20.0	18.0	20.0		
湖南	29.6	34.8	29.6	34.8		
广东	241.0	235.9	241.0	235.9		
广西	549.3	614.0	549.3	614.0		
海南	77.1	72.4	77.1	72.4		
重庆	2.2	2.0	2.2	2.0		
四川	31.0	30.0	30.9	29.6	0.2	0.4
贵州	10.3	13.2	10.1	13.1	0.2	
云南	249.5	283.8	249.2	283.5	0.3	0.2
西藏						
陕西	3.5	2.1	1.3	0.1	2.2	2.0
甘肃	33.7	31.2			33.7	31.2
青海						
宁夏	19.4	9.0			19.4	9.0
新疆	92.2	110.8			92.2	110.8

6－11 各地区烟叶和药材播种面积

单位：千公顷

地区	烟叶合计		＃烤烟		药材	
	1997年	1998年	1997年	1998年	1997年	1998年
全国总计	**2352.7**	**1361.1**	**2160.8**	**1200.3**	**307.6**	**372.0**
北京					0.1	0.2
天津	0.1	0.1			0.0	0.0
河北	8.9	5.7	6.9	4.3	10.3	10.7
山西	16.1	6.3	16.0	5.4	5.9	7.0
内蒙古	15.8	5.9	13.1	4.0	6.3	7.9
辽宁	33.2	15.2	29.0	13.0	6.1	3.0
吉林	42.9	20.4	32.2	12.0	9.5	9.8
黑龙江	107.7	58.6	102.9	53.6	0.8	5.1
上海					0.3	0.3
江苏	2.8	0.3	2.6	0.1	5.0	7.1
浙江	1.4	1.3	0.0		12.8	12.0
安徽	35.8	23.7	34.1	23.0	29.6	58.4
福建	76.0	46.6	74.5	45.2	9.0	9.6
江西	28.7	17.1	23.8	13.9	9.7	11.0
山东	84.6	53.2	81.8	52.1	9.0	9.6
河南	215.6	160.5	211.3	158.7	18.2	25.0
湖北	102.2	67.9	71.0	48.5	21.4	31.2
湖南	138.3	90.0	126.8	80.3	27.2	31.1
广东	37.0	33.5	28.9	26.2	13.1	10.9
广西	53.9	30.7	39.9	16.5	16.6	18.1
海南	0.4	0.4			2.7	3.1
重庆	99.5	56.6	82.6	41.7	10.1	9.7
四川	100.2	72.4	68.8	46.3	22.2	25.3
贵州	436.6	199.0	417.5	178.3	10.9	10.3
云南	570.6	322.6	559.2	313.2	9.2	7.6
西藏						
陕西	91.1	59.1	87.0	54.0	10.6	12.3
甘肃	46.3	9.4	44.8	7.7	26.0	29.3
青海	0.1	0.1			0.0	0.0
宁夏	1.5	0.2	1.5	0.2	0.8	1.3
新疆	5.7	4.3	4.6	2.5	4.5	5.0

6－12 各地区蔬菜、瓜类和青饲料播种面积

单位: 千公顷

地 区	蔬 菜		瓜 类		青 饲 料	
	1997年	1998年	1997年	1998年	1997年	1998年
全国总计	**11288.1**	**12292.8**	**1302.3**	**1607.1**	**1817.7**	**1861.9**
北 京	88.8	90.2	4.6	5.4	5.1	4.5
天 津	96.0	94.5	4.4	5.6	1.0	1.1
河 北	599.3	667.7	54.4	79.8	18.7	11.3
山 西	193.8	200.5	27.1	32.6	24.5	23.9
内 蒙 古	118.4	114.5	18.2	25.9	98.2	93.0
辽 宁	354.2	353.2	13.6	24.2	4.2	5.3
吉 林	230.5	236.7	38.2	47.2	2.3	2.1
黑 龙 江	296.7	354.0	59.8	78.4	46.4	39.4
上 海	98.2	107.0	10.2	14.0	3.9	4.2
江 苏	619.3	733.8	63.3	83.6	24.4	28.2
浙 江	329.1	368.0	47.7	55.2	0.0	4.3
安 徽	423.9	449.1	127.6	158.0	20.2	17.9
福 建	444.6	465.3	29.9	27.9	54.8	56.2
江 西	508.1	491.6	65.1	65.5	68.3	71.3
山 东	1267.6	1324.5	198.0	250.2	3.6	1.9
河 南	760.4	934.5	167.4	212.8	2.2	1.1
湖 北	721.7	824.4	61.3	89.4	74.5	81.7
湖 南	525.6	585.0	78.7	88.5	172.6	182.0
广 东	944.1	992.9	37.0	36.3	90.7	88.7
广 西	682.4	734.7	43.8	47.2	201.4	217.1
海 南	134.5	147.1	21.5	17.8	0.6	1.1
重 庆	260.9	282.3	6.3	8.1	76.6	83.1
四 川	627.9	683.4	20.8	22.1	307.5	326.8
贵 州	296.6	314.6	13.2	15.4	49.1	58.3
云 南	226.2	247.3	11.0	15.2	105.8	114.0
西 藏	9.0	7.3			3.5	
陕 西	182.7	193.1	25.3	34.2	19.7	31.8
甘 肃	125.9	166.7	19.5	26.7	164.6	157.0
青 海	12.6	12.5	0.1	0.1	18.9	18.0
宁 夏	32.2	33.7	4.7	7.9	22.4	21.5
新 疆	77.2	82.6	29.7	31.9	132.2	115.3

6-13 各地区主要农作物播种面积构成

（以农作物总播种面积为100）

单位：%

地　区	粮　食	棉　花	油　料	糖　料	烟　叶	蔬菜.瓜类
全国总计	**73.1**	**2.9**	**8.3**	**1.3**	**0.9**	**8.9**
北　京	79.0	0.4	1.8			17.9
天　津	77.2	1.1	3.5			17.3
河　北	80.3	3.5	7.0	0.1	0.1	8.2
山　西	81.6	1.6	8.7	0.8	0.2	5.8
内蒙古	83.5		9.4	1.9		2.3
辽　宁	83.7	0.6	3.4	0.5	0.4	10.4
吉　林	87.8		3.0	0.6	0.5	7.0
黑龙江	88.0		2.3	2.5	0.6	4.7
上　海	63.4	0.8	10.4	0.2		21.8
江　苏	73.8	5.2	7.8			10.1
浙　江	71.4	1.6	7.2	0.3		10.8
安　徽	70.0	4.6	14.3	0.1	0.3	7.1
福　建	69.5		4.1	1.1	1.6	16.9
江　西	58.8	1.9	16.3	0.7	0.3	9.6
山　东	73.0	3.7	7.7		0.5	14.1
河　南	72.4	6.4	9.8		1.3	9.1
湖　北	61.4	5.6	14.7	0.3	0.9	11.9
湖　南	63.9	2.5	11.5	0.4	1.1	8.5
广　东	63.7		6.4	4.3	0.6	18.6
广　西	59.7		5.6	9.8	0.5	12.4
海　南	60.9		6.0	7.7		17.6
四　川	80.2	0.1	5.3	0.1	1.6	8.0
贵　州	75.5	1.4	8.6	0.3	0.7	7.3
云　南	69.3		9.9	0.3	4.4	7.3
西　藏	74.4		2.7		6.2	5.0
陕　西	87.4		7.4			3.2
甘　肃	85.8	0.7	6.1		1.3	4.8
青　海	76.7		8.8			5.1
宁　夏	67.9		26.1			2.2
新　疆	81.3		11.0	0.9		4.1

6－14 主要农作物产品产量

单位: 万吨

年 份	粮 食 总产量	#稻 谷	#小 麦	#玉 米	#大 豆	#薯 类
1949	11318	4865	1381		509	985
1952	16392	6843	1813	1685	952	1633
1957	19505	8678	2364	2144	1005	2192
1962	16000	6299	1667		651	2345
1965	19453	8772	2922	2366	614	1986
1970	23996	10999	2919	3303	871	2668
1975	28452	12556	4531	4722	724	2857
1978	30477	13693	5384	5595	757	3174
1979	33212	14375	6273	6004	746	2846
1980	32056	13991	5521	6260	794	2873
1981	32502	14396	6964	5921	933	2597
1982	35450	16160	6847	6056	903	2705
1983	38728	16887	8139	6821	976	2925
1984	40731	17826	8782	7341	970	2848
1985	37911	16857	8581	6383	1050	2604
1986	39151	17222	9004	7086	1161	2534
1987	40298	17426	8590	7924	1247	2820
1988	39408	16991	8543	7735	1165	2697
1989	40755	18013	9081	7893	1023	2730
1990	44624	18993	9823	9682	1100	2744
1991	43529	18381	9595	9877	971	2716
1992	44266	18622	10159	9538	1030	2844
1993	45649	17751	10639	10270	1950	3181
1994	44510	17593	9930	9928	1600	3025
1995	46662	18523	10221	11199	1350	3263
1996	50454	19510	11057	12747	1322	3536
1997	49417	20074	12329	10431	1473	3192
1998	51230	19871	10973	13295	1515	3604

6-15 主要农作物产品产量增减情况

单位: 万吨

	1990年	1995年	1997年	1998年	1998年比1997年增长%
一、粮食作物	**44624.3**	**46661.8**	**49417.1**	**51229.5**	**3.7**
(一) 谷物		41611.6	44349.3	45624.7	2.9
1. 稻谷	18933.1	18522.6	20073.5	19871.3	-1.0
2. 小麦	9822.9	10220.7	12328.9	10972.6	-11.0
3. 玉米	9681.9	11198.6	10430.9	13295.4	27.5
4. 谷子	457.5	301.9	231.2	312.0	34.9
5. 高粱	567.5	475.6	363.8	408.6	12.3
6. 其它谷物		892.3	921.1	764.8	-17.0
(二) 豆类		1787.5	1875.5	2000.6	6.7
1. 大豆	1100.0	1350.2	1473.2	1515.2	2.9
2. 杂豆		437.3	402.3	485.4	20.7
(三) 薯类	2743.5	3262.6	3192.3	3604.3	12.9
#马铃薯	648.4	914.4	1145.	31125.2	-1.8
二、油料作物	**1613.2**	**2250.3**	**2157.4**	**2313.9**	**7.3**
#花　生	636.8	1023.5	964.8	1188.6	23.2
油菜籽	695.8	977.7	957.8	830.1	-13.3
芝　麻	46.9	58.3	56.6	65.6	15.9
胡麻籽	53.5	36.4	39.3	52.3	33.1
向日葵	133.9	126.9	117.6	146.5	24.6
三、棉花	**450.8**	**476.8**	**460.3**	**450.1**	**-2.2**
四、麻类	**109.7**	**89.7**	**74.9**	**49.5**	**-33.9**
#黄红麻	72.6	37.1	43.0	24.8	-42.3
苎　麻	8.9	14.7	13.7	12.2	-10.9
大　麻	3.2	2.2	1.8	1.7	-5.6
亚　麻	24.2	35.2	15.4	10.0	-35.1
五、糖料	**7214.5**	**7940.1**	**9386.5**	**9790.4**	**4.3**
1. 甘蔗	5762.0	6542.0	7889.7	8343.8	5.8
2. 甜菜	1452.5	1398.4	1496.8	1446.6	-3.4
六、烟叶	**262.7**	**231.4**	**425.1**	**236.4**	**-44.4**
#烤　烟	225.9	207.2	390.8	208.8	-46.6

6－16 各地区粮食总产量

单位: 万吨

地　　区	1990年	1995年	1997年	1998年	1998年比1997年增长%
全国总计	**44624.3**	**46661.8**	**49417.1**	**51229.5**	**3.7**
北　　京	264.6	259.8	237.5	239.2	0.7
天　　津	188.9	207.5	206.2	210.1	1.9
河　　北	2276.9	2739.2	2746.7	2917.5	6.2
山　　西	969.0	917.1	901.4	1081.5	20.0
内 蒙 古	973.0	1055.4	1421.0	1575.4	10.9
辽　　宁	1494.7	1423.5	1313.5	1828.9	39.2
吉　　林	2046.5	1992.4	1808.3	2506.0	38.6
黑 龙 江	2312.5	2552.1	3104.5	3008.5	－3.1
上　　海	239.5	210.4	230.2	212.6	－7.7
江　　苏	3230.8	3286.3	3563.8	3415.1	－4.2
浙　　江	1586.1	1430.9	1493.5	1435.2	－3.9
安　　徽	2457.2	2580.7	2802.7	2591.0	－7.6
福　　建	879.6	919.7	961.8	958.1	－0.4
江　　西	1658.2	1607.4	1767.7	1555.5	－12.0
山　　东	3354.9	4246.4	3852.2	4264.8	10.7
河　　南	3303.7	3466.5	3894.7	4009.6	3.0
湖　　北	2475.0	2463.8	2634.4	2475.8	－6.0
湖　　南	2651.4	2691.6	2801.9	2647.9	－5.5
广　　东	1896.9	1734.8	1897.7	1947.6	2.6
广　　西	1363.1	1508.2	1544.8	1557.1	0.8
海　　南	169.6	201.8	213.9	210.8	－1.5
重　　庆			1157.7	1122.5	－3.0
四　　川	4266.8	4365.0	3461.3	3519.7	1.7
贵　　州	721.0	948.9	1025.9	1100.0	7.2
云　　南	1057.2	1188.9	1271.9	1319.5	3.7
西　　藏	55.5	70.0	77.3	85.0	9.9
陕　　西	1070.7	913.4	1044.4	1303.1	24.8
甘　　肃	690.7	644.2	766.2	872.0	13.8
青　　海	114.0	114.2	127.6	128.2	0.5
宁　　夏	190.1	203.2	256.6	294.9	14.9
新　　疆	666.2	718.5	830.0	836.6	0.8

6－17 各地区分季粮食作物产量

单位：万吨

地区	夏收粮食		早稻		秋收粮食	
	1997年	1998年	1997年	1998年	1997年	1998年
全国总计	**12768.2**	**11322.4**	**4577.6**	**4052.3**	**32071.3**	**35854.8**
北京	96.4	96.7			141.1	142.5
天津	77.4	76.1			128.8	134.1
河北	1341.5	1265.3			1405.2	1652.2
山西	360.6	328.0			540.8	753.5
内蒙古					1421.0	1575.4
辽宁	78.7	87.5			1234.8	1741.4
吉林					1808.3	2506.0
黑龙江					3104.5	3008.5
上海	57.8	39.3			172.4	173.3
江苏	1226.9	864.2			2336.9	2550.9
浙江	156.1	120.6	466.7	389.3	870.7	925.3
安徽	984.7	629.0	210.3	193.0	1607.7	1769.0
福建	54.3	54.7	275.9	266.3	631.6	637.1
江西	17.6	16.2	663.3	527.4	1086.8	1011.9
山东	2243.0	2025.0			1609.2	2239.8
河南	2399.5	2095.1			1495.2	1914.5
湖北	542.6	501.7	410.5	297.6	1681.3	1676.5
湖南	68.0	64.3	945.2	830.6	1788.7	1753.0
广东	98.2	106.6	788.0	791.4	1011.5	1049.6
广西	17.2	17.4	691.3	637.3	836.3	902.4
海南			78.7	75.6	135.2	135.1
重庆	218.1	212.5	2.5	1.8	937.1	908.2
四川	724.1	709.6	8.0	6.2	2729.2	2803.9
贵州	205.6	212.7	0.3	0.3	820.0	887.0
云南	254.7	240.2	37.0	35.5	980.2	1043.9
西藏					77.3	85.0
陕西	584.9	525.9			459.5	777.2
甘肃	414.8	460.6			351.4	411.4
青海					127.6	128.2
宁夏	90.0	101.6			166.6	193.3
新疆	455.5	471.7			374.5	364.9

6－18 各地区分品种粮食作物产量

单位:万吨

地　区	谷　物		1.稻　谷		2.小　麦		3.玉　米	
	1997年	1998年	1997年	1998年	1997年	1998年	1997年	1998年
全国总计	**44349.3**	**45624.7**	**20073.5**	**19871.3**	**12328.9**	**10972.6**	**10430.9**	**13295.4**
北　京	232.3	233.9	15.8	13.3	96.4	96.7	118.9	122.6
天　津	200.5	203.5	51.1	45.2	77.4	76.1	65.5	75.5
河　北	2554.1	2680.3	102.4	99.2	1330.7	1253.6	1009.5	1187.2
山　西	797.2	931.0	3.8	4.0	348.6	320.9	350.1	476.1
内蒙古	1188.0	1319.9	70.6	60.3	307.9	282.7	677.9	839.8
辽　宁	1237.0	1730.4	385.7	378.9	56.5	61.4	668.3	1120.9
吉　林	1707.2	2368.6	376.2	385.5	13.0	10.6	1260.3	1924.7
黑龙江	2434.9	2483.4	860.9	925.8	328.4	285.2	1165.9	1199.7
上　海	227.4	210.4	165.9	163.0	34.3	31.1	4.8	4.9
江　苏	3371.5	3218.0	1931.2	2089.2	1064.7	759.7	243.7	286.2
浙　江	1379.3	1317.6	1238.0	1207.8	72.1	61.2	14.1	14.9
安　徽	2490.1	2274.7	1290.2	1390.2	941.2	599.1	229.1	226.5
福　建	774.6	762.7	739.3	728.8	17.2	15.4	8.9	9.8
江　西	1658.7	1446.6	1636.0	1425.6	10.7	9.2	8.4	8.7
山　东	3501.9	3777.4	112.1	138.9	2241.3	2024.5	1106.0	1553.6
河　南	3561.6	3587.8	342.9	369.7	2372.4	2073.5	807.7	1096.3
湖　北	2447.9	2246.5	1818.5	1633.2	446.8	409.3	161.0	186.7
湖　南	2613.8	2463.6	2495.8	2345.0	29.1	25.7	76.5	82.1
广　东	1646.2	1686.2	1582.5	1614.1	5.6	5.1	51.1	59.8
广　西	1443.8	1453.1	1269.3	1290.9	4.8	3.5	165.5	156.2
海　南	173.7	167.9	168.3	162.4			4.2	5.2
重　庆	893.6	851.2	546.4	515.8	128.4	130.6	208.9	190.8
四　川	2995.5	3005.9	1664.6	1643.7	611.1	601.1	580.7	623.1
贵　州	845.5	902.6	462.0	476.4	107.9	108.9	263.6	309.0
云　南	1107.3	1156.0	530.2	537.5	165.0	151.3	363.2	418.1
西　藏	75.8	81.5	0.5	0.5	28.3	29.1	1.4	1.3
陕　西	954.4	1142.4	93.4	101.3	562.7	504.2	271.4	481.1
甘　肃	686.2	742.1	4.8	5.8	328.3	412.6	166.9	258.0
青　海	100.3	99.8			78.3	79.9		1.8
宁　夏	236.0	265.4	59.9	62.9	82.2	93.8	83.2	99.9
新　疆	813.1	814.5	55.3	56.3	437.6	456.6	294.3	274.8

6－18续表1

地区	4. 谷子		5. 高粱		6. 其它谷物	
	1997年	1998年	1997年	1998年	1997年	1998年
全国总计	**231.2**	**312.0**	**363.8**	**408.6**	**921.1**	**764.8**
北京	0.4	0.5	0.7	0.7	0.1	0.1
天津	0.2	0.2	6.1	6.2	0.3	0.3
河北	67.3	77.6	17.7	21.9	26.5	40.8
山西	38.2	64.2	33.5	37.4	23.0	28.4
内蒙古	41.1	44.3	47.6	46.1	42.9	46.7
辽宁	18.5	26.6	99.3	131.7	8.8	10.8
吉林	5.0	4.8	46.3	36.7	6.4	6.3
黑龙江	14.4	9.0	48.3	51.7	17.0	12.0
上海					22.4	11.4
江苏				0.1	131.9	82.8
浙江					55.1	33.7
安徽	0.1	0.1	2.3	1.8	27.2	57.0
福建	0.1	0.1	2.0	2.0	7.1	6.6
江西	0.1	0.1	0.6	0.5	2.9	2.5
山东	23.1	31.6	9.6	18.0	9.7	10.9
河南	8.6	21.4	3.6	4.0	26.5	22.8
湖北	1.0	1.0	1.3	1.5	19.3	14.8
湖南			2.5	2.6	9.9	8.2
广东	0.2		0.1	0.1	6.7	7.1
广西	0.7	0.7	0.6	0.7	2.9	1.1
海南	0.1				1.1	0.2
重庆			6.0	4.8	3.9	9.2
四川			16.2	14.6	122.9	123.4
贵州	0.6	0.8	2.9	3.3	8.5	4.2
云南			0.5	0.5	48.4	48.5
西藏					45.6	50.7
陕西	6.6	21.9	3.5	7.6	16.8	26.3
甘肃	4.4	6.0	5.1	6.8	176.8	52.9
青海					22.0	18.0
宁夏	0.4	1.0	0.3	0.4	10.0	7.4
新疆	0.2	0.1	7.2	6.9	18.5	19.8

6－18续表2

地　区	豆　类		#大　豆		薯　类	
	1997年	1998年	1997年	1998年	1997年	1998年
全国总计	**1875.5**	**2000.6**	**1473.2**	**1515.2**	**3192.3**	**3604.2**
北　京	2.8	3.0	2.3	2.5	2.4	2.3
天　津	4.6	5.5	4.2	5.3	1.1	1.1
河　北	68.0	95.0	58.2	76.0	124.6	142.2
山　西	37.8	61.0	17.5	35.0	66.3	89.5
内蒙古	118.7	128.5	97.4	93.7	114.3	127.0
辽　宁	37.2	52.2	34.7	49.1	39.3	46.3
吉　林	73.7	88.1	62.6	73.8	27.4	49.3
黑龙江	588.7	458.6	576.2	444.6	80.9	66.5
上　海	2.1	2.2	1.1	2.2	0.7	
江　苏	92.1	93.5	55.3	64.7	100.2	103.6
浙　江	34.6	35.7	21.1	22.6	79.6	81.9
安　徽	100.4	103.5	86.5	89.1	212.2	212.8
福　建	25.3	26.8	20.0	20.6	161.9	168.6
江　西	39.0	38.1	29.9	29.2	70.0	70.8
山　东	85.8	141.6	82.1	136.8	264.5	345.9
河　南	107.3	127.6	95.2	112.1	225.8	294.3
湖　北	54.3	68.8	30.0	40.8	132.3	160.4
湖　南	56.0	50.2	44.2	37.5	132.1	134.1
广　东	23.1	24.2	17.6	17.4	228.4	237.2
广　西	40.6	40.1	32.7	32.4	60.4	63.9
海　南	2.3	2.6	1.2	1.5	37.9	40.3
重　庆	21.9	21.5	6.3	5.9	242.2	249.8
四　川	75.8	74.4	24.2	25.3	390.0	439.4
贵　州	33.4	36.6	23.4	17.4	147.0	160.8
云　南	80.0	76.5	12.5	12.9	84.6	87.0
西　藏	1.5	3.4	0.1	0.1		0.1
陕　西	26.7	61.7	17.3	41.1	63.3	99.0
甘　肃	9.4	41.6	7.8	11.0	70.6	88.3
青　海	13.2	13.6			14.0	14.9
宁　夏	6.9	9.1	3.3	3.8	13.7	20.4
新　疆	12.3	15.5	8.3	10.9	4.7	6.6

6－19 各地区油料产量

单位：吨

地区	油料合计		#花生		#油菜籽	
	1997年	1998年	1997年	1998年	1997年	1998年
全国总计	**21573784**	**23138607**	**9647887**	**11886234**	**9577611**	**8300525**
北京	27345	28391	26855	27783		
天津	30102	37645	13410	14684		
河北	1179776	1388214	1067853	1185259	35002	41250
山西	280526	424852	28841	41561	15189	12864
内蒙古	731346	903193	4227	5995	89199	140522
辽宁	160745	233611	134136	198115	522	378
吉林	159261	212777	45043	44844		
黑龙江	181855	168824	7985	12675	28656	32222
上海	106744	67980	3227	3320	103517	64653
江苏	1419308	1156344	395311	489017	1005332	642594
浙江	488750	355461	25079	29979	459594	321318
安徽	2050061	1764781	536300	822576	1396734	824105
福建	243627	246227	222511	226351	19680	18758
江西	1056276	843455	332669	334317	681332	477853
山东	2409359	3356287	2355741	3312876	44487	36160
河南	2766600	3121252	2183300	2587648	419700	338488
湖北	1954717	2166923	312432	428666	1475315	1547607
湖南	1292581	1207431	237259	253840	1047912	946153
广东	754621	792921	741003	780483	11287	10152
广西	555229	544126	423523	424369	122983	113127
海南	84199	95030	80238	91015		
重庆	233414	251232	44698	54137	183367	190331
四川	1341565	1463883	287756	332744	1048176	1125881
贵州	589701	622427	51684	66158	529780	547577
云南	174328	174603	38213	45454	127957	119525
西藏	33733	30000	31		33202	30000
陕西	367133	354823	46612	69409	257678	175758
甘肃	355564	454699	573	1015	173488	215658
青海	183551	210400			177958	204226
宁夏	62222	85603			377	202
新疆	299545	375212	1377	1944	89187	123163

6－19 续表 1

地　　区	#芝　麻		#胡 麻 籽		#向日葵籽	
	1997年	1998年	1997年	1998年	1997年	1998年
全国总计	565789	656111	393202	523429	1176069	1465117
北　　京	181	166			308	418
天　　津	1261	1404			15326	21436
河　　北	16177	22314	25356	59372	29324	74971
山　　西	6100	17228	71712	83868	120296	206748
内 蒙 古	2703	3827	84585	106477	534921	594463
辽　　宁	3901	5798	8	19	21826	28422
吉　　林	2643	3480			90207	147990
黑 龙 江	87	888			116375	75575
上　　海						
江　　苏	17856	23703			809	1030
浙　　江	4077	4164				
安　　徽	116964	115825		1	63	94
福　　建	1299	948			82	33
江　　西	42244	31165			31	120
山　　东	4805	4800			3879	882
河　　南	154700	191037			413	4079
湖　　北	156221	181019			5215	5223
湖　　南	5050	5651			381	505
广　　东	2331	2286				
广　　西	5855	5126				
海　　南	3961	4015				
重　　庆	2912	3946	101	112	1864	2385
四　　川	1963	2127	42	30	2133	1920
贵　　州	314	400	6	7	3405	4963
云　　南	229	234	68	285	3449	4999
西　　藏						
陕　　西	11260	24543	6134	15265	23552	45009
甘　　肃			138615	175600	16269	19101
青　　海			5593	6174		
宁　　夏			35729	50912	9064	16597
新　　疆	695	17	25253	25307	176877	208154

6－20 各地区棉花和麻类产量

单位：吨

地　区	棉　花		麻类合计		#黄红麻	
	1997年	1998年	1997年	1998年	1997年	1998年
全国总计	**4602724**	**4501030**	**748651**	**495035**	**429507**	**248045**
北　京	2248	1797				
天　津	3934	6324	1103	517	1099	517
河　北	248725	270172	14294	14257	12966	13313
山　西	44403	55931	2236	460		
内蒙古	537	2413	5943	2798		
辽　宁	15067	17876	294	278	11	
吉　林			1036	531		
黑龙江			132583	90724		
上　海	3816	4719				
江　苏	507497	461938	4522	3326	2582	1503
浙　江	47569	64890	24380	8255	23957	7834
安　徽	301000	290050	127523	55313	108690	43424
福　建		471	1609	1174	1252	829
江　西	132390	76092	19272	16476	7984	6555
山　东	353887	412506	14531	10417	13495	9505
河　南	790000	728400	137345	76673	134875	73795
湖　北	580877	325000	88146	74491	56320	44709
湖　南	255702	192469	52255	42413	3588	2367
广　东			9597	4239	9526	4220
广　西	1197	898	21574	17457	18394	15240
海　南			638	2904	538	2904
重　庆	526	1301	11175	7541	3676	1555
四　川	107349	101602	53913	42776	28839	18432
贵　州	929	1553	3482	3213	1504	1152
云　南	678	756	2281	2236	208	187
西　藏						
陕　西	20570	22871	841	1009	3	4
甘　肃	33823	61000	2259	2977		
青　海				3		
宁　夏		1	157	305		
新　疆	1150000	1400000	15662	12272		

6－20 续表

地区	#苎麻		#大麻		#亚麻	
	1997年	1998年	1997年	1998年	1997年	1998年
全国总计	**136635**	**122346**	**18218**	**16896**	**153829**	**100168**
北京						
天津						
河北			230	344		
山西			536	460	1700	
内蒙古			291	144	5614	2357
辽宁	98	93	185	185		
吉林				510		18
黑龙江			1182	917	131401	89807
上海						
江苏	1592	1611	333	192		
浙江	423	421				
安徽	5413	5941	6974	5416		
福建	357	345				
江西	11288	9921				
山东		13	946	739		
河南	24	52	2324	2083		
湖北	31474	29760	1			
湖南	48667	40046				
广东	71	19				
广西	3180	2217				
海南	100					
重庆	7424	5909				
四川	24625	23919	344	342	4	5
贵州	1443	1521	232	283	277	45
云南	85	155	1766	1510	39	172
西藏						
陕西	371	403	458	489		
甘肃			2259	2977		
青海						
宁夏			157	305		
新疆					14794	7764

6－21 各地区糖料产量

单位：吨

地区	糖料合计		1. 甘蔗		2. 甜菜	
	1997年	1998年	1997年	1998年	1997年	1998年
全国总计	**93864749**	**97904131**	**78896803**	**83437656**	**14967946**	**14466475**
北京						
天津						
河北	70894	170819			70894	170819
山西	668435	785524			668435	785524
内蒙古	3063900	2591624			3063900	2591624
辽宁	400727	416120			400727	416120
吉林	329043	555564			329043	555564
黑龙江	4477042	3101503			4477042	3101503
上海	61533	71147	61533	71147		
江苏	233392	196394	197807	183807	35585	12587
浙江	600169	619279	600169	619279		
安徽	199324	244435	195195	217957	4129	26478
福建	2498999	2193323	2498999	2193323		
江西	2205930	1863799	2205930	1863799		
山东	14576	2937			14576	2937
河南	172720	158953	172720	158953		
湖北	1009005	1100343	1009005	1100343		
湖南	1745306	1884056	1745306	1884056		
广东	17642799	17568982	17642799	17568982		
广西	32423774	35822959	32423774	35822959		
海南	3774999	3537354	3774999	3537354		
重庆	80765	72824	80765	72824		
四川	1557994	1617302	1556586	1614830	1408	2472
贵州	370836	547880	370254	547630	582	250
云南	14351786	15980938	14349191	15977108	2595	3830
西藏						
陕西	34328	49637	11771	3305	22557	46332
甘肃	1391111	1309493			1391111	1309493
青海	187	643			187	643
宁夏	598029	309234			598029	309234
新疆	3887146	5131065			3887146	5131065

6－22 各地区烟叶产量

单位：吨

地区	烟叶合计		#烤烟	
	1997年	1998年	1997年	1998年
全国总计	**4251187**	**2364006**	**3907937**	**2088471**
北京		15		
天津	277	275		
河北	18872	12488	13965	8302
山西	26311	10758	25900	9306
内蒙古	41027	13299	33823	9277
辽宁	60890	31319	51527	26182
吉林	72126	42552	47933	19626
黑龙江	174561	93681	162937	83018
上海				
江苏	5321	817	4850	151
浙江	2606	2713		
安徽	82703	48024	78926	46517
福建	125427	74061	123245	71830
江西	38971	19566	31444	15906
山东	184791	115006	177408	112005
河南	416047	310568	409739	307170
湖北	199879	119546	139135	83382
湖南	237879	154236	224755	143365
广东	73307	66168	54491	47941
广西	90653	46041	66856	23584
海南	282	148		
重庆	164736	79970	134195	57522
四川	185644	106735	123347	58948
贵州	710504	319570	686587	291891
云南	1101577	572854	1092808	563708
西藏		11		
陕西	128516	93324	121701	85278
甘肃	95135	22451	91894	18650
青海	79	105		
宁夏	2799	500	2799	500
新疆	10267	7205	7672	4412

6－23 主要农作物单位面积产量

单位: 公斤/公顷

	1990年	1995年	1997年	1998年	1998 年比1997年增 长 %
一、粮食作物	**3933**	**4240**	**4377**	**4502**	**2.9**
（一）谷物		4659	4823	4953	2.7
1. 稻谷	5726	6025	6319	6366	0.7
2. 小麦	3194	3541	4102	3685	－10.2
3. 玉米	4524	4917	4387	5268	20.1
4. 谷子	2008	1983	1604	2213	38.0
5. 高粱	3673	3914	3358	4215	25.5
6. 其它谷物		2129	2398	2178	－9.2
（二）豆类		1591	1680	1714	2.0
1. 大豆	1455	1661	1765	1783	1.0
2. 杂豆		1408	1428	1531	7.2
（三）薯类	3008	3428	3262	3604	10.5
#马铃薯	2263	2663	2995	2769	－7.6
二、油料作物	**1480**	**1717**	**1743**	**1791**	**2.8**
#花　生	2191	2687	2592	2943	13.5
油菜籽	1264	1415	1479	1272	－14.0
芝　麻	701	908	919	1042	13.3
胡麻籽	761	586	653	915	40.1
向日葵	1878	1562	1644	1647	0.2
三、棉花	**807**	**879**	**1025**	**1009**	**－1.5**
四、麻类	**2216**	**2386**	**2289**	**2206**	**－3.6**
#黄红麻	2420	2534	2649	2677	1.1
苎　麻	1099	1514	1630	1573	－3.5
大　麻	1524	1404	1314	1385	5.4
亚　麻	2782	3115	2510	2550	1.6
五、糖料	**42969**	**43630**	**48810**	**49338**	**1.1**
1. 甘　蔗	57106	58136	60158	59550	－1.0
2. 甜　菜	21679	20132	24475	24807	1.4
六、烟叶	**1649**	**1574**	**1807**	**1737**	**－3.9**
#烤　烟	1683	1584	1809	1740	－3.8

6－24 各地区分季粮食作物单位面积产量

单位：公斤/公顷

地区	夏收粮食		早稻		秋收粮食	
	1997年	1998年	1997年	1998年	1997年	1998年
全国总计	**3986.9**	**3556.2**	**5609.2**	**5189.9**	**4409.9**	**4836.1**
北京	5627.6	5645.1			5572.7	5668.3
天津	5123.1	4957.6			4448.9	4573.4
河北	4886.4	4529.1			3227.4	3661.8
山西	3552.3	3214.8			2559.3	3309.9
内蒙古					2896.2	3131.6
辽宁	3529.2	4156.9			4388.0	6156.2
吉林					5034.1	7025.1
黑龙江					3883.7	3719.3
上海	4016.7	2921.8			7772.8	7948.7
江苏	4439.2	3205.1			7233.6	7848.9
浙江	2996.2	2384.8	5633.8	5187.9	5715.1	5995.2
安徽	4376.1	2850.0	5031.1	4861.5	4781.4	5222.9
福建	3013.3	3035.5	5206.6	5055.0	4744.6	4820.7
江西	1274.4	1196.5	4912.6	3972.3	5179.7	5185.5
山东	5550.3	5083.7			3981.4	5398.2
河南	4801.4	4160.6			3851.1	4708.1
湖北	3336.0	3202.5	6037.1	5671.5	6383.0	6358.0
湖南	1983.0	2038.5	5724.0	5158.5	5658.8	5566.4
广东	3818.0	4073.4	6055.5	6161.2	5133.7	5293.5
广西	1641.2	1665.1	5983.7	5551.9	3374.4	3602.0
海南			4474.7	4354.3	3368.0	3398.8
重庆		2341.9		5454.5		4564.0
四川	3189.9	3064.6	6400.0	6326.5	5537.1	5593.9
贵州	1940.9	1924.2	5000.0	5000.0	4390.7	4385.4
云南	2092.9	1939.1	6931.4	6891.4	4002.9	4020.7
西藏					3915.3	4240.3
陕西	3230.2	2888.4			2296.6	3517.7
甘肃	2544.6	2872.7			2809.0	3195.8
青海					3231.4	3331.2
宁夏	2392.3	2715.9			4107.5	4360.5
新疆	4229.3	4724.8			6172.2	6213.6

6－25 各地区分品种粮食作物单位面积产量

单位: 公斤/公顷

地 区	谷 物		1. 稻谷		2. 小麦		3. 玉米	
	1997年	1998年	1997年	1998年	1997年	1998年	1997年	1998年
全国总计	**4822.5**	**4952.9**	**6319.4**	**6366.2**	**4101.9**	**3685.3**	**4387.3**	**5267.8**
北 京	5711.8	5785.3	6810.3	6855.7	5627.6	5648.4	5763.5	5902.7
天 津	5082.1	5146.1	7695.8	8315.6	5123.1	4957.6	4300.3	4632.8
河 北	4208.9	4292.8	6590.9	6476.9	4891.1	4535.6	4161.4	4599.9
山 西	3308.1	3746.8	6205.2	6443.7	3664.5	3331.0	4255.4	5369.9
内蒙古	3504.1	3876.8	5782.1	5118.8	2643.8	2587.6	5299.0	5709.8
辽 宁	4655.4	6514.5	7842.6	7639.7	3363.3	4087.1	4247.2	6842.9
吉 林	5449.1	7629.6	8302.8	8398.7	2047.2	1422.8	5135.3	7949.0
黑龙江	4596.1	4707.9	6162.9	5909.2	3056.6	2966.5	4581.5	4823.5
上 海	6384.1	6118.9	7960.7	8019.0	4117.6	2995.0	7058.8	6616.6
江 苏	6161.3	5921.2	8122.5	8816.3	4547.3	3281.6	5551.3	6044.4
浙 江	5452.6	5406.9	5935.1	6015.2	2940.5	2399.1	3349.2	3401.8
安 徽	5027.3	4622.7	5832.5	6441.2	4403.1	2859.7	4472.9	3971.6
福 建	5067.4	5048.3	5274.7	5251.1	2852.4	2799.0	2721.7	2760.6
江 西	5209.8	4796.1	5340.3	4914.5	1455.8	1398.2	2709.7	2660.6
山 东	5019.7	5352.2	6808.3	8813.0	5551.0	5084.1	4210.6	5584.8
河 南	4725.3	4609.5	7004.5	7417.0	4814.7	4177.2	4137.0	5092.8
湖 北	5812.6	5674.2	7374.3	7293.4	3500.2	3379.5	4026.7	4235.2
湖 南	5846.9	5605.3	6123.4	5897.4	1785.3	1774.9	4450.5	3701.0
广 东	5699.9	5837.4	5852.2	6009.3	2886.6	2865.2	3824.9	3830.9
广 西	4714.3	4743.7	5214.2	5304.7	1504.7	1372.5	2949.6	2699.2
海 南	4187.4	4117.9	4300.4	4181.6			2402.7	2817.9
重 庆	4687.1	4429.2	6796.9	6490.5	2308.1	2382.3	4070.5	3626.7
四 川	5368.8	5307.4	7579.8	7583.7	3349.4	3223.7	4500.2	4565.5
贵 州	4117.0	4167.7	6218.9	6379.2	1808.6	1801.5	4187.5	4239.8
云 南	3832.5	3809.0	5755.9	5845.2	2366.0	2140.9	3708.2	3816.2
西 藏	4133.9	4341.4	4545.5	4495.4	5249.5	5283.4	4354.8	4119.5
陕 西	3174.6	3617.3	6068.9	6331.3	3510.7	3130.7	2963.2	4516.5
甘 肃	2777.3	3120.6	7037.0	6880.2	2486.7	3117.3	3431.9	5041.9
青 海	3359.6	3448.1			3667.7	3772.4		7894.7
宁 夏	3836.2	4288.3	8913.7	9458.6	2632.9	2960.9	6312.6	6976.3
新 疆	5024.1	5385.5	6735.3	8152.3	4301.0	4722.8	6691.4	6411.9

6－25续表1

地　　区	4. 谷　　子		5. 高　　粱		6. 其它谷物	
	1997年	1998年	1997年	1998年	1997年	1998年
全国总计	**1603.6**	**2212.7**	**3358.0**	**4215.1**	**2397.6**	**2178.4**
北　　京	1379.3	1612.9	3043.5	3181.8	1428.6	1428.6
天　　津	1214.3	1550.4	2763.6	2834.8	2000.0	1948.1
河　　北	1941.5	2331.8	2241.7	2834.0	776.3	1215.0
山　　西	1330.4	2109.9	3182.8	3839.8	967.9	1251.4
内 蒙 古	1600.5	1973.3	3554.9	4454.1	989.4	1180.8
辽　　宁	1746.2	2643.4	3854.8	5910.8	1456.4	2239.7
吉　　林	2127.7	2412.1	4152.5	3673.7	2352.9	2107.0
黑 龙 江	2165.4	1278.4	3580.4	4422.6	2119.7	1657.5
上　　海					3882.1	3891.4
江　　苏			2857.1	5000.0	4200.6	2996.7
浙　　江					3523.0	2590.3
安　　徽			3108.1	3157.9	3253.6	6256.9
福　　建	1250.0	1428.6	3333.3	3508.8	2610.3	2538.5
江　　西			4615.4	3333.3	2013.9	1634.0
山　　东	2880.7	4252.0	2395.2	4532.2	3608.7	4865.6
河　　南	1041.1	2520.6	2231.1	3038.2	3807.0	3249.8
湖　　北	2331.0	2069.0	3044.5	3067.5	3185.5	2544.9
湖　　南			2368.4	2421.7	2021.2	1975.9
广　　东			3333.3	3333.3	2240.8	2500.0
广　　西	1489.4	1489.4	1463.4	1555.6	1094.3	674.8
海　　南				4285.7	2056.6	2884.6
重　　庆						
四　　川			4122.1	3945.9	5362.1	5369.9
贵　　州	1016.9	1176.5	1534.4	1692.3	1419.0	708.3
云　　南				1480.4	1680.5	1567.9
西　　藏						
陕　　西	561.7	1829.6	1277.4	2980.4	889.4	1483.4
甘　　肃	1079.0	1454.9	2608.0	3498.5	2961.2	1116.7
青　　海						
宁　　夏	360.4	675.7	5000.0	5000.0	1083.4	963.5
新　　疆	1333.3	1428.6	4874.6	5416.0	2940.1	5735.8

6－26 各地区油料作物单位面积产量

单位: 公斤/公顷

地　区	油料合计		#花　生		#油菜籽	
	1997年	1998年	1997年	1998年	1997年	1998年
全国总计	**1742.5**	**1791.0**	**2592.4**	**2942.8**	**1479.1**	**1271.7**
北　京	2734.5	2926.9	2826.8	3019.9		
天　津	1573.5	1870.1	2469.6	2553.7		
河　北	1957.3	2195.1	2672.0	2787.3	1018.7	1209.3
山　西	944.1	1210.0	1316.9	1934.9	1619.3	1333.1
内蒙古	1465.8	1591.9	2429.3	2518.9	764.2	901.1
辽　宁	1636.4	1908.3	1942.3	2176.6	1740.0	1260.0
吉　林	1416.9	1745.4	2277.2	1624.2		
黑龙江	1279.0	808.4	2405.1	1016.4	1342.8	943.0
上　海	1974.5	1180.4	3133.0	3192.3	1952.0	1143.3
江　苏	2346.2	1844.8	3371.5	3458.6	2121.4	1370.3
浙　江	1772.4	1261.0	2488.0	2562.3	1754.4	1205.2
安　徽	1806.1	1440.3	2879.5	3456.1	1664.3	944.9
福　建	2037.7	2055.1	2255.3	2268.0	1019.2	1011.2
江　西	1052.8	890.0	2333.5	2202.5	850.5	641.2
山　东	2976.6	3908.0	3004.2	3961.9	2254.8	2007.8
河　南	2289.4	2525.4	2894.6	3271.6	1746.6	1427.1
湖　北	1882.0	1920.0	3281.8	3528.7	1777.9	1744.7
湖　南	1352.1	1323.2	1876.9	1965.3	1277.0	1219.0
广　东	2155.0	2227.4	2224.4	2291.8	791.5	790.7
广　西	1529.3	1537.4	1954.2	1910.9	921.7	940.3
海　南	1614.2	1700.6	1711.6	1806.9		
重　庆		1305.6		1617.0		1278.2
四　川	1678.2	1752.0	1867.6	2001.0	1638.2	1694.4
贵　州	1332.8	1389.1	1633.5	1669.0	1311.6	1366.9
云　南	1259.1	1223.1	1128.2	1214.0	1409.2	1341.5
西　藏	1946.5	1766.8			1919.2	1769.9
陕　西	1237.5	1246.2	1654.7	2199.3	1607.6	1285.2
甘　肃	1113.8	1365.2	1469.2	1780.7	1459.2	1655.2
青　海	1332.4	1423.7			1342.9	1437.6
宁　夏	562.9	771.8				1063.2
新　疆	1701.9	1768.7	4441.9	3967.3	1266.1	1464.7

6－26续表

地区	#芝麻		#胡麻籽		#向日葵籽	
	1997年	1998年	1997年	1998年	1997年	1998年
全国总计	**919.2**	**1041.9**	**653.4**	**915.2**	**1643.7**	**1647.1**
北京	905.0	830.0			1026.7	1393.3
天津	773.6	806.9			1276.1	1717.6
河北	595.2	749.3	292.4	729.7	588.8	1299.8
山西	541.7	1036.6	781.2	924.5	1094.3	1341.4
内蒙古	718.9	718.0	626.2	929.9	2475.1	2191.7
辽宁	641.6	640.7			971.3	1299.0
吉林	889.9	852.9			1290.5	1898.0
黑龙江		1009.1			1315.7	675.5
上海						
江苏	1307.2	1460.4			8090.0	3961.5
浙江	1098.9	1163.1				
安徽	1069.3	1014.6				
福建	860.3	723.7				
江西	707.7	615.5				
山东	1072.5	1151.1			3625.2	1917.4
河南	726.1	928.7			581.7	1951.7
湖北	1455.2	1593.2			1287.7	1123.2
湖南	903.4	1054.3			1058.3	1074.5
广东	838.5	882.6				
广西	666.1	657.2				
海南	750.2	728.7				
重庆		651.2		1018.2		743.0
四川	967.0	980.2	840.0	600.0	2070.9	1523.8
贵州	541.4	571.4			801.2	907.3
云南	508.9	508.7		1295.5	1854.3	1700.3
西藏						
陕西	634.7	1117.1	266.5	725.2	687.0	985.5
甘肃			767.1	987.6	2072.5	1931.3
青海				1079.4		
宁夏			581.4	797.7	1546.8	1462.3
新疆	1828.9		1442.2	1535.6	2160.2	2211.8

6－27 各地区棉花和麻类单位面积产量

单位：公斤/公顷

地区	棉花		麻类合计		#黄红麻	
	1997年	1998年	1997年	1998年	1997年	1998年
全国总计	**1024.8**	**1009.3**	**2289.4**	**2205.7**	**2648.8**	**2677.2**
北京	1021.8	855.7				
天津	890.0	1030.0	2565.1	2872.2	2616.7	2872.2
河北	659.6	855.7	2566.2	2862.9	2907.2	3053.4
山西	648.9	854.7	2353.7	938.8		
内蒙古		2681.1	1523.8	888.3		
辽宁	773.5	874.1	1176.0	1323.8		
吉林			1328.2	1517.1		
黑龙江			2426.0	2532.8		
上海	1119.1	1058.1				
江苏	1156.7	1110.0	3400.0	3293.1	3268.4	2783.3
浙江	767.6	1032.6	6267.4	3237.3	6563.6	3333.6
安徽	753.7	733.3	2522.2	2438.8	2623.5	2567.9
福建			2089.6	1863.5	2555.1	2368.6
江西	1294.9	701.7	1672.9	1598.1	2670.2	2349.5
山东	893.9	996.5	2462.9	2763.1	2527.2	2854.4
河南	909.8	910.5	2382.8	2445.7	2391.4	2437.9
湖北	1208.8	753.0	3116.9	3033.0	5576.2	5630.9
湖南	1448.4	968.7	2069.5	1886.7	3291.7	2689.8
广东			2423.5	2523.2	2430.1	2542.2
广西	469.4	435.9	2125.5	2001.9	2071.4	2040.2
海南			2773.9	3675.9	2831.6	3675.9
重庆		677.6		1420.2		1467.0
四川	771.4	727.8	1358.0	1377.2	1508.3	1666.5
贵州	327.1	497.8	956.6	920.6	2032.4	1986.2
云南	398.8	422.3	618.2	723.6	1600.0	1438.5
西藏						
陕西	516.1	649.4	712.7	925.7		
甘肃	1581.3	1821.4	937.3	1149.4		
青海						
宁夏						
新疆	1301.4	1401.0	4647.5	6493.1		

6－27续表

地　区	#苎　麻		#大　麻		#亚　麻	
	1997年	1998年	1997年	1998年	1997年	1998年
全国总计	**1629.9**	**1573.2**	**1314.1**	**1384.9**	**2510.3**	**2549.5**
北　京						
天　津						
河　北			621.6	819.0		
山　西			924.1	938.8	4594.6	
内蒙古					1613.2	841.8
辽　宁						
吉　林						
黑龙江			1231.3	1291.5		2557.9
上　海						
江　苏	3702.3	3746.5				
浙　江	1762.5	2105.0				
安　徽	1640.3	1747.4	2364.1	2542.7		
福　建	1275.0	1189.7				
江　西	1321.8	1319.3				
山　东				2052.8		
河　南			2112.7	2394.3		
湖　北	1734.1	1793.9				
湖　南	2014.4	1854.0				
广　东						
广　西	2503.9	1773.6				
海　南						
重　庆		1406.9				
四　川	1235.0	1231.0	661.5	698.0		
贵　州	693.8	707.4	610.5	690.2	692.5	900.0
云　南	425.0	704.5	649.3	639.8		1433.3
西　藏						
陕　西	927.5	982.9	627.4	978.0		
甘　肃			937.3	1149.4		
青　海						
宁　夏						
新　疆					4538.0	6470.0

6－28 各地区糖料单位面积产量

单位：公斤/公顷

地区	糖料合计		1. 甘蔗		2. 甜菜	
	1997年	1998年	1997年	1998年	1997年	1998年
全国总计	**48810**	**49338**	**60158**	**59550**	**24475**	**24807**
北京						
天津						
河北	9819	21460			9819	21460
山西	22544	25496			22544	25496
内蒙古	24288	22075			24288	22075
辽宁	16816	24264			16816	24264
吉林	17437	23885			17437	23885
黑龙江	17808	13450			17808	13450
上海	52592	60294	52592	60294		
江苏	46960	52094	57170	56556	23566	24206
浙江	54561	57823	54561	57823		
安徽	34545	37148	36214	39201		
福建	68522	66910	68522	66910		
江西	52837	48323	52837	48323		
山东	3268	3626			3268	3626
河南	48246	43549	48246	43668		
湖北	56056	55100	56056	55100		
湖南	58923	54108	58923	54108		
广东	73207	74476	73207	74476		
广西	59033	58347	59033	58347		
海南	48962	48865	48962	48865		
四川	50193	36231	50424	36231	8282	8282
重庆		53892		54537		6180
贵州	36038	41569	36514	41677	3880	6250
云南	57524	56315	57572	56349	10380	15958
西藏						
陕西	9808	23414	9055		10253	23166
甘肃	41292	41957			41292	41958
青海	9350	21433			9350	21433
宁夏	30826	34436			30826	34436
新疆	42155	46330			42155	46330

6－29 茶叶水果产量

单位：万吨

年　份	茶叶产量	水果产量	苹　果	柑　桔	梨	葡　萄	香　蕉
1952	8.2	244.3	11.8	20.7	39.4	4.8	11.0
1957	11.2	324.7	22.2	32.2	50.4	8.5	7.3
1962	7.4	271.2	22.5	20.6	44.3	8.4	3.5
1965	10.1	323.9	31.8	25.4	51.1	10.0	14.5
1970	13.6	374.5	79.8	24.2	65.4	8.5	16.6
1975	21.1	538.1	158.3	33.6	108.7	12.3	16.5
1978	26.8	657.0	227.5	38.3	151.7	10.4	8.5
1979	27.7	701.5	286.9	55.5	143.8	12.6	7.4
1980	30.4	679.3	236.3	71.3	146.6	11.0	6.1
1981	34.3	780.1	300.6	79.8	159.3	14.8	12.6
1982	39.7	771.3	243.0	93.9	175.5	18.6	20.1
1983	40.1	948.7	354.1	129.6	179.5	24.7	20.7
1984	14.4	984.5	294.1	149.9	210.0	29.4	30.0
1985	43.2	1163.9	361.4	180.8	213.7	36.1	63.1
1986	46.1	1347.7	333.7	254.8	234.8	44.2	125.1
1987	50.8	1667.9	426.4	322.4	248.9	64.1	202.9
1988	54.5	1666.1	434.4	256.0	272.1	79.2	183.0
1989	53.5	1831.9	449.9	456.1	256.5	87.4	140.4
1990	54.0	1874.4	431.9	485.5	235.3	85.9	145.6
1991	54.2	2176.1	454.0	633.3	249.8	91.6	198.1
1992	56.0	2440.1	655.6	516.0	284.6	112.5	245.1
1993	60.0	3011.2	907.0	656.1	321.7	135.5	270.1
1994	58.8	3499.2	1112.5	680.5	404.2	152.2	289.8
1995	58.8	4214.6	1400.8	822.5	494.2	174.2	312.5
1996	59.3	4652.8	1704.7	845.7	580.7	188.3	253.6
1997	61.3	5089.3	1721.9	1010.2	641.5	203.2	289.2
1998	66.5	5452.9	1948.1	859.0	727.5	235.8	351.8

6-30　茶叶、水果主要品种面积和产量增减情况

指　　标	单　位	1990年	1995年	1997年	1998年	1998年为1997年%
一、茶叶生产情况						
(一) 年末实有茶园面积	千公顷	1061.3	1115.3	1076.2	1056.5	98.2
(二) 茶叶产量	吨	540070	588553	613366	665034	108.4
1. 红毛茶	吨	109680	52003	49515	56827	114.8
2. 绿毛茶	吨	332502	413784	443164	480211	108.4
3. 乌龙毛茶	吨	33411	55372	56290	60598	107.7
4. 紧压茶原料	吨	25026	17476	18620	21099	113.3
5. 其它茶	吨	39451	49918	45777	46299	101.1
二、水果生产情况						
(一) 年末果园面积	千公顷	5178.7	8097.6	8648.4	8535.0	98.7
#香蕉园	千公顷	108.8	190.2	179.9	178.0	99.0
苹果园	千公顷	1633.1	2953.1	2838.3	2621.5	92.4
柑桔园	千公顷	1061.2	1214.1	1309.2	1270.4	97.0
梨　园	千公顷	480.7	859.4	924.0	917.7	99.3
葡萄园	千公顷	122.6	152.5	157.9	177.9	112.6
(二) 水果产量	吨	18744222	42146267	50893223	54528533	107.1
#香　蕉	吨	1455927	3125003	2892268	3518175	121.6
苹　果	吨	4319315	14007662	17218571	19480719	113.1
柑　桔	吨	4854935	8224984	10102200	8590360	85.0
梨	吨	2352753	4942445	6414831	7275464	113.4
葡　萄	吨	858525	1741707	2032805	2358219	116.0
菠　萝	吨	462549	539408	527288	644925	122.3
红　枣	吨	423222	782069	936058	1103613	117.9
柿　子	吨	624773	969353	1075417	1314136	122.2

6-31 各地区茶园面积和茶叶产量

地区	年末实有茶园面积（千公顷）		#本年采摘面积		茶叶产量（吨）		1. 红毛茶	
	1997	1998	1997	1998	1997	1998	1997年	1998年
全国总计	**1076.2**	**1056.5**	**868.3**	**859.5**	**613366**	**665034**	**49515**	**56827**
北京								
天津								
河北								
山西								
内蒙古								
辽宁								
吉林								
黑龙江								
上海								
江苏	19.1	18.9	14.0	14.4	11852	12045	1507	2250
浙江	130.1	127.3	113.8	112.9	101716	113221	3784	4212
安徽	118.7	116.9	104.8	99.4	45842	49507	2508	3085
福建	126.6	124.2	108.8	108.9	109887	118911	1678	1490
江西	57.5	48.2	44.6	36.3	19215	17469	2545	2889
山东	3.4	4.0	2.1	2.1	1286	1561		
河南	19.8	20.9	15.5	16.9	6776	7979		
湖北	112.9	116.6	80.4	83.9	47692	56265	2717	3706
湖南	77.8	75.5	63.2	61.2	55493	58496	11622	12594
广东	44.9	43.4	34.0	33.7	36640	38889	2862	2626
广西	24.8	24.8	18.5	19.0	19734	19717	715	478
海南	5.1	4.8	3.6	4.2	3122	3001	810	2
重庆	25.0	23.1	20.0	18.2	14996	15299	1079	2424
四川	74.6	76.9	59.1	62.2	45217	50859	1010	1247
贵州	42.5	41.9	32.6	31.1	16489	17780	1023	1080
云南	161.2	159.4	135.8	137.5	70800	77487	15655	18744
西藏	3.4	0.3		0.2	89	41		
陕西	28.0	28.5	17.0	17.1	6316	6288		
甘肃	0.8	0.9	0.4	0.5	204	219		
青海								
宁夏								
新疆								

6－31 续表

地　区	2.绿毛茶		3.乌龙毛茶		4.紧压茶原料		5.其它茶	
	1997年	1998年	1997年	1998年	1997年	1998年	1997年	1998年
全国总计	**443164**	**480211**	**56290**	**60598**	**18620**	**21099**	**45777**	**46299**
北　京								
天　津								
河　北								
山　西								
内蒙古								
辽　宁								
吉　林								
黑龙江								
上　海								
江　苏	10191	9118					154	677
浙　江	93020	103542	386	429	81	91	4445	4947
安　徽	41928	44744					1406	1678
福　建	63508	70397	43135	45862	26	161	1540	1001
江　西	15557	13661	53	25	92	28	968	866
山　东	1286	1561						
河　南	6776	7979						
湖　北	37123	43821			5796	6453	2056	2285
湖　南	26586	27874	369	294	6681	6999	10235	10735
广　东	17266	17978	12342	13948	10	71	4160	4266
广　西	16644	17146					2375	2093
海　南	2176	2999					136	
重　庆	10195	9577					3722	3298
四　川	31113	35440	5	2	5273	6441	7816	7729
贵　州	9240	10237		38	378	547	5848	5878
云　南	53949	57630			283	268	913	845
西　藏	86					40	3	1
陕　西	6316	6288						
甘　肃	204	219						
青　海								
宁　夏								
新　疆								

6－32 各地区果园面积

单位:千公顷

地　区	年末实有果园面积		#香蕉园		#苹果园	
	1997年	1998年	1997年	1998年	1997年	1998年
全国总计	**8648.4**	**8535.0**	**179.9**	**178.0**	**2838.3**	**2621.5**
北　京	58.8	60.2			21.0	20.3
天　津	32.3	31.5			12.5	11.0
河　北	1000.2	1005.0			371.3	355.3
山　西	307.5	297.0			206.1	196.0
内蒙古	86.3	72.2			35.1	24.0
辽　宁	409.5	391.7			234.6	217.0
吉　林	98.3	101.7			19.6	20.0
黑龙江	60.4	59.6			36.5	36.4
上　海	11.3	11.4				
江　苏	140.5	134.1			68.0	60.8
浙　江	241.0	240.6			0.4	0.4
安　徽	102.3	88.5			42.4	32.1
福　建	576.3	568.6	24.3	26.1	0.2	0.2
江　西	310.7	295.6				
山　东	891.4	819.9			618.5	556.8
河　南	393.1	385.8			293.9	269.0
湖　北	234.8	226.9			13.8	12.5
湖　南	317.2	319.5				
广　东	862.1	922.8	75.7	79.4		
广　西	668.0	712.4	41.8	44.2		
海　南	100.6	47.3	19.0	8.9		
重　庆	75.0	89.0		0.1	2.0	2.1
四　川	242.7	240.4	0.8	0.7	29.5	28.4
贵　州	52.1	58.8	3.4	3.7	6.9	7.2
云　南	181.8	195.2	15.0	14.8	47.7	46.4
西　藏	1.4	1.1			1.3	1.0
陕　西	691.0	663.8			488.0	455.4
甘　肃	307.5	299.9			212.0	199.0
青　海	5.7	5.6			4.5	4.4
宁　夏	40.2	37.2			30.6	24.9
新　疆	148.8	151.8			42.2	41.0

6-32 续表 单位:千公顷

地区	#柑桔园		#梨园		#葡萄园	
	1997年	1998年	1997年	1998年	1997年	1998年
全国总计	**1309.2**	**1270.4**	**924.0**	**917.7**	**157.9**	**177.8**
北京			7.9	8.9	1.3	1.6
天津			3.1	3.0	2.4	3.5
河北			230.4	224.3	25.9	31.5
山西			30.4	30.8	6.4	6.3
内蒙古			27.3	34.5	2.6	2.2
辽宁			80.8	82.1	11.8	14.2
吉林			34.4	34.0	7.9	8.6
黑龙江			6.6	6.7	1.9	1.6
上海	4.8	5.4	0.8	0.8	1.3	1.2
江苏	4.8	3.2	24.0	23.0	4.9	4.2
浙江	137.6	133.9	9.8	11.0	4.5	4.5
安徽	2.7	1.7	29.1	29.5	4.5	3.6
福建	162.9	152.6	16.5	17.2	1.9	2.1
江西	188.3	178.2	23.5	21.3	1.6	2.2
山东			78.0	63.3	17.5	20.9
河南	2.9	4.9	23.5	27.3	9.7	11.3
湖北	111.5	103.3	48.6	51.4	3.6	4.0
湖南	239.7	241.4	14.4	14.3	3.1	3.0
广东	92.7	84.6	7.0	9.5		
广西	108.0	107.1	9.1	9.5		
海南	2.4	0.8				
重庆	56.0	60.2	9.0	11.6	1.0	1.0
四川	146.2	143.0	25.0	27.8	5.3	5.1
贵州	23.1	25.0	9.0	2.0	2.2	3.4
云南	16.9	16.4	36.1	35.3	1.2	1.6
西藏			0.1	0.1		
陕西	8.0	8.1	54.0	52.0	5.0	4.3
甘肃	0.8	0.7	57.2	57.4	1.7	2.2
青海			1.0	1.0		
宁夏			2.0	2.2	1.0	1.9
新疆			25.4	25.8	28.0	32.0

6-33 各地区水果产量

单位:吨

地　区	水果产量		#香蕉		#苹果	
	1997年	1998年	1997年	1998年	1997年	1998年
全国总计	**50893223**	**54528533**	**2892268**	**3518175**	**17218571**	**19480719**
北　京	506785	541057			153835	162930
天　津	237836	250654			80253	88388
河　北	5561208	6296892			1751374	1930339
山　西	1464408	1773119			1101227	1410718
内蒙古	199543	201176			38439	36729
辽　宁	2641058	2985505			1611487	1674628
吉　林	374949	455399			61705	105877
黑龙江	154949	184918			96993	102137
上　海	239188	201325				
江　苏	1403961	1443649			549159	628721
浙　江	2693751	2064155			809	991
安　徽	743611	825029			272130	257280
福　建	3343393	3430433	571063	659787	131	218
江　西	676384	454628				
山　东	7865695	8396986			5582052	5995558
河　南	2692597	3125976			1972032	2226396
湖　北	1790764	1828374			58644	60029
湖　南	1532102	1090657				
广　东	4144783	4531223	1334175	1642127		
广　西	3155219	3247332	685532	852923		
海　南	398893	532680	188479	235996		
重　庆	607242	740977	1424	1935	4274	6167
四　川	1851311	2129157	7149	7374	161166	177420
贵　州	251408	274973	10411	10356	5713	6828
云　南	660198	680702	94035	107677	80330	79767
西　藏	7742	6316			4837	4265
陕　西	3265529	4307699			2636537	3473510
甘　肃	1002458	1131716			561019	670039
青　海	27179	24766			18884	16138
宁　夏	162349	156271			140363	125552
新　疆	1236730	1214789			275178	240094

6－33续表 1 单位:吨

地　区	#柑桔		#梨		#葡萄	
	1997年	1998年	1997年	1998年	1997年	1998年
全国总计	**10102200**	**8590360**	**6414831**	**7275464**	**2032805**	**2358219**
北　京			94535	105436	18310	20318
天　津			22466	25305	47663	56032
河　北			2113339	2388517	361689	404436
山　西			91603	101843	28178	33393
内蒙古			102115	116421	15142	16826
辽　宁			471870	610898	193380	275557
吉　林			101042	134799	44591	50302
黑龙江			12384	28357	7916	8157
上　海	124342	98651	14651	12895	29919	26679
江　苏	51747	31306	312562	308453	67907	71577
浙　江	2105054	1496872	73983	85740	95829	92021
安　徽	8458	2806	307332	426452	39684	34281
福　建	1538981	1464206	59056	72289	21650	27503
江　西	483034	295719	37466	32784	3375	2551
山　东			778169	714667	215839	268986
河　南	7944	10899	148144	202469	120367	153047
湖　北	849249	730900	480268	564420	49595	53893
湖　南	1341400	899125	23290	24719	11272	13359
广　东	866913	756912	27436	31621		
广　西	1006996	869857	60167	62381	14929	21662
海　南	9221	10921				
重　庆	456672	546494	31205	52070	5942	8618
四　川	1068944	1178350	200372	249712	66659	82611
贵　州	84632	86624	31592	38972	6822	7621
云　南	77434	81524	149386	145803	11697	11881
西　藏			929	1515		
陕　西	20072	27672	266063	376370	39357	41845
甘　肃	1107	1522	242462	238237	11501	13782
青　海			5891	6585	189	67
宁　夏			7930	6951	5243	5806
新　疆			147123	108783	498160	555408

6－33续表2 单位:吨

地区	#菠萝		#红枣		#柿子	
	1997年	1998年	1997年	1998年	1997年	1998年
全国总计	**527288**	**644925**	**936058**	**1103613**	**1075417**	**1314136**
北京			667	745	40204	40781
天津			5976	7680	12980	9806
河北			284032	359256	188173	221166
山西			130103	107229	47001	49936
内蒙古						
辽宁			6024	7679		
吉林						
黑龙江						
上海						
江苏			1373	1641	4811	124401
浙江			5439	4822	19976	23493
安徽			5908	4244	28061	27309
福建	49700	47758			53600	63617
江西			7928	7310	12986	11008
山东			240186	320042	113028	125143
河南			128822	148413	109712	131470
湖北			16356	17252	55036	56782
湖南			10658	12149	6096	5875
广东	251844	319837			68609	74167
广西	79460	83877	17537	19245	156162	177203
海南	113459	152852				
重庆			406	570	3861	4263
四川	242	18	1693	1707	17013	20211
贵州	7	7	970	1080	11260	11726
云南	32576	40576	1082	606	26380	25406
西藏						
陕西			48947	56785	90949	99311
甘肃			14699	17207	9519	11062
青海						
宁夏			2933	3244		
新疆			4319	4707		

6－34 主要林产品产量

单位：万吨

年 份	橡 胶	生 漆	油桐籽	油茶籽	乌桕籽	板 栗	核 桃	松 脂
1952			43.5	24.9	11.8			
1957		0.2	51.8	49.4	12.5		10.3	
1962	0.5	0.1	18.2	20.1	8.1		4.0	
1965	1.7	0.2	13.0	33.2			4.8	
1970	4.6	0.1	35.7	35.0			5.1	
1975	6.9	0.2	37.0	42.5	7.7	4.4	6.5	30.3
1978	10.2	0.2	39.1	47.9	8.5	6.2	11.3	33.8
1979	10.8	0.3	32.5	61.7	8.1	4.7	9.1	40.4
1980	11.3	0.2	30.3	49.0	9.3	6.7	11.9	42.1
1981	12.8	0.3	36.0	65.4	9.5	5.1	10.7	56.2
1982	15.3	0.3	33.9	49.4	8.5	5.5	10.3	47.0
1983	17.2	0.3	36.8	43.5	8.5	6.5	11.9	30.4
1984	18.9	0.2	36.2	53.6	8.1	8.3	12.8	36.9
1985	18.8	0.2	37.9	61.9	7.1	8.3	12.2	34.4
1986	20.9	0.3	34.6	43.8	7.0	9.5	13.6	41.6
1987	23.8	0.3	34.2	51.8	6.8	11.5	14.7	52.3
1988	24.0	0.3	35.9	46.3	6.3	10.4	17.7	46.1
1989	24.3	0.3	33.5	66.7	5.6	10.3	16.0	48.7
1990	26.4	0.3	35.1	52.3	5.2	11.5	15.0	43.5
1991	29.6	0.3	32.8	62.1	4.5	13.8	15.2	44.0
1992	30.9	0.3	43.7	62.9	4.4	13.9	16.4	46.9
1993	32.6	0.3	42.1	48.8	4.1	16.2	19.2	58.1
1994	37.4	0.2	43.5	63.1	3.7	22.0	21.0	56.9
1995	42.4	0.3	40.5	62.3	3.9	24.7	23.1	54.8
1996	40.2	0.4	40.5	69.7	4.2	34.0	23.8	58.1
1997	45.2	0.4	45.4	85.7	4.1	37.7	25.0	70.1
1998	46.2	0.5	43.9	72.3	4.1	46.9	26.5	54.3

6-35 营林面积和主要林产品产量增减情况

指　　标	单　位	1990年	1995年	1997年	1998年	1998年为1997年%
一、营林情况						
(一)当年造林面积	千公顷	5208.5	4967.2	4354.9	4811.1	110.5
按造林方式分:						
1.当年人工造林面积	千公顷	4353.4	4405.4	3737.7	4086.0	109.3
2.当年飞机播种面积	千公顷	855.1	582.0	617.2	725.1	117.5
按用途分:						
1.用材林	千公顷	3156.5	1823.3	1465.3	1459.7	99.6
2.经济林	千公顷	644.5	1740.3	1275.3	1394.8	109.4
3.防护林	千公顷	1029.7	1243.0	1386.8	1772.0	127.8
4.薪炭林	千公顷	340.1	143.8	136.8	167.0	122.1
5.特种用材林	千公顷	37.7	16.5	17.8	17.5	98.3
(二)迹地更新面积	千公顷	671.5	729.7	793.7	805.0	101.4
(三)零星(四旁)植树	万　株	337596.3	326377.6	337868.0	329382.8	97.5
(四)育苗面积	千公顷	213.5	206.0	199.2	204.1	102.5
(五)幼林抚育作业面积	千公顷	13032.6	15834.2	13721.9	12329.0	89.8
(六)成林抚育面积	千公顷	4089.9	6563.4	6750.1	7100.9	105.2
二、主要林产品产量						
1.生　漆	吨	2683	2976	4416	4577	103.6
2.油桐籽	吨	350770	404929	453535	438680	96.7
3.油茶籽	吨	523313	623128	856868	722846	84.4
4.乌桕籽	吨	51947	38834	40912	40911	100.0
5.五倍籽	吨	5783	10084	11060	13299	120.2
6.棕　片	吨	39860	52955	58158	74421	128.0
7.松　脂	吨	435244	548133	701183	543156	77.5
8.竹笋片	吨	83551	174588	217215	244919	112.8
9.核　桃	吨	149560	230867	249834	265121	106.1
10.板　栗	吨	115191	247026	376674	468759	124.4
11.紫胶(原胶)	吨	1421	3486	2201	1856	84.3
三、村及村以下竹木采伐						
1.木　材	万立方米	4098.3	4594.3	3673.5	3799.8	103.4
2.竹　材	万　根	65728.4	108389.4	93310.0	129063.3	138.3

6－36 各地区造林面积

单位：千公顷

地区	当年造林面积		按造林方式分			
			人工造林面积		飞机播种造林面积	
	1997年	1998年	1997年	1998年	1997年	1998年
全国总计	**4354.9**	**4811.1**	**3737.7**	**4086.0**	**617.2**	**725.1**
北　京	37.6	36.9	9.7	11.4	27.9	25.5
天　津	9.0	9.1	9.0	9.1		
河　北	386.2	358.4	292.4	297.5	93.7	60.8
山　西	430.7	448.2	322.7	329.6	108.0	118.7
内蒙古	464.4	477.8	391.0	393.9	73.4	83.9
辽　宁	154.8	216.2	125.7	141.7	29.2	74.5
吉　林	62.9	90.0	62.5	90.0	0.4	
黑龙江	285.5	305.1	278.4	301.5	7.1	3.6
上　海	2.1	1.6	2.1	1.6		
江　苏	19.2	15.1	19.2	15.1		
浙　江	37.2	41.2	37.2	41.2		
安　徽	86.9	82.6	86.9	82.6		
福　建	30.0	25.1	24.2	19.2	5.8	5.9
江　西	81.0	53.1	68.6	47.7	12.4	5.4
山　东	174.2	166.0	174.2	166.0		
河　南	139.8	233.1	108.5	179.4	31.4	53.7
湖　北	223.6	241.7	223.6	241.7		
湖　南	42.9	28.6	42.9	28.6		
广　东	5.0	7.4	5.0	7.4		
广　西	112.8	75.3	107.5	75.3	5.4	
海　南	15.2	12.0	15.2			12.0
重　庆	109.0	146.5	108.6	141.5	0.4	5.0
四　川	281.5	385.1	229.8	320.3	51.7	64.8
贵　州	235.5	211.9	208.6	173.3	26.9	38.6
云　南	376.4	424.5	324.7	346.3	51.7	78.2
西　藏	13.0	13.0	13.0	13.0		
陕　西	271.6	377.0	195.6	318.6	76.0	58.4
甘　肃	156.8	190.6	147.1	167.9	9.7	22.7
青　海	35.6	35.4	35.6	35.4		
宁　夏	24.1	38.7	17.9	25.3	6.2	13.4
新　疆	50.5	64.0	50.5	64.0		

6-36续表 1　　　　单位: 千公项

地　区	按用途分					
	用材林		经济林		防护林	
	1997年	1998年	1997年	1998年	1997年	1998年
全国总计	**1465.3**	**1459.7**	**1275.3**	**1394.8**	**1386.8**	**1772.0**
北　京	0.1	0.2	2.4	3.2	33.7	32.1
天　津	0.3	0.0	3.4	2.6	5.4	6.5
河　北	85.0	78.8	67.3	111.4	176.3	155.4
山　西	98.1	91.7	127.8	122.5	202.2	230.7
内蒙古	93.9	93.8	81.8	82.0	286.5	298.0
辽　宁	33.7	44.3	30.8	33.8	63.1	115.7
吉　林	22.7	34.9	19.4	16.9	19.7	37.5
黑龙江	176.7	179.3	21.7	36.5	66.0	73.9
上　海			0.2	1.4	0.1	0.2
江　苏	9.2	7.4	5.9	4.8	3.5	2.7
浙　江	12.3	15.0	22.2	21.7	2.3	3.2
安　徽	35.1	35.2	42.2	35.2	8.1	11.3
福　建	13.1	9.7	7.6	6.0	5.3	5.3
江　西	46.9	23.7	25.1	21.8	7.2	7.1
山　东	25.3	32.5	100.9	85.9	47.2	47.1
河　南	89.4	85.2	21.8	57.0	27.7	89.0
湖　北	90.8	99.7	112.7	113.0	14.1	19.8
湖　南	26.3	15.7	13.0	9.5	3.6	3.0
广　东	2.4	2.1	1.4	1.1	1.0	3.9
广　西	48.8	38.1	37.5	31.5	6.6	4.0
海　南	7.1	5.3	4.9	4.5	3.0	1.9
重　庆	29.6	27.5	49.4	53.7	31.1	64.2
四　川	105.4	128.9	95.7	82.0	76.4	169.3
贵　州	126.5	110.8	76.5	59.0	30.9	37.3
云　南	161.2	155.3	146.0	177.4	58.2	55.2
西　藏	1.7	8.0	4.1	5.0	1.4	
陕　西	73.7	92.3	97.3	124.9	90.9	138.0
甘　肃	39.4	34.8	35.7	61.2	55.8	72.2
青　海	4.9	4.6	1.9	0.7	18.0	23.2
宁　夏	2.7	0.2	6.5	7.7	14.2	30.4
新　疆	3.3	4.9	12.4	20.9	27.6	34.1

6－36续表 2　　　　单位:千公顷

地　　区	按用途分				迹地更新	
	薪炭林		特种用材			
	1997年	1998年	1997年	1998年	1997年	1998年
全国总计	**136.8**	**167.0**	**17.8**	**17.5**	**793.7**	**805.0**
北　京	0.2	0.3	1.2	1.1	0.2	0.4
天　津						
河　北	8.8	12.7	0.2		23.8	21.4
山　西	1.0	2.9	1.3	0.5	0.2	1.1
内蒙古	2.0	3.9	0.1		44.7	54.7
辽　宁	26.4	22.0	0.8	0.3	18.9	22.0
吉　林	1.1	0.4		0.3	39.6	49.5
黑龙江	15.2	8.9	5.9	6.5	138.1	134.8
上　海						
江　苏			0.4	0.2	1.1	2.0
浙　江	0.6	0.7	0.6	0.5	26.9	21.2
安　徽		0.1	1.5	0.7		3.2
福　建	4.0	4.0	0.2	0.1	62.8	62.6
江　西	1.6	0.5	0.2	0.1	39.8	32.9
山　东	0.9	0.2		0.3	14.8	17.3
河　南	0.8	1.7	0.1	0.2	18.9	16.2
湖　北	5.8	8.8	0.2	0.5	45.2	63.2
湖　南		0.2		0.2	43.8	36.2
广　东	0.3	0.3	0.1		87.7	86.0
广　西	2.9	1.6		0.1	88.7	77.5
海　南	0.2	0.3		0.1	7.6	13.6
重　庆	3.4	1.0		0.1	3.2	2.1
四　川	3.2	4.5	0.8	0.5	21.9	19.6
贵　州	1.5	2.1		2.6	7.1	8.0
云　南	9.0	35.4	1.9	1.3	29.3	33.7
西　藏					1.0	1.7
陕　西	9.5	21.6	0.2	0.2	18.5	17.7
甘　肃	23.6	21.9	1.6	0.5	5.3	4.0
青　海	10.6	7.0	0.1		0.4	0.2
宁　夏	0.6	0.4		0.1		
新　疆	3.9	3.7	0.3	0.5	4.1	2.4

6－36续表 3

单位：千公顷

地　区	零星四旁植树（万株）		育苗面积		幼林抚育面积		成林抚育面积	
	1997年	1998年	1997年	1998年	1997年	1998年	1997年	1998年
全国总计	**337867**	**329383**	**199.2**	**204.1**	**13721.9**	**12329.0**	**6750.1**	**7100.9**
北　京	954	828	4.4	4.4	38.7	48.0	12.8	12.9
天　津	525	365	2.0	1.2	28.6	22.2	21.7	21.2
河　北	12693	12145	18.5	19.3	730.4	780.3	381.7	343.6
山　西	21477	20693	19.3	19.0	244.6	233.5	129.2	118.3
内蒙古	6026	4944	7.2	7.5	780.5	660.9	468.2	500.6
辽　宁	6696	6037	9.3	9.7	307.1	334.2	57.6	49.3
吉　林	2542	3220	2.2	12.8	856.9	671.1	229.6	226.6
黑龙江	2465	6094	15.6	13.3	1934.8	1783.5	444.0	643.2
上　海	816	942	1.8	1.8	7.6	11.1	0.4	0.7
江　苏	13834	12267	9.9	11.4	112.2	131.7	89.5	101.4
浙　江	3382	3396	2.0	2.2	230.4	200.4	351.6	362.5
安　徽	22074	37831	6.2	5.4	717.6	676.4	326.0	373.0
福　建	4176	3691	0.4	0.3	318.4	267.6	201.3	206.0
江　西	9929	7770	0.2	1.5	815.9	649.3	363.6	359.5
山　东	17489	15853	22.8	17.2	1608.0	1448.4	740.4	812.5
河　南	34536	28621	23.0	19.9	637.9	488.7	534.8	593.2
湖　北	30792	32504	8.8	6.6	384.0	407.3	445.2	425.6
湖　南	17479	15303	4.7	4.7	424.7	398.7	269.8	214.4
广　东	6399	6015	2.9	2.0	370.2	330.0	313.0	311.2
广　西	3767	3818	1.9	1.7	546.8	462.1	302.3	291.2
海　南	653	436	0.4	0.4	13.8	14.6	2.0	8.8
重　庆	15640	13665	1.4	1.8	81.7	84.7	26.4	17.6
四　川	44347	35096	4.3	11.5	444.9	464.4	149.7	297.2
贵　州	5114	5465	1.5	1.5	316.7	241.0	45.4	69.1
云　南	15821	15245	2.0	2.6	224.4	181.0	94.8	79.0
西　藏		706				3.7		4.8
陕　西	20190	19642	9.5	9.6	450.2	347.6	264.0	204.8
甘　肃	9225	9085	8.3	6.1	190.2	193.5	83.2	94.0
青　海	2248	2246	2.8	2.8	85.7	88.3	3.7	2.5
宁　夏	1496	981	1.3	1.3	120.1	84.7	25.4	23.9
新　疆	5082	4477	4.8	4.7	699.0	620.4	372.8	332.6

6-37 各地区主要林产品产量

单位:吨

地区	生漆		油桐籽		油茶籽		乌桕籽	
	1997年	1998年	1997年	1998年	1997年	1998年	1997年	1998年
全国总计	**4416**	**4577**	**453535**	**438680**	**856868**	**722846**	**40912**	**40911**
北京								
天津								
河北		5						
山西								
内蒙古								
辽宁								
吉林								
黑龙江								
上海								
江苏			16	20	25	27	1	
浙江	25	28	1572	774	32320	26842	648	541
安徽	130	96	2643	3320	8402	8364	1656	5670
福建	94	78	16180	17797	55064	57185	461	360
江西			13046	12299	221622	148219	4324	1985
山东								
河南	169	201	54400	56422	7581	10980	2466	2086
湖北	439	424	30491	26109	16645	17126	17360	16600
湖南	41	93	50107	43122	340433	295818	1123	1334
广东		50	5858	4922	30706	30712	84	131
广西	14	21	52330	56554	124346	105275		9
海南					16	4		
重庆	391	492	59289	48976	1372	1008	3737	3688
四川	485	549	42167	40544	3903	6479	3384	2873
贵州	954	954	88979	95066	8872	9208	4427	4790
云南	402	338	21834	21269	4806	4894	1214	655
西藏								
陕西	1222	1223	14265	11046	755	705	26	189
甘肃	50	25	358	440			1	
青海								
宁夏								
新疆								

6－37续表 1

单位: 吨

地区	五倍籽		棕片		松脂		竹笋片	
	1997年	1998年	1997年	1998年	1997年	1998年	1997年	1998年
全国总计	**11060**	**13299**	**58158**	**74421**	**701183**	**543156**	**217215**	**244919**
北京								
天津								
河北								
山西								
内蒙古								
辽宁								
吉林								
黑龙江								
上海								
江苏							890	958
浙江	10	9	2231	1629	8751	8557	63881	67344
安徽	17	17	1181	1413	9487	8516	5633	8797
福建	48	128	9970	10624	98808	77966	85596	99063
江西	448	527	4529	5869	40475	35254	13256	11486
山东								
河南	327	221			1170	1885	18	59
湖北	2162	2957	3201	3646	6526	4771	2285	1555
湖南	1560	1528	7168	7518	16526	14263	10459	12113
广东			375	1204	155735	123759	9445	12346
广西	184	202	2448	2862	292922	210959	12327	15698
海南					2019	3020	141	145
重庆	793	2704	2141	2658	435	248	1088	1133
四川	1184	1227	7033	18741	2266	2127	5592	6100
贵州	1261	1747	4798	5155	6639	3346	1887	3301
云南	626	254	9958	9825	59396	48455	4161	4084
西藏								
陕西	2432	1771	3078	3217	28	30	548	735
甘肃	8	7	47	60			8	2
青海								
宁夏								
新疆								

6－37续表 2 单位: 吨

地区	核桃		板栗		紫胶	
	1997年	1998年	1997年	1998年	1997年	1998年
全国总计	**249834**	**265121**	**376674**	**468759**	**2201**	**1816**
北京	6440	7364	8025.0	8917		
天津	472	425	198.0	224		
河北	27905	29441	43021.0	42490		
山西	37376	40365	68.0	117		
内蒙古						
辽宁	2277	2536	16887.0	17644		
吉林	505	220	200.0	253		
黑龙江						
上海						
江苏	1	1	7980	9263		
浙江	5873	5521	17904	25662		
安徽	117	98	28294	35035		22
福建	48	28	9687	13911	48	37
江西	12	445	12311	14205	24	80
山东	11521	10403	69102	90145		
河南	12898	12248	54570	72501		
湖北	1741	1832	45208	57131		
湖南	2265	2569	14038	16752	12	10
广东			3740	3821	285	149
广西	260	240	16003	18027	9	10
海南						
重庆	1260	1543	1817	1853		65
四川	23409	28711	5222	5517	140	102
贵州	4458	4456	4618	6236	10	7
云南	58709	57168	9540	10354	1673	1245
西藏	1653					
陕西	26222	32519	8116	18385		89
甘肃	17064	18423	125	316		
青海	135	116				
宁夏		87				
新疆	7213	8362				

6-38 各地区村及村以下竹木采伐量

地　　区	木 材(万立方米)		竹 材(万根)	
	1997年	1998年	1997年	1998年
全国总计	**3673.5**	**3799.8**	**93310**	**129063**
北　　京	8.1	9.1		
天　　津	2.8	4.1		
河　　北	70.9	65.5		
山　　西	15.1	10.7		
内 蒙 古	16.7	16.6		
辽　　宁	113.3	118.5		
吉　　林	36.0	44.0	1	
黑 龙 江	6.6	15.0		
上　　海	1.4	1.4	20	49
江　　苏	132.9	153.1	781	750
浙　　江	306.7	345.0	8559	9740
安　　徽	219.9	240.4	3894	3942
福　　建	363.0	359.2	18602	21601
江　　西	188.0	177.1	2336	2037
山　　东	158.5	233.2		
河　　南	315.0	315.0	59	68
湖　　北	163.4	149.8	4094	32259
湖　　南	329.1	349.1	7800	7865
广　　东	158.6	167.2	7937	7177
广　　西	280.9	284.0	4092	4380
海　　南	6.7	8.3	775	272
重　　庆	36.5	45.0	138	624
四　　川	144.0	128.0	309	3423
贵　　州	94.7	99.3	1395	1270
云　　南	365.9	342.3	31555	32915
西　　藏		14.7		12
陕　　西	69.7	55.8	556	679
甘　　肃	14.1	10.6	409	
青　　海	2.6	3.2		
宁　　夏	29.9	7.2		
新　　疆	22.6	27.6		

6－39 主要牲畜出栏量和畜产品产量增减情况

指　　　　标	单位	1997年	1998年	1998年为1997年%
一、牲畜出栏量				
（一）大牲畜出栏				
1. 牛	万头	3283.9	3587.1	109.2
占年初存栏头数比重	%		29.5	
2. 马	万头	127.3	126.0	99.0
3. 驴	万头	188.9	187.9	99.5
4. 骡	万头	58.5	73.5	125.6
5. 骆驼	万头	4.8	6.1	127.1
（二）猪	万头	46483.7	50215.1	108.0
占年初存栏头数比重	%		125.4	
（三）羊	万只	15945.5	17279.5	108.4
占年初存栏头数比重	%		67.6	
二、肉类总产量	**万吨**	**5268.8**	**5723.8**	**108.6**
猪牛羊肉产量	万吨	4249.9	4598.2	108.2
1. 猪肉产量	万吨	3596.2	3883.7	108.0
平均每头产肉量	公斤/头	77.4	77.3	99.9
2. 牛肉产量	万吨	440.9	479.9	108.9
平均每头产肉量	公斤/头	134.3	133.8	99.6
3. 羊肉产量	万吨	212.8	234.6	110.2
平均每头产肉量	公斤/只	13.3	13.6	102.3
三、其它畜产品产量				
1. 奶类产量	万吨	681.1	744.5	109.3
#牛奶产量	万吨	601.1	662.1	110.1
2. 山羊毛产量	吨	25865	31417	121.5
3. 绵羊毛产量	吨	255059	276760	108.5
#细羊毛	吨	116054	115752	99.7
半细羊毛	吨	55683	60725	109.1
4. 羊绒产量	吨	8626	9799	113.6
5. 蜂蜜产量	万吨	21.1	20.7	98.2
6. 禽蛋产量	万吨	1895.3	2018.5	106.5

6－40 各地区主要牲畜出栏量

单位：万头、万只

地区	当年出栏肉猪		当年出栏肉牛		当年出栏肉羊		当年出栏家禽	
	1997年	1998年	1997年	1998年	1997年	1998年	1997年	1998年
全国总计	**46483.6**	**50215.2**	**3283.9**	**3587.2**	**15945.6**	**17279.6**	**638853.1**	**684378.7**
北京	353.5	374.8	10.9	11.6	70.5	80.0	8216.9	9219.9
天津	155.9	188.2	14.6	15.0	62.7	74.7	2059.6	2445.2
河北	2653.2	2902.6	345.8	381.1	1535.8	1660.2	45114.9	47437.2
山西	500.4	545.5	45.8	50.0	381.8	419.4	2425.5	2662.3
内蒙古	746.1	791.2	124.1	129.1	1750.0	1797.5	3939.9	4128.1
辽宁	1131.0	1223.9	136.6	148.6	179.1	193.8	37013.8	38296.2
吉林	1058.4	1166.4	208.1	234.3	192.2	218.9	31271.1	35445.6
黑龙江	936.5	1063.1	157.4	175.7	184.7	205.8	13605.3	15325.6
上海	450.0	460.0		0.3	46.4	58.7	17851.0	16124.0
江苏	2229.7	2531.2	30.8	28.4	1051.9	1112.8	44519.0	48402.3
浙江	1126.1	1271.8	7.2	7.2	118.6	131.8	14162.1	13980.7
安徽	1835.3	2239.6	226.4	240.5	696.6	794.3	36630.3	39443.7
福建	1295.8	1365.1	21.0	20.3	74.6	81.2	16471.2	18056.1
江西	2040.0	2271.1	66.7	68.9	65.4	55.8	21161.3	22548.9
山东	2801.1	3123.2	334.5	354.9	2269.3	2518.9	82549.0	91299.0
河南	3123.4	3592.9	465.4	551.8	2194.1	2368.1	36578.6	37127.8
湖北	2513.3	2492.1	102.1	104.2	135.7	145.9	32372.8	32313.0
湖南	5127.0	5467.3	96.5	109.0	291.1	331.3	22906.3	25968.0
广东	2221.1	2425.8	23.4	27.8	18.7	24.4	68099.4	74099.1
广西	2378.4	2424.5	96.9	105.8	102.8	133.1	29795.7	30627.0
海南	220.6	234.7	17.2	18.1	43.8	53.1	4853.0	5260.0
重庆	1699.7	1720.1	31.6	32.2	113.7	131.0	8590.3	8968.3
四川	5443.4	5589.8	168.9	183.5	568.7	698.3	39851.0	44406.5
贵州	1013.8	1073.8	41.5	43.9	115.6	136.6	2090.7	2343.9
云南	1764.9	1926.0	86.8	104.8	229.5	279.8	5654.8	6619.1
西藏	13.2	12.6	66.6	69.6	403.3	411.3		
陕西	786.5	794.5	59.7	51.5	346.1	347.8	4662.0	4424.9
甘肃	495.1	524.0	65.5	69.8	435.7	434.0	1618.5	1952.5
青海	98.3	107.8	91.6	91.9	407.1	415.3	176.3	211.1
宁夏	98.8	114.2	14.6	16.6	106.2	128.2	1326.6	1454.6
新疆	173.1	197.4	125.7	140.8	1753.9	1837.6	3286.2	3788.1

6-41 各地区肉类产品产量

单位: 万吨

地区	肉类总产量		猪牛羊肉	
	1997年	1998年	1997年	1998年
全国总计	**5268.8**	**5723.8**	**4249.9**	**4598.2**
北京	40.1	44.8	27.8	31.2
天津	18.7	21.7	15.2	17.6
河北	334.7	376.7	273.1	298.9
山西	54.9	61.0	51.6	55.8
内蒙古	120.2	129.4	113.8	117.9
辽宁	200.7	216.6	126.9	138.9
吉林	197.5	223.7	138.5	148.1
黑龙江	127.5	142.7	100.1	112.2
上海	59.9	58.6	24.2	26.1
江苏	266.6	296.8	186.4	210.2
浙江	100.8	104.0	81.3	84.5
安徽	250.8	288.0	198.9	229.4
福建	128.7	135.2	107.0	110.5
江西	198.8	214.7	170.1	184.3
山东	460.6	497.9	316.2	347.5
河南	403.0	461.6	346.2	402.6
湖北	260.7	261.0	218.9	218.1
湖南	392.2	422.5	358.5	381.8
广东	275.6	297.2	179.9	192.8
广西	243.5	250.8	200.3	205.6
海南	28.6	31.0	20.9	22.5
重庆	137.4	140.1	124.5	126.6
四川	460.4	491.8	397.0	421.0
贵州	106.7	113.3	100.7	106.9
云南	158.4	177.0	149.0	166.2
西藏	12.2	14.1	12.2	14.1
陕西	82.1	84.6	75.1	76.5
甘肃	52.6	55.6	48.8	51.6
青海	19.8	20.5	19.6	20.1
宁夏	14.0	15.6	11.7	13.3
新疆	60.9	75.2	55.6	65.3

6－41续表

地　区	猪　肉		牛　肉		羊　肉	
	1997年	1998年	1997年	1998年	1997年	1998年
全国总计	**3596.3**	**3883.7**	**440.9**	**479.9**	**212.8**	**234.6**
北　京	24.7	27.9	2.1	2.1	1.0	1.2
天　津	11.8	13.9	2.3	2.3	1.2	1.4
河　北	200.3	219.1	52.6	58.0	20.2	21.8
山　西	39.7	42.8	6.2	6.9	5.7	6.2
内蒙古	68.8	73.3	17.4	17.6	27.6	27.0
辽　宁	102.9	112.8	21.6	23.4	2.4	2.6
吉　林	110.7	117.2	25.4	28.3	2.4	2.6
黑龙江	74.1	83.5	23.5	25.7	2.6	3.0
上　海	23.7	25.3	0.0	0.1	0.5	0.7
江　苏	167.2	190.8	6.2	5.7	13.0	13.8
浙　江	78.4	81.4	0.9	0.9	2.0	2.2
安　徽	158.6	183.7	30.1	34.3	10.2	11.5
福　建	103.7	107.3	2.2	2.0	1.1	1.1
江　西	162.8	176.9	6.4	6.7	0.9	0.8
山　东	238.9	266.6	58.5	60.1	18.7	20.9
河　南	256.1	297.9	64.9	76.7	25.2	28.0
湖　北	204.1	202.9	12.8	13.2	2.0	2.1
湖　南	343.5	365.0	10.8	11.7	4.2	5.1
广　东	176.6	189.3	2.8	3.1	0.5	0.5
广　西	190.0	194.0	8.7	9.5	1.6	2.1
海　南	18.5	19.9	1.7	1.8	0.7	0.8
重　庆	119.7	121.6	3.5	3.5	1.3	1.5
四　川	370.6	390.4	18.1	20.0	8.4	10.7
贵　州	92.4	97.6	5.7	5.9	2.6	3.4
云　南	136.2	150.5	8.7	10.7	4.1	5.1
西　藏	0.7	0.7	6.7	7.8	4.8	5.6
陕　西	61.6	64.9	8.4	6.5	5.1	5.1
甘　肃	35.1	38.0	6.9	6.9	6.8	6.8
青　海	6.4	6.8	6.9	6.9	6.3	6.4
宁　夏	7.2	8.2	2.5	2.6	2.1	2.4
新　疆	11.5	13.6	16.4	19.2	27.7	32.5

6-42 各地区其它畜产品产量

单位:万吨

地区	奶类		#牛奶		蜂蜜		禽蛋	
	1997年	1998年	1997年	1998年	1997年	1998年	1997年	1998年
全国总计	**681.1**	**744.5**	**601.1**	**662.1**	**21.1**	**20.7**	**1895.3**	**2018.5**
北京	22.2	22.8	22.2	22.7	0.1	0.2	23.8	17.9
天津	12.1	11.7	12.0	11.7			17.7	22.7
河北	54.7	65.9	46.7	55.8	0.6	0.8	300.7	319.0
山西	31.6	32.5	29.1	30.1	0.3	0.3	35.0	37.0
内蒙古	62.4	67.1	55.4	63.8	0.1	0.1	20.8	21.2
辽宁	18.7	19.9	17.1	18.5	0.5	0.5	130.5	131.6
吉林	9.9	13.4	9.4	12.4	0.3	0.4	66.5	73.1
黑龙江	143.0	144.5	140.5	142.1	0.3	0.3	67.5	71.2
上海	23.9	24.6	23.9	24.6			14.3	13.4
江苏	11.7	9.1	11.1	12.1	0.7	1.6	151.1	157.1
浙江	8.6	8.0	8.6	8.0	6.2	5.4	34.3	31.7
安徽	2.8	3.0	2.8	3.0	0.8	0.7	87.2	94.7
福建	6.1	6.7	5.8	6.4	0.5	0.5	34.3	36.7
江西	3.5	4.7	3.5	4.7	1.1	0.6	37.1	33.7
山东	45.8	54.0	22.5	27.5	0.9	0.8	294.3	322.0
河南	10.6	12.3	5.7	7.8	1.6	1.5	187.7	229.3
湖北	4.6	4.2	4.6	4.2	1.1	1.0	118.2	121.6
湖南	0.8	0.8	0.8	0.8	0.6	0.5	44.5	47.3
广东	6.3	7.5	6.0	7.0	0.9	1.0	27.7	29.6
广西	1.1	1.2	1.1	1.2	0.5	0.5	16.6	16.2
海南		0.1		0.1	0.1		1.3	1.4
重庆	4.5	4.7	4.5	4.7	0.4	0.4	23.5	24.5
四川	25.6	27.3	25.0	26.7	1.9	2.1	73.6	80.4
贵州	0.5	0.6	0.5	0.6	0.1	0.1	5.1	5.8
云南	9.7	9.9	9.0	9.9	0.6	0.6	8.5	8.7
西藏		19.6		15.6				0.2
陕西	51.6	50.6	29.8	28.2	0.4	0.3	46.0	39.9
甘肃	11.8	14.1	11.4	13.8	0.2	0.2	8.4	9.5
青海	19.1	20.5	18.6	19.9			1.3	1.4
宁夏	19.1	18.2	19.1	18.2		0.1	5.6	6.5
新疆	58.8	65.0	54.2	60.0	0.2	0.2	12.2	13.3

6－42 续表 单位：吨

地　区	山羊毛产量		绵羊毛产量		#细羊毛		#半细羊毛	
	1997年	1998年	1997年	1998年	1997年	1998年	1997年	1998年
全国总计	**25865**	**31417**	**255059**	**276760**	**116054**	**115752**	**55683**	**60725**
北　京	189	224	382	431	10		60	22
天　津	4		91	87	1		11	87
河　北	4609	5850	21547	23172	4655	4894	6937	7754
山　西	1508	1600	6694	6943	1720	1504	635	603
内蒙古	3463	3381	66917	65955	38587	37416	14360	13954
辽　宁	812	858	7402	7450	3971	3933	3431	3359
吉　林	134	206	12548	19220	14968	17014	2405	1936
黑龙江	91	91	13014	12921	3820	3956	9194	8965
上　海	77	84	80	66				13
江　苏			1130	1116	1014	1016	134	54
浙　江			2178	2194	2178	2194		
安　徽	110	123	232	198	3	8	215	146
福　建	2	3						
江　西	4	8	1					
山　东	5385	7818	14115	15615	3971	3303	5973	8627
河　南	2768	3072	5768	5855	1768	1810	2830	2861
湖　北	35	47	139	76	3	42	27	33
湖　南	13	17	8	8				
广　东	32							
广　西								
海　南								
重　庆			15	14	15	14		
四　川	358	412	3434	3760	251	296	971	1131
贵　州	15	8	269	255	36	32	188	198
云　南	140	94	1371	1389	289	209	882	906
西　藏		1060		8291		136		2633
陕　西	1342	1371	4229	4179	2734	2844	348	331
甘　肃	1348	1366	13541	15413	5557	5481	1371	1929
青　海	538	559	15861	15904	309	299	5421	4892
宁　夏	482	491	3990	4100	141	152	290	290
新　疆	2406	2674	60103	62147	30053	29199		

6－43 牲畜年末存栏头数增减情况

指　　标	单　位	1997年	1998年	1998年为1997年%
一、大牲畜头数	**万头**	**14541.8**	**14803.2**	**101.8**
其中：从事农事劳役头数	万头			
1. 牛	万头	12175.7	12435.4	102.1
(1) 黄牛	万头	8844.1	9332.3	105.5
(2) 水牛	万头	2254.5	2266.5	100.5
2. 马	万头	891.2	898.1	100.8
3. 驴	万头	952.8	955.8	100.3
4. 骡	万头	480.6	473.9	98.6
5. 骆驼	万头	35.0	33.5	95.7
二、猪	**万头**	**40034.8**	**42256.3**	**105.5**
三、羊	**万只**	**25575.7**	**26903.5**	**105.2**
1. 山羊	万只	13480.1	14168.3	105.1
2. 绵羊	万只	12095.6	12735.2	105.3

6－44 各地区牲畜年末存栏头数

地　区	大牲畜		1. 牛	
	1997年	1998年	1997年	1998年
全国总计	**14541.8**	**14803.5**	**12175.7**	**12435.4**
北　京	19.6	18.6	12.8	12.5
天　津	30.5	30.9	18.6	18.3
河　北	896.1	936.6	618.7	664.5
山　西	303.6	316.8	215.1	227.0
内蒙古	714.0	677.3	395.8	375.6
辽　宁	366.7	382.1	193.5	209.3
吉　林	472.7	494.8	364.1	386.0
黑龙江	545.3	549.5	450.3	456.6
上　海	5.8	6.2	6.3	6.2
江　苏	82.2	84.7	67.1	70.8
浙　江	46.4	43.5	46.4	43.5
安　徽	645.4	637.9	631.9	627.0
福　建	120.5	117.2	120.4	117.1
江　西	411.1	391.7	411.1	391.7
山　东	932.9	1048.6	811.9	911.8
河　南	1420.8	1416.8	1298.2	1300.6
湖　北	451.9	442.6	447.6	439.0
湖　南	485.9	493.4	481.9	489.0
广　东	367.4	416.4	367.3	416.3
广　西	772.6	786.3	736.1	748.2
海　南	122.6	127.2	122.6	127.2
重　庆	144.0	152.5	141.0	149.2
四　川	1017.3	1035.2	940.4	955.1
贵　州	678.9	700.2	611.8	630.2
云　南	947.0	957.5	764.5	773.2
西　藏	574.6	559.5	524.2	508.6
陕　西	267.1	288.0	223.1	239.4
甘　肃	532.0	545.0	321.6	330.1
青　海	481.2	451.7	421.7	394.3
宁　夏	85.6	88.0	49.9	52.8
新　疆	600.1	606.8	359.8	364.3

6－44续表 1

地　区	(1)黄　牛		(2)水　牛		2. 马	
	1997年	1998年	1997年	1998年	1997年	1998年
全国总计	**8844.1**	**9332.2**	**2254.5**	**2266.5**	**891.2**	**898.1**
北　京	7.0	7.0			1.0	0.9
天　津	15.7	15.7			0.4	1.2
河　北	342.2	600.9			49.5	49.0
山　西	205.2	216.4			5.2	5.6
内蒙古	333.9	303.0			142.0	129.8
辽　宁	186.7	201.9			39.5	40.6
吉　林	327.1	379.1			68.8	71.7
黑龙江	383.1	388.1			78.8	77.8
上　海			0.6	0.4		
江　苏	30.6	32.3	33.8	35.7	1.1	0.9
浙　江	28.9	27.0	14.8	14.0		
安　徽	501.9	503.4	130.0	122.4	3.0	2.6
福　建	78.3	75.6	40.3	39.4	0.1	0.1
江　西	266.3	253.5	142.5	136.1	0.0	0.0
山　东	800.1	898.4	1.0	1.2	11.7	19.5
河　南	1236.2	1252.7	60.0	42.8	30.9	31.9
湖　北	229.1	224.4	202.9	201.5	2.4	2.1
湖　南	286.9	297.8	182.2	184.1	3.6	4.0
广　东	156.8	181.6	207.8	231.7	0.1	0.1
广　西	320.7	327.4	414.7	420.0	34.3	35.7
海　南	45.2	47.1	77.4	80.1		
重　庆	92.2	97.6	47.8	50.5	1.8	2.0
四　川	743.6	766.1	194.3	192.8	63.9	66.7
贵　州	400.7	412.7	210.6	216.9	65.5	68.3
云　南	462.8	472.5	291.6	295.1	86.3	86.4
西　藏	98.8	100.5			36.7	36.4
陕　西	214.0	226.4	2.2	1.8	1.6	1.9
甘　肃	319.7	325.1			24.1	25.0
青　海	413.1	384.7			37.4	36.9
宁　夏	42.8	46.7			1.2	1.1
新　疆	274.6	266.6			100.3	100.3

6－44 续表 2

地　区	3. 驴		4. 骡		猪	
	1997年	1998年	1997年	1998年	1997年	1998年
全国总计	**952.9**	**955.8**	**480.7**	**473.9**	**40034.8**	**42256.3**
北　京	3.3	2.1	2.5	3.1	241.0	254.5
天　津	8.8	8.6	2.7	2.9	101.7	127.2
河　北	158.2	155.4	69.7	67.7	2194.4	2332.7
山　西	39.6	39.6	43.7	44.6	476.1	510.6
内蒙古	94.8	92.2	67.0	66.1	809.8	816.1
辽　宁	96.2	95.2	37.5	37.0	953.3	1039.9
吉　林	18.9	17.1	20.2	20.1	818.2	855.0
黑龙江	9.3	8.9	6.9	6.3	932.2	958.1
上　海					224.6	242.8
江　苏	12.5	11.8	1.4	1.3	1829.8	1961.9
浙　江		0.0			1010.1	1040.6
安　徽	8.5	6.6	2.0	1.8	1529.4	1809.1
福　建		0.0			994.4	1024.2
江　西		0.0			1680.0	1799.6
山　东	87.2	98.5	22.2	18.9	2209.7	2485.9
河　南	58.0	55.0	33.7	29.4	2931.9	3439.7
湖　北	1.4	1.1	0.5	0.3	1839.4	1843.9
湖　南	0.3	0.3	0.1	0.1	3401.0	3492.2
广　东					1642.4	1768.7
广　西	0.4	0.5	1.8	1.9	2122.1	2085.2
海　南					236.7	256.5
重　庆	0.2	0.2	1.0	1.1	1475.3	1493.0
四　川	6.9	7.0	6.3	6.6	4802.1	4793.9
贵　州	0.1	0.1	1.5	1.6	1540.8	1593.2
云　南	32.8	32.9	57.1	58.4	2461.6	2507.9
西　藏	13.6	13.3	0.1	1.2	21.1	21.3
陕　西	29.9	33.2	12.5	13.5	678.6	731.6
甘　肃	120.4	122.6	63.8	65.2	521.9	567.1
青　海	8.5	8.7	11.6	10.1	108.9	113.3
宁　夏	22.4	21.8	12.0	12.1	100.6	121.1
新　疆	120.7	123.5	2.9	2.8	145.7	169.8

6－44续表3

地区	羊(万只)		1. 山羊(万只)		2. 绵羊(万只)	
	1997年	1998年	1997年	1998年	1997年	1998年
全国总计	**25575.8**	**26903.5**	**13480.2**	**14168.5**	**12095.6**	**12735.2**
北京	80.9	95.8	39.3	45.2	41.6	50.6
天津	43.6	56.1	16.1	18.1	27.5	38.1
河北	1788.1	1924.0	903.1	958.4	885.0	965.6
山西	970.5	1019.1	445.8	463.7	524.7	555.4
内蒙古	3656.7	3712.9	1470.1	1339.8	2186.6	2373.1
辽宁	292.6	318.0	133.7	146.3	158.9	171.7
吉林	308.5	324.1	54.6	51.3	253.9	272.8
黑龙江	440.5	462.8	122.1	121.5	318.4	341.3
上海	51.9	56.5	43.6	45.6	8.3	10.9
江苏	851.8	904.9	817.8	860.8	34.0	44.1
浙江	214.6	207.6	105.5	101.2	109.1	106.4
安徽	620.8	671.1	615.7	668.3	5.1	2.8
福建	90.9	91.3	90.9	91.3		
江西	84.0	72.9	84.0	72.9		
山东	2038.6	2322.0	1603.9	1834.6	434.7	487.4
河南	2326.0	2553.1	2138.4	2365.1	187.6	188.0
湖北	139.8	144.1	137.6	143.1	2.2	1.1
湖南	345.3	336.6	344.8	336.1	0.5	0.6
广东	24.4	28.1	24.4	28.1		
广西	228.7	239.2	228.7	239.2		
海南	66.0	72.8	66.0	72.8		
重庆	131.3	129.6	131.0	129.3	0.3	0.3
四川	1021.6	1112.2	646.0	723.0	375.6	389.2
贵州	284.0	320.5	264.1	301.1	19.9	19.4
云南	767.9	801.4	672.4	705.0	95.5	96.5
西藏	1714.7	1670.9	588.6	575.2	1126.1	1095.7
陕西	668.4	692.1	553.9	548.2	114.5	143.9
甘肃	1120.6	1118.6	289.0	279.8	831.6	838.9
青海	1601.2	1638.9	228.4	260.1	1372.8	1378.8
宁夏	340.1	358.9	106.1	115.3	234.0	243.6
新疆	3261.8	3447.4	514.6	528.1	2747.2	2919.3

6-45 水产品产量和养殖面积

年份	水产品总产量(万吨)	淡水产品(万吨)		海水产品(万吨)		水产品养殖面积(千公顷)	
			人工养殖		人工养殖	淡水养殖	海水养殖
1952	166.6	60.6	14.0	106.0	6.0		
1957	311.6	117.9	57.0	193.7	12.0	1054.7	60.0
1962	228.3	78.5	31.0	149.8	9.0	1600.0	50.0
1965	298.4	97.0	51.0	201.4	10.0	1979.3	83.3
1970	318.5	90.4	58.0	228.1	18.0	2721.3	83.3
1975	441.2	106.5	75.0	334.7	28.0	3244.0	112.0
1978	465.6	105.8	76.0	359.8	45.0	2722.7	100.7
1979	430.5	111.6	82.0	381.9	42.0	2738.0	116.7
1980	449.7	124.0	90.0	325.7	45.0	2860.6	132.9
1981	460.5	137.4	102.0	323.2	46.0	2876.1	138.5
1982	515.5	156.1	120.0	359.4	50.0	3047.4	163.1
1983	545.8	184.1	142.0	361.7	55.0	3094.9	183.5
1984	619.3	225.0	180.0	394.4	64.0	3262.3	246.2
1985	705.2	285.4	238.0	419.8	71.0	3625.4	277.1
1986	823.6	348.2	294.0	475.4	86.0	3786.8	325.1
1987	955.3	407.2	347.0	548.1	110.0	3856.5	369.3
1988	1060.9	455.2	390.0	605.7	142.0	3894.9	413.3
1989	1151.7	490.5	417.0	661.2	158.0	3812.3	423.1
1990	1237.0	523.7	445.0	713.3	162.0	3829.8	428.9
1991	1350.8	550.7	459.0	800.1	190.0	3827.5	449.3
1992	1557.1	623.4	533.0	933.7	242.0	3975.9	499.1
1993	1823.0	747.0	644.0	1076.0	309.0	4132.6	586.3
1994	2143.1	901.6	785.0	1241.5	345.7	4429.8	653.5
1995	2517.2	1078.0	940.8	1439.1	412.3	4669.1	715.8
1996	3288.1	1275.2	1099.0	2012.9	763.9	4832.3	822.1
1997	3601.8	1425.4	1236.7	2176.4	791.0	4962.9	937.9
1998	3906.5	1549.8	1321.4	2356.7	860.0	5064.2	1004.4

6-46 水产品产量和养殖面积增减情况

指　　标	单 位	1990年	1995年	1997年	1998年	1998年为1997年%
一、水产品总产量	**吨**	**12370203**	**25171794**	**36017753**	**39065111**	**108.5**
按海水.内陆分						
1.海水产量	吨	7132915	14391297	21764233	23567168	108.3
2.内陆产量	吨	5237288	10780497	14253520	15497943	108.7
按生产性质分						
1.捕捞产量	吨	6291908	11641237	15740185	17250371	109.6
2.养殖产量	吨	6078295	13530557	20277568	21814740	107.6
按品种分	吨					
1.鱼类	吨	9280816	17790359	22890325	24811935	108.4
2.虾蟹类	吨	1165054	2118532	2734979	3190259	116.6
3.贝类	吨	1549061	4134587	8605622	9158876	106.4
4.藻类	吨	275186	749140	979792	1041224	106.3
5.其它类	吨	100086	379176	807035	862817	106.9
二、水产养殖面积	**千公顷**	**4258.7**	**5385.1**	**5900.9**	**6068.6**	**102.8**
1.海水养殖面积	千公顷	428.9	715.8	937.9	1004.4	107.1
(1)浅海养殖	千公顷		131.7	168.0	195.2	116.2
(2)港湾养殖	千公顷		159.4	175.1	189.6	108.3
(3)滩涂养殖	千公顷		424.6	594.8	619.6	104.2
2.内陆养殖面积	千公顷	3829.8	4669.3	4962.9	5064.2	102.0
(1)池塘养殖	千公顷		1857.8	2010.2	2063.6	102.7
(2)湖泊养殖	千公顷		824.3	914.3	883.9	96.7
(3)河沟养殖	千公顷		347.3	395.1	275.7	69.8
(4)水库养殖	千公顷		1515.7	1499.6	1680.0	112.0
(5)其他养殖	千公顷		124.3	143.8	161.0	112.0
3.稻田养殖	千公顷		1029.3	1124.2	1131.3	100.6

6-47 海水产品和内陆水产品产量

单位:吨

指　　标	1990年	1995年	1997年	1998年	1998年为1997年%
海水产品产量	**7132915**	**14391297**	**21764233**	**23567168**	**108.3**
一、海洋捕捞产量	**5508862**	**10268373**	**13853804**	**14966765**	**108.0**
1. 鱼类		7436035	9387388	10253010	109.2
2. 虾蟹类		1732115	2094639	2371644	113.2
3. 贝类		827979	1730848	1700761	98.3
4. 藻类		10637	18427	17052	92.5
5. 其它类		261607	622502	624298	100.3
二、海水养殖产量	**1624053**	**4122924**	**7910429**	**8600403**	**108.7**
1. 鱼类		144957	254125	306697	120.7
2. 虾蟹类		115881	162425	214184	131.9
3. 贝类		3099099	6510978	6999911	107.5
4. 藻类		738503	961365	1024172	106.5
5. 其它类		24484	21536	55439	257.4
内陆水产品产量	**5237288**	**10780497**	**14253520**	**15497943**	**108.7**
一、内陆捕捞产量	**783046**	**1372864**	**1886381**	**2283606**	**121.1**
1. 鱼类			1399424	1743698	124.6
2. 虾蟹类			211436	209894	99.3
3. 贝类			244535	287548	117.6
4. 其它类			30986	42466	137.0
二、内陆养殖产量	**4454242**	**9407633**	**12367139**	**13214337**	**106.9**
1. 鱼类			11849388	12508530	105.6
2. 虾蟹类			266479	394537	148.1
3. 贝类			119261	170656	143.1
4. 其它类			132011	140614	106.5

6-48 各地区水产品产量

（按来源分）

单位：吨

地区	水产品总产量		1.捕捞产量		2.养殖产量	
	1997年	1998年	1997年	1998年	1997年	1998年
全国总计	**36017753**	**39065111**	**15740185**	**17250371**	**20277568**	**21814740**
北　京	76642	76366	1500		75142	76366
天　津	189757	213768	45222	48570	144535	165198
河　北	606110	693317	317301	368297	288809	325020
山　西	21344	22619	297	370	21047	22249
内蒙古	55196	62011	20024	24528	35172	37483
辽　宁	2850568	3127064	1481468	1634032	1369100	1493032
吉　林	132040	142011	37625	49680	94415	92331
黑龙江	323450	357033	48572	73111	274878	283922
上　海	301996	268150	165869	126848	136127	141302
江　苏	2657190	2820337	1013921	1023446	1643269	1796891
浙　江	3776805	4227337	3001223	3336194	775582	891143
安　徽	1352111	1462025	218135	255715	1133976	1206310
福　建	4293056	4759204	2003384	2121921	2289672	2637283
江　西	1150772	1183450	222799	285243	927973	898207
山　东	6102938	6505106	3055767	3414542	3047171	3090564
河　南	238803	270224	12780	16605	226023	253619
湖　北	2023698	2183175	311353	438968	1712345	1744207
湖　南	1107610	1167793	126380	166844	981230	1000949
广　东	5209642	5542770	2024210	2074410	3185432	3468360
广　西	1916838	2175194	860220	974752	1056618	1200442
海　南	522689	597676	406367	453702	116322	143974
重　庆	158265	178607	11540	14948	146725	163659
四　川	371991	422870	32022	34415	339969	388455
贵　州	42112	50208	4270	5245	37842	44963
云　南	118872	138360	18403	18915	100469	119445
西　藏	1650	1284	1650	1266		18
陕　西	45464	50365	1530	1696	43934	48669
甘　肃	9315	11451	414	430	8901	11021
青　海	1752	1416	1185	775	567	641
宁　夏	22118	26399	451	452	21667	25947
新　疆	52366	53391	9710	10321	42656	43070
水产总公司	284593	274130	284593	274130		

6－49 各地区水产品产量

（按类别分）

单位：吨

地　区	水产品总量	1.鱼类	2.虾蟹类	3.贝类	4.藻类	5.其他类
全国总计	**39065111**	**24811935**	**3190259**	**9158876**	**1041224**	**862817**
北　京	76366	76034	332			
天　津	213768	186925	13855	12577		411
河　北	693317	446346	99235	122166	35	25535
山　西	22619	22545	4			70
内蒙古	62011	60244	1762			5
辽　宁	3127064	1150885	324317	1137186	264112	250564
吉　林	142011	139742	62	448		1759
黑龙江	357033	351773	5221	37		2
上　海	268150	201995	34246	27750		4159
江　苏	2820337	2090169	324358	360968	9003	35839
浙　江	4227337	2694183	833445	656087	19965	23657
安　徽	1462025	1257249	108796	69269		26711
福　建	4759204	2060484	289652	2018535	304169	86364
江　西	1183450	1101867	24706	44189		12688
山　东	6505106	3048502	526440	2378418	411740	140006
河　南	270224	260845	5399	1130		2850
湖　北	2183175	2046856	69229	50316		16774
湖　南	1167793	1110623	14822	19473		22875
广　东	5542770	3583049	312726	1489625	18052	139318
广　西	2175194	1254859	151771	733266		35298
海　南	597676	495793	39210	33997	14148	14528
重　庆	178607	176022	480	730		1375
四　川	422870	419631	931	503		1805
贵　州	50208	49534	466	135		73
云　南	138360	130669	6568	1071		52
西　藏	1284	1284				
陕　西	50365	50056	222			87
甘　肃	11451	11451				
青　海	1416	1416				
宁　夏	26399	26387	4			8
新　疆	53391	53387				4
水产总公司	274130	251130	2000	1000		20000

6－50 各地区海水产品产量

（按来源分）

单位：吨

地区	海水产品产量		1.海洋捕捞产量		2.海水养殖产量	
	1997年	1998年	1997年	1998年	1997年	1998年
全国总计	**21764233**	**23567168**	**13853804**	**14966765**	**7910429**	**8600403**
北　京	16				16	
天　津	30967	32872	28540	29647	2427	3225
河　北	338322	384917	261222	302190	77100	82727
山　西						
内蒙古						
辽　宁	2579815	2814118	1456736	1606107	1123079	1208011
吉　林						
黑龙江						
上　海	161817	122055	160895	120773	922	1282
江　苏	850638	882105	711395	707796	139243	174309
浙　江	3319673	3727998	2930663	3263063	389010	464935
安　徽						
福　建	3825521	4255187	1943930	2054553	1881591	2200634
江　西						
山　东	5359138	5665247	2974701	3325599	2384437	2339648
河　南						
湖　北						
湖　南						
广　东	3306598	3462032	1922077	1954500	1384521	1507532
广　西	1280870	1461470	782661	887829	498209	573641
海　南	426265	485037	396391	440578	29874	44459
重　庆						
四　川						
贵　州						
云　南						
西　藏						
陕　西						
甘　肃						
青　海						
宁　夏						
新　疆						
水产总公司	284593	274130	284593	274130		

6－51 各地区海水产品产量

（按类别分）

单位：吨

地　区	海水产品产量	1.鱼类	2.虾蟹类	3.贝类	4.藻类	5.其他类
全国总计	**23567168**	**10559707**	**2585828**	**8700672**	**1041224**	**679737**
北　京						
天　津	32872	10613	11423	10456		380
河　北	384917	156073	84556	119555	35	24698
山　西						
内蒙古						
辽　宁	2814118	855282	312523	1137152	264112	245049
吉　林						
黑龙江						
上　海	122055	68326	23308	27166		3255
江　苏	882105	458075	121518	265078	9003	28431
浙　江	3727998	2269546	816728	615051	19965	6708
安　徽						
福　建	4255187	1617475	280442	1978590	304169	74511
江　西						
山　东	5665247	2258887	488625	2369307	411740	136688
河　南						
湖　北						
湖　南						
广　东	3462032	1647098	265508	1432287	18052	99087
广　西	1461470	576054	140870	712447		32099
海　南	485037	391148	38327	32583	14148	8831
重　庆						
四　川						
贵　州						
云　南						
西　藏						
陕　西						
甘　肃						
青　海						
宁　夏						
新　疆						
水产总公司	274130	251130	2000	1000		20000

6－52 各地区内陆水产品产量

（按来源分）

单位：吨

地区	内陆水产品产量		1.内陆捕捞产量		2.内陆养殖产量	
	1997年	1998年	1997年	1998年	1997年	1998年
全国总计	**14253520**	**15497943**	**1886381**	**2283606**	**12367139**	**13214337**
北京	76626	76366	1500		75126	76366
天津	158790	180896	16682	18923	142108	161973
河北	267788	308400	56079	66107	211709	242293
山西	21344	22619	297	370	21047	22249
内蒙古	55196	62011	20024	24528	35172	37483
辽宁	270753	312946	24732	27925	246021	285021
吉林	132040	142011	37625	49680	94415	92331
黑龙江	323450	357033	48572	73111	274878	283922
上海	140179	146095	4974	6075	135205	140020
江苏	1806552	1938232	302526	315650	1504026	1622582
浙江	457132	499339	70560	73131	386572	426208
安徽	1352111	1462025	218135	255715	1133976	1206310
福建	467535	504017	59454	67368	408081	436649
江西	1150772	1183450	222799	285243	927973	898207
山东	743800	839859	81066	88943	662734	750916
河南	238803	270224	12780	16605	226023	253619
湖北	2023698	2183175	311353	438968	1712345	1744207
湖南	1107610	1167793	126380	166844	981230	1000949
广东	1903044	2080738	102133	119910	1800911	1960828
广西	635968	713724	77559	86923	558409	626801
海南	96424	112639	9976	13124	86448	99515
重庆	158265	178607	11540	14948	146725	163659
四川	371991	422870	32022	34415	339969	388455
贵州	42112	50208	4270	5245	37842	44963
云南	118872	138360	18403	18915	100469	119445
西藏	1650	1284	1650	1266		18
陕西	45464	50365	1530	1696	43934	48669
甘肃	9315	11451	414	430	8901	11021
青海	1752	1416	1185	775	567	641
宁夏	22118	26399	451	452	21667	25947
新疆	52366	53391	9710	10321	42656	43070

6－53 各地区内陆水产品产量

（按类别分）

单位：吨

地　区	内陆水产品	1.鱼类	2.虾蟹类	3.贝类	4.其他类
全国总计	**15497943**	**14252228**	**604431**	**458204**	**183080**
北　京	76366	76034	382		
天　津	180896	176312	2432	2121	31
河　北	308400	290273	14679	2611	837
山　西	22619	22545	4		70
内蒙古	62011	60244	1762		5
辽　宁	312946	295603	11794	34	5515
吉　林	142011	139742	62	448	1759
黑龙江	357033	351773	5221	37	2
上　海	146095	133669	10938	584	904
江　苏	1938232	1632094	202840	95890	7408
浙　江	499339	424637	16717	41036	16949
安　徽	1462025	1257249	108796	69269	26711
福　建	504017	443009	9210	39945	11853
江　西	1183450	1101867	24706	44189	12688
山　东	839859	789615	37815	9111	3318
河　南	270224	260845	5399	1130	2850
湖　北	2183175	2046856	69229	50316	16774
湖　南	1167793	1110623	14822	19473	22875
广　东	2080738	1935951	47218	57338	40231
广　西	713724	678805	10901	20819	3199
海　南	112639	104645	883	1414	5697
重　庆	178607	176022	480	730	1375
四　川	422870	419631	931	503	1805
贵　州	50208	49534	466	135	73
云　南	138360	130669	6568	1071	52
西　藏	1284	1284			
陕　西	50365	50056	222		87
甘　肃	11451	11451			
青　海	1416	1416			
宁　夏	26399	26387	4		8
新　疆	53391	53387			4

6－54 各地区水产养殖面积

单位：千公顷

地 区	水产品养殖面积		1.内陆养殖面积		2.海水养殖面积	
	1997年	1998年	1997年	1998年	1997年	1998年
全国总计	**5900.9**	**6068.6**	**4962.9**	**5064.2**	**937.9**	**1004.4**
北 京	22.3	23.4	22.2	23.4	0.1	
天 津	38.1	37.1	32.9	32.6	5.2	4.5
河 北	133.5	155.5	81.9	83.8	51.6	71.6
山 西	17.8	18.1	17.8	18.1		
内蒙古	122.8	127.3	122.8	127.3		
辽 宁	308.7	322.6	116.8	121.4	191.9	201.2
吉 林	222.7	215.7	222.7	215.7		
黑龙江	335.9	340.5	335.9	340.5		
上 海	33.0	34.3	32.4	33.7	0.6	0.6
江 苏	592.5	612.3	486.7	502.2	105.8	110.1
浙 江	262.3	271.9	198.6	201.7	63.7	70.2
安 徽	526.6	536.7	526.6	536.7		
福 建	187.9	201.2	83.3	86.3	104.6	114.9
江 西	323.3	328.0	323.3	328.0		
山 东	412.6	433.2	229.9	244.4	182.7	188.8
河 南	180.3	183.5	180.3	183.5		
湖 北	549.1	565.4	549.1	565.4		
湖 南	384.9	385.1	384.9	385.1		
广 东	527.8	538.6	356.8	362.1	171.0	176.4
广 西	225.3	234.4	173.1	178.9	52.2	55.6
海 南	51.4	54.1	42.9	43.4	8.5	10.6
重 庆	53.4	53.8	53.4	53.8		
四 川	152.7	153.4	152.7	153.4		
贵 州	20.0	24.9	20.0	24.9		
云 南	76.3	78.4	76.3	78.4		
西 藏		4.7		4.7		
陕 西	28.1	28.6	28.1	28.6		
甘 肃	19.4	19.4	19.4	19.4		
青 海	5.6	5.5	5.6	5.5		
宁 夏	10.6	13.8	10.6	13.8		
新 疆	75.9	67.5	75.9	67.5		

6－54 续表 单位：千公顷

地区	海水养殖			内陆养殖					稻田养殖
	浅海养殖	港湾养殖	滩涂养殖	池塘养殖	湖泊养殖	河沟养殖	水库养殖	其他养殖	
全国总计	**195.2**	**189.6**	**619.6**	**2063.6**	**883.9**	**275.7**	**1680.0**	**161.0**	**1131.3**
北京				7.9			15.5		
天津			4.5	21.6	3.0	2.0	6.1		0.4
河北	4.0	3.6	64.0	28.2	14.1	2.1	39.2	0.3	0.1
山西				3.7	0.9	0.2	13.4		
内蒙古				7.9	65.7	1.1	52.4	0.2	2.0
辽宁	73.3	37.3	90.6	33.9	0.6	2.3	75.8	8.9	25.5
吉林					76.6		117.9	21.2	10.4
黑龙江				119.4	103.8	18.3	94.4	4.6	99.7
上海			0.6	18.5	4.7	9.4		1.2	2.9
江苏			110.1	236.7	81.6	27.1	124.6	32.2	100.9
浙江	6.0	16.7	47.5	57.5		52.7	82.8	8.6	23.3
安徽				215.0	164.2	72.5	72.4	12.7	20.2
福建	41.2	20.7	53.0	34.1	1.1	6.5	40.6	4.1	28.5
江西				99.2	83.0	13.0	132.7	0.2	122.6
山东	44.1	25.6	119.1	116.9	31.1	7.2	85.8	3.5	0.1
河南				86.8	3.2	3.3	89.3	0.9	0.3
湖北				269.7	151.7	14.7	103.3	26.1	8.3
湖南				199.5	60.6	10.9	92.3	21.7	11.2
广东	0.6	79.9	96.0	235.9		4.4	115.1	6.7	38.5
广西	25.5	3.3	26.9	74.0		6.3	95.4	3.1	49.5
海南	0.6	2.7	7.3	15.8		0.9	26.3	0.4	0.1
重庆				29.2		2.1	21.6	0.9	116.6
四川				83.7	3.0	11.1	54.7	0.9	284.8
贵州				3.9	0.3	2.2	18.2	0.3	108.4
云南				27.2	12.8	0.4	38.1		76.0
西藏				4.7					
陕西				9.4	7.3		11.9		0.2
甘肃				3.1		1.0	15.3		0.7
青海				0.5	4.5		0.2	0.4	
宁夏				8.0	4.4	0.1	1.2	0.2	
新疆				11.8	6.1	4.0	43.8	1.8	

七、农村市场和价格

7－1 海关出口农副产品及加工品数量

品　　名	单位	1990年	1995年	1997年	1998年	1998年为1997年%
活猪	万头	300	253	227	219	96.5
活家禽	万只	4784	5263	5268	4262	80.9
鲜冻牛肉	万吨	10	2	3	4	133.3
鲜冻猪肉	万吨	12	15	10	10	100
冻鸡	吨	37813	248573	295577	274443	92.8
鲜、冻兔肉	吨	17520	20187	29105	15029	51.6
鲜蛋	百万个	601	358	733	578	78.9
水产品	万吨	36	61	72	79	109.7
谷物及谷物粉	万吨	583	64	833	889	106.7
其中:大米	万吨	33	5	94	375	398.9
玉米	万吨		11	661	469	71
棉花	吨	161280	21619	994	44992	4526.4
蔬菜	万吨	89	158	167	201	120.4
鲜、干水果及坚果	万吨		49	68	66	97.1
#橘、橙	吨		131798	209127	161159	77.1
鲜苹果	吨		108946	188420	170329	90.4
食糖	万吨	57	48	38	43	113.2
天然蜂蜜	吨	88005	86991	48217	78678	163.2
茶叶	吨	195471	166572	202464	217437	107.4
辣椒干	吨	40722	35706	45829	52983	115.6
猪肉罐头	吨	90906	63822	37117	33394	90.0
蘑菇罐头	吨		189975	143799	137745	95.8
烤烟	吨	28735	56570	69643	85969	123.4
生丝	吨	7604	12710	11089	9169	82.7
山羊绒	吨	1413	1829	2257	2003	88.7
兔毛	吨	4703	4395	4029	2808	69.7
猪鬃	吨	12105	10511	11077	12293	110.9
肠衣	吨		44971	46602	42778	91.8
填充用羽毛羽绒	吨	21807	23345	20781	30232	145.5
药材	吨	107015	136549	157588	132764	84.2
食用油籽	万吨	52	121	41	44	107.3
其中:大豆	万吨		38	19	17	89.5
花生和花生仁	万吨	39	39	17	21	123.5
食用植物油	吨	139477	495970	822878	309314	37.6
松香及树脂胶	吨	189040	219729	204729	254145	124.1

7-2 全国城乡集贸市场及农副产品专业市场主要商品成交量

单位: 亿元

品名	单位	1997年		1998年	
		合计	零售	合计	零售
一、谷物	万吨	3819.6	545.1	4000.8	640.3
#大米	万吨	1618.3	284.4	1827.2	357.8
小麦	万吨	499.6	23.0	496.0	22.9
玉米	万吨	598.5	30.7	560.8	36.5
二、食用植物油	万吨	630.2	137.1	726.0	147.1
三、肉禽蛋	万吨	2905.8	694.5	3241.7	908.6
#猪肉	万吨	1381.7	292.9	1531.9	391.8
羊肉	万吨	105.0	29.6	126.4	37.9
牛肉	万吨	219.8	58.5	241.3	76.6
鲜蛋	万吨	534.9	143.7	584.9	165.1
鸡鸭鹅	万吨	359.9	71.1	384.9	87.5
四、水产品	万吨	1246.1	323.9	1491.3	145.9
五、蔬菜	万吨	10261.5	1938.4	12252.6	2966.1
六、干鲜果	万吨	3831.1	946.4	4377.6	1147.4

7－3 城乡集市贸易情况

指　　标	1978年	1985年	1990年	1997年	1998年
集市个数(个)	33302	61337	72579	87105	95379
1.城市		8013	13106	22352	27698
2.乡村	33302	53324	59473	64753	67681
集市贸易成交额(亿元)	125.9	632.3	2168.2	17424.5	19835.5
1.城市		120.7	837.8	9468.8	11042.8
2.乡村	125.9	511.6	1330.4	7955.7	8792.7
其中:粮油类	20.1	49.6	146.8	1360.6	1464.8
肉禽蛋类	21.2	140.1	618.8	3338.2	3557.4
水产品类	5.2	33.2	182.4	1386.1	1659.0
蔬菜类	14.3	48.8	264.2	1944.6	2207.0
干鲜果类	4.0	25.5	183.5	1106.4	1234.7
农业生产资料类	10.4	13.9	23.0		
大牲畜类	20.9	32.6	38.3	139.5	148.2

注: 1985年以前商品分类数字为乡村集市数, 1990年以后各年为城乡集市数。

7－4 农村各种物价总指数

(上年＝100)

指　　标	1985年	1990年	1995年	1997年	1998年
农村商品零售价格指数	107.0	103.2	116.4	100.7	97.6
农村居民消费价格指数	107.6	104.5	117.5	102.5	99.0
农业生产资料价格指数	104.8	105.5	127.4	99.5	94.5
农产品收购价格指数	108.6	97.4	119.9	95.5	92.0
农村工业品零售价格指数	103.2	104.6	114.7	101.1	97.8
工农业商品综合比价指数	95.0	107.4	95.7	105.9	106.3
(农副产品收购价格＝100)					

7-5 各地区农村商品零售价格分类指数

(以上年价格为 100)

地　　区	总 指 数	一、食品类	1. 粮　食	(1) 细　粮	(2) 粗　粮	2. 油脂类
全国平均	**97.6**	**96.6**	**97.1**	**97.3**	**96.3**	**98.4**
北　　京						
天　　津						
河　　北	97.3	95.7	93.5	92.7	97.0	101.5
山　　西	97.0	95.2	94.0	93.5	96.2	97.9
内 蒙 古	98.0	96.2	94.3	92.6	99.5	100.6
辽　　宁	97.4	96.6	96.4	95.6	99.8	101.2
吉　　林	97.7	96.4	98.0	97.6	99.3	104.9
黑 龙 江	98.2	97.6	98.4	99.0	95.1	105.6
上　　海						
江　　苏	98.1	98.0	104.6	105.3	95.9	101.7
浙　　江	98.4	98.3	100.8	101.1	96.8	97.4
安　　徽	98.0	98.4	101.3	101.5	99.1	100.2
福　　建	98.9	98.0	100.0	100.1	99.8	94.7
江　　西	98.9	99.0	102.0	102.3	96.6	99.5
山　　东	97.2	95.3	91.0	90.6	92.9	99.0
河　　南	96.5	95.2	91.8	92.1	89.8	96.3
湖　　北	98.0	97.5	99.9	100.1	96.1	101.4
湖　　南	97.4	96.4	97.8	98.4	90.9	92.8
广　　东	97.2	95.7	97.0	97.1	96.3	92.5
广　　西	95.9	94.5	96.2	96.5	93.3	93.5
海　　南	96.8	95.0	93.1	93.3	91.0	93.1
重　　庆						
四　　川	97.6	94.7	93.5	92.3	98.1	97.8
贵　　州	98.8	98.7	94.3	94.5	93.3	99.8
云　　南	99.6	99.3	94.8	94.5	97.0	99.3
西　　藏						
陕　　西	97.5	96.4	94.5	94.2	97.4	103.8
甘　　肃	98.3	97.1	92.7	92.1	99.1	107.5
青　　海	99.6	97.9	96.8	96.8	96.9	105.9
宁　　夏	97.9	96.9	94.0	93.9	95.8	108.5
新　　疆	99.9	99.6	96.9	96.4	100.3	100.6

7－5续表1

地　区	3. 肉禽蛋	4. 水产品	5. 鲜　果	6. 干　菜	7. 鲜　果	8. 干　果
全国平均	**91.9**	**93.4**	**102.0**	**97.4**	**96.7**	**95.5**
北　京						
天　津						
河　北	92.2	96.7	93.8	98.2	91.9	96.0
山　西	93.2	97.7	94.0	96.6	93.1	88.9
内蒙古	94.7	97.5	94.7	100.1	92.2	97.6
辽　宁	92.5	95.5	94.9	100.1	95.6	94.0
吉　林	95.0	91.4	91.9	98.7	99.5	95.5
黑龙江	95.3	92.8	91.2	100.6	100.9	91.6
上　海						
江　苏	93.0	96.0	100.9	98.0	97.2	96.1
浙　江	91.6	93.6	112.6	98.7	99.3	98.1
安　徽	91.9	97.1	110.4	99.1	93.8	96.7
福　建	89.9	93.4	119.7	93.8	101.5	92.8
江　西	92.9	88.0	115.8	101.5	107.1	97.0
山　东	92.4	95.4	100.3	93.2	93.2	92.5
河　南	89.6	93.6	102.0	93.2	87.1	97.8
湖　北	92.3	94.3	102.7	97.8	97.2	96.9
湖　南	89.7	93.9	109.2	97.6	105.7	95.1
广　东	91.6	91.8	100.0	95.5	99.1	92.8
广　西	91.0	86.9	97.1	98.2	101.6	86.6
海　南	92.1	91.5	104.5	95.0	95.0	93.4
重　庆						
四　川	89.1	91.3	99.0	95.8	90.2	99.8
贵　州	97.3	91.1	104.5	97.1	95.3	94.5
云　南	99.1	97.3	99.7	94.6	104.2	105.1
西　藏						
陕　西	95.6	97.5	93.4	97.5	90.8	95.1
甘　肃	95.9	98.4	98.8	99.7	94.0	98.1
青　海	95.8	97.7	97.0	97.0	92.3	97.5
宁　夏	96.9	96.9	93.5	92.9	92.6	90.4
新　疆	92.9	95.2	113.1	97.1	105.4	101.8

7-5续表2

地区	9. 其他食品	(1) 调味品	(2) 食糖	(3) 糖果	(4) 糕点	(5)奶及奶制品
全国平均	**98.5**	**99.6**	**91.8**	**99.9**	**100.5**	**98.7**
北京						
天津						
河北	100.2	100.5	96.5	102.4	100.1	98.9
山西	101.6	102.2	96.6	103.0	102.0	100.1
内蒙古	98.3	100.7	94.0	98.6	97.2	99.7
辽宁	100.0	99.2	95.8	103.3	100.4	100.3
吉林	97.9	100.6	95.7	92.1	103.0	97.2
黑龙江	99.4	99.2	93.7	101.3	99.0	101.6
上海						
江苏	99.3	98.6	94.9	100.1	102.0	99.0
浙江	97.8	99.8	90.3	100.2	98.7	99.5
安徽	99.0	100.5	93.5	99.0	102.1	98.0
福建	100.2	99.8	89.3	97.4	108.5	102.8
江西	99.5	98.4	94.8	94.9	101.9	99.3
山东	98.6	101.4	93.0	99.4	99.1	98.0
河南	98.3	98.8	93.6	101.3	100.2	100.3
湖北	97.9	99.7	92.1	100.2	100.1	98.4
湖南	95.9	98.2	86.9	99.2	98.5	99.6
广东	98.0	99.1	89.2	98.3	101.0	97.6
广西	98.0	100.1	92.1	101.0	98.7	98.2
海南	98.5	98.8	94.8	94.9	99.5	101.2
重庆						
四川	97.4	99.3	88.9	101.3	99.0	97.2
贵州	98.4	97.6	89.5	96.8	105.9	96.3
云南	99.4	100.5	91.9	99.3	103.3	97.3
西藏						
陕西	99.5	102.6	91.6	101.8	99.8	98.8
甘肃	98.0	99.0	94.9	97.1	97.5	96.8
青海	99.7	99.5	97.0	98.7	101.5	101.5
宁夏	98.6	98.6	95.5	101.0	97.0	98.0
新疆	98.1	101.7	94.8	95.9	96.7	98.6

7－5续表3

地　　区	(6) 罐　头	10. 饮食业	(1) 主　食	(2) 炒　菜	(3) 地方小吃	二、饮　料 烟酒类
全国平均	**100.8**	**101.1**	**99.8**	**101.3**	**102.6**	**99.1**
北　　京						
天　　津						
河　　北	103.1	100.3	98.7	100.8	101.5	99.1
山　　西	103.3	98.4	95.3	98.2	107.7	98.6
内 蒙 古	97.8	101.1	98.9	102.1	100.8	98.5
辽　　宁	100.1	100.9	101.7	100.8	99.2	99.8
吉　　林	96.7	101.1	102.5	100.6	100.4	105.5
黑 龙 江	101.8	104.1	99.9	107.9	99.4	101.1
上　　海						
江　　苏	99.8	99.5	99.2	99.3	100.8	97.7
浙　　江	100.4	101.7	100.2	102.4	101.1	98.4
安　　徽	96.0	100.0	98.6	100.5	100.8	97.4
福　　建	102.1	99.6	99.7	99.4	100.0	104.1
江　　西	118.9	103.9	100.5	105.0	105.4	99.8
山　　东	101.5	99.0	95.5	103.3	98.0	100.1
河　　南	97.6	101.0	97.5	101.9	101.2	98.9
湖　　北	99.6	100.5	101.6	99.1	102.8	99.3
湖　　南	93.0	99.1	99.6	98.4	102.5	99.1
广　　东	106.7	102.0	101.4	101.2	104.9	101.2
广　　西	102.0	101.1	100.6	100.6	104.2	99.1
海　　南	99.2	99.3	99.3	98.8	100.3	99.3
重　　庆						
四　　川	101.8	102.4	102.6	100.7	106.0	97.4
贵　　州	99.9	108.6	107.3	111.5	110.4	97.4
云　　南	98.5	106.3	102.1	109.1	105.5	101.0
西　　藏						
陕　　西	102.8	100.3	98.8	100.7	100.9	100.5
甘　　肃	101.7	100.5	100.9	100.0	100.6	97.9
青　　海	103.8	101.4	100.1	102.8	100.4	100.2
宁　　夏	105.5	101.8	99.8	104.1	99.3	99.5
新　　疆	105.2	104.9	103.0	107.0	103.5	99.1

7－5续表 4

地　　区	1. 饮　料	2. 烟　酒	三、服　装 鞋帽类	1. 服　装	2. 鞋	3. 其他衣着
全国平均	**99.9**	**98.9**	**99.7**	**99.0**	**100.1**	**101.4**
北　　京						
天　　津						
河　　北	100.1	98.6	99.8	99.5	100.5	99.2
山　　西	101.1	97.9	98.6	97.9	99.9	99.4
内 蒙 古	98.9	98.4	99.7	100.3	99.0	99.2
辽　　宁	98.6	100.1	96.7	97.7	95.2	97.6
吉　　林	108.9	103.8	99.2	99.6	98.4	99.4
黑 龙 江	103.3	100.5	97.6	96.0	99.4	98.9
上　　海						
江　　苏	98.6	97.5	100.0	99.3	100.9	100.8
浙　　江	97.5	98.7	99.6	98.6	100.3	102.0
安　　徽	99.3	96.8	98.1	97.1	99.6	99.3
福　　建	106.7	103.5	100.8	99.5	101.9	103.7
江　　西	102.0	99.3	100.5	99.9	101.9	100.0
山　　东	101.2	99.7	99.0	98.4	99.6	100.1
河　　南	100.0	98.7	100.6	101.1	99.9	100.1
湖　　北	99.3	99.4	100.8	98.8	101.8	105.4
湖　　南	99.5	99.0	99.4	99.1	101.0	97.9
广　　东	100.0	101.7	100.6	100.2	99.7	103.7
广　　西	99.2	99.1	98.1	96.6	98.8	104.2
海　　南	100.4	98.8	95.7	93.6	101.6	98.1
重　　庆						
四　　川	97.5	97.4	100.8	100.0	100.6	103.4
贵　　州	105.1	95.1	96.8	93.3	99.2	107.0
云　　南	101.1	101.0	100.6	100.5	100.6	101.1
西　　藏						
陕　　西	103.3	99.9	98.8	99.1	98.4	98.6
甘　　肃	98.2	97.9	98.8	97.3	99.8	102.6
青　　海	103.6	99.0	99.8	99.0	99.1	103.1
宁　　夏	104.8	98.5	101.2	100.9	100.6	104.5
新　　疆	99.6	99.0	101.1	101.0	101.1	101.0

7-5续表 5

地　　区	四、纺织品类	1. 棉　布	2. 棉花化纤混纺布	3. 化纤布	4. 呢　绒	5. 绸　缎
全国平均	**99.3**	**100.0**	**100.0**	**98.5**	**99.7**	**99.5**
北　　京						
天　　津						
河　　北	100.6	100.8	102.4	100.0	102.3	99.4
山　　西	96.6	98.2	93.0	94.3	99.4	97.9
内 蒙 古	98.8	97.9	98.6	100.5	100.3	101.2
辽　　宁	97.1	96.7	95.4	98.2	95.5	97.8
吉　　林	98.0	95.0	98.8	102.8	98.9	95.5
黑 龙 江	96.8	98.0	95.9	96.3	97.9	97.3
上　　海						
江　　苏	99.5	100.7	100.4	98.3	99.1	101.1
浙　　江	100.3	101.0	100.6	101.1	100.6	101.4
安　　徽	98.9	101.7	100.1	97.6	98.1	97.5
福　　建	98.5	97.9	98.1	99.0	96.8	98.6
江　　西	99.4	99.7	99.8	97.9	100.1	101.6
山　　东	99.4	99.5	99.2	98.4	100.1	98.3
河　　南	98.6	99.0	98.5	98.9	100.6	99.5
湖　　北	99.1	99.9	97.9	100.5	98.0	98.7
湖　　南	100.0	95.5	104.0	100.0	99.6	103.1
广　　东	101.1	105.6	100.3	100.8	101.3	102.0
广　　西	100.0	101.0	101.7	99.2	100.1	98.8
海　　南	100.3	98.6	95.9	99.1	103.1	98.6
重　　庆						
四　　川	98.7	100.1	102.0	96.3	99.8	99.7
贵　　州	97.6	101.1	87.1	97.0	101.1	96.5
云　　南	99.8	100.0	98.9	97.6	97.7	99.1
西　　藏						
陕　　西	98.4	100.1	98.7	97.4	100.5	97.0
甘　　肃	100.2	100.1	96.2	103.0	100.8	100.9
青　　海	100.3	102.4	99.9	100.0	99.5	97.1
宁　　夏	101.0	98.4	100.8	102.1	103.4	99.0
新　　疆	100.3	102.6	100.1	95.6	99.8	100.2

7-5续表 6

地　　区	6. 其　他 纺织品	五、中　西 药品类	1. 中　药	2. 西　药	3. 医疗用品	六、 化妆品类
全国平均	**98.8**	**102.7**	**107.1**	**99.8**	**101.6**	**99.9**
北　　京						
天　　津						
河　　北	99.4	99.8	102.2	97.9	102.1	100.1
山　　西	96.6	101.5	108.3	96.7	102.3	99.3
内 蒙 古	96.2	103.7	108.4	100.1	107.1	100.8
辽　　宁	98.7	102.8	105.5	100.9	102.3	97.5
吉　　林	97.0	100.0	100.9	99.3	100.5	103.5
黑 龙 江	96.4	100.3	103.7	98.1	100.2	101.0
上　　海						
江　　苏	98.9	102.5	106.6	100.1	100.8	99.8
浙　　江	98.3	108.2	110.7	106.8	103.1	100.4
安　　徽	99.0	102.9	104.2	102.1	101.6	98.3
福　　建	99.2	102.9	109.8	97.9	98.2	99.1
江　　西	99.1	105.8	111.8	102.9	101.2	98.6
山　　东	100.6	102.1	107.1	99.2	101.6	101.3
河　　南	97.2	98.4	104.3	95.3	99.5	98.3
湖　　北	98.7	96.9	101.6	93.4	101.2	100.6
湖　　南	98.5	101.0	109.8	95.6	100.0	99.0
广　　东	99.2	104.3	108.3	100.8	100.3	101.0
广　　西	98.4	103.9	109.5	98.9	103.2	98.3
海　　南	102.7	99.8	100.6	99.4	99.1	97.3
重　　庆						
四　　川	99.2	102.9	106.0	100.4	101.6	99.3
贵　　州	98.0	101.5	110.2	98.1	102.3	99.1
云　　南	102.2	105.7	108.2	105.0	101.4	100.0
西　　藏						
陕　　西	98.2	103.5	106.7	101.3	102.8	102.5
甘　　肃	98.2	102.7	105.1	101.2	101.7	99.3
青　　海	100.7	104.5	113.2	96.0	102.1	101.9
宁　　夏	99.4	104.7	111.2	100.0	103.2	100.4
新　　疆	101.3	104.9	107.1	104.1	103.9	102.7

7－5续表 7

地　　区	七、书报杂志类	八、文化体育用品	1. 文化用品	2. 体育用品	九、日用品类	1. 一般日用品
全国平均	**104.2**	**100.4**	**100.1**	**101.3**	**99.3**	**99.3**
北　　京						
天　　津						
河　　北	103.3	100.7	99.8	102.7	98.6	98.5
山　　西	117.6	99.8	100.7	95.2	99.1	98.3
内 蒙 古	105.0	100.4	99.5	102.2	99.4	99.3
辽　　宁	104.4	99.9	99.4	103.2	98.8	99.0
吉　　林	106.8	97.3	97.1	98.1	100.8	98.7
黑 龙 江	107.5	100.6	100.9	99.9	98.9	98.6
上　　海						
江　　苏	105.1	101.0	100.9	101.5	99.4	99.8
浙　　江	103.9	99.8	99.4	100.8	98.6	98.3
安　　徽	105.8	99.6	98.7	101.4	99.6	100.1
福　　建	104.1	100.5	100.5	100.5	100.4	100.8
江　　西	108.7	100.5	100.9	98.7	98.7	97.7
山　　东	102.1	100.2	99.7	101.7	99.1	98.9
河　　南	98.8	100.9	100.6	101.6	99.6	99.1
湖　　北	106.1	99.6	99.1	101.0	99.8	100.1
湖　　南	97.9	100.5	100.0	101.7	100.0	99.9
广　　东	105.7	99.9	100.2	99.1	98.4	99.2
广　　西	103.8	100.5	101.4	99.0	97.9	97.5
海　　南	110.1	100.9	101.4	99.7	101.5	102.1
重　　庆						
四　　川	102.2	100.8	100.2	102.7	100.6	100.0
贵　　州	104.6	105.6	104.6	108.4	101.8	101.6
云　　南	102.8	102.7	102.1	104.5	99.3	98.9
西　　藏						
陕　　西	103.6	100.7	100.7	100.6	100.3	99.0
甘　　肃	101.8	99.3	98.6	101.3	99.7	100.1
青　　海	104.0	102.7	102.5	103.6	100.3	101.7
宁　　夏	105.1	97.6	96.5	100.8	100.0	98.7
新　　疆	107.1	100.7	99.4	104.4	99.7	99.4

7－5续表 8

地　　区	2. 家具类	3. 日用杂品	十、家用电器类	十一、首饰类	十二、燃料类	十三、建筑装璜材料类	十四、机电产品类
全国平均	**98.9**	**100.1**	**93.9**	**92.3**	**94.7**	**96.6**	**94.9**
北　京							
天　津							
河　北	99.5	96.3	94.2	92.6	96.6	95.8	95.8
山　西	99.4	101.0	91.2	94.7	99.6	95.7	93.0
内蒙古	99.5	99.4	94.3	95.5	97.7	98.6	96.6
辽　宁	97.6	101.0	92.1	90.6	100.4	97.3	97.3
吉　林	101.5	104.2	93.0	98.9	99.4	98.7	92.3
黑龙江	99.2	99.6	94.4	91.5	99.7	98.1	96.4
上　海							
江　苏	98.4	99.7	96.7	91.3	90.9	95.8	96.2
浙　江	98.9	99.1	94.7	90.5	94.0	96.7	94.1
安　徽	97.7	100.9	92.9	93.6	94.9	97.6	93.5
福　建	99.7	100.4	94.0	92.6	99.3	97.5	95.8
江　西	98.5	100.9	93.6	93.7	92.0	98.6	92.6
山　东	99.3	99.5	93.3	93.3	95.6	96.3	95.4
河　南	99.5	101.5	91.5	90.1	93.1	94.3	95.5
湖　北	99.1	99.7	92.3	93.0	94.4	95.8	96.4
湖　南	100.5	99.6	91.8	91.8	95.5	96.2	96.1
广　东	96.6	99.3	95.9	92.6	89.3	96.2	94.1
广　西	98.1	99.1	92.0	91.5	88.4	95.3	92.5
海　南	100.2	103.1	95.0	96.4	98.6	96.1	87.3
重　庆							
四　川	100.9	101.8	94.9	93.5	97.1	98.6	98.4
贵　州	103.1	101.1	96.6	91.6	99.1	99.0	94.1
云　南	99.0	101.0	94.3	93.2	95.1	99.3	96.0
西　藏							
陕　西	101.8	100.2	90.9	86.9	95.6	96.5	95.0
甘　肃	99.3	99.1	90.8	98.3	98.8	98.4	99.2
青　海	99.0	97.0	94.1	96.3	100.8	99.3	99.7
宁　夏	100.3	104.6	92.0	89.3	94.9	94.2	93.3
新　疆	99.3	101.0	95.7	93.5	101.5	98.2	95.6

7－6　各地区农村居民消费价格分类指数

(以上年价格为100)

地　区	总指数	一、食品类	1. 粮　食	(1) 细　粮	(2) 粗　粮	2. 淀粉及薯类
全国平均	**99.0**	**96.6**	**96.9**	**96.9**	**97.3**	**104.0**
北　京						
天　津						
河　北	98.1	95.7	93.3	92.9	96.2	102.4
山　西	98.5	95.7	94.0	93.8	95.5	111.1
内蒙古	99.2	96.4	93.1	92.6	95.5	109.6
辽　宁	98.7	96.9	96.2	95.5	100.8	104.0
吉　林	99.0	97.0	98.4	98.5	98.2	104.4
黑龙江	99.7	97.6	98.6	98.7	98.4	110.7
上　海						
江　苏	99.0	96.9	104.6	104.9	95.8	103.6
浙　江	99.3	97.6	100.2	100.2	94.3	106.2
安　徽	99.9	98.0	101.2	101.2	103.0	103.2
福　建	99.5	98.5	101.0	101.0		
江　西	101.0	99.1	102.0	102.1	83.3	110.8
山　东	99.0	96.1	91.1	90.9	93.6	103.1
河　南	97.1	95.0	92.2	92.0	94.8	102.1
湖　北	99.0	97.5	99.7	100.0	92.9	106.7
湖　南	100.1	96.4	98.5	98.4	100.3	109.2
广　东	98.1	95.4	97.3	97.3	98.1	97.4
广　西	96.8	94.3	96.6	96.6	95.1	97.6
海　南	96.6	95.2	94.0	93.9	97.8	93.6
重　庆						
四　川	99.5	95.4	92.8	92.2	96.4	96.3
贵　州	99.6	98.6	94.4	94.5	91.1	101.3
云　南	101.1	99.6	95.2	94.6	99.3	101.0
西　藏						
陕　西	99.3	97.2	94.4	94.0	100.5	105.9
甘　肃	98.9	97.1	92.6	92.1	96.1	107.0
青　海	101.0	98.1	96.4	96.3	99.3	97.0
宁　夏	99.8	97.3	93.9	94.0	93.0	106.5
新　疆	100.8	99.1	97.4	97.1	103.0	105.3

7－6续表 1

地　　区	3. 干豆类及豆制品	4. 油脂类	5. 肉禽及其制品	6. 蛋　类	7. 水产品	8. 菜　类
全国平均	**97.1**	**98.0**	**90.0**	**100.2**	**93.3**	**101.1**
北　　京						
天　　津						
河　　北	99.7	101.2	89.3	101.8	95.7	93.4
山　　西	98.2	99.3	89.5	103.3	98.0	91.5
内 蒙 古	102.5	100.8	94.0	100.0	96.9	93.9
辽　　宁	95.9	101.8	90.9	100.7	96.3	95.8
吉　　林	94.5	104.7	94.2	95.0	90.7	91.5
黑 龙 江	94.7	105.8	96.3	91.0	93.1	90.8
上　　海						
江　　苏	97.6	101.3	90.2	105.7	95.9	99.9
浙　　江	97.7	94.9	89.9	102.1	93.5	111.1
安　　徽	100.6	100.2	90.3	99.5	96.7	108.5
福　　建	97.2	95.4	88.6	95.2	93.9	117.4
江　　西	98.7	98.0	91.8	100.9	88.5	110.4
山　　东	90.9	99.6	87.7	103.9	95.1	98.7
河　　南	87.8	96.3	85.2	101.5	93.3	100.6
湖　　北	100.4	100.5	91.1	98.0	94.1	100.5
湖　　南	94.8	91.8	88.2	97.0	93.9	104.4
广　　东	96.6	92.5	91.2	95.5	91.2	99.0
广　　西	95.8	93.3	89.4	100.7	86.8	98.2
海　　南	98.6	93.4	92.0	96.7	91.1	102.1
重　　庆						
四　　川	98.9	98.0	87.4	96.0	93.4	96.4
贵　　州	99.9	99.8	96.7	99.3	90.7	101.8
云　　南	99.2	99.3	99.2	98.6	97.0	97.0
西　　藏						
陕　　西	97.2	104.1	94.9	101.7	97.6	92.0
甘　　肃	104.9	106.4	95.1	102.4	97.7	98.6
青　　海	96.9	105.9	95.4	99.2	98.0	96.5
宁　　夏	96.1	109.0	95.3	102.6	96.8	92.4
新　　疆	99.5	101.2	93.6	93.2	95.4	111.8

7－6续表 2

地　区	(1) 鲜　菜	(2) 干　菜	(3) 菜制品	9. 调味品	10. 糖　类	(1) 食　糖
全国平均	**102.1**	**93.6**	**102.1**	**99.6**	**95.2**	**92.0**
北　京						
天　津						
河　北	92.6	102.1	93.7	100.1	100.0	96.6
山　西	91.6	89.7	99.5	102.1	100.8	96.6
内蒙古	93.4	96.2	102.2	101.2	96.2	94.0
辽　宁	94.1	102.4	103.2	99.3	98.6	95.8
吉　林	90.6	96.5	95.5	100.5	94.0	95.8
黑龙江	89.9	98.7	99.3	99.1	97.7	93.7
上　海						
江　苏	99.8	99.0	102.6	98.8	96.9	94.9
浙　江	112.8	94.5	111.5	100.0	93.8	90.4
安　徽	109.8	97.4	104.1	100.4	96.7	94.0
福　建	121.4	89.1	100.4	99.8	91.4	89.3
江　西	114.5	89.0	111.1	98.3	94.7	94.8
山　东	99.2	91.9	97.9	101.0	96.0	93.0
河　南	102.1	88.7	98.9	99.1	95.6	93.9
湖　北	101.6	91.4	100.7	99.8	94.9	92.0
湖　南	109.1	90.8	93.0	98.3	92.6	87.0
广　东	100.0	91.9	103.0	99.0	93.7	89.2
广　西	96.9	96.0	109.8	100.1	96.1	92.3
海　南	105.3	94.2	87.1	98.8	94.4	94.5
重　庆						
四　川	98.6	89.5	97.8	99.6	93.0	89.1
贵　州	103.6	96.5	91.5	97.7	93.5	89.5
云　南	98.0	91.1	100.9	101.0	94.7	91.9
西　藏						
陕　西	91.7	91.6	104.0	102.6	96.7	91.6
甘　肃	99.0	93.0	100.9	99.1	95.9	95.0
青　海	97.0	92.2	104.2	99.6	97.9	97.1
宁　夏	92.4	91.1	99.3	98.7	97.3	95.5
新　疆	113.1	95.6	101.0	102.0	95.8	95.1

7－6续表 3

地　　区	(2) 糖　果	11. 烟草类	12. 酒和饮料	13. 干鲜瓜果	(1) 鲜　果	(2) 干　果
全国平均	**99.8**	**99.1**	**99.1**	**97.4**	**97.9**	**95.3**
北　　京						
天　　津						
河　　北	102.5	99.4	98.7	93.2	92.8	96.1
山　　西	102.8	96.9	99.2	92.9	93.6	88.3
内 蒙 古	98.6	98.5	99.0	94.5	93.9	97.8
辽　　宁	102.6	99.3	100.2	95.4	95.8	94.1
吉　　林	92.0	103.7	107.0	99.1	99.4	96.2
黑 龙 江	101.3	101.0	101.1	99.3	100.9	90.8
上　　海						
江　　苏	100.6	97.3	98.1	97.5	97.9	96.0
浙　　江	100.1	98.0	98.7	99.3	100.1	97.8
安　　徽	98.9	97.7	97.3	95.3	95.0	96.4
福　　建	97.4	106.6	101.5	101.8	103.4	92.6
江　　西	94.7	98.5	100.5	102.0	104.5	96.9
山　　东	99.5	100.1	100.5	93.5	93.6	93.3
河　　南	101.3	101.4	96.8	89.1	87.4	98.1
湖　　北	100.2	98.4	100.0	97.1	97.2	96.7
湖　　南	98.7	97.7	99.4	108.8	111.4	93.8
广　　东	98.3	100.7	101.3	97.5	99.0	92.7
广　　西	101.0	98.9	99.9	99.1	101.6	85.7
海　　南	94.3	97.8	100.9	92.9	92.2	97.3
重　　庆						
四　　川	101.4	98.7	97.0	93.9	91.4	99.7
贵　　州	96.7	94.7	97.9	94.5	94.7	94.1
云　　南	99.6	102.7	100.0	104.0	103.6	104.9
西　　藏						
陕　　西	101.9	99.8	101.5	91.5	90.6	94.8
甘　　肃	97.4	99.5	97.3	92.1	90.9	98.3
青　　海	98.4	98.1	101.7	94.3	92.4	97.5
宁　　夏	100.9	98.7	102.0	91.0	91.0	90.9
新　　疆	96.1	100.2	98.5	103.1	103.5	101.9

7－6续表 4

地　区	14. 糕　点	15.奶　及 奶制品	16. 其他食品	17. 饮食业	(1) 主　食	(2) 炒　菜
全国平均	**100.6**	**98.8**	**101.2**	**101.0**	**99.9**	**101.5**
北　京						
天　津						
河　北	100.1	98.9	103.2	99.7	98.5	100.9
山　西	101.3	100.1	102.3	98.7	95.6	98.2
内蒙古	97.3	99.5	97.9	101.1	99.2	102.0
辽　宁	100.2	100.2	100.1	100.8	101.6	100.9
吉　林	103.0	96.8	96.5	101.2	102.8	100.6
黑龙江	99.0	101.6	101.6	103.9	99.6	107.9
上　海						
江　苏	102.0	98.9	99.9	99.4	99.1	99.3
浙　江	98.7	99.3	100.4	101.3	100.0	102.1
安　徽	102.1	97.7	96.3	100.2	98.8	100.6
福　建	107.8	102.7	102.1	99.6	99.8	99.3
江　西	101.8	99.1	119.2	104.1	101.1	105.4
山　东	99.1	98.1	101.6	98.4	95.5	103.2
河　南	100.1	100.3	97.4	99.8	97.5	102.1
湖　北	100.2	98.8	99.6	100.7	101.6	98.9
湖　南	98.3	99.6	93.1	99.3	99.6	98.4
广　东	101.2	97.6	106.8	102.1	101.5	101.4
广　西	98.8	97.5	102.0	101.0	100.6	100.5
海　南	100.5	101.3	99.5	99.6	99.5	99.4
重　庆						
四　川	98.3	97.1	101.7	102.7	103.0	101.0
贵　州	109.1	96.3	99.7	107.8	106.6	110.9
云　南	103.2	97.2	98.5	106.5	102.8	109.5
西　藏						
陕　西	99.8	98.8	102.7	100.2	99.0	100.7
甘　肃	97.0	97.2	101.5	100.4	100.5	100.0
青　海	101.7	101.5	103.7	100.5	98.5	102.4
宁　夏	97.5	98.6	105.0	101.3	100.0	104.2
新　疆	97.0	98.2	105.0	104.4	102.2	107.5

7－6续表 5

地　　区	(3) 地方小吃	二、 衣　着	1. 服　装	2. 衣着材料	(1) 棉　布	(2)棉花化 纤混纺布
全国平均	**102.3**	**99.3**	**99.0**	**99.0**	**99.8**	**100.1**
北　京						
天　津						
河　北	101.4	100.0	99.5	100.2	100.8	102.1
山　西	107.2	98.8	98.5	97.3	98.3	93.4
内蒙古	101.0	99.4	100.2	98.4	98.1	98.5
辽　宁	99.0	97.0	98.0	97.5	96.7	95.1
吉　林	100.5	99.3	99.9	99.3	95.0	98.2
黑龙江	99.4	97.3	96.2	96.6	98.0	95.9
上　海						
江　苏	100.5	99.7	99.3	99.0	100.7	100.4
浙　江	101.1	99.4	98.7	100.0	100.8	100.8
安　徽	101.1	98.3	97.6	98.7	101.7	100.1
福　建	100.0	99.7	99.5	97.9	97.7	97.9
江　西	105.4	100.0	100.0	99.1	99.7	99.8
山　东	98.1	99.2	98.5	99.4	99.4	99.5
河　南	101.3	100.0	101.2	98.4	98.9	98.6
湖　北	102.5	99.4	98.7	98.0	100.2	97.9
湖　南	102.2	99.9	99.1	100.6	95.8	104.0
广　东	104.8	100.7	100.8	101.3	105.2	100.2
广　西	104.1	97.8	96.5	99.6	100.8	101.7
海　南	100.5	95.5	93.1	101.0	98.8	96.9
重　庆						
四　川	106.1	99.7	100.1	98.5	100.1	102.1
贵　州	112.7	95.7	93.5	95.9	101.3	87.1
云　南	105.5	100.1	100.2	98.7	100.0	98.9
西　藏						
陕　西	101.0	98.4	98.6	98.3	100.0	98.6
甘　肃	100.5	98.9	97.3	101.1	100.4	96.5
青　海	100.8	99.3	98.4	100.5	102.5	99.9
宁　夏	99.2	100.3	100.0	100.8	98.4	100.9
新　疆	102.9	100.9	101.9	99.9	102.2	101.0

7－6续表 6

地　　区	(3) 化纤布	(4) 呢　绒	(5) 绸　缎	(6) 毛　线	3. 鞋袜帽 及其他	(1) 鞋　类
全国平均	**98.8**	**99.5**	**98.6**	**98.0**	**100.1**	**99.9**
北　　京						
天　　津						
河　　北	100.1	102.2	98.3	98.7	100.4	100.6
山　　西	101.9	98.0	93.7	95.8	100.8	101.0
内 蒙 古	100.3	100.2	100.6	95.6	98.7	99.0
辽　　宁	97.5	95.4	99.6	99.6	95.2	94.9
吉　　林	103.0	99.0	94.7	98.1	98.0	98.3
黑 龙 江	96.2	98.0	97.6	95.5	99.0	99.4
上　　海						
江　　苏	98.2	98.9	101.7	97.6	101.4	101.1
浙　　江	101.2	100.6	100.0	96.4	100.4	100.1
安　　徽	97.6	98.1	97.4	98.9	99.3	99.1
福　　建	98.9	96.6	96.7	97.5	102.1	102.2
江　　西	97.9	100.1	99.5	98.9	100.8	102.3
山　　东	98.5	100.1	96.9	101.1	100.4	99.9
河　　南	98.8	100.5	98.3	94.5	100.2	100.1
湖　　北	100.5	97.7	97.3	95.1	101.9	102.2
湖　　南	100.0	99.3	97.6	96.6	100.8	100.9
广　　东	101.0	101.4	103.4	97.9	100.1	99.4
广　　西	99.2	100.1	98.2	99.3	99.6	98.6
海　　南	99.3	91.6	98.0	106.8	101.6	101.3
重　　庆						
四　　川	96.3	99.9	98.7	97.9	101.0	100.4
贵　　州	97.0	101.0	92.5	94.3	100.5	99.6
云　　南	97.7	97.8	100.8	98.7	101.1	100.9
西　　藏						
陕　　西	97.3	100.3	96.8	98.5	98.2	97.8
甘　　肃	103.7	100.5	100.1	98.6	98.6	100.1
青　　海	100.0	99.5	96.2	101.9	99.9	98.8
宁　　夏	102.1	102.7	99.0	96.9	100.7	100.4
新　　疆	96.8	99.7	100.3	99.8	100.8	101.9

7-6续表 7

地　区	(2) 袜　子	(3) 帽　子	(4) 其他衣着	三、家庭设备及用品	1. 耐用消费品	(1) 家　具
全国平均	**99.9**	**100.4**	**101.1**	**98.9**	**97.8**	**98.5**
北　京						
天　津						
河　北	100.6	99.4	99.8	99.0	97.8	98.4
山　西	98.3	101.4	99.5	98.4	98.3	101.1
内蒙古	94.9	98.6	100.1	98.3	97.2	99.4
辽　宁	93.8	98.9	98.3	97.6	97.0	97.6
吉　林	94.1	98.3	99.0	99.1	99.1	101.4
黑龙江	98.0	100.0	96.7	98.3	98.0	98.3
上　海						
江　苏	103.4	101.1	101.3	98.9	97.7	96.9
浙　江	102.4	101.5	101.6	98.6	98.2	97.8
安　徽	101.3	98.6	99.4	98.1	96.4	97.1
福　建	101.4	100.6	101.5	99.2	97.4	99.1
江　西	98.8	103.0	98.3	97.8	96.3	98.4
山　东	102.9	97.4	103.5	99.1	98.0	98.6
河　南	101.5	101.6	100.7	98.4	97.4	99.3
湖　北	100.8	98.7	100.9	99.4	96.9	99.1
湖　南	97.7	102.1	102.0	99.7	97.8	101.1
广　东	100.6	96.8	103.1	98.0	96.9	96.6
广　西	101.1	97.6	106.3	97.6	96.5	97.8
海　南	99.4	107.4	104.4	100.7	99.3	99.1
重　庆						
四　川	102.6	99.5	102.1	100.1	99.6	100.3
贵　州	97.0	100.0	111.5	100.6	100.2	102.9
云　南	98.6	116.5	100.4	99.8	99.3	99.1
西　藏						
陕　西	98.4	97.9	100.3	98.6	98.4	101.2
甘　肃	88.6	96.6	96.1	99.3	98.2	99.5
青　海	106.4	97.0	100.3	100.0	98.5	97.9
宁　夏	101.9	102.3	102.1	98.1	97.3	98.9
新　疆	96.6	98.5	98.8	98.8	97.1	98.2

7－6续表 8

地　　区	(2) 家庭设备	2. 室　内 装饰品	3. 床上用品	4. 家庭日 用杂品	5. 其　他 日用品	四、 医疗保健
全国平均	**97.3**	**99.7**	**100.1**	**99.8**	**98.9**	**102.9**
北　　京						
天　　津						
河　　北	97.4	99.5	101.9	99.6	100.0	99.6
山　　西	96.8	98.6	99.4	99.0	97.9	101.5
内 蒙 古	96.1	98.6	98.0	99.6	98.5	103.5
辽　　宁	96.7	99.3	94.2	100.6	95.9	102.9
吉　　林	97.7	98.2	98.9	98.9	101.1	99.7
黑 龙 江	97.8	99.6	95.3	98.9	99.2	100.5
上　　海						
江　　苏	98.0	100.3	100.0	100.7	99.4	103.0
浙　　江	98.4	99.6	101.2	98.9	96.7	108.1
安　　徽	96.2	98.3	99.7	100.7	97.9	103.2
福　　建	96.6	100.6	100.6	101.8	99.1	102.8
江　　西	95.6	98.5	100.5	98.5	98.8	106.2
山　　东	97.6	100.8	99.9	100.4	99.6	101.9
河　　南	96.2	97.8	99.1	99.6	99.1	98.4
湖　　北	95.8	99.5	100.9	101.4	99.8	96.8
湖　　南	96.3	102.0	101.8	99.2	101.6	102.2
广　　东	97.1	99.2	99.3	99.8	97.7	104.4
广　　西	95.8	99.2	99.2	98.5	97.6	104.0
海　　南	99.5	99.8	96.6	104.3	97.6	100.0
重　　庆						
四　　川	99.3	100.6	100.2	100.4	100.5	103.0
贵　　州	98.4	97.1	101.1	101.6	101.0	101.7
云　　南	99.4	106.0	100.4	99.6	99.5	105.8
西　　藏						
陕　　西	96.9	97.6	98.1	98.9	99.3	103.3
甘　　肃	96.9	100.9	99.6	99.4	100.1	102.8
青　　海	98.9	100.5	99.8	101.8	101.8	104.4
宁　　夏	96.0	92.6	101.7	100.3	98.8	104.1
新　　疆	96.7	100.4	99.4	100.0	100.4	103.3

7－6续表9

地　区	1. 医疗器具及保健用品	2. 中药材及中成药	3. 西药	五、交通和通讯工具	1. 交通工具	2. 通讯工具
全国平均	**101.5**	**107.3**	**99.8**	**95.9**	**96.3**	**94.2**
北　京						
天　津						
河　北	101.9	102.0	97.7	95.5	94.9	98.2
山　西	101.8	107.8	96.6	94.4	95.2	92.2
内蒙古	105.7	108.5	99.7	97.7	98.7	95.5
辽　宁	102.2	105.9	101.0	96.4	96.3	96.9
吉　林	99.6	100.6	99.1	93.2	97.0	85.4
黑龙江	101.0	103.6	98.0	96.6	97.5	94.0
上　海						
江　苏	101.7	106.8	100.1	97.2	97.1	97.8
浙　江	102.9	110.4	106.7	95.8	96.3	93.8
安　徽	100.7	104.2	102.7	95.9	97.4	91.5
福　建	99.6	109.2	98.0	96.3	96.5	95.6
江　西	99.0	111.9	104.0	93.3	95.2	88.1
山　东	102.0	106.7	99.2	93.6	93.0	95.6
河　南	100.4	104.5	95.1	98.0	98.3	92.3
湖　北	104.7	101.4	93.8	96.0	95.3	98.1
湖　南	100.0	110.0	94.9	97.0	97.5	94.6
广　东	101.2	108.6	100.8	96.0	96.1	95.9
广　西	100.3	110.2	99.0	94.6	96.5	87.1
海　南	99.9	100.7	99.5	89.0	90.8	83.8
重　庆						
四　川	102.3	106.2	100.3	98.4	98.7	94.5
贵　州	102.5	110.2	98.4	93.9	98.8	84.5
云　南	102.6	108.3	104.9	96.6	97.1	94.0
西　藏						
陕　西	101.7	106.4	101.1	94.6	96.2	89.7
甘　肃	101.2	105.0	101.2	100.2	100.3	97.8
青　海	101.8	113.2	95.4	98.3	97.8	100.0
宁　夏	100.6	111.9	99.2	94.3	94.2	95.2
新　疆	106.7	106.7	101.1	95.4	96.1	93.6

7－6续表 10

地　　区	六、娱　乐教育文化用品	1. 文娱用耐用消费　品	2. 教材及参考书	3. 文化娱乐用品	(1)文娱用品	(2)报纸杂志
全国平均	**96.5**	**92.0**	**102.3**	**102.2**	**100.6**	**104.6**
北　　京						
天　　津						
河　　北	95.1	91.2	101.8	101.5	101.6	101.4
山　　西	101.6	88.6	126.5	100.1	97.0	103.2
内 蒙 古	96.9	91.6	103.5	100.8	101.2	100.3
辽　　宁	94.3	89.0	104.7	102.7	102.1	103.6
吉　　林	95.1	89.5	105.6	98.7	96.9	101.6
黑 龙 江	96.1	90.9	103.7	102.8	101.0	105.9
上　　海						
江　　苏	98.2	96.4	100.9	103.4	101.3	108.4
浙　　江	96.3	92.3	102.5	100.3	99.8	101.1
安　　徽	96.6	91.0	104.7	102.2	100.8	103.9
福　　建	94.7	91.5	103.0	100.8	100.5	101.2
江　　西	101.0	93.5	114.7	99.7	97.8	101.7
山　　东	96.0	90.6	101.0	101.5	100.8	102.2
河　　南	92.3	89.9	95.3	101.3	101.3	101.3
湖　　北	95.7	89.7	106.8	101.1	100.8	101.4
湖　　南	90.5	87.5	91.1	100.4	100.5	100.0
广　　东	100.0	95.7	102.1	105.9	100.5	113.2
广　　西	96.0	89.9	104.0	98.9	98.3	99.6
海　　南	98.9	91.9	120.1	101.1	100.9	102.0
重　　庆						
四　　川	98.8	93.9	101.8	106.0	100.9	117.8
贵　　州	99.5	92.6	102.8	105.6	106.0	104.5
云　　南	96.8	92.2	101.7	102.7	102.4	103.1
西　　藏						
陕　　西	96.5	89.0	102.3	102.9	100.8	104.9
甘　　肃	93.9	87.7	101.9	99.5	98.9	100.5
青　　海	97.6	91.3	100.4	101.1	101.8	100.5
宁　　夏	94.5	90.0	103.1	99.4	98.9	100.6
新　　疆	100.2	94.5	108.9	104.2	101.1	107.4

7-6续表 11

地　区	七、居 住	1. 住 房	(1) 建筑材料	(2) 房 租	2. 水、电、燃料	八、服务项目
全国平均	**98.8**	**97.5**	**95.1**	**109.9**	**100.6**	**110.5**
北　京						
天　津						
河　北	98.6	97.5	95.8	105.4	99.7	109.5
山　西	105.6	101.5	97.8	107.1	107.7	108.2
内蒙古	100.0	95.7	93.9	106.0	104.5	108.4
辽　宁	102.8	99.2	97.8	108.1	104.9	108.1
吉　林	102.4	100.4	100.4	100.4	103.8	112.2
黑龙江	100.2	96.9	95.4	102.7	103.1	119.2
上　海						
江　苏	96.2	95.4	93.7	109.1	99.1	109.1
浙　江	98.5	97.6	96.0	109.8	100.5	106.7
安　徽	101.0	100.6	97.4	106.3	101.4	115.1
福　建	102.7	104.1	95.6	138.9	101.3	105.1
江　西	100.9	100.5	98.1	109.2	101.4	115.6
山　东	98.7	97.9	92.9	113.2	99.3	120.4
河　南	95.1	94.6	94.2	101.8	96.4	104.3
湖　北	98.4	95.0	92.4	108.3	102.0	107.3
湖　南	98.3	95.3	93.6	105.3	101.6	115.0
广　东	96.3	99.9	96.0	120.6	93.4	107.0
广　西	96.8	96.8	95.3	103.2	96.8	105.4
海　南	100.0	103.0	92.4	119.0	98.3	105.7
重　庆						
四　川	100.5	97.3	95.1	104.0	106.2	110.5
贵　州	106.6	109.2	94.8	169.5	105.4	109.4
云　南	103.8	99.6	97.1	111.0	111.2	110.4
西　藏						
陕　西	102.6	100.2	96.4	108.3	105.0	109.2
甘　肃	99.3	96.5	95.9	100.3	102.3	104.1
青　海	104.4	99.0	96.6	106.0	107.8	118.5
宁　夏	97.3	92.4	91.4	102.2	102.8	117.1
新　疆	103.2	99.5	97.9	103.4	106.7	107.3

7－7　各地区农村服务项目价格分类指数

(以上年价格为 100)

地　区	服务项目价格指数	1. 电讯费	2. 邮　费	3. 交通费	4. 洗理美容费	5. 文娱费	6. 学杂保育费	7. 修理及其他服务费	8. 医疗保健服务
全国平均	**110.5**	**100.3**	**101.0**	**102.1**	**106.6**	**106.4**	**116.6**	**104.2**	**115.4**
北　京									
天　津									
河　北	109.5	100.0	101.8	101.2	112.8	109.5	110.7	106.3	120.4
山　西	108.2	100.0	100.0	104.0	98.4	102.7	110.5	102.3	131.4
内蒙古	108.4	100.2	100.3	105.6	101.7	103.9	113.7	101.2	120.9
辽　宁	108.1	100.0	100.7	104.2	104.8	111.8	106.1	103.1	126.0
吉　林	112.2	104.5	102.7	102.7	105.8	100.5	126.7	105.9	108.3
黑龙江	119.2	100.0	100.3	101.0	102.9	102.4	141.6	101.4	148.1
上　海									
江　苏	109.1	98.5	99.9	103.7	106.0	105.7	110.7	103.1	119.1
浙　江	106.7	99.0	100.4	103.8	106.6	108.6	111.3	101.5	106.0
安　徽	115.1	99.9	100.5	105.5	105.5	108.2	126.3	102.7	106.1
福　建	105.1	103.5	105.4	100.5	103.4	106.4	107.0	106.9	102.9
江　西	115.6	99.8	102.2	103.2	107.5	105.7	116.4	107.2	170.1
山　东	120.4	99.7	101.1	101.3	106.7	110.5	137.7	104.7	109.9
河　南	104.3	100.8	100.0	99.9	106.2	108.1	106.0	103.7	103.9
湖　北	107.3	95.0	103.6	103.2	111.1	108.7	108.9	105.3	109.7
湖　南	115.0	100.0	100.0	99.4	101.6	101.8	124.4	106.1	128.8
广　东	107.0	100.8	100.0	101.1	108.2	102.1	113.7	103.2	107.0
广　西	105.4	100.3	100.0	101.2	102.2	109.0	107.5	101.0	101.2
海　南	105.7	96.6	111.2	100.0	104.6	104.9	108.0	99.8	115.9
重　庆									
四　川	110.5	99.1	100.6	104.9	109.4	105.7	112.6	109.1	119.9
贵　州	109.4	106.9	108.3	98.0	111.5	101.5	119.8	96.0	119.6
云　南	110.4	100.4	100.2	105.7	112.6	121.6	120.4	103.2	102.2
西　藏									
陕　西	109.2	99.8	100.0	100.4	108.8	104.6	108.8	104.7	127.6
甘　肃	104.1	99.9	100.0	99.8	114.0	102.8	105.3	103.2	107.2
青　海	118.5	108.4	100.0	102.8	110.8	98.3	106.8	103.7	153.6
宁　夏	117.1	100.0	100.0	100.2	100.3	101.8	136.2	106.1	116.7
新　疆	107.3	100.4	101.8	105.6	108.7	107.1	109.9	103.6	109.4

7-8 各地区农业生产资料价格分类指数

(以上年价格为 100)

地区	农业生产资料价格指数	1. 小农具	2. 饲料	3. 幼禽家畜	4. 大牲畜	5. 半机械化农具
全国平均	**94.5**	**100.1**	**102.6**	**86.4**	**98.9**	**99.6**
北京						
天津						
河北	98.7	101.2	98.1	95.8	105.4	100.2
山西	95.8	95.5	102.7	100.5	93.6	99.9
内蒙古	98.7	101.6	108.3	103.6	103.3	104.2
辽宁	95.6	98.4	104.6	93.1	99.7	101.4
吉林	97.2	105.6	103.5	109.4	101.3	104.6
黑龙江	96.0	98.1	106.1	109.0	101.1	100.1
上海						
江苏	92.5	98.8	108.0	75.6	106.5	99.0
浙江	92.4	97.4	104.4	76.4	91.2	99.4
安徽	94.8	101.0	102.1	86.0	102.6	99.2
福建	94.6	100.9	96.8	86.1	91.6	98.2
江西	95.5	102.2	98.2	93.8	91.0	99.0
山东	96.2	101.1	106.7	85.6	104.8	99.7
河南	94.2	102.7	103.9	82.1	99.4	98.5
湖北	91.9	101.1	96.4	84.9	98.5	96.1
湖南	89.5	99.2	104.1	65.4	93.0	100.1
广东	94.9	98.0	97.2	86.3	93.2	98.0
广西	92.1	95.6	100.4	74.9	83.2	97.5
海南	98.4	89.8	99.6	99.2	100.2	100.8
重庆						
四川	92.9	101.5	97.2	95.5	95.6	98.0
贵州	95.0	98.8	98.6	95.5	86.1	94.7
云南	96.5	105.5	100.3	110.9	91.7	99.0
西藏						
陕西	95.2	102.6	107.5	104.4	101.7	101.3
甘肃	96.3	101.6	107.2	108.1	101.5	107.7
青海	100.3	100.8	108.2	98.4	102.3	105.2
宁夏	96.1	97.8	111.3	88.6	102.9	96.8
新疆	100.8	109.0	104.9	94.0	90.6	101.6

7－8续表

地　区	6. 机械化农具	7. 化学肥料	8. 农药及农药械	(1) 化学农药	(2) 农药械	9. 农机用油	10. 其　他
全国平均	**97.6**	**91.4**	**96.4**	**96.1**	**98.5**	**94.9**	**96.3**
北　京							
天　津							
河　北	99.1	94.4	96.0	95.0	100.5	99.7	102.2
山　西	97.6	90.8	93.1	92.1	96.8	96.9	94.4
内蒙古	99.2	95.0	99.4	98.9	102.8	95.9	94.5
辽　宁	102.5	91.9	98.0	97.9	98.5	99.3	97.1
吉　林	101.6	90.8	100.6	100.8	99.1	99.9	97.2
黑龙江	97.2	87.5	98.1	98.4	96.2	98.8	96.3
上　海							
江　苏	95.8	90.9	97.5	97.5	97.8	93.7	93.0
浙　江	98.4	90.1	95.8	95.6	98.3	92.9	96.5
安　徽	95.6	90.5	99.1	99.2	98.5	92.8	95.6
福　建	99.0	94.3	93.7	93.1	95.9	96.2	96.1
江　西	99.0	92.9	96.1	95.0	101.5	93.7	97.2
山　东	95.5	93.2	96.6	96.1	98.9	95.0	97.6
河　南	97.5	93.3	94.4	94.1	98.0	88.8	94.9
湖　北	97.7	89.6	94.7	94.5	96.0	93.4	94.9
湖　南	98.1	89.5	89.7	89.4	98.2	94.0	98.4
广　东	96.8	94.1	95.6	95.7	94.7	95.5	99.1
广　西	99.3	92.9	96.8	96.5	100.2	92.6	94.8
海　南	99.9	96.0	97.4	97.0	99.4	99.2	104.7
重　庆							
四　川	99.0	89.7	102.2	102.4	100.4	89.6	93.2
贵　州	99.4	91.6	95.9	95.5	97.4	99.0	98.3
云　南	98.9	91.4	99.4	99.1	100.9	86.1	98.3
西　藏							
陕　西	98.2	89.0	99.5	99.7	98.0	88.3	96.6
甘　肃	98.3	87.7	95.8	95.2	98.7	94.3	97.6
青　海	95.8	94.6	101.7	101.0	105.8	104.7	103.4
宁　夏	95.3	89.4	97.3	97.5	95.9	91.5	91.0
新　疆	97.9	100.4	110.0	110.5	108.2	104.7	104.6

7－9　农副产品收购价格分类指数

(上年价格＝100)

年　份	总指数	粮食类	小 麦	稻 谷	玉 米	高 粱	黄 豆	经 济 作物类	食用植物油及油料	棉花
1978	103.9	100.7	100.0	100.0	100.0	100.0	124.7	107.4	104.3	112.0
1979	122.1	130.5	131.1	130.2	130.0	127.9	124.0	123.4	132.7	125.3
1980	107.1	107.9	107.8	107.8	107.8	107.8	110.5	110.9	105.5	116.2
1981	105.9	109.7	105.2	105.2	105.2	105.2	157.8	106.9	104.9	104.8
1982	102.2	103.8	103.8	100.8	103.8	103.8	103.9	101.6	101.5	101.5
1983	104.4	110.3	110.2	110.2	110.2	110.2	110.2	100.3	100.6	100.2
1984	104.0	112.0	100.6	100.0	100.0	100.0	100.0	101.3	101.2	101.1
1985	108.6	101.8	100.1	102.0	101.9	104.8	102.8	101.5	104.3	97.7
1986	106.4	109.9	104.3	106.3	115.5	128.6	120.2	103.6	104.6	99.5
1987	112.0	108.0	103.4	113.2	104.1	123.4	103.4	103.3	106.0	104.7
1988	123.0	114.6	115.2	119.8	104.7	100.4	109.1	111.3	119.7	108.6
1989	115.0	126.9	121.9	130.7	131.8	120.7	122.8	116.7	119.8	122.7
1990	97.4	93.2	92.0	92.6	97.6	97.6	98.4	111.9	101.1	129.1
1991	98.0	93.8	94.2	95.9	88.2	94.1	99.8	101.6	97.9	102.1
1992	103.4	105.3	110.1	97.4	108.2	106.7	119.5	96.5	95.8	95.0
1993	113.4	116.7	105.4	124.6	119.2	119.1	122.7	112.6	120.7	111.5
1994	139.9	146.6	152.2	154.0	151.3	133.8	114.6	144.4	157.6	160.4
1995	119.9	129.0	133.1	120.8	140.9	143.2	113.1	122.5	103.1	131.5
1996	104.2	105.8	109.2	104.2	95.4	104.9	128.2	105.7	96.6	103.2
1997	95.5	90.2	89.0	88.2	94.2	79.0	100.1	98.0	104.8	99.8
1998	92.0	96.7	95.8	96.7	101.9	108.2	85.2	91.2	97.7	88.8

7－9续表1

年 份	麻	烟 叶	糖 料	茶 叶	竹木材类	工业用油漆类	禽畜产品类	肉 畜	肥 猪	禽 蛋
1978	104.4	102.6	102.4	104.6	101.0	110.1	100.5	100.3	100.3	101.7
1979	112.3	107.4	130.8	118.3	115.0	105.6	122.6	124.2	124.4	120.3
1980	112.1	109.9	108.0	105.4	115.8	112.1	103.4	102.7	102.4	100.4
1981	104.5	122.5	109.1	106.6	127.0	99.6	101.1	100.3	100.2	106.7
1982	101.0	101.3	102.6	101.9	105.9	100.7	100.3	100.3	100.1	101.6
1983	98.4	100.5	100.2	99.7	100.2	100.1	100.5	99.9	99.7	107.3
1984	103.5	100.2	103.6	100.1	103.2	101.0	104.1	103.0	102.1	103.7
1985	109.5	102.4	102.1	113.5	155.5	101.6	124.1	122.6	121.1	115.1
1986	117.8	100.2	104.8	114.3	114.9	99.8	103.0	104.5	104.4	112.1
1987	74.1	105.9	110.3	112.6	120.3	103.9	117.9	119.0	118.6	123.7
1988	77.3	107.1	116.1	130.7	136.7	126.9	140.2	149.1	150.6	118.7
1989	115.1	95.5	135.1	92.6	105.2	107.0	110.2	109.6	110.5	115.6
1990	100.2	114.9	107.2	96.1	84.5	91.1	92.3	93.1	92.6	99.9
1991	101.7	100.7	104.5	112.7	102.4	109.5	97.4	97.4	96.6	93.6
1992	110.5	101.6	90.8	111.2	107.3	112.6	106.3	107.3	106.3	100.1
1993	101.9	109.8	100.0	117.3	111.1	83.9	114.2	114.7	114.5	113.3
1994	133.8	113.8	124.6	97.5	111.8	110.5	144.6	152.4	154.6	125.4
1995	131.6	114.3	142.6	120.4	105.1	109.0	115.8	116.2	116.0	113.5
1996	105.5	120.5	118.6	102.2	104.4	103.7	103.3	102.0	102.2	113.2
1997	86.4	89.3	97.6	90.9	98.9	107.0	101.8	107.7	110.1	86.3
1998	54.1	93.9	89.5	100.0	101.1	80.9	86.9	84.9	82.9	94.2

7－9续表 2

年 份	鸡 蛋	皮 张	鬃 毛	蚕 茧 蚕丝类	干 鲜 果 类	干鲜菜及调味品类	鲜 菜	药材类	土 副 产品类	水 产 品 类
1978	100.8	101.5	102.0	100.1	110.4	103.0	100.3	102.7	105.4	102.5
1979	123.2	111.7	108.5	122.0	102.8	109.8	112.2	102.1	103.9	118.2
1980	101.0	112.7	104.7	101.8	106.5	108.5	107.3	102.7	105.2	101.8
1981	106.9	104.5	102.7	100.0	101.7	104.8	107.2	101.2	101.0	100.6
1982	100.5	99.6	99.8	100.6	102.7	100.0	99.3	102.1	101.3	101.0
1983	99.8	97.1	97.6	101.2	108.9	106.8	103.6	106.6	103.2	103.2
1984	101.6	108.0	116.4	100.0	121.0	99.9	98.7	106.3	101.7	109.8
1985	115.8	139.4	169.0	105.5	124.7	122.2	150.4	122.7	108.1	151.3
1986	110.7	117.0	82.1	107.4	108.0	104.8	101.2	77.9	112.9	110.4
1987	126.6	112.6	113.4	124.0	109.2	119.5	126.2	111.8	115.5	122.8
1988	116.5	122.5	134.6	187.8	139.6	122.2	130.9	162.1	119.1	134.3
1989	112.4	101.9	109.9	106.7	90.2	101.3	117.3	70.7	142.5	99.8
1990	102.9	80.9	74.9	96.7	97.5	94.1	96.3	95.5	92.4	98.8
1991	94.2	108.7	97.4	99.7	106.8	112.4	107.8	115.9	105.5	104.7
1992	98.8	117.6	102.8	95.7	92.8	117.3	111.4	114.8	109.9	108.1
1993	110.4	119.1	112.0	104.7	100.5	113.7	122.9	96.8	112.1	122.1
1994	116.6	133.1	132.1	155.5	119.9	124.6	135.1	99.6	120.0	122.2
1995	112.1	114.3	111.6	80.4	113.2	117.8	122.7	118.7	121.6	112.4
1996	114.9	96.5	92.7	86.5	99.5	103.6	102.0	111.6	102.2	103.4
1997	77.6	90.0	94.7	129.1	88.6	92.8	91.6	99.9	101.0	91.7
1998	99.9	87.6	81.5	94.9	94.5	92.5	91.7	106.0	88.4	93.9

八、农业经济效益与农产品成本

8-1 平均每一农业劳动力生产的主要农产品

单位：千克

年 份	粮 食	棉 花	油 料	鲜 蛋	水产品
1952	947	7.5	24.2		9.6
1955	1001	8.3	26.3		12.7
1960	862	6.4	11.7		18.3
1965	842	9.1	15.7		12.9
1970	874	8.3	13.7		11.6
1975	970	8.1	15.4		15.0
1978	1059	7.5	18.1		16.2
1979	1163	7.7	22.5		15.1
1980	1106	9.3	26.5		15.5
1981	1095	10.0	34.4		15.5
1982	1161	11.8	38.7	8.9	16.9
1983	1251	15.0	34.1	10.4	17.6
1984	1311	20.1	38.3	13.4	19.9
1985	1221	13.4	50.8	16.9	22.7
1986	1255	11.3	47.2	17.8	26.4
1987	1281	13.5	48.6	18.8	30.4
1988	1232	13.0	41.3	21.8	33.2
1989	1245	11.6	39.6	22.0	35.2
1990	1325	13.4	47.9	23.6	36.7
1991	1260	16.4	47.4	26.7	38.8
1992	1269	12.9	47.0	29.2	44.6
1993	1357	11.1	53.6	35.1	54.2
1994	1350	13.2	60.3	44.9	65.0
1995	1435	14.7	69.2	51.5	77.4
1996	1562	13.0	68.4	60.8	87.1
1997	1528	14.2	66.7	65.7	111.3
1998	1574	13.8	71.1	62.0	120.1

8-2 各地区每一农业劳动力的主要农产品

单位: 千克

地　区	粮　食	棉　花	油　料	糖　料	猪牛羊肉	水产品
全国总计	**1574.8**	**13.8**	**71.1**	**301.0**	**141.3**	**120.1**
北　京	3597.0	2.7	42.1		469.2	114.8
天　津	2646.1	8.0	47.9		221.7	269.2
河　北	1792.2	16.6	85.3	10.5	183.6	42.6
山　西	1699.3	8.8	66.8	123.5	87.7	3.6
内蒙古	3075.5	0.5	176.3	506.0	230.2	12.1
辽　宁	2909.2	2.8	37.2	66.2	220.9	497.4
吉　林	4825.7		41.0	107.1	285.2	27.3
黑龙江	4492.6		25.2	463.2	167.6	53.3
上　海	2853.7	6.3	91.3	95.3	350.3	359.9
江　苏	2229.2	30.2	75.5	12.8	137.2	184.1
浙　江	1299.2	5.9	32.1	56.0	76.5	382.7
安　徽	1309.3	14.7	89.2	12.3	115.9	73.9
福　建	1237.7	0.1	31.8	283.3	142.7	614.8
江　西	1438.2	7.0	77.9	172.3	170.4	109.4
山　东	1711.2	16.6	134.7		139.4	261.0
河　南	1372.4	24.9	106.8	5.4	137.8	9.2
湖　北	1981.5	26.0	173.4	88.0	174.6	174.7
湖　南	1280.1	9.3	58.4	91.1	184.6	56.5
广　东	1293.9		52.7	1167.2	128.1	368.2
广　西	975.0	0.1	34.1	2243.1	128.7	136.2
海　南	1244.0		56.1	2087.3	132.8	352.7
重　庆	1177.7	0.1	26.3	7.7	132.8	18.7
四　川	1241.2	3.6	51.6	57.0	148.5	14.9
贵　州	794.0	0.1	44.9	39.6	77.2	3.6
云　南	796.0		10.6	964.0	100.3	8.3
西　藏	942.9		33.3		156.4	1.4
陕　西	1245.1	2.2	33.9	4.8	73.1	4.8
甘　肃	1278.7	8.9	66.7	191.9	75.7	1.7
青　海	927.6		152.0		145.4	1.0
宁　夏	2019.9		58.9	211.6	91.1	18.1
新　疆	2727.3	456.4	122.2	1672.7	212.9	17.4

8－3 农产品成本、收益与劳动生产率

(1997年)　　　　单位:元

指标		六种粮食平均	#稻谷	#小麦	#玉米	#高粱	#大豆
每亩	主产品产量(500克)	522.70	846.10	554.80	700.40	529.20	217.20
	副产品产量(500克)	634.80	767.60	608.00	1010.50	799.90	271.90
	产值合计	390.35	621.93	424.28	429.49	262.86	345.35
	主产品产值	358.34	587.46	388.99	389.90	234.90	326.41
	副产品产值	32.01	34.47	35.29	39.59	27.96	18.94
	物质费用合计	146.69	210.96	189.62	162.24	134.58	106.86
	用工作价	135.00	178.00	122.00	159.00	103.00	112.00
	用工数量(个)	13.50	17.80	12.20	15.90	10.30	11.20
	劳动日工价	10.00	10.00	10.00	10.00	10.00	10.00
	总生产成本	281.69	388.96	311.62	321.24	237.58	218.86
	税金	12.84	20.09	13.38	11.35	11.45	10.86
	净产值	243.66	410.97	234.66	267.25	128.28	238.49
	减税纯收益	95.82	212.88	99.28	96.90	13.83	115.63
	成本纯收益率(%)	34.00	54.70	31.90	30.20	5.80	52.80
每百元产值	物质费用	37.58	33.92	44.69	37.78	51.20	30.94
	生产成本	72.16	62.54	73.45	74.80	90.38	63.37
每50公斤主产品	平均出售价格	68.56	69.43	70.11	55.67	44.39	150.28
	物质费用	25.76	23.55	31.33	21.03	22.73	46.50
	生产成本	49.47	43.42	51.50	41.64	40.12	95.23
每一劳动日	主产品产量(500克)	38.72	47.53	45.48	44.05	51.38	19.39
	净产值	18.05	23.09	19.23	16.81	12.45	21.29
附1.主产品按定购价计算	平均收购价格(500克)	75.95	71.20	71.44	58.79	49.15	134.19
	每亩产值	429.00	636.89	431.64	451.36	288.06	310.40
	每亩净产值	282.31	425.93	242.02	289.12	153.49	203.54
	每亩减税纯收益	134.47	227.84	106.64	118.77	39.03	80.68
	每一劳动日净产值	20.91	23.93	19.84	18.18	14.90	18.17
附2.	每亩成本外支出	16.48	21.04	11.08	14.49	16.04	17.72

8－3续表 1

单位:元

指标		三种油料平均	花生	油菜籽	芝麻	棉花
每亩	主产品产量(500克)	230.50	348.20	232.10	111.20	130.10
	副产品产量(500克)	331.30	351.10	356.40	286.40	505.70
	产值合计	449.22	652.95	307.09	387.63	1030.89
	主产品产值	430.36	632.97	293.43	364.68	917.46
	副产品产值	18.86	19.98	13.66	22.95	113.43
	物质费用合计	122.06	189.79	112.43	63.96	266.48
	用工作价	159.00	209.00	155.00	115.00	388.00
	用工数量(个)	15.90	20.90	15.50	11.50	38.80
	劳动日工价	10.00	10.00	10.00	10.00	10.00
	总生产成本	281.06	398.79	267.43	178.96	654.48
	税金	13.61	12.44	13.84	14.54	21.78
	净产值	327.16	463.16	194.66	323.67	764.41
	减税纯收益	154.55	241.72	25.82	194.13	354.63
	成本纯收益率(%)	55.00	60.60	9.70	108.50	54.20
每百元产值	物质费用	27.17	29.07	36.61	16.50	25.85
	生产成本	62.57	61.08	87.09	46.17	63.49
每50公斤主产品	平均出售价格	186.71	181.78	126.42	327.95	705.20
	物质费用	50.73	52.84	46.28	54.11	182.29
	生产成本	116.82	111.03	110.10	151.41	447.73
每一劳动日	主产品产量(500克)	14.50	16.66	14.97	9.67	3.35
	净产值	20.58	22.16	12.56	28.15	19.70
附1、主产品按定购价计算	平均收购价格(500克)	209.85	180.24	123.75	325.55	705.35
	每亩产值	502.56	647.58	300.88	384.96	1031.09
	每亩净产值	380.50	457.79	188.45	321.00	764.61
	每亩减税纯收益	207.89	236.35	19.61	191.46	354.83
	每一劳动日净产值	23.93	21.90	12.16	27.91	19.71
附2、	每亩成本外支出	17.33	15.95	15.80	20.23	30.32

8－3续表 2

单位:元

指标		烤烟	熟红麻	贮麻	甘蔗	甜菜
每亩	主产品产量(500克)	274.60	315.00	307.70	10257.80	3828.70
	副产品产量(500克)	334.40	454.50	525.50	1216.00	1643.50
	产值合计	1046.29	383.28	656.28	1341.87	617.94
	主产品产值	1033.71	325.40	639.39	1294.58	584.67
	副产品产值	12.58	57.88	16.89	47.29	33.27
	物质费用合计	352.56	124.64	185.10	488.83	259.71
	用工作价	462.00	263.00	494.00	369.00	169.00
	用工数量(个)	46.20	26.30	49.40	36.90	16.90
	劳动日工价	10.00	10.00	10.00	10.00	10.00
	总生产成本	814.56	387.64	679.10	857.83	428.71
	税金	13.12	13.72	21.20	30.52	12.41
	净产值	693.73	258.64	471.18	853.04	358.23
	减税纯收益	218.61	−18.08	−44.02	453.52	176.82
	成本纯收益率(%)	26.80	−4.70	−6.50	52.90	41.20
每百元产值	物质费用	33.70	32.52	28.20	36.43	42.03
	生产成本	77.85	101.14	103.48	63.93	69.38
每50公斤主产品	平均出售价格	376.44	103.30	207.80	12.62	15.27
	物质费用	126.86	33.59	58.60	4.60	6.42
	生产成本	393.06	104.48	215.03	8.07	10.59
每一劳动日	主产品产量(500克)	5.94	11.98	6.23	277.99	226.55
	净产值	15.02	9.83	9.54	23.12	21.20
附 1. 主产品按定购价计算	平均收购价格(500克)	351.60	96.12	216.05	12.57	15.37
	每亩产值	978.07	360.66	681.68	1336.70	621.74
	每亩净产值	625.51	236.02	496.58	847.87	362.03
	每亩减税纯收益	150.39	−40.70	−18.62	448.35	180.62
	每一劳动日净产值	13.54	8.97	10.05	22.98	21.42
附 2.	每亩成本外支出	17.35	30.97	20.38	18.17	6.67

8-3续表3

单位:元

指标		桑蚕茧	绿毛茶	苹果	柑桔
每亩	主产品产量(500克)	176.20	133.40	3116.40	3503.20
	副产品产量(500克)	721.50	22.40	774.00	928.50
	产值合计	1418.19	1062.07	1751.22	1449.18
	主产品产值	1370.99	1056.63	1684.10	1442.48
	副产品产值	47.20	5.44	67.12	6.70
	物质费用合计	327.55	353.46	542.76	524.70
	用工作价	692.00	498.00	713.00	485.00
	用工数量(个)	69.20	49.80	71.30	48.50
	劳动日工价	10.00	10.00	10.00	10.00
	总生产成本	1019.55	851.40	1255.76	1009.70
	税金	36.82	57.00	99.11	48.39
	净产值	1090.64	708.61	1208.46	924.48
	减税纯收益	361.82	153.61	396.35	391.09
	成本纯收益率(%)	35.50	18.00	31.60	38.70
每百元产值	物质费用	23.10	33.28	30.99	36.21
	生产成本	71.89	80.17	71.71	69.67
每50公斤主产品	平均出售价格	778.09	792.08	54.04	41.18
	物质费用	179.94	263.60	16.75	14.91
	生产成本	559.37	635.01	38.75	28.69
每一劳动日	主产品产量(500克)	2.55	2.68	43.71	72.23
	净产值	15.76	14.23	16.95	19.06
附1. 主产品按定购价计算	平均收购价格(500克)	762.25	1362.05	47.58	36.83
	每亩产值	1390.28	182.41	1549.90	1296.93
	每亩净产值	1062.73	1468.95	1007.14	772.23
	每亩减税纯收益	333.91	913.95	195.03	238.84
	每一劳动日净产值	15.36	29.50	14.13	15.92
附2.	每亩成本外支出	27.32	14.29	31.35	24.12

九、农民家庭收入与生活消费

9－1 农村住户纯收入

单位：元/人

	纯收入合计	一、基本收入	1.劳动者报酬收入	2.家庭纯收入	二、转移性和财产性收入
1949	43.80				
1952	57.00				
1954	64.14	58.82	2.43	56.39	5.32
1956	72.92	45.47	45.47	17.02	10.43
1957	72.95	43.40	43.40	21.46	8.09
1962	99.09	52.25	52.25	38.15	8.69
1963	101.32	54.59	54.59	35.65	11.08
1964	102.28	55.09	55.09	35.72	11.47
1965	107.20	63.17	63.17	33.29	10.74
1976	113.05	78.35	78.35	26.23	8.47
1977	117.09	76.05	76.05	32.81	8.23
1978	133.57	124.05	88.26	35.79	9.52
1979	160.17	144.67	100.67	44.00	15.50
1980	191.33	168.93	106.38	62.55	22.40
1981	223.44	201.90	117.38	84.52	21.54
1982	270.11	245.65	142.85	102.80	24.46
1983	309.77	285.21	53.86	231.35	24.56
1984	355.33	328.15	63.64	264.51	27.18
1985	397.60	367.69	71.71	295.98	29.91
1986	423.76	394.86	81.58	313.28	28.90
1987	462.55	440.97	95.47	345.50	21.58
1988	544.94	520.94	117.77	403.17	24.00
1989	601.51	571.02	136.46	434.56	30.49
1990	686.31	657.35	138.80	518.55	28.96
1991	708.55	675.51	151.92	523.59	33.04
1992	783.99	745.95	184.38	561.57	38.04
1993	921.62	872.99	194.51	678.48	48.63
1994	1220.98	1144.84	262.98	881.86	76.14
1995	1577.74	1479.49	353.70	1125.79	98.25
1996	1926.07	1813.29	450.84	1362.45	112.78
1997	2090.13	1987.28	514.56	1472.72	102.85
1998	2161.98	2039.58	573.58	1466.00	122.40

9-2 农村住户生活消费支出

单位:元/人

年份	生活消费支出合计	1.食品支出	2.衣着支出	3.居住支出	4.家庭设备用品及服务支出	5.医疗保健支出	6.交通及通讯支出	7.文教娱乐用品及服务支出	8.其他商品及服务支出
1954	59.57	40.86	7.79	5.15					
1956	66.63	45.40	8.84	6.36					
1957	70.86	46.59	9.52	8.60					
1962	92.21	56.13	7.73	17.34					
1963	93.86	59.41	8.75	14.94					
1964	93.59	62.81	8.59	12.46					
1965	95.11	65.11	10.00	10.59					
1978	116.06	78.59	14.74	11.95					
1979	134.51	86.03	17.64	16.00					
1980	162.21	100.19	19.99	22.46	7.66	3.83	3.83	2.13	2.12
1981	190.81	113.83	23.57	30.26	10.76	3.88	3.08	3.32	2.22
1982	220.23	133.47	25.04	35.56	11.60	4.82	3.62	4.56	1.56
1983	248.29	147.50	27.90	41.53	13.94	4.95	4.11	4.81	3.55
1984	273.80	161.88	28.44	47.52	14.72	6.13	4.51	7.16	3.44
1985	317.42	183.43	30.77	57.87	16.19	7.67	5.58	12.36	3.55
1986	356.95	201.50	32.99	70.28	19.56	8.74	6.19	14.43	3.26
1987	398.29	222.05	34.19	79.77	21.52	10.65	8.21	18.48	3.42
1988	476.66	257.37	41.11	96.34	29.96	13.38	8.89	25.69	3.92
1989	535.37	293.44	44.49	105.23	32.36	16.44	8.53	30.61	4.27
1990	584.63	343.76	45.44	101.37	30.90	19.02	8.42	31.38	4.34
1991	619.79	357.06	51.05	102.30	35.27	22.31	10.32	36.44	5.04
1992	659.01	379.26	52.51	104.89	36.67	24.15	12.23	43.77	5.53
1993	769.65	446.83	55.33	106.79	44.67	27.17	17.41	58.38	13.07
1994	1016.81	598.47	70.32	142.34	55.46	32.07	24.02	75.11	19.02
1995	1310.36	768.19	89.79	182.21	68.48	42.48	33.76	102.39	23.06
1996	1572.08	885.49	113.77	219.06	84.22	58.26	47.08	132.46	31.74
1997	1617.15	890.28	109.41	233.23	85.41	62.45	53.92	148.18	34.27
1998	1590.33	849.64	98.06	239.62	81.92	68.13	60.68	159.41	32.87

9－3　农村住户主要食品消费量

单位：千克/人

年 份	粮食合计	1. 细 粮	2. 粗 粮	蔬 菜	食 油	1. 植物油	2. 动物油
1954	221.73	95.07	126.66	70.66	1.26	1.11	0.15
1956	246.50	126.00	120.50	91.00	1.53	1.25	0.28
1957	227.00	110.06	116.94	102.25	1.58	1.25	0.33
1962	189.30	91.70	97.60	199.65	0.95	0.80	0.15
1963	207.95	94.35	113.60	134.85	1.15	0.85	0.30
1964	212.68	106.01	106.67	126.43	1.29	0.93	0.36
1965	226.50	113.00	113.50	130.00	1.49	1.10	0.39
1977	234.71	113.40	121.31	134.00	1.81	1.16	0.65
1978	247.83	122.50	125.33	141.50	1.97	1.30	0.67
1979	256.74	139.43	117.31	131.17	2.38	1.52	0.86
1980	257.16	162.92	94.24	127.21	2.48	1.40	1.08
1981	256.14	172.41	83.73	123.99	3.12	1.89	1.23
1982	259.97	191.84	68.13	132.04	3.43	2.07	1.36
1983	259.90	196.26	63.64	130.95	3.52	2.19	1.33
1984	266.52	209.05	57.47	140.03	3.97	2.47	1.50
1985	257.45	208.83	48.62	131.13	4.04	2.60	1.44
1986	259.30	212.23	47.07	133.65	4.19	2.63	1.56
1987	259.38	211.38	48.00	130.42	4.69	3.11	1.58
1988	259.51	210.70	48.81	130.08	4.76	3.28	1.48
1989	262.28	213.45	48.83	133.38	4.81	3.27	1.54
1990	262.08	215.02	47.06	134.00	5.17	3.54	1.63
1991	255.58	213.82	41.76	126.97	5.65	3.85	1.80
1992	250.50	210.63	39.87	129.12	5.85	4.07	1.78
1993	266.02	221.02	45.00	107.43	5.66	4.06	1.60
1994	260.56	211.98	48.58	107.86	5.66	4.11	1.55
1995	258.92	210.74	48.18	104.62	5.80	4.25	1.55
1996	256.19	206.51	49.68	106.26	6.07	4.48	1.59
1997	250.67	208.89	41.78	107.21	6.16	4.73	1.43
1998	249.28	204.68	44.60	108.96	6.13	4.59	1.54

9-3续表

单位:千克/人

年 份	肉 类	1. 猪 肉	2. 牛羊肉	家 禽	蛋	鱼 虾	食 糖	酒
1954	4.59	3.70	0.89		0.81	1.36	0.40	0.83
1956	4.22	3.10	1.12		0.68	1.23	0.45	0.49
1957	4.53	3.45	1.08		0.80	1.10	0.47	0.52
1962	2.70	1.80	0.90		0.54	1.35	0.55	0.55
1963	4.20	3.00	1.20		0.82	1.35	0.40	0.50
1964	4.44	3.50	0.94		0.85	1.28	0.65	0.63
1965	4.81	3.84	0.97		0.85	1.28	0.65	0.63
1977	5.29	4.76	0.53	0.20	0.71	0.78	0.69	1.18
1978	5.75	5.17	0.58	0.25	0.79	0.84	0.73	1.22
1979	6.50	6.07	0.43	0.31	0.89	0.69	0.80	1.41
1980	7.74	7.26	0.48	0.66	1.20	1.10	1.06	1.89
1981	8.70	8.17	0.53	0.70	1.25	1.28	1.09	2.32
1982	9.05	8.36	0.69	0.78	1.42	1.32	1.18	2.73
1983	9.96	9.29	0.67	0.82	1.57	1.58	1.26	3.19
1984	10.62	9.93	0.69	0.94	1.84	1.74	1.30	3.48
1985	10.97	10.32	0.65	1.03	2.05	1.64	1.46	4.37
1986	11.79	11.14	0.65	1.14	2.08	1.87	1.59	4.96
1987	11.65	10.98	0.67	1.15	2.25	1.96	1.70	5.48
1988	10.71	10.05	0.66	1.25	2.28	1.91	1.41	5.93
1989	11.00	10.28	0.72	1.28	2.41	2.10	1.54	5.95
1990	11.34	10.54	0.80	1.25	2.41	2.13	1.50	6.14
1991	12.15	11.19	0.96	1.34	2.73	2.21	1.40	6.38
1992	11.83	10.88	0.95	1.49	2.85	2.25	1.54	6.56
1993	11.68	10.86	0.82	1.62	2.88	2.47	1.43	6.53
1994	11.00	10.23	0.77	1.63	3.03	2.68	1.34	6.03
1995	11.29	10.58	0.71	1.83	3.22	3.06	1.28	6.53
1996	12.90	11.85	1.05	1.93	3.35	3.37	1.37	7.11
1997	12.72	11.46	1.26	2.36	4.08	3.38	1.35	7.13
1998	13.02	11.89	1.13	2.33	4.11	3.31	1.4	6.98

9－4　农村调查户基本情况

项　　目	单位	1990	1997	1998	1998年为下列各年%	
					1990年	1997年
调查户数	户	66960	67680	68300	102.0	100.9
调查户常住人口	人	321429	294559	293458	91.3	99.6
平均每户常住人口	人	4.80	4.35	4.30	89.5	98.7
平均每户整、半劳动力	人	2.92	2.79	2.78	95.2	99.8
平均每人经营耕地面积	亩	2.10	2.07	2.06	98.1	99.5
#承包耕地面积	亩	1.84	1.89	1.90	103.3	100.5
自留地面积	亩	0.18	0.12	0.10	55.6	83.3
平均每人经营山地面积	亩	0.42	0.43	0.43	102.4	100.0
#承包山地面积	亩	0.22	0.29	0.28	127.3	96.6
自留山面积	亩	0.18	0.13	0.13	72.2	100.0
年末生产性固定资产原值	元	1258.06	3896.56	3970.81	315.6	101.9
平均每人全年收入						
总收入	元	990.38	2999.20	3018.48	304.8	100.6
纯收入	元	686.31	2090.13	2161.98	315.0	103.4
现金收入	元	796.11	2516.37	2528.32	317.6	100.5
#储蓄借贷现金收入	元	119.44	385.16	364.71	305.3	94.7
平均每人全年支出						
总支出	元	903.47	2536.79	2457.17	272.0	96.9
#生产费用支出	元	261.38	766.25	706.79	270.4	92.2
#家庭经营费用支出	元	241.09	706.27	652.48	270.6	92.4
生活消费支出	元	584.63	1617.15	1590.33	272.0	98.3
其他非生产性支出	元	18.80	45.37	53.35	283.8	117.6
现金支出	元	741.17	2297.30	2316.35	312.5	100.8
#生产费用支出	元	183.05	599.91	565.97	309.2	94.3
#家庭经营费用支出	元	162.90	539.93	511.66	314.1	94.8
生活消费支出	元	374.74	1126.28	1128.16	301.1	100.2
其他非生产性支出	元	47.59	135.75	138.85	291.8	102.3
储蓄借贷现金支出	元	102.11	337.55	385.37	377.4	114.2

9－5　农民家庭总收入和纯收入

单位：元/人

项　　目	1990	1997	1998	1998年为下列各年%	
				1990年	1997年
一、总收入	**990.38**	**2999.20**	**3018.48**	**304.8**	**100.6**
（一）基本收入	954.59	2883.24	2883.39	302.1	100.0
（二）转移性收入	35.79	92.36	104.72	292.6	113.4
（三）财产性收入		23.60	30.37		128.7
二、纯收入	**686.31**	**2090.13**	**2161.98**	**315.0**	**103.4**
按纯收入来源分					
（一）基本收入	657.35	1987.27	2039.58	310.3	102.6
1.劳动者的报酬收入	138.80	514.55	573.58	413.2	111.5
#在乡村企业劳动得到的报酬收入	54.06	100.46	138.37	255.96	137.74
2.家庭经营纯收入	518.55	1472.72	1466.00	282.7	99.5
(1)农业收入	330.11	943.01	927.25	280.9	98.3
(2)林业收入	7.53	19.37	18.67	247.9	96.4
(3)牧业收入	86.04	184.72	167.85	195.1	90.9
(4)渔业收入	7.11	20.98	22.44	315.6	107.0
(5)手工业收入	10.89	26.89	28.62	262.8	106.4
(6)采集、捕猎收入	14.36	25.00	27.57	192.0	110.3
(7)工业收入	9.15	24.48	27.32	298.6	111.6
(8)建筑业收入	12.18	53.47	52.78	433.3	98.7
(9)运输业收入	13.45	46.20	50.24	373.5	108.7
(10)商业收入	10.75	49.74	54.60	507.9	109.8
(11)饮食业收入	1.94	5.51	7.73	398.5	140.3
(12)服务业收入	6.77	25.33	30.02	443.4	118.5
(13)其他家庭经营收入	8.27	48.02	50.91	615.6	106.0
（二）转移性和财产性收入	28.96	102.86	122.40	422.7	119.0
按纯收入性质分					
（一）生产性纯收入	657.35	1987.26	2039.58	310.3	102.6
1.第一产业收入	510.86	1267.69	1237.44	242.2	97.6
2.第二产业收入	70.68	437.78	498.92	705.9	114.0
3.第三产业收入	75.81	281.79	303.22	400.0	107.6
（二）非生产性纯收入	28.96	102.85	122.40	422.7	119.0

9－6 各地区农民家庭纯收入增减情况

单位：元/人

地　　区	1990年	1997年	1998年	1998年为下列各年%	
				1990年	1997年
全国总计	**686.31**	**2090.13**	**2161.98**	**315.0**	**103.4**
北　京	1297.05	3661.68	3952.32	304.7	107.9
天　津	1069.04	3243.68	3395.70	317.6	104.7
河　北	621.67	2286.01	2405.32	386.9	105.2
山　西	603.51	1738.26	1858.60	308.0	106.9
内蒙古	607.15	1780.19	1981.48	326.4	111.3
辽　宁	836.17	2301.48	2479.79	296.6	107.7
吉　林	803.52	2186.29	2383.60	296.6	109.0
黑龙江	759.86	2308.29	2253.10	296.5	97.6
上　海	1907.32	5277.02	5406.84	283.5	102.5
江　苏	959.06	3269.85	3376.78	352.1	103.3
浙　江	1099.04	3684.22	3814.56	347.1	103.5
安　徽	539.16	1808.75	1862.86	345.5	103.0
福　建	764.41	2785.67	2946.37	385.4	105.8
江　西	669.90	2107.28	2048.00	305.7	97.2
山　东	680.18	2292.12	2452.83	360.6	107.0
河　南	526.95	1733.89	1864.05	353.7	107.5
湖　北	670.80	2102.23	2172.24	323.8	103.3
湖　南	664.24	2037.06	2064.85	310.9	101.4
广　东	1043.03	3467.69	3527.14	338.2	101.7
广　西	639.45	1875.28	1971.90	308.4	105.1
海　南	696.22	1916.90	2018.31	289.9	105.3
重　庆		1643.21	1720.46		104.70
四　川	557.76	1680.69	1789.17	320.8	106.5
贵　州	435.14	1298.54	1334.46	306.7	102.8
云　南	540.86	1375.50	1387.25	256.5	100.9
西　藏	649.71	1194.51	1231.50	189.5	103.1
陕　西	530.80	1273.30	1405.59	264.8	110.4
甘　肃	430.98	1185.07	1393.05	323.2	117.6
青　海	559.78	1320.63	1424.79	254.5	107.9
宁　夏	578.13	1512.50	1721.17	297.7	113.8
新　疆	683.47	1504.43	1600.14	234.1	106.4

9－7 各地区农民家庭纯收入

(1998年，按收入来源分)　　单位：元/人

地　区	全年纯收入	一、基本收入	1.劳动者报酬收入	2.家庭经营纯收入	二、转移性纯收入	三.财产性纯收入
全国总计	**2161.98**	**2039.58**	**573.58**	**1466.00**	**92.03**	**30.37**
北　京	3952.32	3645.01	2420.43	1224.58	189.09	118.22
天　津	3395.70	3227.68	1640.34	1587.33	91.54	76.48
河　北	2405.32	2306.91	786.79	1520.13	56.32	42.09
山　西	1858.60	1793.69	594.39	1199.30	47.93	16.99
内蒙古	1981.48	1934.16	216.77	1717.39	34.06	13.26
辽　宁	2579.79	2482.95	753.05	1729.90	64.60	32.24
吉　林	2383.60	2330.66	279.95	2050.71	41.09	11.85
黑龙江	2253.10	2172.55	235.35	1937.21	57.86	22.70
上　海	5406.84	5054.24	3869.37	1184.87	189.44	163.15
江　苏	3376.78	3218.51	1464.10	1754.42	116.03	42.24
浙　江	3814.56	3575.03	1584.95	1990.08	156.14	83.40
安　徽	1863.06	1768.88	457.17	1311.70	76.83	17.35
福　建	2946.37	2681.64	900.42	1781.22	225.78	38.96
江　西	2048.00	1941.52	505.44	1436.08	88.02	18.46
山　东	2452.83	2325.74	722.66	1603.08	78.00	49.09
河　南	1864.05	1783.52	344.34	1439.18	57.91	22.62
湖　北	2172.24	2048.66	396.18	1652.48	109.65	13.93
湖　南	2064.85	1996.45	613.10	1383.34	56.27	12.14
广　东	3527.14	3246.95	995.49	2251.47	222.56	57.63
广　西	1971.90	1848.92	349.17	1499.75	112.46	10.51
海　南	2018.31	1831.56	52.65	1778.91	136.60	50.16
重　庆	1720.46	1513.57	379.60	1133.97	190.54	16.34
四　川	1789.17	1677.65	446.46	1231.19	94.16	17.36
贵　州	1334.46	1260.67	229.95	1030.72	67.37	6.42
云　南	1387.25	1249.46	194.79	1054.67	101.46	36.34
西　藏	1231.50	1139.12	93.26	1045.87	63.41	28.97
陕　西	1405.59	1304.36	360.23	944.12	68.96	32.27
甘　肃	1393.05	1321.29	235.87	1085.42	61.62	10.14
青　海	1424.79	1392.88	218.20	1174.68	29.15	2.77
宁　夏	1721.17	1658.35	383.13	1275.22	33.96	28.86
新　疆	1600.14	1525.13	84.78	1440.35	37.74	37.27

9－8 农村住户生活消费支出及构成

单位：元/人

项　　目	1990年	1997年	1998年	1998年为下列各年%	
				1990年	1997年
生活消费支出	**584.63**	**1617.15**	**1590.33**	**272.0**	**98.3**
一、食　品	343.76	890.28	849.64	247.2	95.4
#主食	135.47	329.01	303.45	224.0	92.2
副食	146.09	381.50	364.11	249.2	95.4
二、衣　着	45.44	109.41	98.06	215.8	89.6
三、居　住	101.37	233.23	239.62	236.4	102.7
#住房	69.23	139.72	137.65	198.8	98.5
燃料	24.37	56.70	61.79	253.5	109.0
四、家庭设备、用品及服务	30.90	85.41	81.92	265.1	95.9
五、医疗保健	19.02	62.45	68.13	358.2	109.1
六、交通及通讯	8.42	53.92	60.68	720.7	112.5
七、文教娱乐用品及服务	31.38	148.18	159.41	508.0	107.6
八、其他商品及服务	4.34	34.27	32.87	757.4	95.9
生活消费支出构成(%)	**100.0**	**100.0**	**100.0**		
一、食　品	58.8	55.1	53.4		
#主食	23.2	20.3	19.1		
副食	25.0	23.6	22.9		
二、衣　着	7.8	6.8	6.2		
三、居　住	17.3	14.4	15.1		
#住房	11.8	8.6	8.7		
燃料	4.2	3.5	3.9		
四、家庭设备、用品及服务	5.3	5.3	5.2		
五、医疗保健	3.3	3.9	4.3		
六、交通及通讯	1.4	3.3	3.8		
七、文教娱乐用品及服务	5.4	9.2	10.0		
八、其他商品及服务	0.7	2.1	2.1		

9-9 农民家庭生活消费现金支出及构成

单位：元/人

项　　目	1990年	1997年	1998年	1998年为下列各年%	
				1990年	1997年
生活消费现金支出	**374.74**	**1126.28**	**1128.16**	**301.1**	**100.2**
一、食　品	155.85	435.74	428.90	275.2	98.4
#主食	17.50	44.40	42.70	244.0	96.2
副食	80.29	225.62	216.85	270.1	96.1
二、衣　着	44.03	108.31	97.04	220.4	89.6
三、居　住	81.15	198.25	199.35	245.7	100.6
#住房	68.50	139.55	137.29	200.4	98.4
燃料	7.05	21.88	21.87	310.2	100.0
四、家庭设备、用品及服务	30.74	85.16	81.77	266.0	96.0
五、医疗保健	18.98	62.45	68.13	359.0	109.1
六、交通及通讯	8.41	53.92	60.68	721.5	112.5
七、文教娱乐用品及服务	31.33	148.18	159.41	508.8	107.6
八、其他商品及服务	4.25	34.27	32.88	773.6	95.9
生活消费现金支出构成(%)	**100.0**	**100.0**	**100.0**		
一、食　品	41.6	38.7	38.0		
#主食	4.7	3.9	3.8		
副食	21.4	20.0	19.2		
二、衣　着	11.7	9.6	8.6		
三、居　住	21.7	17.6	17.7		
#住房	18.3	12.4	12.2		
燃料	1.9	1.9	1.9		
四、家庭设备、用品及服务	8.2	7.6	7.2		
五、医疗保健	5.1	5.5	6.0		
六、交通及通讯	2.2	4.8	5.4		
七、文教娱乐用品及服务	8.4	13.2	14.1		
八、其他商品及服务	1.1	3.0	2.9		

9－10 各地区农民家庭生活消费支出

(1998年)

单位:元/人

地区	生活消费支出	1.食品支出	#主食	#副食	2.衣着支出	3.居住支出
全国总计	**1590.33**	**849.64**	**303.45**	**364.11**	**98.06**	**239.62**
北京	2873.20	1215.08	274.04	526.67	231.51	439.63
天津	1976.70	911.39	289.28	374.89	172.62	333.52
河北	1298.54	616.90	259.80	217.28	111.72	212.10
山西	1056.45	592.19	296.75	180.28	114.35	96.38
内蒙古	1577.12	867.38	388.96	319.35	112.17	197.16
辽宁	1702.68	898.87	312.71	411.13	157.63	230.42
吉林	1471.46	799.69	334.91	328.11	114.00	233.28
黑龙江	1464.64	805.33	392.86	267.33	120.58	225.75
上海	4206.89	1775.04	370.48	803.13	238.58	876.39
江苏	2336.78	1117.01	328.36	491.14	135.09	399.23
浙江	2890.65	1361.80	358.79	607.39	164.07	532.51
安徽	1333.05	732.14	272.55	289.94	72.30	205.63
福建	2025.09	1101.64	322.49	497.13	111.42	265.25
江西	1538.24	899.37	333.69	381.29	67.08	221.48
山东	1595.09	804.64	293.46	330.37	116.37	241.08
河南	1240.30	700.78	267.06	302.11	85.03	177.59
湖北	1699.43	918.95	299.14	431.86	88.88	274.61
湖南	1889.17	1107.23	345.35	503.64	91.45	251.73
广东	2683.18	1370.70	353.30	757.15	100.97	423.33
广西	1414.76	808.82	286.01	364.76	51.84	202.17
海南	1246.12	767.42	288.99	384.25	51.23	110.56
重庆	1343.35	831.08	277.50	415.70	63.07	178.00
四川	1440.77	871.83	299.45	416.77	78.22	182.27
贵州	1094.39	757.55	282.17	380.62	51.00	104.95
云南	1312.31	801.99	290.82	372.63	60.23	191.78
西藏	710.26	497.41	147.27	203.97	85.68	40.30
陕西	1181.38	584.75	277.62	174.24	79.29	179.56
甘肃	939.55	563.34	317.32	151.89	53.42	116.45
青海	1117.79	647.89	310.89	275.72	93.06	146.97
宁夏	1327.63	706.56	316.81	252.52	104.39	203.65
新疆	1450.29	713.34	312.94	262.87	148.06	200.13

9－10 续表

单位：元/人

地区	4.家庭设备用品及服务	5.医疗保健	6.交通和通讯支出	7.文教娱乐用品及服务支出	8.其他商品及服务
全国总计	**81.92**	**68.13**	**60.68**	**159.41**	**32.87**
北京	213.53	170.96	152.11	374.81	75.60
天津	114.24	107.19	82.43	202.49	52.81
河北	76.95	64.46	60.43	130.45	25.53
山西	54.31	47.43	31.88	100.73	19.17
内蒙古	65.12	73.91	72.52	163.98	24.88
辽宁	77.36	72.74	68.96	158.79	37.92
吉林	60.27	66.69	42.53	131.84	23.17
黑龙江	53.72	75.96	50.30	109.84	23.15
上海	369.05	169.85	226.50	462.59	88.89
江苏	153.79	99.54	132.15	240.03	59.94
浙江	157.62	157.92	168.98	251.19	96.56
安徽	65.45	52.11	34.54	139.92	30.95
福建	100.04	65.46	115.72	214.17	51.39
江西	66.98	55.17	40.39	160.88	26.90
山东	92.05	84.64	78.64	156.34	21.33
河南	55.07	50.06	29.72	113.79	28.26
湖北	84.07	57.91	46.57	205.91	22.53
湖南	85.69	61.69	45.90	206.60	38.88
广东	158.82	101.06	143.27	318.17	66.86
广西	66.02	48.10	39.49	174.11	24.20
海南	61.71	35.71	24.02	156.80	38.67
重庆	64.52	47.41	34.56	110.16	14.55
四川	63.49	53.21	36.20	137.29	18.26
贵州	45.81	26.67	19.98	74.24	14.18
云南	57.42	53.07	26.66	95.66	25.50
西藏	49.03	13.42	7.93	8.22	8.27
陕西	59.71	64.88	29.32	152.82	24.90
甘肃	41.09	43.36	23.05	90.19	15.16
青海	38.16	57.01	25.79	43.44	18.74
宁夏	69.82	79.35	49.43	95.81	18.62
新疆	66.73	99.69	74.82	102.16	45.35

9－11 各地区农民家庭生活消费支出构成

(1998年)

地区	生活消费支出	1.食品支出	2.衣着支出	3.居住支出	4.家庭设备用品及服务	5.医疗保健	6.交通和通讯支出	7.文教娱乐用品及服务支出	8.其他商品及服务
全国总计	**100.00**	**53.43**	**6.17**	**15.07**	**5.15**	**4.28**	**3.82**	**10.02**	**2.07**
北京	100.00	42.29	8.06	15.30	7.43	5.95	5.29	13.04	2.63
天津	100.00	46.11	8.73	16.87	5.78	5.42	4.17	10.24	2.67
河北	100.00	47.51	8.60	16.33	5.93	4.96	4.65	10.05	1.97
山西	100.00	56.06	10.82	9.12	5.14	4.49	3.02	9.53	1.81
内蒙古	100.00	55.00	7.11	12.50	4.13	4.69	4.60	10.40	1.58
辽宁	100.00	52.79	9.26	13.53	4.54	4.27	4.05	9.33	2.23
吉林	100.00	54.35	7.75	15.85	4.10	4.53	2.89	8.96	1.57
黑龙江	100.00	54.99	8.23	15.41	3.67	5.19	3.43	7.50	1.58
上海	100.00	42.19	5.67	20.83	8.77	4.04	5.38	11.00	2.11
江苏	100.00	47.80	5.78	17.08	6.58	4.26	5.66	10.27	2.57
浙江	100.00	47.11	5.68	18.42	5.45	5.46	5.85	8.69	3.34
安徽	100.00	54.92	5.42	15.43	4.91	3.91	2.59	10.50	2.32
福建	100.00	54.40	5.50	13.10	4.94	3.23	5.71	10.58	2.54
江西	100.00	58.47	4.36	14.40	4.35	3.59	2.63	10.46	1.75
山东	100.00	50.44	7.30	15.11	5.77	5.31	4.93	9.80	1.34
河南	100.00	56.50	6.86	14.32	4.44	4.04	2.40	9.17	2.28
湖北	100.00	54.07	5.23	16.16	4.95	3.41	2.74	12.12	1.33
湖南	100.00	58.61	4.84	13.33	4.54	3.27	2.43	10.94	2.06
广东	100.00	51.08	3.76	15.78	5.92	3.77	5.34	11.86	2.49
广西	100.00	57.17	3.66	14.29	4.67	3.40	2.79	12.31	1.71
海南	100.00	61.58	4.11	8.87	4.95	2.87	1.93	12.58	3.10
重庆	100.00	61.87	4.69	13.25	4.80	3.53	2.57	8.20	1.08
四川	100.00	60.51	5.43	12.65	4.41	3.69	2.51	9.53	1.27
贵州	100.00	69.22	4.66	9.59	4.19	2.44	1.83	6.78	1.30
云南	100.00	61.11	4.59	14.61	4.38	4.04	2.03	7.29	1.94
西藏	100.00	70.03	12.06	5.67	6.90	1.89	1.12	1.16	1.17
陕西	100.00	50.02	6.71	15.20	5.05	5.49	2.48	12.94	2.11
甘肃	100.00	59.27	5.69	12.39	4.37	4.61	2.45	9.60	1.61
青海	100.00	62.14	8.33	13.15	3.41	5.10	2.31	3.89	1.68
宁夏	100.00	53.22	7.86	15.34	5.26	5.98	3.72	7.22	1.40
新疆	100.00	49.19	10.21	13.80	4.60	6.87	5.16	7.04	3.13

9－12　各地区农村住户生活消费现金支出

(1998 年)

单位:元/人

地　区	生活消费现金支出	1.食品支出	#主食	#副食	2.衣着支出	3.居住支出
全国总计	**1128.16**	**428.90**	**42.70**	**216.85**	**97.04**	**199.35**
北　京	2676.38	1018.48	21.76	489.58	231.51	439.42
天　津	1712.22	659.95	50.75	363.59	172.06	321.04
河　北	1022.34	341.08	30.31	174.87	111.44	212.08
山　西	741.21	280.78	58.40	113.52	113.98	93.28
内蒙古	971.58	318.28	81.81	94.56	111.93	140.96
辽　宁	1246.33	488.44	93.13	230.93	157.00	185.12
吉　林	977.22	435.97	105.38	196.74	114.00	102.76
黑龙江	1027.41	436.74	107.40	187.74	120.58	157.11
上　海	3762.53	1332.46	18.11	717.57	238.58	874.62
江　苏	1831.32	638.71	29.27	336.22	132.41	375.54
浙　江	2448.73	933.58	36.54	517.87	164.00	519.01
安　徽	898.95	363.86	21.34	177.27	71.63	140.65
福　建	1607.26	721.65	71.80	380.82	111.41	227.43
江　西	991.07	396.42	23.08	212.89	66.35	178.03
山　东	1220.19	442.23	25.80	242.17	112.15	232.85
河　南	764.48	271.23	18.32	136.85	83.86	132.87
湖　北	989.87	349.76	26.10	149.44	87.26	136.04
湖　南	1265.12	501.88	27.65	233.02	91.13	233.35
广　东	2171.31	887.12	77.78	565.23	100.24	396.17
广　西	981.98	395.28	28.18	223.56	51.84	183.06
海　南	814.14	386.02	25.52	276.95	51.23	59.98
重　庆	744.41	286.69	29.20	128.25	62.99	123.70
四　川	887.31	357.22	32.74	179.28	77.83	144.14
贵　州	545.87	218.42	36.45	94.98	50.83	95.72
云　南	805.86	316.08	47.63	140.45	60.16	171.33
西　藏	472.35	272.16	90.99	78.36	85.68	27.63
陕　西	839.26	272.33	36.07	109.45	79.05	156.25
甘　肃	506.64	167.87	19.78	66.39	53.02	72.93
青　海	567.02	195.70	53.77	71.35	92.46	95.77
宁　夏	885.16	278.58	21.01	132.93	104.39	189.17
新　疆	1027.80	315.92	56.92	159.95	135.35	187.78

9－12续表 单位:元/人

地　区	4.家庭设备用品及服务	5.医疗保健	6.交通和通讯支出	7.文教娱乐用品及服务支出	8.其他商品及服务
全国总计	**81.77**	**68.13**	**60.68**	**159.41**	**32.88**
北　京	213.50	170.96	152.11	374.81	75.60
天　津	114.24	107.19	82.43	202.49	52.81
河　北	76.88	64.46	60.43	130.45	25.53
山　西	53.96	47.43	31.88	100.73	19.17
内蒙古	65.12	73.91	72.52	163.98	24.88
辽　宁	77.36	72.74	68.96	158.79	37.92
吉　林	60.27	66.69	42.53	131.84	23.17
黑龙江	53.72	75.96	50.30	109.84	23.15
上　海	369.05	169.85	226.50	462.59	88.89
江　苏	152.99	99.54	132.15	240.03	59.94
浙　江	157.50	157.92	168.98	251.19	96.56
安　徽	65.28	52.11	34.54	139.92	30.95
福　建	100.03	65.46	115.72	214.17	51.39
江　西	66.93	55.17	40.39	160.88	26.90
山　东	92.02	84.64	78.64	156.34	21.33
河　南	54.69	50.06	29.72	113.79	28.26
湖　北	83.87	57.91	46.57	205.91	22.53
湖　南	85.69	61.69	45.90	206.60	38.88
广　东	158.41	101.06	143.27	318.17	66.86
广　西	65.90	48.10	39.49	174.11	24.20
海　南	61.71	35.71	24.02	156.80	38.67
重　庆	64.34	47.41	34.56	110.16	14.55
四　川	63.15	53.21	36.20	137.29	18.26
贵　州	45.81	26.67	19.98	74.24	14.18
云　南	57.40	53.07	26.66	95.66	25.50
西　藏	49.03	13.42	7.93	8.22	8.27
陕　西	59.71	64.88	29.32	152.82	24.90
甘　肃	41.07	43.36	23.05	90.19	15.16
青　海	38.11	57.01	25.79	43.44	18.74
宁　夏	69.82	79.35	49.43	95.81	18.62
新　疆	66.73	99.69	74.82	102.16	45.35

9－13 农民家庭年末拥有主要耐用消费品

(平均每百户)

	单 位	1990年	1997年	1998年	1998年为下列各年%	
					1990年	1997年
自行车	辆	118.33	141.95	137.15	115.9	96.6
缝纫机	架	55.19	63.97	65.82	119.3	102.9
收音机	台	45.15	28.11	28.19	62.4	100.3
钟 表	只	221.23	235.68	233.58	105.6	99.1
#手 表	只	172.22	153.55	154.55	89.7	100.7
黑白电视机	台	39.72	65.12	63.57	160.0	97.6
彩色电视机	台	4.72	27.32	32.59	690.5	119.3
收录机	台	17.83	32.02	32.36	181.5	101.1
洗衣机	台	9.12	21.87	22.81	250.1	104.3
照像机	台	0.70	2.06	2.22	317.1	107.8
电风扇	台	41.36	105.93	111.59	269.8	105.3
电冰箱	台	1.22	8.49	9.25	758.2	109.0
摩托车	辆	0.89	10.89	13.52	1519.1	124.2
录像机	台		1.79	2.09		116.8
抽油烟机	台		2.31	1.66		71.9
吸尘器	台		0.48	0.49		102.1

9－14 农民家庭新建房屋和居住情况

	单 位	1990年	1997年	1998年	1998年为下列各年%	
					1990年	1997年
一、新建房屋情况						
平均每户年内新建房屋间数	间	0.19	0.19	0.17	89.5	89.5
平均每人年内新建房屋面积	平方米	0.82	0.94	0.83	101.2	88.3
#砖木结构	平方米	0.47	0.36	0.31	66.0	86.1
钢筋混凝土	平方米	0.23	0.50	0.45	195.7	90.0
新建房屋每间价值	元	1906.72	4864.24	4787.92	251.1	98.4
新建房屋每平方米价值	元	92.32	221.95	227.40	246.3	102.5
二、居住情况						
平均每人年末住房面积	平方米	17.83	22.45	23.71	133.0	105.6
#砖木结构	平方米	9.84	11.86	12.16	123.6	102.5
钢筋混凝土	平方米	1.23	5.11	5.72	465.0	111.9
年末每间住房价值	元	803.06	3022.77	3126.44	389.3	103.4

9-15 各地区农民家庭主要耐用物品拥有量

(平均每百户)

地区	自行车(辆)		缝纫机(架)		收音机(台)		手表(只)	
	1997年	1998年	1997年	1998年	1997年	1998年	1997年	1998年
全国总计	**141.95**	**137.15**	**63.97**	**65.82**	**28.11**	**28.19**	**153.55**	**154.55**
北京	261.60	258.40	67.87	72.00	51.07	49.60	231.07	240.53
天津	227.50	229.33	90.83	90.17	66.33	34.17	221.33	226.67
河北	200.60	201.95	91.12	90.21	43.55	43.86	166.79	162.36
山西	130.62	133.14	84.57	84.43	21.76	22.38	137.10	118.33
内蒙古	186.00	109.27	78.09	77.59	27.91	61.95	116.64	112.05
辽宁	154.07	152.12	74.81	75.66	35.61	33.54	161.80	158.15
吉林	125.81	121.44	69.63	69.25	30.38	25.88	127.31	136.75
黑龙江	104.15	105.30	75.95	78.50	34.20	32.95	137.65	141.80
上海	245.50	238.50	86.17	88.00	43.17	42.33	253.17	239.00
江苏	184.68	182.94	65.26	66.24	34.06	33.06	175.56	171.50
浙江	230.74	198.26	83.07	85.89	22.07	23.78	246.93	244.67
安徽	131.23	130.58	60.61	63.45	29.16	27.39	127.68	117.48
福建	120.11	119.60	75.37	75.60	21.20	21.94	233.43	230.23
江西	137.27	136.53	46.12	51.39	24.82	24.98	147.35	145.80
山东	202.40	200.26	78.14	77.88	49.24	46.88	150.88	155.26
河南	154.83	153.76	82.36	83.21	42.74	38.64	96.19	99.50
湖北	112.09	113.81	49.03	51.19	17.44	16.81	118.84	117.97
湖南	97.38	95.87	41.02	40.44	10.37	10.63	120.71	123.39
广东	215.00	207.89	76.21	75.35	37.07	36.41	249.06	250.16
广西	154.63	154.68	73.46	74.37	15.93	15.97	136.19	140.65
海南	106.39	103.06	68.06	66.53	38.33	39.72	113.89	118.33
重庆	19.47	23.20	16.67	19.07	7.80	7.93	160.93	203.33
四川	72.88	69.63	22.73	23.43	14.75	13.88	174.70	176.15
贵州	16.47	16.83	23.44	25.22	5.85	7.68	119.46	137.28
云南	79.25	75.46	48.08	75.00	15.38	14.63	154.96	151.25
西藏	69.17	70.00	41.67	44.79	32.50	33.33	72.92	76.88
陕西	135.77	136.62	69.05	68.92	30.59	30.41	132.66	130.95
甘肃	124.22	126.63	69.67	70.67	31.78	28.96	170.28	175.04
青海	80.67	79.33	51.50	52.00	30.83	33.83	164.67	167.17
宁夏	179.17	175.83	71.00	70.17	20.50	17.33	154.50	133.83
新疆	146.60	145.53	66.13	67.33	18.27	18.07	104.07	113.80

9－15续表1

地　　区	黑白电视机(台)		彩色电视机(台)		收录机(台)		洗衣机(台)	
	1997年	1998年	1997年	1998年	1997年	1998年	1997年	1998年
全国总计	**65.12**	**63.57**	**27.32**	**32.59**	**32.02**	**32.36**	**21.87**	**22.81**
北　　京	47.47	41.87	83.33	94.40	59.20	58.27	86.40	86.80
天　　津	54.17	43.83	68.00	80.17	45.50	58.50	72.33	74.33
河　　北	71.52	68.90	39.24	45.69	37.21	35.62	47.88	50.36
山　　西	59.19	58.33	34.81	37.81	31.48	32.29	32.71	33.19
内 蒙 古	61.18	60.27	29.00	33.36	37.27	40.05	19.27	20.95
辽　　宁	57.35	54.97	48.89	53.60	35.50	34.44	55.24	55.08
吉　　林	69.81	65.00	33.06	39.81	36.19	35.50	44.19	42.88
黑 龙 江	70.45	67.45	31.55	39.05	32.60	32.15	42.85	43.20
上　　海	72.83	68.33	61.83	73.67	42.33	41.33	66.50	65.83
江　　苏	77.65	76.68	34.38	38.15	36.29	35.71	41.50	42.32
浙　　江	65.81	59.85	47.26	55.81	32.15	33.37	21.70	23.96
安　　徽	81.71	80.68	17.45	22.13	31.00	28.29	6.00	7.23
福　　建	58.29	55.94	43.77	50.00	30.40	29.77	25.26	26.86
江　　西	77.88	80.41	13.31	19.88	28.37	28.20	1.92	2.08
山　　东	73.07	71.29	31.43	35.57	31.81	32.31	13.86	13.10
河　　南	70.71	65.90	22.98	28.55	23.95	24.55	16.98	19.31
湖　　北	78.94	77.22	14.22	19.69	21.47	22.94	13.78	14.69
湖　　南	69.45	70.94	11.21	14.41	19.82	20.00	6.98	7.78
广　　东	46.76	43.95	46.09	55.43	50.27	48.98	18.91	20.27
广　　西	65.50	66.80	9.91	13.94	26.62	26.54	2.16	2.47
海　　南	17.08	16.25	24.58	27.78	34.17	32.78	2.22	3.19
重　　庆	69.93	71.13	11.20	16.27	19.13	21.20	2.80	4.40
四　　川	72.98	73.13	14.55	20.08	27.05	27.00	13.93	15.03
贵　　州	44.69	48.21	7.01	9.60	20.98	22.86	7.86	9.42
云　　南	44.71	43.75	20.54	24.21	36.71	35.33	11.92	11.29
西　　藏	3.13	3.96	7.50	7.92	37.08	36.04	2.08	2.71
陕　　西	58.74	58.78	26.94	31.58	22.39	22.66	22.79	23.83
甘　　肃	49.39	47.33	22.50	29.71	38.83	43.50	13.44	16.92
青　　海	50.67	52.17	17.33	19.50	53.00	53.50	12.17	11.67
宁　　夏	53.67	51.00	43.83	47.17	40.33	39.67	28.50	30.83
新　　疆	63.60	63.33	23.40	25.93	58.67	61.00	20.13	20.60

9-15续表2

地　区	照相机(架)		电风扇(台)		电冰箱(台)		摩托车(辆)	
	1997年	1998年	1997年	1998年	1997年	1998年	1997年	1998年
全国总计	**2.06**	**2.22**	**105.93**	**111.59**	**8.49**	**9.25**	**10.89**	**13.52**
北　京	20.00	23.33	134.13	148.93	70.93	75.60	23.33	27.60
天　津	7.67	8.67	142.50	147.17	38.67	44.17	23.17	27.17
河　北	2.67	2.76	132.98	136.79	14.43	16.79	19.12	23.19
山　西	1.71	1.86	27.81	29.90	5.52	6.00	9.86	11.48
内蒙古	1.32	1.64	6.23	6.59	2.68	3.36	13.36	16.18
辽　宁	4.13	4.07	36.88	38.62	13.65	13.17	11.85	12.96
吉　林	1.25	1.69	7.81	9.63	4.50	4.63	8.19	10.69
黑龙江	1.85	2.20	3.80	5.15	2.55	3.55	5.80	7.50
上　海	7.33	8.67	302.33	307.83	68.17	71.67	45.50	54.83
江　苏	4.35	4.38	195.32	202.50	15.85	17.15	18.47	21.06
浙　江	4.41	5.19	243.44	256.07	30.00	31.89	13.33	17.04
安　徽	1.03	0.90	145.71	153.52	3.97	5.45	2.39	3.58
福　建	2.23	3.14	161.66	171.77	11.37	12.34	24.63	30.74
江　西	1.10	0.94	114.29	130.29	2.82	3.39	9.71	12.24
山　东	3.26	2.86	132.64	136.40	13.48	13.43	20.64	25.48
河　南	0.90	0.95	112.10	126.10	4.88	5.21	5.19	7.36
湖　北	0.72	0.91	119.94	135.34	3.16	4.25	7.94	10.56
湖　南	0.76	0.84	128.03	133.21	3.44	3.52	4.44	5.69
广　东	1.95	2.03	279.96	287.03	9.92	11.02	26.56	34.02
广　西	0.30	0.52	149.35	159.00	1.30	1.65	5.06	7.66
海　南	1.25	1.39	83.89	91.81	1.81	1.94	20.97	27.22
重　庆	0.67	1.13	91.27	104.73	2.73	3.00	1.20	1.87
四　川	0.78	0.80	100.20	106.70	2.55	2.70	5.15	5.95
贵　州	0.71	0.80	14.69	17.63	0.40	0.67	2.86	3.44
云　南	1.33	1.42	5.71	5.54	1.21	1.50	2.17	3.04
西　藏	0.42	0.42		0.63		0.42	0.21	
陕　西	1.22	1.35	49.14	53.69	2.79	3.33	5.54	7.21
甘　肃	0.94	1.08	4.89	6.25	0.56	1.17	4.11	6.17
青　海	2.00	1.83	0.17	0.17	0.67	1.00	5.33	8.00
宁　夏	1.00	1.67	13.33	13.67	3.67	4.50	6.50	9.83
新　疆	2.27	2.07	9.13	11.60	6.20	7.60	13.93	17.53

9－15续表3

地　区	钟(台)		录像机(台)		抽油烟机(台)		吸尘器(台)	
	1997年	1998年	1997年	1998年	1997年	1998年	1997年	1998年
全国总计	**82.14**	**79.03**	**1.79**	**2.09**	**2.31**	**1.66**	**0.48**	**0.49**
北　京	113.33	120.27	10.53	11.60	9.33	11.33	3.60	3.20
天　津	93.33	86.33	5.83	6.00	4.67	5.00	1.67	0.83
河　北	107.50	97.55	1.57	2.26	1.00	1.12	0.45	0.50
山　西	77.52	78.71	0.29	0.24	0.10			
内蒙古	83.41	82.95	0.41	0.59	0.82	1.09	0.18	0.41
辽　宁	106.93	104.97	2.12	2.33	2.28	1.96	1.06	1.16
吉　林	94.44	91.56	0.75	1.25	0.38	0.13	0.19	0.13
黑龙江	84.05	81.95	1.20	1.55	0.70	1.05	0.35	0.35
上　海	125.17	132.67	11.33	9.17	21.83	26.17	6.00	6.33
江　苏	97.03	102.79	4.71	4.56	3.32	3.68	2.85	2.68
浙　江	116.19	119.56	6.85	6.26	5.52	8.96	1.52	1.59
安　徽	84.00	83.87	0.77	1.32	0.16	0.23	0.10	
福　建	98.86	103.54	4.86	5.37	1.31	0.11	0.29	0.46
江　西	83.88	88.41	0.86	1.84	28.65	0.12	0.20	0.08
山　东	101.86	101.07	1.98	1.64	1.24	1.62	0.48	0.67
河　南	73.67	76.36	0.43	0.50	0.40	0.40	0.14	0.17
湖　北	55.66	59.25	0.25	0.97	0.28	0.69		0.09
湖　南	48.19	51.54	0.50	0.70	0.08	0.10		
广　东	152.58	120.63	3.87	5.51	3.95	5.04	0.23	0.20
广　西	61.34	66.19	0.43	0.61	0.04	0.09	0.04	0.09
海　南	127.36	90.56	3.33	4.44	0.14	0.28		
重　庆	33.73	45.40	0.93	1.07	0.07	1.87	0.07	
四　川	39.18	45.73	0.95	1.88	0.03	0.05	0.03	0.05
贵　州	23.04	25.49	0.49	0.45		0.04		0.04
云　南	113.63	35.21	1.67	1.75	0.50	0.71	0.13	0.04
西　藏	56.04	42.50	0.42	1.25			0.42	
陕　西	65.99	66.98	0.54	0.59	0.45	0.77	0.05	0.18
甘　肃	67.06	64.83	0.72	0.67	0.06	0.17	0.28	0.25
青　海	68.00	68.83	0.50	1.00			0.17	0.17
宁　夏	71.67	74.67	0.17					
新　疆	72.53	78.33	0.33	1.13	0.67	2.40		0.07

9-16 各地区农民家庭年内新建房屋情况

单位：间、平方米

地区	平均每户新建房屋间数		平均每人新建房屋面积		#砖木结构		#钢筋混凝土结构	
	1997年	1998年	1997年	1998年	1997年	1998年	1997年	1998年
全国总计	**0.19**	**0.17**	**0.94**	**0.83**	**0.36**	**0.31**	**0.50**	**0.45**
北京	0.14	0.13	0.58	0.51	0.40	0.43	0.16	0.05
天津	0.19	0.07	0.66	0.26	0.53	0.17	0.06	0.09
河北	0.19	0.15	0.78	0.62	0.52	0.36	0.21	0.20
山西	0.08	0.06	0.40	0.29	0.29	0.15	0.09	0.12
内蒙古	0.21	0.14	0.99	0.62	0.88	0.50	0.04	0.05
辽宁	0.06	0.09	0.38	0.59	0.22	0.29	0.09	0.28
吉林	0.08	0.08	0.41	0.42	0.34	0.33	0.03	0.07
黑龙江	0.07	0.04	0.48	0.29	0.36	0.23	0.09	0.03
上海	0.17	0.07	1.10	0.54	0.20	0.18	0.90	0.35
江苏	0.26	0.20	1.72	1.25	0.65	0.50	1.05	0.69
浙江	0.18	0.19	1.56	1.58	0.30	0.33	1.23	1.15
安徽	0.21	0.18	0.92	0.86	0.30	0.23	0.61	0.62
福建	0.19	0.15	0.80	0.80	0.19	0.07	0.53	0.64
江西	0.16	0.17	0.91	0.97	0.09	0.09	0.72	0.84
山东	0.22	0.24	0.99	0.97	0.64	0.58	0.32	0.36
河南	0.31	0.20	1.31	0.88	0.41	0.30	0.85	0.53
湖北	0.20	0.19	1.18	1.15	0.35	0.29	0.72	0.82
湖南	0.20	0.23	1.03	1.33	0.56	0.65	0.43	0.65
广东	0.27	0.27	0.97	1.12	0.09	0.17	0.86	0.92
广西	0.17	0.20	0.87	0.97	0.11	0.14	0.73	0.78
海南	0.07	0.08	0.41	0.43	0.31	0.19	0.09	0.21
重庆	0.17	0.16	0.94	0.89	0.41	0.26	0.51	0.56
四川	0.19	0.15	1.02	0.78	0.46	0.32	0.49	0.37
贵州	0.10	0.13	0.70	0.52	0.11	0.14	0.52	0.33
云南	0.15	0.16	1.33	0.63	0.14	0.18	0.90	0.12
西藏	0.20	0.23	0.49	0.58	0.42			0.01
陕西	0.18	0.13	0.92	0.69	0.35	0.25	0.51	0.39
甘肃	0.22	0.19	0.55	0.51	0.15	0.29	0.01	0.07
青海	0.22	0.27	0.45	0.60	0.10	0.20		0.02
宁夏	0.23	0.32	0.90	1.35	0.60	0.95	0.08	…
新疆	0.20	0.21	0.92	0.89	0.39	0.39	0.31	0.19

9-17 各地区农民家庭居住情况

单位: 平方米

地区	年内新建房屋平均每间价值(元)		平均每人年末住房面积		#砖木结构		#钢筋混凝土结构	
	1997年	1998年	1997年	1998年	1997年	1998年	1997年	1998年
全国总计	**4864.24**	**4787.92**	**22.45**	**23.71**	**11.86**	**12.16**	**5.11**	**5.72**
北京	5839.81	6654.26	28.41	28.28	23.70	23.35	3.88	3.97
天津	4306.96	6130.95	20.68	21.32	19.86	20.53	0.55	0.80
河北	3972.67	4099.85	22.53	23.13	17.92	17.96	2.90	3.52
山西	4457.97	4238.99	18.26	19.18	12.45	12.67	1.78	2.29
内蒙古	3456.44	3792.83	16.50	17.15	7.00	7.92	0.37	0.31
辽宁	6217.09	7133.52	20.73	20.99	14.28	13.85	5.53	6.00
吉林	5658.33	4630.89	18.64	17.52	10.26	12.75	1.03	0.70
黑龙江	7746.53	6867.82	17.53	18.35	8.42	9.27	1.31	1.04
上海	8757.58	13872.09	46.44	47.24	19.81	17.67	25.89	28.43
江苏	9417.30	7310.93	30.77	32.03	18.88	19.77	11.00	11.53
浙江	9950.96	11352.45	37.30	38.53	15.41	15.63	18.57	20.01
安徽	4463.79	4523.09	20.05	22.78	12.51	14.61	4.73	5.71
福建	4683.15	7191.08	23.12	24.87	8.25	7.95	7.10	8.26
江西	4543.12	4405.16	24.33	25.31	12.41	12.62	6.63	7.55
山东	3908.07	3908.07	23.16	23.63	16.50	17.08	3.54	3.74
河南	3980.24	3546.88	21.36	22.56	13.27	13.47	6.07	7.20
湖北	4014.03	5110.87	27.99	28.38	15.58	14.96	7.03	8.99
湖南	4527.79	4860.92	27.37	28.78	19.62	20.59	5.33	5.84
广东	5825.84	7091.59	23.78	24.83	9.63	9.28	11.94	13.27
广西	5877.01	4847.89	20.48	21.64	7.95	8.20	5.83	7.11
海南	8968.37	6510.12	19.60	21.17	16.14	17.54	2.33	2.34
重庆	3582.20	3543.81	24.74	26.39	9.86	10.26	5.43	7.04
四川	3961.52	3638.14	23.97	24.72	9.53	9.90	3.44	4.16
贵州	2365.07	2486.20	16.44	16.99	8.14	8.21	2.48	3.07
云南	4167.55	3233.75	20.42	20.64	2.39	2.56	1.95	1.49
西藏	1661.87	1510.74	12.32	44.62	3.49	0.21	0.07	0.08
陕西	5003.40	4690.52	19.92	20.63	7.58	7.57	5.19	5.59
甘肃	1385.79	1706.18	14.56	16.47	3.42	4.04	0.13	0.26
青海	1221.43	1458.13	13.81	14.23	1.21	1.46	0.19	0.19
宁夏	3043.36	3075.77	16.00	20.71	5.62	11.51	0.14	0.14
新疆	4786.42	3523.40	16.14	16.20	6.36	5.63	0.85	1.03

9－18　农民家庭主要实物消费品消费量

品　　名	单　位	1990年	1997年	1998年	1998年为以下各年%	
					1990年	1997年
粮　食（原粮）	千克/人	262.08	250.67	249.28	95.1	99.4
#细 粮	千克/人	215.02	208.89	204.68	95.2	98.0
食用油	千克/人	5.17	6.16	6.13	173.2	99.5
蔬菜	千克/人	134.00	107.21	108.96	81.3	101.6
猪　肉	千克/人	10.54	11.46	11.89	112.8	103.8
牛　肉	千克/人	0.80	0.63	0.65	81.3	103.2
羊　肉	千克/人		0.63	0.66		104.8
家　禽	千克/人	1.26	2.36	2.33	184.9	98.7
蛋类及其制品	千克/人	2.41	4.08	4.11	170.5	100.7
鱼　虾	千克/人	2.13	3.38	3.31	155.4	97.9
食　糖	千克/人	1.50	1.35	1.40	93.3	103.7
卷　烟	盒/人	27.98	25.00	23.64	84.5	94.6
酒	千克/人	6.14	7.13	6.98	113.68	97.90
茶　叶	千克/人	0.27	0.30	0.27	100.0	90.0
干鲜瓜果	千克/人	5.89	17.77	19.24	326.7	108.3
奶及奶制品	千克/户	1.08	0.95	0.93	86.1	97.9
棉　布	米/人	0.90	0.38	0.32	35.6	84.2
化纤布	米/人	1.74	1.79	1.57	90.2	87.7
呢　绒	米/人	0.08	0.05	0.05	62.5	100.0
绸　缎	米/人	0.04	0.03	0.02	50.0	66.7
毛线及毛线织品	千克/人	0.07	0.15	0.12	171.4	80.0
针织裤	件/人		0.28	0.27		96.4
肥　皂	块/人	2.27	1.11	1.08	47.6	97.3
洗衣粉	千克/人	0.78	1.30	1.42	182.1	109.2
化　肥	千克/户	494.08	566.41	551.84	111.7	97.4
农　药	千克/户	3.33	6.58	6.30	189.2	95.7
农用薄膜	千克/户	1.39	3.14	3.31	238.1	105.4
生产用柴油	千克/户	16.90	29.85	28.35	167.8	95.0

9-19 各地区农民家庭主要实物消费量

单位:千克/人

地区	粮食(原粮)		食用植物油		蔬菜		猪肉	
	1997年	1998年	1997年	1998年	1997年	1998年	1997年	1998年
全国总计	**250.67**	**249.28**	**4.73**	**4.59**	**107.21**	**108.96**	**11.46**	**11.89**
北京	169.47	173.42	8.40	9.45	106.92	89.36	9.49	10.70
天津	245.39	216.59	6.54	6.28	84.43	73.80	7.25	8.23
河北	223.35	209.62	5.08	4.73	85.02	70.87	5.61	5.78
山西	220.44	220.50	4.49	4.55	80.85	80.10	3.89	4.05
内蒙古	263.11	268.02	1.67	2.29	84.62	92.25	14.95	15.62
辽宁	258.15	243.67	5.26	4.99	212.00	204.26	13.29	12.95
吉林	239.17	249.44	5.00	5.56	135.13	96.72	8.32	5.69
黑龙江	288.91	275.40	7.07	5.70	101.28	108.99	6.85	5.08
上海	260.80	243.60	5.59	6.73	84.62	80.75	13.80	15.01
江苏	272.97	262.38	8.46	7.56	120.60	110.27	12.54	10.28
浙江	261.28	257.47	3.13	2.86	74.49	72.74	12.48	13.62
安徽	250.23	245.17	5.58	5.37	79.70	78.76	6.77	7.29
福建	267.34	266.67	2.95	2.81	118.71	131.18	12.85	13.38
江西	302.57	301.40	4.90	4.12	141.48	154.42	12.15	11.54
山东	240.33	232.37	5.24	4.85	120.28	114.41	5.65	6.66
河南	237.22	229.67	5.12	4.49	100.21	121.42	8.48	8.97
湖北	283.11	276.42	8.02	8.35	144.24	160.24	14.82	16.91
湖南	289.68	300.63	4.55	3.92	142.79	161.76	16.15	18.48
广东	244.69	258.38	5.05	5.13	111.88	118.45	18.11	18.82
广西	237.19	240.72	1.70	2.18	116.58	120.11	11.68	12.86
海南	259.20	247.68	0.82	1.13	52.49	57.18	8.03	7.90
重庆	245.50	239.45	1.74	1.84	173.02	171.47	23.82	24.82
四川	244.88	244.42	3.73	3.66	129.91	136.04	21.45	21.73
贵州	226.22	223.85	3.41	2.87	121.57	122.21	19.18	22.90
云南	241.48	244.46	1.04	1.17	123.21	113.55	20.85	21.59
西藏	234.29	232.92	5.17	5.31	39.09	28.63	2.05	2.02
陕西	226.02	228.70	5.39	5.08	56.87	63.45	5.38	5.78
甘肃	237.98	255.19	4.03	4.93	25.33	35.51	5.99	5.80
青海	270.20	253.12	7.65	8.73	40.32	42.04	8.54	9.04
宁夏	247.63	259.67	6.94	6.32	73.20	96.58	7.70	7.42
新疆	233.87	254.54	6.20	6.74	78.04	81.15	1.02	1.34

9－19续表1 单位:千克/人

地　区	牛、羊肉		家　禽		蛋类及其制品		鱼　虾	
	1997年	1998年	1997年	1998年	1997年	1998年	1997年	1998年
全国总计	**1.26**	**1.31**	**2.36**	**2.33**	**4.08**	**4.11**	**3.38**	**3.31**
北　京	3.07	2.72	1.38	1.49	8.13	7.92	3.16	4.38
天　津	1.98	1.93	0.49	0.85	9.13	8.41	6.35	6.34
河　北	0.80	0.70	0.39	0.38	5.25	4.85	1.74	1.74
山　西	0.86	0.96	0.28	0.35	3.50	3.89	0.28	0.27
内蒙古	5.63	4.64	0.66	0.77	2.85	3.13	0.95	1.14
辽　宁	0.72	0.76	1.43	1.23	7.79	7.35	3.87	4.02
吉　林	1.12	1.06	2.10	1.41	6.30	7.92	3.29	3.00
黑龙江	0.55	0.60	2.03	1.84	5.99	6.92	3.00	2.96
上　海	0.95	1.09	6.03	5.75	7.93	7.89	9.90	10.29
江　苏	1.09	0.89	5.09	4.00	9.77	6.69	9.12	7.47
浙　江	1.02	0.87	4.20	4.18	4.64	4.55	9.19	9.34
安　徽	0.64	0.53	2.93	2.98	4.30	4.24	3.25	3.21
福　建	0.41	0.46	5.50	5.76	3.43	3.09	6.96	6.98
江　西	0.43	0.45	2.53	2.38	2.90	2.82	3.78	3.91
山　东	0.97	0.66	1.99	2.02	9.92	10.33	3.20	3.23
河　南	0.56	1.81	0.66	0.85	4.98	6.83	0.54	0.62
湖　北	0.37	0.40	1.56	1.76	3.58	3.78	5.58	5.09
湖　南	0.42	0.47	3.00	2.96	2.99	3.42	4.53	4.43
广　东	0.78	0.69	8.75	8.89	3.31	2.96	12.16	12.40
广　西	0.30	0.45	5.36	5.76	1.15	1.12	2.44	2.63
海　南	0.84	0.85	4.37	4.68	0.72	0.91	9.59	9.56
重　庆	0.10	0.07	1.39	1.31	3.39	4.02	1.12	1.03
四　川	1.22	0.37	1.88	1.98	2.65	2.65	1.02	1.18
贵　州	0.29	0.16	0.77	0.88	0.97	1.10	0.21	0.21
云　南	0.69	0.96	1.92	1.81	1.85	1.75	0.81	0.87
西　藏	11.64	11.65	0.03	0.01	1.28	0.66	0.01	0.01
陕　西	0.50	0.41	0.28	0.24	1.85	1.71	0.13	0.15
甘　肃	0.52	0.78	0.28	0.57	1.00	1.48	0.05	0.12
青　海	8.30	7.47	0.14	0.12	0.42	0.52	0.11	0.38
宁　夏	2.90	2.79	0.94	1.34	1.34	1.83	0.40	0.33
新　疆	8.07	9.46	1.32	1.16	1.01	1.17	0.40	0.40

9－19续表2　　单位：千克/人

地区	食糖		卷烟(盒)		酒		茶叶	
	1997年	1998年	1997年	1998年	1997年	1998年	1997年	1998年
全国总计	**1.35**	**1.40**	**25.00**	**23.64**	**7.13**	**6.98**	**0.30**	**0.27**
北京	1.21	2.13	35.21	35.01	18.65	18.12	0.45	0.38
天津	0.73	0.83	28.38	31.00	10.78	10.54	0.11	0.17
河北	0.74	0.71	23.20	21.66	6.67	6.46	0.10	0.09
山西	1.15	1.13	28.32	26.99	2.11	1.88	0.14	0.12
内蒙古	1.26	1.23	26.13	26.13	9.24	9.13	0.73	0.66
辽宁	0.59	0.63	22.00	26.13	10.02	9.72	0.15	0.10
吉林	0.75	0.68	23.00	21.19	12.62	10.98	0.10	0.08
黑龙江	0.75	0.78	19.56	19.11	12.99	12.75	0.05	0.04
上海	2.67	2.54	41.48	40.15	14.92	16.18	0.18	0.31
江苏	1.81	2.12	30.28	27.89	9.81	10.23	0.11	0.18
浙江	2.62	2.70	35.25	33.06	21.80	22.40	0.17	0.20
安徽	1.58	1.61	28.79	27.53	8.07	8.96	0.21	0.17
福建	2.33	2.42	27.34	25.49	11.43	11.49	0.54	0.54
江西	1.51	1.49	28.25	26.17	5.37	5.95	0.15	0.17
山东	1.21	1.26	27.39	26.42	11.51	9.94	0.72	0.39
河南	1.20	1.17	23.80	22.16	3.70	3.84	0.04	0.03
湖北	1.25	1.27	30.41	29.56	7.08	7.04	0.15	0.24
湖南	1.34	1.44	30.42	28.17	7.59	6.52	0.20	0.21
广东	2.89	3.02	22.29	21.73	3.43	3.63	0.55	0.53
广西	1.19	1.27	13.89	11.87	5.74	6.03	0.01	0.02
海南	1.31	1.36	10.44	9.07	2.55	3.55	0.12	0.14
重庆	1.93	2.10	34.78	33.37	6.39	6.32	0.32	0.13
四川	1.35	1.36	25.58	24.23	5.88	5.70	0.30	0.31
贵州	0.85	1.00	25.71	25.40	4.74	4.67	0.16	0.22
云南	1.47	1.57	27.92	26.21	5.30	5.12	0.48	0.55
西藏	2.70	2.48	12.70	14.81	0.99	0.83	1.63	0.01
陕西	0.87	0.85	26.79	25.55	2.16	2.11	0.24	0.27
甘肃	0.49	0.60	14.82	14.69	1.30	1.51	0.47	0.47
青海	0.72	0.89	13.55	13.10	1.64	1.60	1.46	1.57
宁夏	1.54	1.48	18.68	18.77	1.09	1.11	0.28	0.22
新疆	0.38	0.46	4.15	3.75	1.52	1.45	0.46	0.45

9－19续表3 单位:千克/人

地区	干鲜果瓜果类		奶及奶制品		毛线及毛线织品	
	1997年	1998年	1997年	1998年	1997年	1998年
全国总计	**17.77**	**19.24**	**0.95**	**0.93**	**0.15**	**0.12**
北京	31.80	35.12	1.93	2.66	0.23	0.24
天津	27.14	30.74	0.33	0.43	0.20	0.32
河北	17.04	18.61	0.20	0.23	0.14	0.15
山西	12.58	16.08	0.29	0.32	0.14	0.12
内蒙古	14.00	18.51	9.26	7.06	0.14	0.12
辽宁	22.95	23.32	0.28	0.48	0.18	0.16
吉林	21.42	18.44	0.20	0.21	0.17	0.17
黑龙江	21.34	20.20	0.32	0.23	0.18	0.15
上海	31.65	40.44	1.10	0.92	0.23	0.18
江苏	29.24	24.94	0.27	0.31	0.18	0.13
浙江	29.25	37.53	0.16	0.21	0.50	0.13
安徽	12.02	15.78	0.15	0.25	0.12	0.12
福建	28.20	12.62	0.38	0.56	0.07	0.07
江西	24.61	22.65	0.08	0.09	0.10	0.08
山东	29.12	32.13	0.35	0.44	0.44	0.21
河南	17.79	17.74	0.06	0.08	0.16	0.15
湖北	12.93	17.64	0.02	0.03	0.12	0.12
湖南	21.73	20.56	0.03	0.03	0.08	0.07
广东	12.18	12.58	0.12	0.06	0.05	0.02
广西	10.08	11.54	0.01	0.03	0.04	0.03
海南	5.99	2.71	0.04	0.05	0.01	0.01
重庆	9.05	12.67	0.06	0.08	0.09	0.08
四川	8.83	9.63	0.43	0.48	0.07	0.07
贵州	5.60	7.08	0.02	0.03	0.09	0.08
云南	11.25	11.75	0.10	0.15	0.13	0.11
西藏	1.30	1.03	15.43	11.49	0.14	0.11
陕西	16.18	22.15	1.53	1.54	0.14	0.14
甘肃	9.22	9.89	0.16	0.25	0.11	0.12
青海	4.15	6.21	13.37	16.91	0.10	0.09
宁夏	24.88	51.78	0.67	0.75	0.14	0.13
新疆	36.51	50.12	3.39	3.87	0.13	0.20

9－19 续表 4

地　　区	棉布(米/人)		化纤布(米/人)		呢绒布(米/人)		绸缎布(米/人)	
	1997年	1998年	1997年	1998年	1997年	1998年	1997年	1998年
全国总计	**0.38**	**0.32**	**1.79**	**1.57**	**0.05**	**0.05**	**0.03**	**0.02**
北　　京	0.99	0.96	2.08	2.08	0.07	0.05	0.03	0.02
天　　津	1.02	0.96	1.48	1.39	0.08	0.06	0.15	0.14
河　　北	0.56	0.51	2.48	2.31	0.03	0.02	0.01	0.01
山　　西	0.42	0.39	2.09	1.96	0.02	0.02	0.02	0.02
内 蒙 古	0.60	0.51	2.05	1.90	0.04	0.06	0.33	0.25
辽　　宁	0.43	0.49	1.91	1.90	0.08	0.06	0.02	0.01
吉　　林	0.34	0.28	1.48	1.26	0.02	0.01	…	…
黑 龙 江	0.40	0.25	1.35	1.28	0.05	0.03	0.01	0.01
上　　海	0.43	0.52	1.70	1.54	0.16	0.11	0.03	0.03
江　　苏	0.36	0.28	2.02	1.75	0.12	0.11	0.01	0.01
浙　　江	0.24	0.29	2.26	1.84	0.11	0.11	0.02	0.01
安　　徽	0.31	0.26	1.57	1.34	0.04	0.03	0.02	0.02
福　　建	0.19	0.15	0.93	0.82	0.05	0.04	0.01	…
江　　西	0.17	0.12	1.65	1.56	0.04	0.02	…	…
山　　东	0.94	0.73	3.21	2.08	0.12	0.06	0.03	0.01
河　　南	0.27	0.21	2.14	1.86	0.03	0.02	0.01	…
湖　　北	0.25	0.22	1.66	1.39	0.03	0.02	…	0.01
湖　　南	0.12	0.14	1.66	1.68	0.02	0.02	…	…
广　　东	0.17	0.13	1.40	1.19	0.02	0.01		…
广　　西	0.12	0.14	1.41	1.38	…	…	…	
海　　南	0.13	0.19	1.23	0.96	…	…	…	
重　　庆	0.24	0.16	0.97	1.03	0.04	0.03	0.01	0.01
四　　川	0.25	0.21	1.26	1.20	0.03	0.02	…	…
贵　　州	0.34	0.35	1.11	0.96	0.01	0.02	0.01	0.01
云　　南	0.25	0.22	1.38	1.18	0.03	0.24	…	…
西　　藏	1.51	0.97	0.88	0.40	0.29	0.18	0.10	0.03
陕　　西	0.47	0.39	2.12	1.85	0.03	0.02	0.02	0.02
甘　　肃	0.43	0.28	1.19	1.12	0.04	0.03	0.01	0.01
青　　海	0.58	0.50	1.99	1.89	0.05	0.04	0.12	0.29
宁　　夏	0.42	0.21	2.23	2.51	0.04	0.03	0.02	0.01
新　　疆	0.61	0.60	2.26	2.14	0.36	0.33	0.27	0.17

9－19续表5

地　　区	针织衣裤(件)		肥皂(块)		洗衣粉(千克)	
	1997年	1998年	1997年	1998年	1997年	1998年
全国总计	**0.28**	**0.27**	**1.11**	**1.08**	**1.30**	**1.42**
北　　京	0.76	0.63	1.50	1.86	0.85	1.60
天　　津	0.33	0.29	0.76	0.71	2.86	1.07
河　　北	0.25	0.29	0.57	0.56	0.99	1.07
山　　西	0.29	0.33	1.04	1.11	0.94	1.04
内 蒙 古	0.42	0.42	0.44	0.41	1.00	0.86
辽　　宁	0.49	0.52	1.95	1.96	2.14	1.23
吉　　林	0.55	0.51	1.84	1.92	1.07	1.12
黑 龙 江	0.40	0.40	1.15	1.16	1.43	0.97
上　　海	0.39	0.42	0.85	0.88	1.61	2.05
江　　苏	0.29	0.35	0.40	0.44	1.51	1.50
浙　　江	0.30	0.25	3.20	3.22	1.03	1.34
安　　徽	0.16	0.17	1.19	1.08	1.53	2.17
福　　建	0.29	0.26	3.40	3.36	1.19	1.31
江　　西	0.21	0.20	1.49	1.34	1.05	1.07
山　　东	0.60	0.44	0.75	0.75	1.34	1.42
河　　南	0.23	0.25	0.55	0.58	1.40	1.49
湖　　北	0.15	0.18	0.74	0.64	2.02	2.47
湖　　南	0.20	0.22	1.21	1.22	1.18	1.27
广　　东	0.20	0.21	1.10	1.06	1.58	1.69
广　　西	0.08	0.06	0.99	0.97	1.13	1.27
海　　南	0.03	0.04	2.44	1.99	1.25	1.76
重　　庆	0.26	0.28	2.41	2.58	1.57	1.64
四　　川	0.28	0.27	1.24	1.08	1.07	1.18
贵　　州	0.09	0.10	0.40	0.39	1.38	1.69
云　　南	0.11	0.10	1.10	1.09	1.45	2.13
西　　藏	0.30	0.36	1.63	1.30	1.21	1.33
陕　　西	0.34	0.32	0.94	1.01	1.14	1.43
甘　　肃	0.15	0.12	0.34	0.32	0.90	1.04
青　　海	0.14	0.21	0.20	0.19	0.85	0.99
宁　　夏	0.53	0.49	0.21	0.18	0.76	0.81
新　　疆	0.42	0.44	0.49	0.56	1.29	1.33

9-20 各地区农民家庭纯收入构成按人均纯收入分组

地　区	纯收入构成(%)					
	全年纯收入	一、基本收入	1.劳动者报酬收入	2.家庭经营纯收入	二、转移性纯收入	三、财产性纯收入
全国总计	**100.00**	**94.34**	**26.53**	**67.81**	**4.26**	**1.40**
3000元以上地区	**100.00**	**93.62**	**41.86**	**51.76**	**4.50**	**1.88**
上　海	100.00	93.48	71.56	21.91	3.50	3.02
北　京	100.00	92.22	61.24	30.98	4.78	2.99
浙　江	100.00	93.72	41.55	52.17	4.09	2.19
广　东	100.00	92.06	28.22	63.83	6.31	1.63
天　津	100.00	95.05	48.31	46.75	2.70	2.25
江　苏	100.00	95.31	43.36	51.96	3.44	1.25
2000-3000元地区	**100.00**	**95.07**	**25.07**	**70.00**	**3.67**	**1.25**
福　建	100.00	91.01	30.56	60.45	7.66	1.32
辽　宁	100.00	96.25	29.19	67.06	2.50	1.25
山　东	100.00	94.82	29.46	65.36	3.18	2.00
河　北	100.00	95.91	32.71	63.20	2.34	1.75
吉　林	100.00	97.78	11.74	86.03	1.72	0.50
黑龙江	100.00	96.42	10.45	85.98	2.57	1.01
湖　北	100.00	94.31	18.24	76.07	5.05	0.64
江　西	100.00	94.80	24.68	70.12	4.30	0.90
湖　南	100.00	96.69	29.69	66.99	2.73	0.59
海　南	100.00	90.75	2.61	88.14	6.77	2.49
1500-2000元地区	**100.00**	**94.85**	**20.15**	**74.70**	**4.11**	**1.04**
广　西	100.00	93.76	17.71	76.06	5.70	0.53
内蒙古	100.00	97.61	10.94	86.67	1.72	0.67
河　南	100.00	95.68	18.47	77.21	3.11	1.21
安　徽	100.00	94.94	24.54	70.41	4.12	0.93
山　西	100.00	96.51	31.98	64.53	2.58	0.91
四　川	100.00	93.77	24.95	68.81	5.26	0.97
宁　夏	100.00	96.35	22.26	74.09	1.97	1.68
重　庆	100.00	87.97	22.06	65.91	11.08	0.95
新　疆	100.00	95.31	5.30	90.01	2.36	2.33
1500元以下地区	**100.00**	**93.33**	**17.42**	**75.91**	**5.18**	**1.49**
青　海	100.00	97.76	15.31	82.45	2.05	0.19
陕　西	100.00	92.80	25.63	67.17	4.91	2.30
甘　肃	100.00	94.85	16.93	77.92	4.42	0.73
云　南	100.00	90.07	14.04	76.03	7.31	2.62
贵　州	100.00	94.47	17.23	77.24	5.05	0.48
西　藏	100.00	92.50	7.57	84.93	5.15	2.35

9－21 农村住户按三个经济地带分组的主要指标

(1998年)

项　　目	单　位	全国合计	东 部	中　部	西　部
一、常住人口	人/户	4.30	4.20	4.20	4.57
整、半劳动力	人/户	2.78	2.77	2.72	2.86
平均每个劳动力负担人口	人	1.55	1.52	1.54	1.60
整、半劳动力占常住人口比重	%	64.65	65.97	64.84	62.56
职工人数占常住人口比重	%	1.86	2.63	1.17	1.41
从业人员占常住人口比重	%	2.79	5.56	1.36	1.09
二、总产量					
粮食	千克/人	699.63	635.40	889.44	544.24
猪肉	千克/人	143.45	137.24	147.54	146.71
羊肉	千克/人	9.63	3.53	11.42	15.92
家禽	千克/人	19.47	31.28	12.80	11.74
牛、羊奶	千克/人	17.55	5.88	9.12	45.85
三、年末生产性固定资产原值	元/户	3970.81	4047.61	3795.53	4102.01
四、年内新建房屋间数	间/户	0.17	0.18	0.16	0.17
年内新建房屋	平方米/人	0.83	0.93	0.84	0.70
#砖木结构	平方米/人	0.31	0.32	0.32	0.28
钢筋混凝土	平方米/人	0.45	0.56	0.49	0.24
楼房	平方米/人	0.14	0.15	0.19	0.05
年末住房面积	平方米/人	23.71	26.30	23.13	21.05
#砖木结构	平方米/人	12.16	14.87	13.83	6.49
钢筋混凝土	平方米/人	5.72	8.56	5.16	2.69
五、总收入	元/人	3018.48	3766.38	2827.28	2276.25
纯收入	元/人	2161.98	2853.56	1986.12	1474.25
现金收入	元/人	2528.32	3423.07	2212.51	1751.19
#储蓄借贷现金收入	元/人	364.71	454.91	332.27	287.06
六、总支出	元/人	2457.17	2920.61	2300.41	2045.62
#生产费用支出	元/人	706.79	757.76	670.22	685.95
1.家庭经营费用支出	元/人	652.48	707.02	614.66	628.53
2.购置生产性固定资产支出	元/人	54.31	50.74	55.56	57.42
生活消费支出	元/人	1590.33	1994.88	1446.18	1240.33
现金支出	元/人	2316.35	3299.83	2053.76	1632.33
#储蓄借贷现金支出	元/人	385.37	596.61	295.52	221.04
七、主要食品消费量					
粮食	千克/人	249.28	241.07	263.09	242.61
蔬菜	千克/人	108.96	106.92	121.64	95.61
食用油	千克/人	6.13	5.91	6.60	5.85
肉禽及其制品	千克/人	16.20	16.89	14.40	17.56

十、农村教育、卫生、文化、社会福利及其他事业

10－1 农村普通中学和小学的学生与教师数

项　　目	单　位	1990年	1995年	1997年	1998年
一、高　中					
学校数	所	4822	3112	2807	2721
班　数	万个	3.4	2.3	2.4	2.5
毕业生数	万人	56.1	33.1	32.3	35.5
招生数	万人	52.0	44.7	48.2	51.5
学生数	万人	172.8	113.2	123.7	131.0
专任教师	万人	13.3	9.4	9.4	9.6
二、初　中					
学校数	所	57321	45626	42230	41329
班　数	万个	52.2	50.9	53.5	55.7
毕业生数	万人	715.9	684.6	787.6	864.6
招生数	万人	922.1	1017.3	1063.8	1144.5
学生数	万人	2566.2	2659.8	2937.6	3075.3
专任教师	万人	155.0	149.9	156.6	161.4
三、小　学					
学校数	万所	69.7	55.9	51.3	49.3
班　数	万个	332.8	309.4	305.6	299.9
毕业生数	万人	1448.3	1328.7	1330.2	1414.4
招生数	万人	1617.2	1791.1	1705.9	1510.0
学生数	万人	9595.6	9306.2	9560.4	9439.5
教职工数	万人	469.1	419.9	411.4	408.7
其中:教　师	万人	426.3	382.7	376.6	375.2
职　工	万人	42.8	37.2	34.8	33.5

注:高中包括完全中学在内。

10－2 农民成人教育基本情况

项　　目	单 位	1990年	1995年	1997年	1998年
(一)农民高等学校					
学 校 数	所	5	4	4	3
毕业生数	人	384	203	400	400
招 生 数	人	138	484	399	400
学 生 数	人	353	966	859	900
专任教师	人	126	146	143	100
(二)农民中等专业学校					
学 校 数	所	340	453	457	421
毕业生数	人	50419	55670	77694	76300
招 生 数	人	49078	87020	94318	75900
学 生 数	人	112574	191769	224951	200200
专任教师	人	6148	10055	12317	11800
(三)农民技术培训学校					
学 校 数	万所	3.8	38.5	44.3	45.5
毕业生数	万人	1162.0	7035.4	8021.4	8201.9
招 生 数	万人	1042.0	5437.3	6514.6	6991.2
在校学生	万人	1050.0	4948.7	5340.7	5983.0
教 职 工	万人	8.1	35.1	38.2	41.6
#专任教师	万人	4.3	13.6	13.3	14.0
兼任教师	万人	17.3	81.2	93.3	
(四) 农民中学					
学 校 数	所	3768	3821	3944	4229
毕业生数	万人	22.3	38.4	45.4	37.6
招 生 数	万人	26.3	34.1	52.0	37.4
学 生 数	万人	38.9	40.7	53.2	43.9
专任教师	万人	0.8	0.9	0.9	0.9
(五) 农民小学					
学 校 数	所	254390	167073	192564	183702
毕业生数	万人	2009	754.0	661.5	535.7
招 生 数	万人	2078.5	669.4	585.8	485.9
学 生 数	万人	2234.9	763.7	600.9	526.7
专任教师	万人	10.3	5.6	6.2	6.2

10－3 农村乡(镇)卫生院、床位和卫生人员

项目	单位	1990年	1995年	1997年	1998年
一、乡(镇)卫生院	个	47749	51797	50981	50071
中心卫生院	个	10054	10098	9476	9600
乡卫生院	个	37695	41699	41505	40471
二、床位	张	722877	733064	742447	737693
中心卫生院	张	293963	289581	284478	285751
乡卫生院	张	428914	443483	457969	451942
三、卫生机构人员	人	889219	1051752	1113321	1139744
中心卫生院	人	337280	373601	389420	406429
乡卫生院	人	551939	678151	723901	733315
在卫生机构人员中:					
卫生技术人员	人	776925	918870	976051	999432

10－4 乡(镇)卫生院人员分类

单位：人

项目	1990年	1995年	1997年	1998年
总计	**889219**	**1051752**	**1113321**	**1139744**
(一)卫生技术人员	776925	918870	976051	999432
1.中医师	70419	72770	70618	69528
2.西医师	148088	174748	192686	202487
3.中西医结合医师	198	857	1274	1438
4.护师	31635	51187	61989	69197
5.中药师	15607	21880	23756	24349
6.西药师	9804	15173	17785	18739
7.检验师	6076	9873	11256	12216
8.其他技师	7477	11661	12577	13575
9.中医士	33171	29599	29690	29235
10.西医士	101600	143061	167163	173316
11.护士	84249	90767	95681	98209
12.助产士	23463	23539	24585	24927
13.中药剂士	29413	25272	23841	23108
14.西药剂士	22418	21673	23344	23868
15.检验士	12671	13893	15734	16565
16.其他技士	11138	12799	13584	14112
17.其他中医	5294	3580	2838	2760
18.护理员	30180	32296	30353	28776
19.中药剂员	18562	16342	13804	12871
20.西药剂员	18045	18667	16932	16239
21.检验员	6819	8229	8045	7847
22.其他初级卫生技术人员	90598	121004	118512	116070
(二)其他技术人员	1505	6687	7883	10576
(三)管理人员	65428	73384	74430	73838
(四)工勤人员	45361	52811	54957	55898

10－5　各地区乡(镇)卫生院、床位数和卫生人员数

地　　区	卫生院(个)	床　位(张)	卫生人员数(人)
全国总计	**50071**	**737693**	**1139744**
北　　京	226	3790	6576
天　　津	217	2340	5372
河　　北	3712	40362	49976
山　　西	1901	26327	33131
内 蒙 古	1503	14839	23134
辽　　宁	1097	21989	29335
吉　　林	875	14126	27501
黑 龙 江	1103	13251	24866
上　　海	174	7762	11459
江　　苏	1996	62630	105277
浙　　江	2863	25434	45780
安　　徽	2492	41269	54236
福　　建	952	24876	26427
江　　西	1693	20353	34253
山　　东	2200	54981	83683
河　　南	2059	52070	73517
湖　　北	1460	39372	74062
湖　　南	2530	40520	70373
广　　东	1615	41232	82825
广　　西	1312	18929	31652
海　　南	307	4612	7874
重　　庆	2130	19119	31989
四　　川	6791	60184	84884
贵　　州	1457	14017	23492
云　　南	1541	22943	26157
西　　藏	768	1733	1757
陕　　西	2068	18646	27812
甘　　肃	1499	12542	16362
青　　海	424	2305	2891
宁　　夏	285	1564	4037
新　　疆	821	13577	19054

10－6 各地区农村村级医疗组织形式

单位:个

地　区	村设置的医疗点合计	村或群众集体办	乡村医生或卫生员联合办	乡卫生院设点	个体办	其他
全国总计	**728788**	**325115**	**89310**	**39044**	**259849**	**15470**
北　京	3641	2266	255	208	772	140
天　津	4313	1382	708	167	1919	137
河　北	59235	22128	4397	1848	29368	1494
山　西	30044	20569	3417	627	4711	720
内蒙古	13336	4383	1374	738	6755	86
辽　宁	18258	9849	2042	672	5615	80
吉　林	10416	3745	1697	1035	3841	98
黑龙江	13677	9661	1028	278	2091	619
上　海	2754	2663	69	15	7	0
江　苏	33304	29402	1899	1194	740	69
浙　江	22725	12302	1255	1596	7230	342
安　徽	29533	11229	7792	788	9244	480
福　建	18572	7109	3347	1046	6764	306
江　西	25441	3641	3716	1244	15893	947
山　东	73254	49515	6702	5136	9877	2024
河　南	66666	23106	6321	1656	34240	1343
湖　北	27803	16248	5005	1572	4124	854
湖　南	46587	13897	9762	5860	16325	743
广　东	29603	8886	4723	2706	12133	1155
广　西	24041	9239	4134	471	9285	912
海　南	2841	343	451	132	1862	53
重　庆	19140	3232	3702	1187	10491	528
四　川	50045	15493	4802	2206	27213	331
贵　州	20704	4189	2255	2173	12087	0
云　南	15483	9739	1428	515	2943	858
西　藏	2015	423	444	944	45	159
陕　西	29163	14713	3269	582	10246	353
甘　肃	22255	10192	1291	689	10035	48
青　海	3872	973	499	129	1879	392
宁　夏	2310	775	147	37	1350	1
新　疆	7757	3823	1379	1593	764	198

10－7 各地区乡村医生和卫生员、接生员人数

单位:人

地　区	乡村医生	卫生员	接生员
全国总计	**990217**	**337416**	**310110**
北　京	5480	492	300
天　津	7243	469	618
河　北	87644	6841	14034
山　西	40737	16476	16551
内蒙古	18602	5761	6576
辽　宁	27378	3878	8152
吉　林	17332	8750	4685
黑龙江	22878	4961	5922
上　海	5063	687	74
江　苏	61315	16536	533
浙　江	25208	6336	2759
安　徽	41908	25726	9629
福　建	19003	12810	10975
江　西	30423	9691	18814
山　东	121122	18899	5744
河　南	99394	24463	14907
湖　北	44680	14758	12853
湖　南	48687	19439	37819
广　东	30607	11471	18191
广　西	33806	13688	23385
海　南	2389	1918	2467
重　庆	19475	13220	3913
四　川	60933	29855	12164
贵　州	18431	16070	18089
云　南	23591	14449	15350
西　藏	3085	1546	734
陕　西	35011	19641	18825
甘　肃	23632	11969	14209
青　海	4999	742	3574
宁　夏	3007	1474	4224
新　疆	7154	4400	4040

10－8 农村文化机构

项　　　目	单　位	1990年	1995年	1997年	1998年
一、乡镇文化站	个	49309	41633	37917	39811
二、农村集镇文化中心	个	12269	12484	23038	21994
三、农村群众业余演出团(队)	个	54141	35429	30724	20133
四、文化专业户	万户	23.6	22.8	20.2	20.5
五、民间职业剧团	个	5725	7191	2314	2952

10－9 农村集体办敬老院情况

项　　　目	单　位	1990年	1995年	1997年	1998年
一、敬老院个数	个	27886	23201	16498	39377
工作人员数	人	70014	60651	53230	117478
二、年末收养人数	人	331343	316713	283296	639098
#老人	人	305126	296034	263770	597705
三、集体供给折合金额	万元	19108	28177	334867	98375

10－10 各地区农村文化机构

地　　区	乡镇文化站(个)	集镇文化中心(个)	农村文化专业户(户)
全国总计	**39811**	**21994**	**204773**
北　　京	224	80	21
天　　津	241	101	778
河　　北	2039	786	27575
山　　西	1579	697	21908
内 蒙 古	1542	1941	10487
辽　　宁	1268	685	15696
吉　　林	778	422	3169
黑 龙 江	842	697	4317
上　　海	192	199	8
江　　苏	2002	1790	25641
浙　　江	1832	698	4787
安　　徽	1575	574	3262
福　　建	984	2069	2697
江　　西	1850	1084	12910
山　　东	2332	1539	13451
河　　南	2207	1148	7060
湖　　北	1395	881	6528
湖　　南	2356	869	12808
广　　东	1704	1274	4975
广　　西	1363	608	9936
海　　南	303	160	718
重　　庆	1176	182	2628
四　　川	3430	1237	9600
贵　　州	803	318	200
云　　南	1553	355	482
西　　藏	16	10	40
陕　　西	1752	864	1952
甘　　肃	1175	409	677
青　　海	198	28	18
宁　　夏	293	40	101
新　　疆	807	249	343

10－11 各地区农村集体办敬老院情况

单位：人

地　　区	敬老院(个)	年末供养人数	分散供养人数	国家定期定量救济人数
全国总计	**39377**	**639098**	**2009337**	**216908**
北　　京	279	6100	3486	927
天　　津	247	3382	2418	185
河　　北	2105	32181	52811	5135
山　　西	1189	6743	18134	8911
内 蒙 古	951	12339	37110	8493
辽　　宁	1196	30141	40669	2988
吉　　林	894	26733	37486	2153
黑 龙 江	1172	24454	28796	390
上　　海	339	11122	3603	31
江　　苏	2997	57345	104461	688
浙　　江	2005	21242	38269	4891
安　　徽	2353	39575	171313	19510
福　　建	755	7919	41303	7196
江　　西	1994	39534	103755	35856
山　　东	3915	87816	110990	557
河　　南	2138	36698	157384	1566
湖　　北	2409	46521	125101	713
湖　　南	1531	19403	221975	8726
广　　东	1948	36256	119687	22160
广　　西	493	4922	132366	36519
海　　南	176	1714	9852	2022
重　　庆	1029	19120	63126	230
四　　川	3013	34880	174813	9550
贵　　州	905	6746	61188	7744
云　　南	724	7372	55207	16862
西　　藏	103	759	2863	1901
陕　　西	937	7670	42747	3340
甘　　肃	702	3466	22905	4626
青　　海	187	1129	2782	708
宁　　夏	239	1695	3299	689
新　　疆	452	4121	19438	1641

10－12 农村有线广播普及情况

项　　目	单　位	1990年	1995年	1997年	1998年
一、农村广播机构					
1.县广播电台	个	2035	1930	2055	1304
2.县(旗)服务部	个	1546	1300		
3.县属区广播站	个	1213	637		
4.乡级广播放大站	个	48547	42350	39638	
5.村级广播室	个	287454	355215		
二、农村有线广播普及情况					
1.通广播的村数	个	524639	493978	462517	601136
通广播村的比重	%	70.0	63.7	60.3	81
2.已装喇叭的农户	万　户	7940.0	7526.8	6931.4	
已装喇叭农户的比重	%	37.0	33.5	28.6	
三、农村广播喇叭数	万　只	8120.0	7836.1	7456.6	6703.8
入农户喇叭	万　只	7933.0	7466.0		
正常响的	万　只	6923.0	6263.0		
音响率	%	87.0	83.9		
四、小片广播网	个	13127	18599		
五、扩音机数	架/千瓦	277611	293105		
		57620.7	57523.1		

注：县(旗)广播站1996年以后为市县广播站。农村广播喇叭数1996年以后含城市广播喇叭数。

10－13 各地区农村有线广播普及情况

单位：个

地 区	乡级广播放大站	村级广播室	已装喇叭农户(万户)	装喇叭农户比重(%)	通广播的村数	通广播村的比重%
全国总计					**601136**	**81**
北 京					4096	94.2
天 津					3124	81.1
河 北					43752	87.15
山 西					21531	66.65
内 蒙 古					8531	62
辽 宁					15002	94.23
吉 林					9451	93.92
黑 龙 江					13679	94.23
上 海					2806	100
江 苏					35450	100
浙 江					41500	96.22
安 徽					29379	95.62
福 建					12894	84.79
江 西					13818	66.87
山 东					78038	88.23
河 南					39430	83.05
湖 北					24312	76.73
湖 南					32664	68.36
广 东					23716	88.87
广 西					10470	70.27
海 南					3377	90.61
重 庆					16293	78.67
四 川					45984	83.45
贵 州					11828	45.94
云 南					8997	66.72
西 藏					3113	45.54
陕 西					26625	83.43
甘 肃					11450	64.51
青 海					1150	28.03
宁 夏					1511	59.68
新 疆					7165	72.04

10－14 农村社会救济费和自然灾害救济费

项　　目	单　位	1990年	1995年	1997年	1998年
一、农村社会救济费	万　元	22475	30425	36670	44791
1.五保户救济费	万　元	5738	8826	10833	12776
2.困难户救济费	万　元	15554	19340	23007	29031
3.麻疯病人救济费	万　元	1184	2259	2830	2984
二、自然灾害救济费	万　元	130717	234755	286724	411559
1.生活救济费	万　元	78001	170602	219191	251361
2.灾民抢救转移安置费	万　元	3848	18504	34978	119740
3.扶持灾民生产经费	万　元	11919	22973	23539	36420
4.其他支出	万　元	36949	22676	9016	4037
#用作扶贫	万　元	19080	22676	9016	4037
三.占民政事业费支出总额比重					
农村社会救济费	%	4.3	2.9	2.8	2.75
自然灾害救济费	%	26.3	22.7	21.5	25.7

10－15 各地区农村社会救济费和自然灾害救济费

单 位：万 元

地 区	农村社会救济费	#五保户救济费	困难户救济费	自然灾害救济费
全国总计	**447915**	**127764**	**290311**	**4115585**
北 京	12877	1055	11822	14085
天 津	3029	277	2744	12352
河 北	8488	2678	5719	168327
山 西	7830	2818	5000	89389
内 蒙 古	5780	2478	3302	130414
辽 宁	16624	2508	13505	85670
吉 林	7182	2945	3953	243076
黑 龙 江	8559	1191	7336	257261
上 海	5409		5359	
江 苏	49508	12139	34054	108025
浙 江	30426	8116	20730	88799
安 徽	18859	8093	8534	130700
福 建	18170	4407	12811	119721
江 西	20125	8530	9611	207863
山 东	17424	4692	12732	99081
河 南	10061	2153	7885	112137
湖 北	7339	1156	4732	398874
湖 南	7667	3178	3243	128228
广 东	39674	14422	17889	90816
广 西	16915	10396	4919	117433
海 南	6290	1636	2796	20975
重 庆	9086	2837	5617	77067
四 川	19468	7191	10290	161322
贵 州	6932	2271	2887	113178
云 南	17611	7650	9476	184501
西 藏	45678	6236	39442	43850
陕 西	4918	1948	2769	96862
甘 肃	3827	1471	2332	95956
青 海	956	379	560	39529
宁 夏	1472	327	1133	26855
新 疆	19731	2550	17129	237299

十一、乡镇企业

11－1 乡镇企业单位数

计量单位：万个

年 份	合 计	农 业	工 业	建筑业	交通运输业	商饮服务业
1978	152.42	49.46	79.40	4.67	6.51	12.38
1979	148.04	44.39	76.71	4.97	8.21	13.76
1980	142.46	37.83	75.78	5.08	8.94	14.83
1981	133.75	31.90	72.54	4.83	8.89	15.59
1982	136.17	29.28	74.92	5.38	9.58	17.01
1983	134.64	26.98	74.40	5.70	9.16	18.40
1984	606.52	24.84	481.22	8.04	12.96	79.46
1985	1222.45	22.42	493.03	8.26	10.61	688.13
1986	1515.30	23.97	635.50	89.25	261.98	504.60
1987	1750.24	23.12	708.28	90.25	325.24	603.35
1988	1888.16	23.28	773.52	95.58	372.55	623.23
1989	1868.63	22.68	736.47	92.55	379.88	637.05
1990	1850.40	22.40	722.00	90.40	381.40	634.20
1991	1907.88	23.09	742.57	88.81	400.34	472.61
1992	2079.20	24.70	793.80	98.40	436.20	726.10
1993	2452.90	27.90	918.40	121.70	486.40	898.50
1994	2494.50	24.60	698.60	83.00	369.10	1319.20
1995	2202.67	27.77	718.16	106.75	495.17	697.77
1996	2336.33	28.94	756.43	104.58	546.49	761.71
1997	907.50	21.46	378.22	41.62	143.06	323.13
1998	2003.93	18.92	661.96	82.13	414.82	826.10

注：1997年乡镇企业均不包括个体工商户（后同）。

11－2 各地区乡镇企业单位数

(1998年)

单位：万个

地区	合计	农业	工业	建筑业	交通运输业	商饮服务业
全国总计	**2003.93**	**18.92**	**661.96**	**82.13**	**414.82**	**826.10**
北京	7.87	0.09	1.68	0.26	2.77	3.07
天津	11.55		3.00	0.21	2.88	5.46
河北	85.43	0.54	35.41	3.33	15.65	30.50
山西	32.34	0.37	8.21	1.48	12.33	9.94
内蒙古	84.13	0.63	15.97	3.47	26.93	37.13
辽宁	89.74	0.65	26.17	2.12	21.75	39.04
吉林	69.71	0.47	16.26	4.36	18.40	30.23
黑龙江	21.61	0.19	8.77	0.85	4.55	7.24
上海	2.92		2.92			
江苏	89.21	0.14	43.35	3.22	11.08	31.43
浙江	102.62	0.04	62.91	0.49	12.82	26.35
安徽	67.58	0.79	23.37	4.57	12.50	26.35
福建	77.60	1.14	23.79	3.75	14.54	34.38
江西	70.12	0.56	25.57	4.78	12.07	27.15
山东	158.84	1.27	54.55	5.61	30.02	67.38
河南	86.88	0.56	36.35	3.68	16.09	30.19
湖北	83.79	2.88	29.50	5.14	12.81	33.46
湖南	214.94	3.37	72.68	12.76	41.72	84.40
广东	140.30	1.50	42.81	6.97	24.10	64.93
广西	80.56	0.56	18.67	2.34	10.45	48.55
海南	3.36	0.06	0.85	0.11	0.54	1.81
重庆	9.15	0.19	4.21	0.24	1.21	3.31
四川	121.18	0.93	31.71	3.00	24.95	60.59
贵州	30.05	0.32	10.08	0.48	5.64	13.54
云南	114.66	0.79	26.81	2.00	38.18	46.89
西藏						
陕西	83.29	0.55	21.45	4.35	23.00	33.92
甘肃	20.14	0.13	5.51	0.74	4.78	8.98
青海	5.24	0.04	1.51	0.10	1.65	1.93
宁夏	12.22	0.05	2.87	1.18	4.22	3.90
新疆	26.90	0.11	5.02	0.54	7.19	14.05

11－3 乡镇企业职工人数

单位:万人

年　份	合　计	农　业	工　业	建筑业	交通运输业	商饮服务业
1978	2826.56	608.42	1734.36	235.62	103.83	144.33
1979	2909.34	533.00	1814.38	298.45	116.90	146.61
1980	2999.67	456.07	1942.30	334.67	113.56	153.07
1981	2969.56	379.94	1980.80	348.83	107.38	152.61
1982	3112.91	344.00	2072.81	421.29	112.94	161.87
1983	3234.64	309.22	2168.14	482.72	109.71	164.85
1984	5208.11	283.93	3656.07	683.49	129.30	455.32
1985	6979.03	252.38	4136.70	789.95	114.18	1685.82
1986	7937.14	240.80	4761.96	1270.37	541.26	1122.75
1987	8805.18	244.18	5266.69	1373.98	623.14	1297.19
1988	9545.45	249.99	5703.39	1484.81	684.16	1423.10
1989	9366.78	239.30	5624.10	1403.73	699.37	1400.28
1990	9264.75	236.06	5571.69	1346.84	711.22	1398.94
1991	9609.11	243.08	5813.55	1384.33	732.31	984.10
1992	10581.10	254.80	6336.40	1540.70	796.90	1652.30
1993	12345.30	285.40	7259.60	1826.90	931.40	2042.00
1994	12017.50	260.50	6961.50	1622.00	725.60	2447.90
1995	12862.06	313.52	7564.72	1932.52	952.03	1902.65
1996	13508.29	336.00	7860.14	1948.84	1062.32	1924.32
1997	9158.28	276.96	6149.44	1273.40	382.03	1076.45
1998	12536.55	273.91	7334.23	1633.75	886.34	2408.32

11－4 各地区乡镇企业职工人数

(1998年)

单位：万人

地 区	合 计	农 业	工 业	建筑业	交通运输业	商饮服务业
全 国	**12536.55**	**273.91**	**7334.23**	**1633.75**	**886.34**	**2408.32**
北 京	92.38	1.32	54.10	16.42	5.70	14.83
天 津	115.36		81.21	6.54	9.81	17.80
河 北	750.57	11.60	460.09	96.32	51.46	131.10
山 西	318.23	5.53	203.37	30.50	37.27	41.56
内蒙古	368.01	13.64	110.24	58.64	60.40	125.09
辽 宁	425.91	11.62	236.57	41.34	40.88	95.50
吉 林	239.92	7.06	93.88	30.78	34.29	73.90
黑龙江	144.81	2.27	86.31	13.91	12.99	29.32
上 海	145.15		145.15			
江 苏	837.40	2.97	633.79	79.76	24.02	96.87
浙 江	788.08	0.73	677.46	33.22	20.22	56.45
安 徽	566.65	13.67	312.71	98.75	41.15	100.38
福 建	510.37	19.57	299.53	50.56	34.48	106.23
江 西	303.21	5.28	171.70	37.94	21.98	66.30
山 东	1198.52	18.43	712.37	184.01	73.27	210.45
河 南	768.77	12.03	484.51	108.97	46.41	116.85
湖 北	629.81	38.98	336.14	90.57	36.34	127.77
湖 南	877.22	41.27	415.13	161.45	69.80	189.56
广 东	1172.73	11.60	824.96	88.44	45.67	202.07
广 西	369.41	16.80	151.61	36.84	29.91	134.26
海 南	25.44	2.29	8.72	2.50	2.29	9.65
重 庆	135.63	1.91	75.55	41.71	4.80	11.67
四 川	571.05	8.21	274.71	111.97	40.06	136.10
贵 州	121.98	3.70	70.74	10.91	8.95	27.68
云 南	395.27	13.29	138.90	69.11	47.04	126.93
西 藏						
陕 西	380.89	4.85	167.48	70.37	47.80	90.39
甘 肃	143.15	2.42	55.58	39.33	17.33	28.49
青 海	21.67	0.28	9.62	3.90	3.68	4.19
宁 夏	47.71	0.58	16.84	11.02	8.86	10.41
新 疆	71.25	2.01	25.26	7.97	9.48	26.52

11－5　乡镇集体工业企业基本情况

(1998 年)

地　区	企业单位数（万个）	职工平均人数（万人）	工业总产值（现价，亿元）	工业销售产值（现价，亿元）	工业增加值（现价，亿元）
全　国	**70.46**	**3534.51**	**35566.95**	**33638.16**	**8104.46**
北　京	0.99	49.52	353.35	328.28	77.52
天　津	0.75	59.88	823.96	779.35	141.88
河　北	2.95	164.72	1437.14	1365.67	362.57
山　西	1.93	106.81	631.87	586.90	160.95
内蒙古	0.59	27.06	145.15	134.30	40.86
辽　宁	1.87	96.58	1180.77	1108.01	283.02
吉　林	0.75	34.07	245.78	222.33	68.21
黑龙江	1.14	41.34	360.53	342.17	81.80
上　海	1.43	124.01	1932.44	1857.93	425.14
江　苏	6.45	387.37	5905.48	5577.51	1237.63
浙　江	6.05	295.50	3917.71	3720.26	848.24
安　徽	3.21	139.74	887.87	855.88	222.13
福　建	3.18	124.80	1306.34	1218.50	327.66
江　西	2.44	64.50	379.91	365.79	100.11
山　东	5.17	370.46	4578.38	4375.05	1100.91
河　南	3.55	204.77	1757.06	1674.27	452.85
湖　北	5.87	189.82	2268.72	2165.07	515.56
湖　南	4.67	145.03	1000.34	947.50	246.87
广　东	8.00	531.84	4286.65	4017.81	943.42
广　西	0.93	43.32	274.41	264.91	53.79
海　南	0.04	1.39	14.94	14.62	3.61
重　庆	1.06	43.86	228.41	210.05	53.91
四　川	2.83	108.79	662.62	615.79	136.24
贵　州	0.67	26.67	142.50	127.85	36.06
云　南	1.10	45.35	276.13	251.56	50.15
西　藏					
陕　西	1.79	60.58	370.35	339.43	89.25
甘　肃	0.55	26.60	109.90	93.85	23.60
青　海	0.10	4.14	16.48	14.58	3.39
宁　夏	0.11	4.76	19.60	17.36	4.49
新　疆	0.29	11.23	52.16	45.58	12.64

11－6 各地区乡镇企业主要产品产量

(1998年)

单位:万吨

地 区	原 煤	食用植物油	饮料酒	白 酒	啤 酒
全 国	**64218**	**1552**	**759**	**402**	**286**
北 京	529		1		
天 津		2	1	1	
河 北	2813	47	37	10	20
山 西	16039	8	11	7	4
内蒙古	3086	71	13	6	7
辽 宁	1559	46	42	15	27
吉 林	1038	4	30	4	24
黑龙江	2930	30	40	24	16
上 海		3	9	1	7
江 苏	453	31	42	27	15
浙 江	121	5	39	4	29
安 徽	645	54	15	8	2
福 建	715	235	26	19	7
江 西	1990	14	7	4	1
山 东	921	178	47	28	12
河 南	4602	14	41	5	18
湖 北	1945	514	36	30	6
湖 南	4962	91	31	25	6
广 东	571	21	23	11	8
广 西	1055	27	18	18	
海 南					
重 庆	1467	1	16	9	6
四 川	3981	20	121	73	35
贵 州	5334	9	45	44	
云 南	2206	2	22	19	2
西 藏					
陕 西	2669	11	4	2	
甘 肃	1020	95	35	1	34
青 海	101	3			
宁 夏	224	1			
新 疆	1242	15	7	7	

11－6续表1

地　区	布总计(万米)	服　装(万件)	布　鞋(万双)	皮　鞋(万双)	纸及纸板(万吨)
全　国	**1861500**	**1238937**	**115320**	**162546**	**1232**
北　京	7829	7051	298	470	13
天　津	15555	18613	3547	1029	23
河　北	36708	32326	9451	691	80
山　西	1488	1160	475	70	45
内蒙古	299	1952	233	210	11
辽　宁	11699	29711	712	5726	57
吉　林	132	522	15	28	12
黑龙江		4985			15
上　海	31035	27976	1778	1612	27
江　苏	313146	59020	7523	7476	124
浙　江	760468	444082	1028	49044	206
安　徽	18368	12557	1260	1928	51
福　建	43287	54676	16849	20114	77
江　西	6366	5214	235	689	11
山　东	279531	50252	7114	3192	121
河　南	5917	13273	44218	4057	21
湖　北	88789	16525	7171	760	36
湖　南	8489	7556	710	2509	32
广　东	176900	384828	10582	52602	73
广　西	2214	42215	42	171	63
海　南		867		8	
重　庆	25043	891	188	5156	12
四　川	15475	7847	453	3254	61
贵　州	89	5920	463	831	11
云　南		779	88	438	16
西　藏					
陕　西	9374	6831	697	391	20
甘　肃	390	902	166	49	8
青　海		17	1	1	
宁　夏		34	19	5	3
新　疆	2909	355	4	35	3

11－6续表2

地　区	化学肥料（万吨）	水　泥（万吨）	砖（亿块）	中小农具（万件）	农用运输车（辆）
全　国	**877**	**23025**	**24333**	**68864**	**480150**
北　京	15	229	54		
天　津	2	65	49	422	
河　北	34	2497	849	3222	3519
山　西	15	545	293	278	25557
内蒙古	1	191	117	322	18360
辽　宁	8	488	240	949	680
吉　林	5	57	103	657	4622
黑龙江		38	138	2923	
上　海	1	21	258	2	
江　苏	138	2038	555	921	59514
浙　江	15	2097	271	112	22489
安　徽	91	1545	529	2794	67302
福　建	6	1324	15550	5063	2943
江　西	24	296	229	2489	19004
山　东	52	1375	373	8344	95318
河　南	38	1988	689	8192	63794
湖　北	137	1194	1007	2605	6889
湖　南	36	1227	1059	4045	14596
广　东	12	1854	450	4234	6357
广　西		509	289	2	20709
海　南		10	22	93	544
重　庆	7	602	101	608	2330
四　川	45	1032	340	7331	27033
贵　州	36	325	84	9036	5477
云　南		666	114	2132	
西　藏					
陕　西	67	565	412	1744	6706
甘　肃	86	184	65	264	4907
青　海	1	13	8	2	
宁　夏		18	23	32	
新　疆	5	32	62	46	1500

11－7　乡镇企业出口产品交货情况

(1998年)　　　　单位:万元

地　区	合　计	其中: 直接出口	间接出口
全　国	**68536453**	**53004201**	**15532252**
北　京	405727	284529	121198
天　津	1396685	856048	540637
河　北	1852434	878005	974429
山　西	508811	332921	175890
内蒙古	228742	101709	127033
辽　宁	2704124	2093296	610828
吉　林	162396	73846	88550
黑龙江	154057	121061	32996
上　海	3229647	2793313	436334
江　苏	12526780	9000565	3526215
浙　江	10171147	8306747	1864400
安　徽	910652	342971	567681
福　建	7244987	7244987	
江　西	298632	125752	172880
山　东	5865739	3861245	2004494
河　南	851301	398418	452883
湖　北	835215	540872	294343
湖　南	1236810	542633	694177
广　东	16512208	14339201	2173007
广　西	740667	349302	391365
海　南	10247	6173	4074
重　庆	119489	59255	60234
四　川	216497	137273	79224
贵　州	72773	42855	29918
云　南	84294	43268	41026
西　藏			
陕　西	97849	66365	31484
甘　肃	34475	21693	12782
青　海	25136	4092	21044
宁　夏	34629	31627	3002
新　疆	4303	4179	124

11－8 乡镇股份制及股份合作制企业情况

(1998年)

地 区	企业单位数(个)	年平均职工人数(人)	资本金(万元)	营业收入(万元)	利润总额(万元)	应交税金(万元)	固定资产原值(万元)
全 国	**189831**	**9036095**	**21302609**	**79596472**	**4643430**	**2976806**	**30141759**
北 京	912	49277	176291	333516	24141	12027	220006
天 津	843	71030	188226	1032770	77525	44489	330563
河 北	14449	723051	1419522	5226614	471962	107577	1668408
山 西	6365	315585	632044	1770218	109895	71012	943722
内蒙古	1510	67774	139254	410649	33450	14609	171462
辽 宁	1839	127027	437027	1237272	86663	35723	554544
吉 林	688	37878	141013	220305	15093	16443	162238
黑龙江	4754	126411	289493	1049571	58870	34287	352992
上 海	1806	130252	414969	1557272	105663	70188	574257
江 苏	25120	1341066	2999797	15157151	431608	600611	5183523
浙 江	28022	1232497	4377070	14576100	741602	688466	5796971
安 徽	12762	659182	894792	4532508	359434	165134	1386732
福 建	4459	169208	519366	2191627	70820	36384	440900
江 西	15774	266265	445941	1479835	102915	54798	468823
山 东	16356	1085321	2188858	10197533	778697	393512	3876035
河 南	11862	553581	1065208	3877210	328255	80904	1522563
湖 北	11729	415502	747694	4159235	215015	147622	1102178
湖 南	11132	433275	445137	2079833	119536	75501	612189
广 东	2590	270800	1372670	3460221	337986	125307	2058391
广 西	1439	48120	103797	434938	21153	12331	187741
海 南	184	5009	18164	35734	3630	1105	28207
重 庆	3168	239300	339566	1049336	21789	38743	404434
四 川	4709	297731	1066556	1755326	42109	73718	1067082
贵 州	1531	33289	85312	192920	8377	5645	119023
云 南	663	67808	332739	531139	18520	24467	345998
西 藏							
陕 西	1951	85603	192591	468840	19971	16143	198106
甘 肃	2841	155686	204023	458419	38830	23581	251405
青 海	110	5391	21707	21207	760	1308	24905
宁 夏	139	10397	14452	46560	1443	2136	37579
新 疆	124	12779	29330	52613	－2282	3035	50782

11－9 乡镇集体企业职工素质情况

(1998年)

单位：人

地区	全部职工人数	其中：大专及以上	中专	高中	专业技术人员数	其中：中级职称及以上
全国总计	**48286279**	**948228**	**1895503**	**11930631**	**3173765**	**1094281**
北京	736799	23462	44631	165778	71784	30698
天津	720314	12038	35182	165959	43749	17684
河北	2137296	36234	61145	581991	147392	52683
山西	1295358	10054	29684	291216	70586	24231
内蒙古	497426	6288	12674	140937	28793	11955
辽宁	1294406	34812	55892	237523	87427	38913
吉林	474574	8009	18177	117719	19957	6782
黑龙江	512373	14626	28460	120799	41740	15383
上海	1240211	37404	50380	164761	79895	31024
江苏	4624088	90513	140566	1092941	283409	89730
浙江	3354296	66282	96573	700918	181385	56236
安徽	2153819	25553	66693	423245	136476	49006
福建	1750475	32445	63704	437489	73046	24511
江西	900595	9209	23521	216523	52485	16020
山东	5212174	138215	344520	1285842	429068	143781
河南	2760244	49461	85801	849458	278479	108768
湖北	3047768	42350	132617	846915	223826	75497
湖南	2586927	31051	92967	694355	159364	57289
广东	6034038	151600	278877	1764928	267331	95910
广西	812080	9695	20159	188023	38672	12398
海南	52882	1122	1796	18425	1907	933
重庆	860654	20669	32966	225970	78013	22222
四川	2001408	44177	81247	408935	194142	57759
贵州	358209	9040	13658	70062	18889	5452
云南	1106007	14952	29255	166885	70890	20513
西藏						
陕西	901588	14498	30107	311125	48255	17696
甘肃	519691	7447	12632	155131	28341	5615
青海	61742	464	1025	15176	3114	1103
宁夏	87689	989	1543	20560	3490	1302
新疆	191148	5569	9051	51042	11860	3187

11－10 乡镇集体企业固定资产投资情况

(1998年)

地区	本年施工项目个数(个)	本年新开工项目数(个)	本年投产项目个数(个)	本年完成投资(万元)	本年新增固定资产(万元)
全国总计	**189075**	**148389**	**160890**	**25713131**	**19872612**
北京	1049	573	820	212123	156642
天津	1807	1667	1619	347465	291162
河北	16099	12792	15509	1895334	1563341
山西	2124	1595	1638	314310	235722
内蒙古	1883	1684	1679	146765	132121
辽宁	5180	4472	4641	1015216	735617
吉林	3850	3134	3043	715568	423082
黑龙江	2617	2302	2250	362499	278734
上海	1812	1207	1804	825355	705009
江苏	26736	17525	17797	3521919	2679063
浙江	11038	8643	9824	2733455	2101364
安徽	13984	11447	12078	1082457	918095
福建	2988	2391	2339	542588	381158
江西	7349	5936	6795	631186	473595
山东	19838	16582	17286	3422888	2488835
河南	13474	12152	12269	1788198	1574283
湖北	10113	8341	9090	998386	689388
湖南	16294	11695	14613	891162	643905
广东	6201	4949	5250	1859351	1463595
广西	3112	2362	2734	264356	249590
海南	232	166	168	40502	26625
重庆	6591	4869	5636	451492	361610
四川	7723	6504	6534	662963	531618
贵州	1715	1307	1225	221689	161037
云南	1258	1048	1009	289461	230367
西藏					
陕西	2174	1572	1703	275073	237071
甘肃	1084	886	887	109581	71814
青海	226	165	205	30086	22074
宁夏	164	125	151	26749	20234
新疆	360	298	294	34954	25861

11－11 乡镇“三资企业”基本情况

(1998年)

地 区	企业个数(个)	本年新签协议		本年实际投资额		累计投资额	
		合同数(个)	客商投资(万美元)	合 计(万美元)	其中:客 商	合 计(万美元)	其中:客 商
全 国	**27658**	**20937**	**456134**	**487528**	**354885**	**4535116**	**2897527**
北 京	500	199	3483	5667	4505	60585	34715
天 津	484	44	1650	3245	2384	72179	44656
河 北	860	444	33526	36468	17961	130603	50790
山 西	77	57	3	274	121	14774	5402
内蒙古	29	7	324	533	472	2976	2307
辽 宁	1516	1052	41697	32299	18996	226380	130950
吉 林	77	23	1790	5274	2731	9451	6498
黑龙江	70	17	1018	964	535	13174	8961
上 海	2551	186	27643	45605	38044	582196	391524
江 苏	4814	3913	61222	81754	59306	918704	524115
浙 江	2989	610	40365	37286	18609	397909	163186
安 徽	203	95	7257	7028	5203	20410	11791
福 建	2532	608	24687	26701	19740	294733	203839
江 西	179	185	7003	5768	4880	19204	14954
山 东	2943	1083	43156	39513	27616	344004	188648
河 南	224	424	7388	10422	5698	38768	24309
湖 北	194	245	7556	2737	2079	27077	15596
湖 南	278	180	27113	16028	13885	33438	25685
广 东	6812	11408	113923	125163	109472	1267392	1024251
广 西	62	6	1362	1044	401	7616	2926
海 南	15	81	91	187	161	1073	780
重 庆	31	2	973	1056	608	18320	6195
四 川	116	31	765	1038	738	17338	7317
贵 州	21	3	1693	396	323	1717	869
云 南	39	30	212	316	183	9352	5021
西 藏							
陕 西	13	1	6	38	6	2878	1208
甘 肃	18	3	228	524	228	2297	626
青 海	2					173	108
宁 夏	7			200		330	300
新 疆	2					65	

11－12　乡镇集体企业主要财务指标

(1998年)　　单位:亿元

地　区	营业收入	营业利润	利税总额	工资总额	支农建农支　出
全国总计	**38284.07**	**1945.80**	**3150.85**	**2483.00**	**64.53**
北　京	571.75	26.79	44.15	46.59	0.73
天　津	863.91	72.25	92.25	44.97	0.72
河　北	1603.58	131.66	158.47	96.86	2.59
山　西	668.41	38.06	71.59	71.80	1.44
内蒙古	262.75	22.88	32.09	24.76	0.85
辽　宁	1418.12	94.16	132.13	61.64	0.47
吉　林	292.62	21.23	32.15	17.32	0.11
黑龙江	430.52	23.52	32.62	23.28	0.26
上　海	1462.50	52.10	113.01	96.06	2.29
江　苏	5240.72	141.37	331.88	277.22	2.26
浙　江	3861.29	153.26	333.64	247.37	11.76
安　徽	1235.38	87.08	131.64	103.91	2.52
福　建	1520.81	72.14	106.00	100.29	0.69
江　西	430.39	26.44	40.83	38.11	0.60
山　东	4625.12	315.56	462.89	218.90	7.33
河　南	2032.19	171.00	202.91	125.93	3.89
湖　北	2966.27	149.31	234.69	163.94	8.64
湖　南	1437.58	76.33	116.92	116.67	7.62
广　东	4232.36	169.80	275.96	349.42	5.95
广　西	519.00	20.31	33.39	35.50	0.50
海　南	27.84	1.59	3.20	2.38	0.09
重　庆	332.67	7.94	21.80	38.24	0.20
四　川	830.51	15.58	42.15	70.97	1.08
贵　州	86.64	2.86	7.00	9.62	0.05
云　南	572.72	13.52	33.76	38.33	0.95
西　藏					
陕　西	476.86	24.21	36.25	31.31	0.52
甘　肃	157.95	10.68	17.87	17.08	0.19
青　海	18.59	0.66	1.51	2.30	0.07
宁　夏	27.58	1.29	2.46	2.88	0.05
新　疆	77.44	2.22	5.64	9.35	0.11

11－12 续表1

地　　区	资产总计	流动资产	固定资产合　　计	固定资产净　　值	无形资产
全国总计	**26316.83**	**13857.93**	**11099.36**	**10109.23**	**383.15**
北　　京	619.70	346.37	231.50	198.41	6.97
天　　津	615.55	373.76	212.76	195.79	7.58
河　　北	1098.71	537.42	524.12	489.49	14.43
山　　西	434.72	207.73	215.05	195.32	1.81
内 蒙 古	147.03	67.76	74.91	70.35	0.92
辽　　宁	799.72	465.24	301.31	281.67	6.78
吉　　林	217.11	99.36	108.98	100.67	3.11
黑 龙 江	239.85	113.88	115.11	109.77	2.47
上　　海	1539.93	910.51	528.53	482.52	23.76
江　　苏	3949.97	2276.37	1458.74	1317.98	54.96
浙　　江	3362.61	1822.78	1331.33	1195.12	41.69
安　　徽	643.35	299.78	316.61	297.76	13.72
福　　建	845.74	453.66	368.71	342.09	8.07
江　　西	234.85	103.73	124.58	117.66	2.45
山　　东	2810.66	1497.13	1190.33	1081.00	35.40
河　　南	1064.80	488.53	555.11	522.09	6.62
湖　　北	979.51	503.61	437.86	409.23	16.86
湖　　南	533.33	262.63	252.23	234.52	5.21
广　　东	3764.76	1862.34	1652.55	1481.44	69.12
广　　西	272.84	123.97	136.25	126.31	4.19
海　　南	33.80	10.27	21.16	19.81	1.65
重　　庆	252.07	140.38	100.08	89.37	4.10
四　　川	732.32	354.65	313.41	282.67	31.99
贵　　州	113.93	56.04	52.13	44.78	2.01
云　　南	459.30	210.71	212.33	186.15	12.63
西　　藏					
陕　　西	257.42	129.46	120.41	110.30	2.34
甘　　肃	136.35	67.48	64.68	60.60	1.02
青　　海	21.56	8.11	12.78	12.07	0.08
宁　　夏	31.71	14.38	16.36	15.27	0.18
新　　疆	103.63	49.89	49.45	39.02	1.03

11－12续表2

地　　区	负债总额	流动负债	其中:短期借款	长期负债	其中:长期借款	所有者权　益
全国总计	**15860.40**	**13424.97**	**5238.05**	**2430.82**	**2073.60**	**10456.44**
北　　京	379.34	336.30	106.35	42.99	39.23	240.36
天　　津	373.61	343.51	146.54	29.56	26.59	241.94
河　　北	635.49	506.92	232.28	128.22	103.07	463.22
山　　西	276.37	218.22	79.16	57.89	44.59	158.35
内 蒙 古	74.28	58.73	20.22	15.46	12.35	72.75
辽　　宁	501.31	444.06	158.78	57.11	51.55	298.41
吉　　林	126.43	101.65	41.26	24.77	21.35	90.68
黑 龙 江	128.82	103.13	41.08	25.49	22.67	111.03
上　　海	896.70	820.20	265.59	76.27	64.08	643.23
江　　苏	2610.29	2327.75	829.97	282.18	240.25	1339.68
浙　　江	2027.27	1787.37	834.58	239.79	198.99	1335.34
安　　徽	361.51	289.07	120.99	72.42	66.13	281.83
福　　建	364.17	318.90	112.36	45.20	36.12	481.56
江　　西	131.93	96.73	41.49	35.15	31.66	102.92
山　　东	1676.16	1429.23	563.42	246.17	204.19	1134.50
河　　南	599.55	457.49	206.91	141.92	120.78	465.24
湖　　北	570.35	409.13	147.33	161.09	140.81	409.16
湖　　南	330.76	248.49	96.41	82.23	72.47	202.57
广　　东	2244.73	1900.69	660.74	343.48	282.72	1520.04
广　　西	167.28	120.64	53.83	46.63	42.35	105.56
海　　南	14.32	5.22	1.29	9.10	8.69	19.48
重　　庆	173.12	148.29	63.01	24.74	22.78	78.95
四　　川	486.98	405.03	187.47	81.84	71.93	245.35
贵　　州	77.03	56.72	20.28	20.31	18.76	36.91
云　　南	286.89	232.84	96.45	53.95	49.64	172.42
西　　藏						
陕　　西	152.62	112.11	51.34	40.33	37.08	104.80
甘　　肃	81.58	65.91	27.66	15.67	14.21	54.77
青　　海	14.40	8.47	3.58	5.93	5.20	7.16
宁　　夏	23.02	15.02	6.89	7.99	7.55	8.69
新　　疆	74.09	57.15	20.79	16.94	15.81	29.54

11－12续表3

地　　区	营业收入 利润率	总资产 报酬率	资　本 收益率	产　值 销售率	人　均 利税率	资　产 负债率
全国总计	**5.08**	**10.32**	**20.56**	**93.41**	**6844.00**	**60.27**
北　京	4.69	6.35	12.94	92.91	5995.00	61.21
天　津	8.36	13.87	36.61	94.58	12979.00	60.70
河　北	8.21	16.02	33.63	95.03	7493.00	57.84
山　西	5.69	13.35	24.87	92.88	5216.00	63.58
内蒙古	8.71	17.62	36.10	92.52	6650.00	50.52
辽　宁	6.64	15.37	32.36	93.84	9606.00	62.69
吉　林	7.25	12.58	21.22	90.46	6879.00	58.23
黑龙江	5.46	11.79	25.78	94.91	6402.00	53.71
上　海	3.56	5.62	11.93	96.14	11435.00	58.23
江　苏	2.70	6.29	10.91	94.45	7568.00	66.08
浙　江	3.97	7.84	12.90	87.75	10214.00	60.29
安　徽	7.05	16.70	31.70	96.40	6161.00	56.20
福　建	4.74	10.49	15.19	93.28	6331.00	43.06
江　西	6.14	15.38	26.33	96.28	4540.00	56.18
山　东	6.82	14.27	34.19	95.56	8889.00	59.64
河　南	8.41	20.00	40.00	95.00	7472.00	56.00
湖　北	5.03	20.70	41.77	95.43	7793.00	58.23
湖　南	5.31	19.61	38.42	94.72	4641.00	62.02
广　东	4.01	6.85	13.14	93.73	5455.00	59.62
广　西	3.91	9.88	20.34	96.54	4165.00	61.31
海　南	5.72	7.86	12.99	97.83	6067.00	42.36
重　庆	2.39	6.56	8.69	91.96	2535.00	68.68
四　川	1.88	5.24	5.77	92.93	2205.00	66.50
贵　州	3.30	4.45	7.93	48.42	3179.00	67.60
云　南	2.36	5.87	6.97	91.10	4124.00	62.46
西　藏						
陕　西	5.08	13.47	23.67	91.65	4044.00	59.29
甘　肃	6.76	10.32	20.94	85.39	3493.00	59.83
青　海	3.57	6.05	8.78	88.46	2441.00	66.78
宁　夏	4.67	7.11	12.89	88.56	2999.00	72.58
新　疆	2.86	4.66	5.53	87.39	3033.00	71.50

11－13 各地区乡镇企业增加值

(1998年，现价)　　　　单位：亿元

地　区	合　计	农　业	工　业	建筑业	交通运输企　业	商饮服务企　业
全国总计	**22186.46**	**346.16**	**15530.27**	**1781.02**	**1361.41**	**3167.59**
北　京	149.77	1.85	84.98	23.95	9.31	29.68
天　津	280.30		194.71	11.72	27.04	46.82
河　北	1500.88	9.08	1085.05	93.45	96.14	217.15
山　西	433.77	3.30	304.33	28.97	48.41	48.76
内蒙古	611.96	19.34	192.83	91.91	107.63	200.25
辽　宁	1374.99	27.62	895.18	88.08	112.12	251.99
吉　林	378.21	8.06	167.43	43.63	62.05	97.04
黑龙江	219.84	5.28	157.23	24.85	9.66	22.81
上　海	482.68		482.68			
江　苏	1974.64	5.96	1703.35	86.37	32.42	146.55
浙　江	2118.72	2.08	1929.95	47.79	29.56	109.34
安　徽	783.00	21.08	468.62	108.36	60.77	124.16
福　建	1090.32	35.42	729.08	71.37	69.23	185.23
江　西	342.86	3.07	226.40	27.61	28.91	56.87
山　东	2049.04	28.76	1735.56	134.00	40.28	110.45
河　南	1372.37	19.62	998.67	120.65	63.95	169.47
湖　北	1287.30	55.49	815.61	134.11	71.67	210.43
湖　南	1456.15	48.98	703.08	222.23	145.86	336.01
广　东	1916.01	15.85	1475.03	99.41	70.65	255.08
广　西	435.27	14.47	190.45	40.01	47.21	143.13
海　南	29.96	1.31	14.69	2.89	1.83	9.24
重　庆	158.73	0.94	96.39	37.47	7.23	16.70
四　川	654.14	4.22	354.97	93.18	71.44	130.33
贵　州	116.74	4.12	69.09	8.57	11.85	23.10
云　南	352.31	4.94	122.00	55.21	57.03	113.13
西　藏						
陕　西	402.91	2.41	239.08	49.10	46.90	65.43
甘　肃	112.77	1.59	48.45	22.63	16.74	23.36
青　海	12.62	0.18	7.09	1.32	1.45	2.57
宁　夏	27.87	0.36	12.33	5.46	4.63	5.09
新　疆	60.33	0.78	25.96	6.72	9.44	17.42

十二、国营农场

12－1 农垦系统国营农场基本情况

指　　标	单　位	1997年	1998年	1998年比1997年增加	
				绝对数	%
一、农 场 数	**个**	**2115**	**2101**	**－14**	**－0.7**
职工人数	万人	473.1	437.5	－35.6	－7.5
二、耕 地 面 积	**千公顷**	**4764.2**	**4816.7**	**52.5**	**1.1**
其中:当年新开荒	千公顷	85.0	67.4	－17.6	－20.7
三、农业机械总动力	**亿瓦**	**109.6**	**112.7**	**3.1**	**2.8**
大中型农用拖拉机	万台	6.0	6.3	0.3	4.3
小型及手扶拖拉机	万台	19.5	19.5		－0.2
农用排灌动力机械	万台	11.8	12.6	0.8	7.1
联合收割机	万台	1.4	1.5		2.8
农用载重汽车	辆	1.7	1.6		－3.0
农用化肥施用量(折纯量)	万吨	126.1	131.1	5.0	4.0
农场用电量	亿千瓦小时	55.5	58.6	3.2	5.7
四、农业总产值					
按1990年不变价计算	亿元	383.7	387.9	4.2	1.1
按当年价格计算	亿元	698.2	680.7	－17.5	－2.5
粮食总产量	万吨	1692.8	1645.9	－46.9	－2.8
棉花总产量	万吨	62.2	72.1	9.9	15.9
油料总产量	万吨	34.3	46.5	12.2	35.6
肉类总产量	万吨	80.8	82.0	1.2	1.5

12－2 各地区农垦系统国营农场基本情况

地 区	农场数(个)		职工人数(万人)		耕地面积(千公顷)	
	1997年	1998年	1997年	1998年	1997年	1998年
全国总计	**2115**	**2101**	**473.3**	**437.5**	**4764.3**	**4816.7**
北 京	16	16	6.7	6.5	39.3	39.3
天 津	17	16	1.4	1.3	4.3	4.3
河 北	30	30	11.7	11.5	92.2	92.1
山 西	30	30	0.7	0.7	6.8	7.0
内 蒙 古	116	116	18.7	18.1	562.5	559.8
辽 宁	118	118	30.1	29.1	114.9	115.9
吉 林	133	124	8.3	8.0	66.1	66.4
黑 龙 江	107	107	61.0	55.0	2020.3	2040.7
上 海	16	16	8.6	7.6	23.2	24.6
江 苏	32	32	15.3	14.9	71.3	71.2
浙 江	75	73	3.8	3.2	7.6	7.6
安 徽	26	25	5.9	5.8	34.6	35.0
福 建	123	123	6.1	6.0	11.3	11.2
江 西	136	135	26.7	24.9	42.6	39.8
山 东	20	19	0.8	0.8	12.4	12.5
河 南	97	97	4.4	4.5	23.3	23.8
湖 北	50	52	46.3	42.7	144.2	141.5
湖 南	85	84	25.9	23.9	62.3	61.7
广 东	62	66	13.7	13.3	38.3	37.6
广 西	43	43	6.9	6.7	24.5	24.6
海 南	92	92	31.1	28.8	38.1	37.9
重 庆	39	37	1.0	0.8	0.6	0.6
四 川	87	89	1.7	1.5	2.1	2.2
贵 州	44	44	1.3	1.1	2.0	2.1
云 南	47	47	13.6	12.0	11.9	11.6
陕 西	19	18	2.2	1.8	10.3	10.4
甘 肃	17	17	3.7	3.4	44.2	44.8
青 海	26	25	1.4	1.0	46.0	45.4
宁 夏	15	15	4.1	3.8	36.1	36.6
新 疆	397	395	110.2	99.0	1171.0	1208.8

12－2 续表1

地区	农业机械总动力(万千瓦)		大中型拖拉机(台)		农用载重汽车(辆)	
	1997年	1998年	1997年	1998年	1997年	1998年
全国总计	**1095.64**	**1126.73**	**60445**	**63028**	**16726**	**16246**
北京	44.21	44.21	1331	1331	2591	2591
天津	1.78	1.75	76	64	33	29
河北	42.72	46.00	960	988	455	404
山西	1.84	2.47	79	86	51	54
内蒙古	75.13	79.81	3703	4062	994	1025
辽宁	52.26	47.61	1105	990	750	612
吉林	23.41	22.77	1055	1015	605	585
黑龙江	291.19	305.99	21821	22148	1083	1192
上海	9.46	9.06	898	889	39	26
江苏	32.81	33.36	1807	1840	158	143
浙江	6.16	5.87	192	174	121	111
安徽	21.11	22.14	1269	1288	241	247
福建	7.58	7.40	161	116	201	147
江西	13.32	12.80	168	162	234	223
山东	4.20	4.03	275	253	32	16
河南	16.41	15.99	807	788	166	127
湖北	75.59	80.32	3444	3719	970	942
湖南	42.02	39.28	1274	1497	952	829
广东	16.03	15.91	585	537	516	665
广西	17.36	17.04	822	828	366	370
海南	28.60	28.87	741	715	1509	1482
重庆	0.32	0.23			11	1
四川	1.84	1.90	13	15	32	28
贵州	1.14	1.48	37	40	50	46
云南	30.59	30.22	731	767	1364	1290
陕西	3.40	3.25	140	117	60	57
甘肃	10.10	17.24	424	481	105	109
青海	5.45	5.12	323	311	133	132
宁夏	9.82	10.57	619	716	97	138
新疆	209.79	214.04	15585	17091	2807	2625

12－2 续表 2

地　区	化肥施用量(万吨)		现价农业总产值(万元)	
	1997年	1998年	1997年	1998年
全国总计	**126.0**	**131.1**	**6981616**	**6807304**
北　京	2.3	2.3	167585	168028
天　津	0.1	0.1	18776	16128
河　北	1.9	2.0	204921	224706
山　西	0.2	0.2	8819	8324
内蒙古	5.1	5.4	289300	267014
辽　宁	5.1	5.8	450291	423195
吉　林	2.3	2.4	111790	97394
黑龙江	24.3	25.7	1619862	1552018
上　海	1.3	1.3	96393	95251
江　苏	4.7	5.3	216125	218132
浙　江	1.0	0.9	55095	57656
安　徽	1.8	1.7	74857	63737
福　建	2.7	3.0	99475	105883
江　西	3.1	2.6	154401	106319
山　东	0.3	0.4	15116	19661
河　南	1.2	1.1	47520	44196
湖　北	12.5	13.6	558780	505080
湖　南	6.0	5.6	269748	230941
广　东	4.3	4.7	232079	243629
广　西	2.8	2.6	89938	77078
海　南	4.4	4.1	386924	362233
重　庆			4510	4169
四　川	0.1		9845	9031
贵　州	0.1	0.1	11248	11389
云　南	1.1	1.2	136419	126226
陕　西	0.3	0.4	17050	15405
甘　肃	1.3	1.4	34715	37498
青　海	0.4	0.4	15967	19348
宁　夏	1.6	1.8	41441	44196
新　疆	33.7	35.0	1542626	1653439

12－3 农垦系统国营农场种植业生产情况

指　　标	单　位	1998年	1997年	1998年比1997年增加	
				绝对数	%
农作物总播种面积	**千公顷**	**4885.6**	**4774.1**	**111.5**	**2.3**
一、粮食播种面积	**千公顷**	**3439.9**	**3503.6**	**－63.7**	**－1.8**
每公顷产量	千克	4785.0	4832.0	－47.0	－1.0
总 产 量	万吨	1645.9	1692.8	－46.9	－2.8
1. 谷 物	万吨	1478.4	1497.9	－19.5	－1.3
#稻 谷	万吨	785.1	751.0	34.1	4.5
小 麦	万吨	391.7	438.3	－46.6	－10.6
玉 米	万吨	264.8	253.0	11.8	4.6
2. 豆 类	万吨	156.9	185.0	－28.1	－15.2
#大 豆	万吨	151.9	180.8	－28.9	－16.0
3. 薯 类	万吨	10.7	9.9	0.8	7.6
二、棉花播种面积	**千公顷**	**510.0**	**447.8**	**62.2**	**13.9**
每公顷产量	千克	1413.0	1389.0	24.0	1.7
总 产 量	吨	720833.0	621831.0	99002.0	15.9
三、油料播种面积	**千公顷**	**304.2**	**230.6**	**73.6**	**31.9**
每公顷产量	千克	1530.0	1487.0	43.0	2.9
总 产 量	吨	465213.0	342893.0	122320.0	35.7
四、糖料播种面积	**千公顷**	**195.1**	**180.5**	**14.6**	**8.1**
每公顷产量	千克	51038.0	51747.0	－709.0	－1.4
总 产 量	吨	9956957.0	9338786.0	618171.0	6.6
五、麻类播种面积	**千公顷**	**1.3**	**2.5**	**－1.3**	**－50.0**
每公顷产量	公斤	4616.0	2587.0	2029.0	78.4
总 产 量	吨	5770.0	6519.0	－749.0	－11.5

12－4 各地区农垦系统国营农场农作物主要产品产量

地 区	粮 食 (万吨)	棉 花 (吨)	油 料 (吨)	糖 料 (吨)	麻 类 (吨)
全国总计	**1645.9156**	**720833**	**465213**	**9956957**	**5770**
北 京	27.4431	950	1030		
天 津	1.4497		145		
河 北	46.3942	1398	6719	4994	
山 西	1.2493	237	1140	6822	
内蒙古	105.9908	625	84186	83001	
辽 宁	85.1209	203	3521	15693	
吉 林	42.7511		1326	7808	
黑龙江	868.8393		34608	759729	75
上 海	18.2777	1894	94		
江 苏	52.4644	26414	8697	1576	
浙 江	4.3826	1039	215	174	
安 徽	18.6654	3756	5036		
福 建	8.6532		3310	90672	26
江 西	19.8659	658	16013	5978	12
山 东	4.8879	2093	283		
河 南	13.2488	777	10980	10	355
湖 北	60.9294	49530	62609	155399	432
湖 南	23.1397	14744	15385	1213361	880
广 东	5.7603		7093	2668355	55
广 西	0.8693		814	1369297	
海 南	13.5885		4101	453307	9
重 庆	0.151		67		
四 川	0.1367		564		
贵 州	0.6532	2	420	350	
云 南	2.3439		472	471071	
陕 西	3.9582	111	1386	191	5
甘 肃	9.9755	2416	3064	50012	
青 海	2.789		32844		
宁 夏	22.3296		3962	18341	
新 疆	179.607	613986	155129	2580816	3921

12－5 农垦系统国营农场茶、蚕、果、橡胶和林业生产情况

指　　　标	单　位	1998年	1997年	1998年比1997年增加	
				绝对数	%
一、年末实有茶园面积	**千公顷**	**36.9**	**38.7**	**－1.8**	**－4.7**
茶叶总产量	万吨	4.4	4.1	0.3	7.3
二、年末实有桑园面积	**千公顷**	**1.8**	**1.3**	**0.5**	**37.6**
三、年末实有果园面积	**千公顷**	**175.4**	**169.2**	**6.2**	**3.7**
水果总产量	万吨	100.4	111.6	－11.2	－10.0
# 苹　果	万吨	25.6	25.3	0.3	1.0
梨	万吨	17.1	20.0	－2.9	－14.5
柑　桔	万吨	14.4	28.6	－14.3	－49.8
四、年末实有橡胶园面积	**千公顷**	**380.9**	**381.7**	**－0.8**	**－0.2**
当年橡胶平均开割面积	千公顷	294.0	298.7	－4.7	－1.6
每公顷产干胶	公斤	1180.7	1151.0	29.7	2.6
全年干胶总产量	万吨	34.7	34.4	0.3	0.9
五、当年造林面积	**千公顷**	**55.6**	**48.8**	**6.8**	**14.0**
用 材 林	千公顷	14.5	12.8	1.7	13.6
经 济 林	千公顷	4.7	3.0	1.7	57.1
防 护 林	千公顷	34.3	31.2	3.1	10.1
薪 炭 林	千公顷	1.0	0.6	0.4	60.2
特种用材林	千公顷	1.1	1.2	－0.1	－12.3

12－6 各地区农垦系统国营农场茶、果、干胶和林业生产情况

地 区	茶 叶 (吨)	水 果 (吨)	#苹果 (吨)	#梨 (吨)	干 胶 (吨)	造林面积 (公顷)
全国总计	**44229**	**1004442**	**255859**	**171135**	**347103**	**55608**
北 京		45925	17800	3075		239
天 津		2782	1630	122		
河 北		12721	7089	1365		2430
山 西		5387	4835	342		9
内 蒙 古		8426	1876	3407		6936
辽 宁		86120	72627	5788		4789
吉 林		13999	2957	9812		2170
黑 龙 江		3480		54		17419
上 海	4	13843		50		83
江 苏	45	6449	2532	483		743
浙 江	3886	17015		2251		16
安 徽	7662	16261	80	15838		243
福 建	3608	82191		667	134	426
江 西	2074	6820	21	434		2233
山 东		2821	2742			174
河 南	5	15204	6728	5858		23
湖 北	653	98161	2466	64481		1495
湖 南	2447	23762		904		315
广 东	2555	111501			22882	949
广 西	3526	41188		10	1450	240
海 南	2934	66056			212532	1418
重 庆	65	7035	2	46		
四 川	1151	5353	1462	840		
贵 州	4528	3190		67		
云 南	9086	42410		20	110105	64
陕 西		5613	5155	131		33
甘 肃		12434	8106	2998		139
青 海		156	89	47		87
宁 夏		14041	11419	940		84
新 疆		234098	106243	51105		12851

12－7 农垦系统国营农场畜牧业、渔业生产情况

指　　标	单位	1998年	1997年	1998年比1997年增加	
				绝对数	%
一、大牲畜年末头数	**万头**	**240.6**	**245.4**	**－4.8**	**－2.0**
#役　畜	万头	62.4	67.0	－4.7	－6.9
牛	万头	193.1	195.6	－2.5	－1.3
#良种及改良奶牛	万头	56.2	55.4	0.8	1.4
马	万匹	30.3	32.3	－2.1	－6.3
驴	万头	10.3	10.2	0.1	1.2
骡	万头	2.4	2.5	－0.1	－4.4
骆驼	万头	4.5	4.9	－0.4	－9.0
二、猪年末头数	**万头**	**482.8**	**459.0**	**23.8**	**5.2**
三、羊年末只数	**万只**	**1069.2**	**1014.6**	**54.6**	**5.4**
山　羊	万只	203.5	203.3	0.2	0.1
绵　羊	万只	865.7	811.4	54.3	6.7
四、家禽年末只数	**万只**	**4922.2**	**5473.5**	**－551.2**	**－10.1**
五、兔年末只数	**万只**	**44.9**	**30.9**	**14.0**	**45.3**
六、畜产品产量					
肉猪出栏头数	万头	633.2	619.3	13.9	2.2
猪牛羊肉产量	万吨	65.6	63.7	1.9	3.0
其中:猪肉产量	万吨	50.0	49.1	0.9	1.8
牛奶产量	万吨	113.1	115.1	－2.0	－1.8
禽蛋产量	万吨	23.2	24.2	－1.0	－4.1
鹿茸产量	吨	36.0	41.1	－5.1	－12.4
羊毛产量	吨	21419	20494	925.0	4.5
七、水产品产量	**万吨**	**47.8**	**44.2**	**3.6**	**8.2**

12－8 各地区农垦系统国营农场畜牧业生产情况

地 区	大牲畜年末头数（万头）	猪年末头数（万头）	羊年末只数（万只）	家禽年末只数（万只）	肉猪出栏头数（万头）	肉类总产量（吨）	奶产量（吨）	水产品产量（吨）
全国总计	**240.55**	**482.82**	**1069.15**	**4922.24**	**633.2**	**819788**	**1130568**	**478031**
北 京	5.16	14.67	5.92	233.24	25.08	29855	168000	9240
天 津	1.37	0.12	0.05	25.06	0.05	1006	48259	2651
河 北	3.74	7.25	5.01	139.03	14.27	20443	46923	62628
山 西	0.79	0.41	0.47	7.4	0.35	542	21083	
内 蒙 古	24.53	26.13	133.9	162.58	18.36	40246	76993	2050
辽 宁	7.83	35.01	4.4	659.39	37.22	70110	50902	63602
吉 林	4.38	4.51	6.31	96.34	10.16	13513	2548	1060
黑 龙 江	30.42	61.34	31.72	771.9	71.99	100052	293671	11306
上 海	2.28	9.43		43.31	14.11	10186	106494	10261
江 苏	0.71	4.95	2.5	271.67	8.12	31122	5674	16258
浙 江	0.4	12.56	0.01	13.69	20.26	14029	15056	8515
安 徽	0.61	2.04	0.44	71.73	2.78	5813	10672	2823
福 建	1.75	14.58	1.19	226.11	16.56	15796	2698	16137
江 西	3.42	25.29	0.38	34.3	32.42	29715	7174	13257
山 东	0.45	0.5	2.6	18.7	0.42	1262	3338	1644
河 南	0.45	9.77	1.03	34.48	11.79	10519	14	2002
湖 北	9.42	50.49	2.59	497.13	77.1	72604	11021	138405
湖 南	2.52	51.91	1.56	173.44	99.48	72504	1697	51253
广 东	3.9	23.35	0.07	292.38	36.39	40799	15675	19557
广 西	0.82	19.17	0.03	43.27	26.64	20742	862	3188
海 南	12	37.06	15.56	407.55	33.9	48153		20198
重 庆	0.05	0.11	0.22	0.17	0.1	108	374	4500
四 川	20.26	0.27	13.32	0.21	0.25	2991	26538	394
贵 州	0.69	1.09	0.12	1.18	1.08	1022	14006	398
云 南	1.2	9.06	0.32	72.79	6.88	6729	9658	2488
陕 西	0.83	0.54	0.57	3.17	0.35	584	25883	585
甘 肃	0.66	0.65	10.06	18.79	0.59	1216	277	2
青 海	3.47	0.46	25.6	18.66	0.67	1983	7146	6
宁 夏	0.7	2.98	7.06	14.21	2.74	3005	13660	1026
新 疆	95.74	57.12	796.14	570.36	63.09	153139	144272	12597

十三、各地区主要农村经济指标排序

13－1 粮食总产量和人均占有量

(1998年, 下同)

地 区	粮食总产量(万吨)		按总人口平均每人占有量(千克/人)	
	指 标 值	位 次	指 标 值	位次
全国总计	**51229.5**		**412.4**	
北 京	239.2	26	192.4	30
天 津	210.1	29	220.0	29
河 北	2917.5	6	445.6	8
山 西	1081.5	21	342.6	19
内 蒙 古	1575.4	13	674.5	3
辽 宁	1828.9	12	441.0	9
吉 林	2506.0	9	950.7	1
黑 龙 江	3008.5	5	799.7	2
上 海	212.6	27	145.6	31
江 苏	3415.1	4	476.6	7
浙 江	1435.2	16	322.8	22
安 徽	2591.0	8	420.9	11
福 建	958.1	22	291.2	25
江 西	1555.5	15	373.0	15
山 东	4264.8	1	484.0	5
河 南	4009.6	2	432.1	10
湖 北	2475.8	10	420.3	12
湖 南	2647.9	7	408.4	14
广 东	1947.6	11	274.4	27
广 西	1557.1	14	334.6	21
海 南	210.8	28	281.8	26
重 庆	1122.5	19	367.9	16
四 川	3519.7	3	416.0	13
贵 州	1100.0	20	302.9	24
云 南	1319.5	17	320.3	23
西 藏	85.0	31	339.9	20
陕 西	1303.1	18	363.7	17
甘 肃	872.0	23	347.9	18
青 海	128.2	30	256.7	28
宁 夏	294.9	25	552.2	4
新 疆	836.6	24	482.9	6

13－2 棉花总产量和人均占有量

地　区	棉花总产量(吨)		按总人口平均每人占有量(千克/人)	
	指标值	位次	指标值	位次
全国总计	**4501030**		**3.6**	
北　京	1797	19	0.1	18
天　津	6324	16	0.7	14
河　北	270172	7	4.1	7
山　西	55931	13	1.8	11
内蒙古	2413	18	0.1	19
辽　宁	17876	15	0.4	16
吉　林				22
黑龙江				31
上　海	4719	17	0.3	17
江　苏	461938	3	6.4	3
浙　江	64890	11	1.5	12
安　徽	290050	6	4.7	5
福　建	471	24		24
江　西	76092	10	1.8	10
山　东	412506	4	4.7	6
河　南	728400	2	7.8	2
湖　北	325000	5	5.5	4
湖　南	192469	8	3.0	8
广　东				29
广　西	898	22		20
海　南				27
重　庆	1301	21		23
四　川	101602	9	1.2	13
贵　州	1553	20		25
云　南	756	23		28
西　藏				21
陕　西	22871	14	0.6	15
甘　肃	61000	12	2.4	9
青　海				26
宁　夏	1	25		30
新　疆	1400000	1	80.8	1

13－3 油料总产量和人均占有量

地　区	油料总产量(万吨)		按总人口平均每人占有量(千克/人)	
	指标值	位　次	指标值	位　次
全国总计	**2313.9**		**18.6**	
北　京	2.8	31	2.3	31
天　津	3.8	29	3.9	30
河　北	138.8	6	21.2	8
山　西	42.5	15	13.5	16
内蒙古	90.3	9	38.7	2
辽　宁	23.4	21	5.6	26
吉　林	21.3	22	8.1	23
黑龙江	16.9	25	4.5	28
上　海	6.8	28	4.7	27
江　苏	115.6	8	16.1	14
浙　江	35.5	17	8.0	24
安　徽	176.5	4	28.7	6
福　建	24.6	20	7.5	25
江　西	84.3	10	20.2	9
山　东	335.6	1	38.1	3
河　南	312.1	2	33.6	5
湖　北	216.7	3	36.8	4
湖　南	120.7	7	18.6	10
广　东	79.3	11	11.2	20
广　西	54.4	13	11.7	19
海　南	9.5	26	12.7	17
重　庆	25.1	19	8.2	22
四　川	146.4	5	17.3	12
贵　州	62.2	12	17.1	13
云　南	17.5	24	4.2	29
西　藏	3.0	30	12.0	18
陕　西	35.5	18	9.9	21
甘　肃	45.5	14	18.1	11
青　海	21.0	23	42.1	1
宁　夏	8.6	27	16.0	15
新　疆	37.5	16	21.7	7

13－4　糖料总产量和人均占有产量

地　　区	糖料总产量(万吨)		按总人口平均每人占有量(千克/人)	
	指标值	位　次	指标值	位　次
全国总计	**9790.4**		**78.8**	
北　京		30		28
天　津		31		31
河　北	17.1	22	2.6	23
山　西	78.6	14	24.9	13
内蒙古	259.2	7	111.0	6
辽　宁	41.6	18	10.0	19
吉　林	55.6	16	21.1	14
黑龙江	310.2	6	82.4	7
上　海	7.1	25	4.9	20
江　苏	19.6	21	2.7	22
浙　江	61.9	15	13.9	18
安　徽	24.4	20	4.0	21
福　建	219.3	8	66.7	8
江　西	186.4	10	44.7	11
山　东		27		30
河　南	15.9	23	1.7	25
湖　北	110.0	13	18.7	16
湖　南	188.4	9	29.1	12
广　东	1756.9	2	247.6	5
广　西	3582.3	1	769.7	1
海　南	353.7	5	472.9	2
重　庆	7.3	24	2.4	24
四　川	161.7	11	19.1	15
贵　州	54.8	17	15.1	17
云　南	1598.1	3	388.0	3
西　藏		28		29
陕　西	5.0	26	1.4	26
甘　肃	130.9	12	52.2	10
青　海		29		27
宁　夏	30.9	19	57.9	9
新　疆	513.1	4	296.2	4

13－5 肉类总产量和人均占有量

地　区	肉类总产量(万吨)		按总人口平均每人占有量(千克/人)	
	指标值	位　次	指标值	位　次
全国总计	**5723.8**		**46.1**	
北　京	44.8	26	36.1	24
天　津	21.7	28	22.8	29
河　北	376.7	5	57.5	4
山　西	61.0	23	19.3	31
内蒙古	129.4	18	55.4	7
辽　宁	216.6	12	52.2	9
吉　林	223.7	11	84.9	1
黑龙江	142.7	15	37.9	23
上　海	58.6	24	40.1	22
江　苏	296.8	7	41.4	19
浙　江	104.0	20	23.4	28
安　徽	288.0	8	46.8	12
福　建	135.2	17	41.1	21
江　西	214.7	13	51.5	10
山　东	497.9	1	56.5	5
河　南	461.6	3	49.7	11
湖　北	261.0	9	44.3	14
湖　南	422.5	4	65.2	2
广　东	297.2	6	41.9	17
广　西	250.8	10	53.9	8
海　南	31.0	27	41.4	18
重　庆	140.1	16	45.9	13
四　川	491.8	2	58.1	3
贵　州	113.3	19	31.2	25
云　南	177.0	14	43.0	16
西　藏	14.1	31	56.2	6
陕　西	84.6	21	23.6	27
甘　肃	55.6	25	22.2	30
青　海	20.5	29	41.1	20
宁　夏	15.6	30	29.2	26
新　疆	75.2	22	43.4	15

13-6 水产品产量和人均占有量

地区	水产品产量(吨)		按总人口平均每人占有量(千克/人)	
	指标值	位次	指标值	位次
全国总计	**39065111**		**31.4**	
北京	76366	22	6.1	17
天津	213768	18	22.4	12
河北	693317	12	10.6	15
山西	22619	28	0.7	28
内蒙古	62011	23	2.7	25
辽宁	3127064	5	75.4	5
吉林	142011	20	5.4	19
黑龙江	357033	15	9.5	16
上海	268150	17	18.4	13
江苏	2820337	6	39.4	8
浙江	4227337	4	95.1	2
安徽	1462025	9	23.8	11
福建	4759204	3	144.6	1
江西	1183450	10	28.4	10
山东	6505106	1	73.8	6
河南	270224	16	2.9	24
湖北	2183175	7	37.1	9
湖南	1167793	11	18.0	14
广东	5542770	2	78.1	4
广西	2175194	8	46.7	7
海南	597676	13	79.9	3
重庆	178607	19	5.9	18
四川	422870	14	5.0	20
贵州	50208	26	1.4	27
云南	138360	21	3.4	22
西藏	1284	31	0.5	29
陕西	50365	25	1.4	26
甘肃	11451	29	0.5	30
青海	1416	30	0.3	31
宁夏	26399	27	4.9	21
新疆	53391	24	3.1	23
中水公司	274130			

13－7 水果产量和人均占有产量

地　区	水果产量(吨)		按总人口平均每人占有量(千克/人)	
	指标值	位次	指标值	位次
全国总计	**54528533**		**43.9**	
北　京	541057	20	43.5	13
天　津	250654	25	26.2	17
河　北	6296892	2	96.2	3
山　西	1773119	12	56.2	10
内蒙古	201176	27	8.6	27
辽　宁	2985505	8	72.0	5
吉　林	455399	22	17.3	21
黑龙江	184918	28	4.9	30
上　海	201325	26	13.8	24
江　苏	1443649	13	20.1	20
浙　江	2064155	10	46.4	11
安　徽	825029	17	13.4	25
福　建	3430433	5	104.3	2
江　西	454628	23	10.9	26
山　东	8396986	1	95.3	4
河　南	3125976	7	33.7	14
湖　北	1828374	11	31.0	15
湖　南	1090657	16	16.8	22
广　东	4531223	3	63.8	9
广　西	3247332	6	69.8	8
海　南	532680	21	71.2	6
重　庆	740977	18	24.3	19
四　川	2129157	9	25.2	18
贵　州	274973	24	7.6	28
云　南	680702	19	16.5	23
西　藏	6316	31	2.5	31
陕　西	4307699	4	120.2	1
甘　肃	1131716	15	45.2	12
青　海	24766	30	5.0	29
宁　夏	156271	29	29.3	16
新　疆	1214789	14	70.1	7

13－8 奶类总产量和人均占有量

地　　区	奶类总产量(万吨)		按总人口平均每人占有量(千克/人)	
	指标值	位　次	指标值	位　次
全国总计	**744.5**		**6.0**	
北　京	22.8	10	18.3	7
天　津	11.7	18	12.3	10
河　北	65.9	3	10.1	12
山　西	32.5	7	10.3	11
内蒙古	67.1	2	28.7	6
辽　宁	19.9	12	4.8	16
吉　林	13.4	16	5.1	15
黑龙江	144.5	1	38.4	3
上　海	24.6	9	16.8	8
江　苏	9.1	20	1.3	23
浙　江	8.0	21	1.8	20
安　徽	3.0	27	0.5	27
福　建	6.7	23	2.0	19
江　西	4.7	24	1.1	24
山　东	54.0	5	6.1	13
河　南	12.3	17	1.3	22
湖　北	4.2	26	0.7	26
湖　南	0.8	29	0.1	31
广　东	7.5	22	1.1	25
广　西	1.2	28	0.3	28
海　南	0.1	31	0.1	30
重　庆	4.7	25	1.5	21
四　川	27.3	8	3.2	17
贵　州	0.6	30	0.2	29
云　南	9.9	19	2.4	18
西　藏	19.6	13	78.4	1
陕　西	50.6	6	14.1	9
甘　肃	14.1	15	5.6	14
青　海	20.5	11	41.0	2
宁　夏	18.2	14	34.1	5
新　疆	65.0	4	37.5	4

13－9 各地区农民家庭人均纯收入位次

单位:元

地区	1990年		1995年		1997年		1998年	
	实际数	位次	实际数	位次	实际数	位次	实际数	位次
北京	1297.05	2	3223.65	2	3661.68	3	3952.32	2
天津	1069.04	4	2406.38	6	3243.68	6	3395.70	5
河北	621.67	19	168.73	11	2286.01	11	2405.32	10
山西	603.51	21	1208.30	21	1738.26	20	1858.60	21
内蒙古	607.15	20	1208.38	20	1780.19	19	1981.48	18
辽宁	836.17	7	1756.50	9	2301.48	9	2479.79	8
吉林	803.52	8	1609.60	12	2186.29	12	2383.60	11
黑龙江	759.86	10	1766.27	8	2308.29	8	2253.10	12
上海	1907.32	1	4245.61	1	5277.02	1	5406.84	1
江苏	959.06	6	2456.86	5	3269.85	5	3376.78	6
浙江	1099.04	3	2966.19	3	3684.22	2	3814.56	3
安徽	539.16	26	1302.82	18	1808.75	18	1862.86	20
福建	764.41	9	2048.59	7	2785.67	7	2946.37	7
江西	669.90	15	1537.36	13	2107.28	13	2048.00	14
山东	680.18	13	1715.09	10	2292.12	10	2452.83	9
河南	526.95	28	1231.97	19	1733.89	21	1864.05	19
湖北	670.80	14	1511.22	15	2102.23	14	2172.24	13
湖南	664.24	16	1425.16	17	2037.06	15	2064.85	15
广东	1043.03	5	2699.24	4	3467.69	4	3527.14	4
广西	639.45	18	1446.14	16	1875.28	17	1971.90	17
海南	696.22	11	1519.71	14	1916.90	16	2018.31	16
重庆					1643.21	23	1720.46	24
四川	557.76	24	1158.29	23	1680.69	22	1789.17	22
贵州	435.14	29	1086.62	25	1298.54	28	1334.46	30
云南	540.86	25	1010.97	27	1375.50	26	1387.25	29
西藏	649.71	17	1200.31	22	1194.51	30	1231.50	31
陕西	530.80	27	962.89	29	1273.30	29	1405.59	27
甘肃	430.98	30	880.34	30	1185.07	31	1393.05	28
青海	559.78	23	1029.77	26	1320.63	27	1424.79	26
宁夏	578.13	22	998.75	28	1512.50	24	1721.17	23
新疆	683.47	12	1136.45	24	1504.43	25	1600.14	25

十四、国外主要农业指标

14－1 总人口与农业人口

国家或地区	总人口(万人)			农业人口(万人)			农业人口占总人口比重 %		
	1990年	1995年	1997年	1990年	1995年	1997年	1990年	1995年	1997年
世界总计	**526645**	**566636**	**582314**	**245781**	**252978**	**255385**	**46.7**	**44.6**	**43.9**
亚　　洲	**311381**	**343628**	**353596**	**184473**	**192322**	**194124**	**59.2**	**56.0**	**54.9**
孟加拉国	10947	11862	12265	7146	7187	7195	65.3	60.6	58.7
印　　度	85079	93367	96619	50655	53425	54414	59.5	57.2	56.3
印度尼西亚	18281	19746	20338	9309	9359	9367	50.9	47.4	46.1
伊　　朗	5631	6232	6463	1853	1861	1856	32.9	29.9	28.7
以 色 列	466	557	586	19	19	18	4.1	3.3	3.1
日　　本	12354	12547	12604	889	674	602	7.2	5.4	4.8
马来西亚	1785	2011	2098	465	431	417	26.0	21.5	19.9
蒙　　古	222	245	254	71	69	67	32.0	28.0	26.4
缅　　甸	4052	4288	4394	2969	3077	3126	73.3	71.8	71.1
朝　　鲜	2046	2224	2298	778	755	744	38.0	33.9	32.4
韩　　国	4287	4495	4573	692	535	482	16.1	11.9	10.5
巴基斯坦	11916	13624	14405	6622	7236	7513	55.6	53.1	52.2
菲 律 宾	6069	6835	7143	2769	2897	2939	45.6	42.4	41.2
斯里兰卡	1705	1792	1827	840	856	862	49.3	47.8	47.2
泰　　国	5560	5861	5974	3162	3093	3060	56.9	52.8	51.2
土 耳 其	5610	6128	6340	2095	2076	2066	37.3	33.9	32.6
越　　南	6669	7387	7639	4755	5123	5237	71.3	69.4	68.6
非　　洲	**61477**	**69696**	**73139**	**37446**	**40579**	**41838**	**60.9**	**58.2**	**57.2**
埃　　及	5633	6228	6473	2471	2496	2502	43.9	40.1	38.6
尼日利亚	8703	9895	10390	3743	3765	3753	43.0	38.0	36.1
南　　非	3401	3747	3876	677	635	616	19.9	17.0	15.9
北 美 洲	**42738**	**45616**	**46718**	**5549**	**5425**	**5370**	**13.0**	**11.9**	**11.5**
加 拿 大	2800	3000	3000	700	700	700	23.4	23.3	23.2
墨 西 哥	8323	9115	9428	2480	2428	2401	29.8	26.6	25.5
美　　国	25408	26702	27177	767	691	662	3.0	2.6	2.4
南 美 洲	**29509**	**32055**	**33066**	**6861**	**6608**	**6503**	**23.3**	**20.6**	**19.7**
阿 根 廷	3253	3477	3567	398	403	404	12.2	11.6	11.3
巴　　西	14794	15935	16370	3357	3083	2972	22.7	19.3	18.2
委内瑞拉	1950	2184	2278	276	254	245	14.2	11.6	10.8
欧　　洲	**49941**	**72792**	**72869**	**5191**	**7467**	**6962**	**10.4**	**10.3**	**9.6**
保加利亚	872	850	839	125	89	77	14.3	10.4	9.2
捷克共和国		1033	1030		99	93		9.6	9.0
法　　国	5672	5802	5847	312	249	228	5.5	4.3	3.9
德　　国	7937	8166	8206	316	259	237	4.0	3.2	2.9
意 大 利	5702	5734	5738	490	389	353	8.6	6.8	6.2
荷　　兰	1495	1546	1561	68	61	58	4.6	3.9	3.7
波　　兰	3812	3861	3869	950	852	813	24.9	22.1	21.0
罗马尼亚	2321	2273	2255	583	455	412	25.1	20.0	18.3
俄 罗 斯		14810	14766		1776	1677		12.0	11.4
西 班 牙	3930	3957	3961	476	378	344	12.1	9.5	8.7
英　　国	5777	5853	5877	126	116	112	2.2	2.0	1.9
南斯拉夫	2281	1057	1063	475	259	240	20.8	24.5	22.6
大 洋 洲	**2641**	**2849**	**2927**	**549**	**578**	**590**	**20.8**	**20.3**	**20.2**
澳大利亚	1688	1794	1833	93	90	89	5.5	5.0	4.8
新 西 兰	336	367	376	34	35	35	10.1	9.4	9.2

资料来源：联合国粮农组织数据库(以下同)。

14－2　农业生产指数

(1989－1991年＝100)

	1985年	1990年	1994年	1995年	1996年	1997年	1998年
世界总计	**91.3**	**100.7**	**107.4**	**109.1**	**114.3**	**115.2**	**115.8**
亚　　洲	**84.4**	**100.7**	**118.7**	**127.2**	**131.4**	**133.9**	**136.7**
孟加拉国	89.9	99.5	100.5	103.4	106.2	110.2	112.7
印　　度	84.1	99.5	112.2	116.2	117.4	118.0	121.2
印度尼西亚	82.9	101.1	113.1	119.7	124.2	123.7	119.9
伊　　朗	83.6	104.2	131.1	132.5	137.7	137.7	148.8
以 色 列	104.5	108.0	95.9	107.1	114.5	115.6	104.1
日　　本	103.0	100.8	99.9	97.4	96.1	95.7	93.0
马来西亚	77.7	99.6	113.2	114.7	116.9	119.0	116.5
蒙　　古	92.9	96.2	78.8	84.1	83.4	83.4	90.5
缅　　甸	112.9	101.0	126.9	131.3	152.4	156.8	138.8
朝　　鲜	116.0	99.7	112.0	75.6			72.4
韩　　国	91.1	101.7	113.4	112.2	115.9	114.3	125.8
巴基斯坦	78.1	98.5	112.2	123.0	124.5	128.6	134.2
菲 律 宾	87.3	103.7	114.2	117.0	116.3	120.9	116.7
斯里兰卡	107.2	104.1	111.9	116.2	108.0	115.2	115.1
泰　　国	95.5	95.1	108.9	111.7	112.5	111.7	113.0
土 耳 其	85.7	101.9	103.0	104.7	107.0	104.1	115.0
越　　南	82.1	99.9	122.9	130.6	135.2	136.1	149.0
非　　洲	**85.0**	**98.1**	**108.4**	**110.1**	**117.1**	**114.7**	**121.1**
埃　　及	84.4	101.5	111.0	122.2	119.7	118.8	139.9
尼日利亚	70.9	97.7	128.9	131.9	134.2	134.9	136.0
南　　非	90.2	98.0	99.2	85.4	102.4	98.5	98.7
北 美 洲	**99.9**	**101.5**	**113.7**	**109.6**	**113.9**	**115.7**	**118.0**
加 拿 大	91.9	103.5	107.0	111.2	115.2	111.2	118.7
墨 西 哥	96.7	101.6	113.3	120.9	117.8	123.0	124.3
美　　国	101.8	101.2	116.3	109.4	114.7	116.3	118.8
南 美 洲	**91.7**	**99.0**	**110.4**	**115.4**	**119.0**	**121.1**	**125.3**
阿 根 廷	101.6	101.8	109.5	116.0	119.4	118.6	127.8
巴　　西	92.5	97.3	110.8	115.1	118.6	122.3	126.5
委内瑞拉	87.4	100.2	113.2	105.8	115.9	117.4	114.8
欧　　洲	**98.0**	**99.8**	**93.4**	**85.9**	**97.7**	**95.6**	**85.4**
保加利亚	98.9	101.4	68.6	77.9	54.4	54.2	65.7
捷克共和国			79.5	80.4	82.0	80.1	82.0
法　　国	99.5	100.4	97.8	100.6	105.8	103.5	105.9
德　　国	99.3	101.7	87.5	89.4	90.7	90.7	93.4
意 大 利	100.1	95.8	100.7	99.4	101.9	96.2	100.7
荷　　兰	97.2	101.4	103.8	102.8	107.8	107.7	96.4
波　　兰	96.6	102.4	78.1	83.9	88.3	80.8	87.8
罗马尼亚	115.3	94.7	94.6	101.7	95.9	104.5	91.3
俄 罗 斯			74.3	65.0	69.3	69.8	55.8
西 班 牙	90.0	102.6	92.9	86.7	106.3	101.2	106.2
英　　国	98.5	100.1	100.6	101.3	101.0	99.7	98.3
南斯拉夫			92.2	95.7	94.4	91.8	103.2
大 洋 洲	**98.0**	**100.8**	**106.7**	**108.3**	**124.4**	**119.3**	**120.5**
澳大利亚	94.0	102.6	104.8	107.1	127.2	117.5	123.3
新 西 兰	108.3	96.0	112.1	112.4	121.3	127.0	116.4

14－3 谷物收获面积、总产量与单产

国家或地区	收获面积(千公顷)			总产量(千吨)			每公顷产量(千克)		
	1990年	1995年	1998年	1990年	1995年	1998年	1990年	1995年	1998年
世界总计	**708348**	**692577**	**691626**	**1952490**	**1898366**	**2054368**	**2756**	**2741**	**2970**
亚　　洲	**310427**	**328823**	**324840**	**874234**	**947547**	**993625**	**2816**	**2882**	**3059**
孟加拉国	11141	10683	11364	27747	27702	30325	2491	2593	2669
印　　度	102536	100181	99450	193919	212807	219444	1891	2124	2207
印度尼西亚	13660	15091	15447	51913	57990	58531	3800	3843	3789
伊　　朗	9468	9172	9319	13684	17031	17904	1445	1857	1921
以 色 列	108	93	76	303	253	121	2818	2732	1583
日　　本	2471	2352	2050	14449	14122	11992	5846	6003	5849
马来西亚	701	696	673	1995	2169	1990	2847	3117	2957
蒙　　古	656	354	306	720	261	194	1097	737	636
朝　　鲜	1655	1453	1435	8071	3662	4148	4877	2520	2891
韩　　国	1441	1173	1178	8434	6876	7814	5853	5862	6631
巴基斯坦	11864	12202	12578	20957	24816	27158	1766	2034	2159
菲 律 宾	7138	6687	5524	14739	15445	12378	2065	2310	2241
斯里兰卡	870	934	865	2579	2850	2731	2965	3053	3156
泰　　国	10537	10526	11533	21170	26399	28439	2009	2508	2466
土 耳 其	13640	13805	14105	30201	28134	33182	2214	2038	2353
越　　南	6464	7327	8015	19901	26146	30759	3079	3569	3838
非　　洲	**79404**	**88773**	**93395**	**92218**	**96872**	**113895**	**1161**	**1091**	**1220**
埃　　及	2283	2727	2610	13022	16097	17950	5703	5904	6877
尼日利亚	15400	18239	18759	17678	21206	22724	1148	1163	1211
南　　非	6146	5292	4628	11553	7492	9561	1880	1416	2066
北 美 洲	**100706**	**91459**	**93609**	**400175**	**358400**	**435268**	**3974**	**3919**	**4650**
加 拿 大	21578	18267	18368	56797	49325	51150	2632	2700	2785
墨 西 哥	10543	10669	10683	25562	26883	29141	2425	2520	2728
美　　国	65638	59617	61543	312322	276936	349703	4758	4645	5682
南 美 洲	**33999**	**34908**	**31947**	**68070**	**91310**	**93468**	**2002**	**2616**	**2926**
阿 根 廷	18498	19749	15832	32469	49612	40484	1755	2512	2557
委内瑞拉		133830	131391		376187	385481		2811	2934
欧　　洲	**2048**	**2115**	**1832**	**8115**	**6514**	**5480**	**3964**	**3080**	**2991**
保加利亚		1580	1632		6609	6854		4184	4199
捷克共和国	9060	8292	9205	55111	53545	67706	6083	6458	7355
法　　国	6945	6527	7032	37580	39863	44580	5411	6108	6340
德　　国	4413	4217	4075	17411	19692	20636	3945	4669	5064
意 大 利	195	193	203	1361	1505	1434	6969	7797	7064
荷　　兰	8995	8626	9364	20079	24209	34803	2232	2806	3717
波　　兰	8531	8571	8844	28014	25905	26865	3284	3022	3038
罗马尼亚	5704	6445	5722	17174	19883	15071	3011	3085	2634
俄 罗 斯		52946	50483		61902	46800		1169	927
西 班 牙	7551	6688	6553	18762	11574	22196	2485	1731	3387
英　　国	3657	3181	3426	22569	21859	22670	6171	6872	6618
南斯拉夫		2443	2362		9245	9033		3785	3825
大 洋 洲	**13621**	**14784**	**16444**	**23948**	**28051**	**32631**	**1758**	**1897**	**1984**
澳大利亚	13428	14627	16275	23045	27269	31760	1716	1864	1952
新 西 兰	175	146	156	868	752	839	4950	5163	5379

14-4　小麦收获面积、总产量与单产

国家或地区	收获面积(千公顷)			总产量(千吨)			每公顷产量(千克)		
	1990年	1995年	1998年	1990年	1995年	1998年	1990年	1995年	1998年
世界总计	**231282**	**219684**	**224374**	**592351**	**542717**	**588842**	**2561**	**2470**	**2624**
亚　洲	**85171**	**101703**	**100470**	**203108**	**238720**	**253192**	**2385**	**2347**	**2520**
孟加拉国	592	639	805	890	1245	1803	1503	1948	2240
印　度	23502	25700	25600	49850	65767	66000	2121	2559	2578
印度尼西亚	6278	6567	7000	8012	11228	12000	1276	1710	1714
伊　朗	91	80	70	291	242	116	3203	3037	1657
日　本	260	151	162	952	444	570	3654	2932	3511
蒙　古	533	349	301	596	257	192	1119	737	637
缅　甸	130	107	88	124	89	92	954	833	1047
朝　鲜	90	90	125	116	125	165	1289	1389	1320
韩　国		2	2	1	10	7	3024	4439	4044
巴基斯坦	7845	8170	8355	14316	17002	18694	1825	2081	2238
泰　国	1	1	1		1	1	611	639	682
土耳其	9432	9400	9400	20022	18015	21000	2123	1917	2234
非　洲	**8515**	**7999**	**9947**	**13607**	**13045**	**18263**	**1598**	**1631**	**1836**
埃　及	821	1055	1017	4268	5722	6093	5197	5422	5990
尼日利亚	60	35	49	50	44	98	833	1246	2000
南　非	1563	1363	748	1709	1977	1469	1093	1451	1964
北美洲	**43013**	**36736**	**35423**	**110356**	**87904**	**97057**	**2566**	**2393**	**2740**
加拿大	14098	11129	10768	32098	25009	24400	2277	2247	2266
墨西哥	933	929	772	3931	3468	3241	4214	3732	4197
美　国	27965	24664	23878	74294	59400	69410	2657	2408	2907
南美洲	**9795**	**6894**	**7187**	**16881**	**13309**	**15023**	**1723**	**1931**	**2090**
阿根廷	5797	4878	4600	10992	9445	10000	1896	1936	2174
巴　西	2681	994	1421	3093	1534	2222	1154	1544	1564
委内瑞拉	1	1	1		1	1	344	398	400
欧　洲		**57081**	**59836**		**172989**	**183187**		**3031**	**3062**
保加利亚	1163	1181	1080	5292	3435	3295	4551	2909	3050
捷克共和国		831	862		3823	3931		4602	4561
法　国	5147	4745	5243	33346	30880	39862	6479	6508	7603
德　国	2430	2579	2802	15242	17763	20187	6273	6888	7204
意大利	2773	2482	2305	8109	7946	8250	2924	3201	3579
荷　兰	141	135	141	1076	1167	1040	7653	8664	7376
波　兰	2281	2407	2631	9026	8668	9537	3958	3602	3624
罗马尼亚	2253	2481	1879	7289	7667	4804	3235	3090	2557
俄罗斯		23909	26151		30119	26900		1260	1029
西班牙	2007	2126	1875	4774	3139	5347	2379	1476	2852
英　国	2013	1859	2044	14033	14310	15449	6971	7698	7558
南斯拉夫		863	796		2949	2937		3417	3690
大洋洲	**9257**	**9271**	**11511**	**15254**	**16749**	**22120**	**1648**	**1807**	**1922**
澳大利亚	9218	9221	11460	15066	16504	21855	1634	1790	1907
新西兰	39	50	51	188	245	265	4884	4904	5196

14－5 稻谷收获面积、总产量与单产

国家或地区	收获面积(千公顷)			总产量(千吨)			每公顷产量(千克)		
	1990年	1995年	1998年	1990年	1995年	1998年	1990年	1995年	1998年
世界总计	**146895**	**149741**	**150305**	**519995**	**551809**	**563188**	**3540**	**3685**	**3747**
亚　洲	**132328**	**133873**	**134560**	**479454**	**503970**	**514536**	**3623**	**3765**	**3824**
孟加拉国	10435	9952	10263	26778	26398	28293	2566	2653	2757
印　度	42687	42910	42300	111517	119442	122244	2613	2784	2890
印度尼西亚	10502	11439	11613	45179	49744	48472	4302	4349	4174
伊　朗	524	566	605	1981	2301	2600	3779	4068	4298
日　本	2074	2118	1801	13124	13435	11200	6328	6343	6219
马来西亚	681	673	645	1960	2126	1940	2880	3160	3008
缅　甸	4760	6033	5408	13972	17957	16651	2935	2977	3079
朝　鲜	650	582	580	3570	2016	2063	5492	3464	3557
韩　国	1244	1055	1045	7722	6387	7312	6206	6052	6997
巴基斯坦	2113	2162	2330	4891	5950	6587	2315	2752	2827
菲律宾	3319	3951	3170	9885	11284	8555	2979	2856	2699
斯里兰卡	828	890	829	2538	2810	2692	3064	3159	3247
泰　国	8792	9099	10000	17193	22016	23240	1956	2420	2324
土耳其	46	50	60	230	200	317	4963	4000	5283
越　南	6028	6766	7362	19225	24964	29142	3190	3690	3958
非　洲	**6061**	**7075**	**7929**	**12374**	**15151**	**17312**	**2042**	**2141**	**2183**
埃　及	436	589	655	3167	4788	5585	7266	8136	8527
尼日利亚	1208	1796	2048	2500	2920	3268	2070	1626	1596
南　非	1	1	1	3	3	3	2308	2308	2308
北美洲	**1812**	**1820**	**2016**	**9227**	**9787**	**10711**	**5093**	**5376**	**5313**
墨西哥	105	78	102	394	367	483	3742	4679	4738
美　国	1142	1252	1342	7080	7887	8530	6198	6301	6354
南美洲	**5514**	**6273**	**5050**	**13418**	**19159**	**16102**	**2434**	**3054**	**3189**
阿根廷	117	184	202	428	926	1036	3671	5033	5124
巴　西	3945	4376	3072	7419	11226	7796	1881	2565	2537
委内瑞拉	115	177	166	495	757	673	4314	4266	4051
欧　洲		**572**	**612**		**2708**	**3174**		**4732**	**5188**
保加利亚	11	1	5	25	5	12	2379	3612	2400
法　国	20	25	20	121	122	113	5946	4857	5650
意大利	214	239	240	1291	1321	1400	6028	5521	5833
罗马尼亚	40	6	2	67	24	5	1667	3903	2979
俄罗斯		171	146		462	410		2702	2808
西班牙	90	55	113	571	330	755	6321	6046	6667
大洋洲	**117**	**126**	**139**	**951**	**1035**	**1353**	**8126**	**8201**	**9756**
澳大利亚	105	119	130	924	1016	1335	8838	8544	10269

14－6 玉米收获面积、总产量与单产

国家或地区	收获面积(千公顷)			总产量(千吨)			每公顷产量(千克)		
	1990年	1995年	1998年	1990年	1995年	1998年	1990年	1995年	1998年
世界总计	**131343**	**136196**	**137430**	**483173**	**515270**	**604013**	**3679**	**3783**	**4395**
亚　洲	**39960**	**41282**	**42773**	**132288**	**147684**	**166205**	**3311**	**3577**	**3886**
孟加拉国	3	3	3	3	2	3	1002	800	1044
印　度	5904	6100	6200	8962	8900	10000	1518	1459	1613
印度尼西亚	3158	3652	3834	6734	8246	10059	2132	2258	2624
伊　朗	30	120	160	130	545	1000	4333	4542	6250
以色列	1	1	1	2	3	2	3219	2977	2388
日　本				1			2524	2500	2477
哈萨克斯坦		86	62		136	167		1583	2678
马来西亚	20	23	28	35	43	50	1750	1870	1786
缅　甸	125	162	161	187	275	308	1495	1703	1919
朝　鲜	680	670	629	4000	1366	1765	5882	2039	2806
韩　国	26	18	18	120	74	75	4613	4245	4168
巴基斯坦	845	881	880	1185	1283	1260	1401	1457	1432
菲律宾	3820	2736	2354	4854	4161	3823	1271	1521	1624
斯里兰卡	30	36	30	33	35	34	1123	970	1137
泰　国	1545	1263	1400	3722	4155	4986	2409	3288	3562
土耳其	515	515	550	2100	1900	2300	4080	3689	4182
越　南	432	557	649	671	1177	1612	1554	2114	2484
非　洲	**25249**	**25541**	**24898**	**37682**	**34863**	**38729**	**1492**	**1365**	**1556**
埃　及	830	736	710	4799	4535	5330	5780	6163	7507
尼日利亚	5104	5472	4255	5768	7048	5858	1130	1288	1377
南　非	4163	3526	3521	9180	4866	7574	2205	1380	2151
北美洲	**37448**	**37316**	**39989**	**226425**	**216137**	**278225**	**6046**	**5792**	**6958**
加拿大	1062	1004	1118	7066	7281	8912	6654	7256	7969
墨西哥	7339	8020	7500	14635	18353	18411	1994	2288	2455
美　国	27095	26303	29382	201532	187305	247943	7438	7121	8439
南美洲	**15625**	**19193**	**16613**	**31820**	**53543**	**54626**	**2037**	**2790**	**3288**
阿根廷	1560	2522	3187	5400	11404	19100	3461	4522	5993
巴　西	11391	13960	10599	21341	36275	29297	1874	2599	2764
委内瑞拉	462	415	366	1002	1167	938	2168	2810	2563
欧　洲		**12794**	**13075**		**62631**	**65702**		**4895**	**5025**
白俄罗斯		1	2		3	4		2455	2000
保加利亚		475	409		1817	1340		3824	3276
捷克共和国		26	29		113	173		4284	5935
法　国	1562	1651	1770	9401	12740	14426	6019	7717	8150
德　国	229	325	341	1552	2395	2781	6776	7366	8156
意大利	768	942	969	5864	8454	9031	7638	8970	9322
荷　兰		9	10	3	63	77	10000	7044	7700
波　兰	59	48	85	290	239	496	4913	4959	5827
罗马尼亚	2467	3109	3085	6810	9923	8623	2761	3192	2795
俄罗斯		643	880		1739	800		2703	909
西班牙	473	358	469	3042	2590	4154	6426	7246	8864
乌克兰		1161	908		3392	2301		2921	2534
南斯拉夫		1372	1350		5828	5600		4248	4148
大洋洲	**74**	**70**	**83**	**387**	**411**	**526**	**5257**	**5843**	**6380**
澳大利亚	52	50	61	219	242	340	4182	4826	5574
新西兰	18	17	18	162	161	176	9208	9687	9778

14－7 大豆收获面积、总产量与单产

国家或地区	收获面积(千公顷)			总产量(千吨)			每公顷产量(千克)		
	1990年	1995年	1998年	1990年	1995年	1998年	1990年	1995年	1998年
世界总计	**57116**	**62406**	**70690**	**108433**	**126814**	**158327**	**1898**	**2032**	**1170**
亚　洲	**12854**	**15636**	**16824**	**16960**	**21701**	**22768**	**1319**	**1388**	**1280**
印　度	2564	4887	6350	2602	4993	6100	1015	1022	1919
印度尼西亚	1334	1477	1091	1487	1680	1306	1115	1137	1129
伊　朗	68	87	90	89	134	145	1302	1540	1509
日　本	146	69	83	220	119	145	1511	1735	540
缅　甸	32	60	78	26	50	75	807	833	1949
朝　鲜	340	320	325	455	400	420	1338	1250	879
韩　国	152	105	105	233	160	156	1529	1516	686
巴基斯坦	1	6	7	1	7	9	568	1202	8514
菲律宾	4	3	1	5	4	2	1219	1116	714
斯里兰卡	4	2	1	3	2	1	804	1003	740
泰　国	408	275	265	530	386	371	1300	1402	727
土耳其	74	31	22	162	75	49	2189	2419	463
越　南	110	121	128	87	126	141	787	1036	1449
非　洲	**1016**	**932**	**883**	**689**	**555**	**852**	**678**	**596**	**806**
埃　及	41	26	10	107	63	25	2577	2434	594
尼日利亚	729	620	543	218	192	361	299	310	881
南　非	61	65	125	118	59	201	1938	900	495
北美洲	**23663**	**25926**	**29799**	**54310**	**61800**	**78029**	**2295**	**2384**	**2619**
加拿大			980			2737			1821
墨西哥	286	134	121	575	190	180	2014	1412	330
美　国	22869	24939	28657	52416	59243	75028	2292	2376	1130
南美洲	**17676**	**18893**	**21920**	**33057**	**41086**	**54180**	**1870**	**2175**	**1243**
阿根廷	4919	5934	6894	10700	12133	18718	2175	2045	1134
巴　西	11481	11658	13251	19888	25651	31357	1732	2200	1290
欧　洲		**1002**	**1212**		**1645**	**2405**		**1642**	
保加利亚	17	15		15	14	19	883	904	920
捷克共和国					1			1291	
法　国	117	102	107	245	262	282	2094	2570	1069
意大利	521	195	351	1751	732	1231	3359	3752	418
罗马尼亚	190	73	144	141	108	201	742	1470	764
俄罗斯		487	404		290	280		596	
西班牙	17	3	5	42	5	12	2425	1798	111
南斯拉夫		52	82		107	172		2057	
大洋洲	**49**	**18**	**52**	**77**	**27**	**93**	**1572**	**1532**	**352**
澳大利亚	49	18	52	77	27	93	1572	1532	352

14－8 油菜籽收获面积、总产量与单产

国家或地区	收获面积(千公顷)			总产量(千吨)			每公顷产量(千克)		
	1990年	1995年	1998年	1990年	1995年	1998年	1990年	1995年	1998年
世界总计	**17593**	**23861**	**24987**	**24449**	**34566**	**33568**	**1390**	**1449**	**1343**
亚　　洲	**11123**	**13666**	**13558**	**11545**	**16267**	**11471**	**1038**	**1190**	**846**
中　　国	5504	6907	6450	6958	9777	6000	1264	1416	930
孟加拉国	338	337	344	217	245	254	643	728	738
印　　度	4967	6060	6400	4125	6000	4935	831	990	771
日　　本	1	1	1	2	1	1	1795	2123	1855
哈萨克斯坦		57	13		10	4		176	272
韩　　国	4	2	1	7	4	2	1800	1960	1889
巴基斯坦	307	301	349	233	229	275	759	763	789
土 耳 其	2			2			1041	1286	2632
非　　洲	**159**	**170**	**172**	**170**	**183**	**185**	**1072**	**1075**	**1079**
埃塞俄比亚		151	153		81	83		536	543
北 美 洲	**2564**	**5447**	**5865**	**3324**	**6694**	**8325**	**1297**	**1229**	**1419**
加 拿 大	2529	5271	5421	3266	6434	7588	1291	1221	1400
墨 西 哥	4	1	1	4	10	14	1000	10365	13500
美　　国	31	175	444	54	250	723	1742	1432	1630
南 美 洲	**59**	**35**	**34**	**80**	**55**	**66**	**1361**	**1595**	**1928**
阿 根 廷	15	16	2	17	21	2	1133	1355	1000
智　　利	32	10	20	53	26	52	1665	2581	2571
欧　　洲		**4165**	**4225**		**10805**	**11901**		**2594**	**2817**
白俄罗斯		48	27		26	19		535	704
捷克共和国		253	264		662	704		2621	2667
法　　国	680	864	1149	1976	2789	3756	2907	3228	3269
德　　国	722	974	1007	2088	3103	3388	2891	3187	3364
意 大 利	17	46	61	44	96	54	2607	2082	885
荷　　兰	8	1	1	26	5	4	3250	5000	4000
波　　兰	500	606	466	1206	1377	1093	2410	2270	2346
罗马尼亚	13		26	11		29	839	1178	1104
俄 罗 斯		276	139		123	104		447	747
斯洛文尼亚					1			2473	1947
西 班 牙	24	88	46	30	51	73	1233	583	1584
乌 克 兰		47	30		40	25		851	833
英　　国	390	439	531	1258	1235	1569	3227	2813	2955
南斯拉夫		6	6		10	9		1790	1391
大 洋 洲	**74**	**379**	**1133**	**101**	**562**	**1619**	**1362**	**1482**	**1429**
澳大利亚	73	377	1130	98	557	1614	1350	1479	1428
新 西 兰	1	3	3	2	5	5	2200	1920	1922

14－9 花生收获面积、总产量与单产

国家或地区	收获面积(千公顷)			总产量(千吨)			每公顷产量(千克)		
	1990年	1995年	1998年	1990年	1995年	1998年	1990年	1995年	1998年
世界总计	**19794**	**22495**	**23799**	**23066**	**29548**	**30972**	**1165**	**1314**	**1301**
亚　洲	**13008**	**13443**	**13609**	**16292**	**20864**	**20463**	**1253**	**1552**	**1504**
孟加拉国	39	36	35	42	40	40	1082	1129	1139
印　度	8309	7705	8100	7515	8055	8300	904	1045	1025
印度尼西亚	651	739	650	1142	1085	988	1755	1468	1521
伊　朗	2	2	2	6	4	4	2895	2733	2733
以色列	3	4	4	21	24	23	6693	6152	6079
日　本	18	14	12	40	26	30	2179	1891	2452
马来西亚	1	1	1	5	5	5	3704	3700	3571
缅　甸	524	497	446	459	501	540	875	1008	1211
韩　国	12	9	6	18	17	11	1503	1840	1968
巴基斯坦	83	102	105	89	113	118	1082	1103	1124
菲律宾	44	45	46	35	33	37	782	746	804
斯里兰卡	10	10	10	6	6	6	595	597	619
泰　国	117	97	97	161	147	153	1372	1516	1581
土耳其	24	29	35	63	70	90	2631	2414	2571
越　南	201	260	272	213	334	387	1058	1286	1425
非　洲	**5520**	**7961**	**8862**	**4355**	**6325**	**7314**	**789**	**795**	**825**
埃　及	12	45	47	26	131	126	2130	2931	2681
尼日利亚	707	1767	2252	992	1579	2531	1403	894	1124
南　非	106	123	96	130	117	108	1226	954	1130
墨西哥	80	69	75	99	91	96	1242	1317	1280
美　国	735	614	597	1634	1570	1783	2223	2558	2986
南美洲	**322**	**311**	**553**	**537**	**570**	**1187**	**1669**	**1832**	**2147**
阿根廷	166	155	385	322	340	929	1942	2192	2412
巴　西	83	94	96	137	169	186	1658	1802	1935
欧　洲		**13**	**11**		**16**	**13**		**1203**	**1195**
保加利亚	12	12	10	11	13	10	917	1041	1000
意大利							2500	3824	
西班牙	1			2			3106	1936	2000
南斯拉夫								1250	1250
大洋洲	**23**	**24**	**28**	**29**	**41**	**42**	**1272**	**1733**	**1485**
澳大利亚	18	21	25	25	38	39	1343	1867	1560

14－10 水果收获面积、总产量与单产

国家或地区	收获面积(千公顷)			总产量(千吨)			每公顷产量(千克)		
	1990年	1995年	1998年	1990年	1995年	1998年	1990年	1995年	1998年
世界总计	**43935**	**49447**	**51530**	**400054**	**464298**	**500198**	**9106**	**9390**	**9707**
亚　洲	**16380**	**22493**	**24149**	**143690**	**202652**	**221518**	**8772**	**9010**	**9173**
孟加拉国	168	179	184	1445	1487	1490	8592	8312	8100
印　度	2560	3371	3482	28175	37747	38685	11007	11198	11109
印度尼西亚	660	982	863	5760	9332	7450	8725	9502	8637
伊　朗	1085	1170	1303	11056	11772	13960	10188	10063	10712
以色列	79	85	84	2163	1895	1744	27403	22181	20815
日　本	337	292	284	6079	5235	5431	18062	17940	19146
马来西亚	99	103	102	1180	1258	1246	11906	12170	12169
蒙　古							3636	1667	1667
朝　鲜	168	173	173	1501	1495	1500	8943	8662	8691
韩　国	176	241	243	2692	3920	3912	15275	16292	16076
巴基斯坦	488	613	633	4604	5985	6210	9426	9761	9811
菲律宾	774	823	829	8335	9652	10246	10767	11724	12355
斯里兰卡	72	91	94	718	814	825	9987	8944	8744
泰　国	633	682	668	6628	7523	7235	10469	11026	10826
土耳其	1219	1277	1268	13967	14993	15988	11454	11740	12604
越　南	295	378	407	3264	3949	4086	11057	10452	10042
非　洲	**7811**	**8408**	**8624**	**51884**	**56247**	**59782**	**6643**	**6689**	**6932**
埃　及	363	408	446	6041	7245	8108	16636	17778	18176
尼日利亚	1202	1317	1313	6382	7112	7075	5310	5400	5388
南　非	239	251	268	3791	3885	4150	15883	15474	15457
北美洲	**3106**	**3399**	**3492**	**49761**	**57930**	**61617**	**16019**	**17044**	**17644**
加拿大	72	74	68	772	853	760	10736	11558	11222
墨西哥	808	1012	1072	10068	12548	13332	12459	12401	12439
美　国	1315	1378	1352	26288	31997	34410	19987	23219	25456
南美洲	**4386**	**4769**	**5029**	**55401**	**66011**	**72490**	**12631**	**13843**	**14413**
阿根廷	450	473	488	5917	7313	7141	13151	15447	14640
巴　西	2381	2501	2603	30658	34921	38036	12876	13961	14611
欧　洲		**10022**	**9865**		**76664**	**79835**		**7650**	**8093**
保加利亚	240	216	196	1872	1575	1288	7790	7297	6557
捷克共和国		87	89		447	502		5125	5674
法　国	1121	1103	1090	12266	11594	11152	10941	10513	10234
德　国	361	347	330	4855	4310	4996	13449	12437	15125
意大利	1575	1447	1440	18109	17326	18784	11496	11976	13043
荷　兰	26	26	23	566	770	640	22156	30113	27443
波　兰	199	257	256	1419	2115	2514	7143	8216	9808
罗马尼亚	484	525	518	2783	2867	2523	5754	5457	4869
俄罗斯		896	922		3051	3146		3405	3411
西班牙	2145	1831	1814	16122	13004	15088	7515	7101	8316
英　国	43	38	27	451	396	278	10444	10332	10362
南斯拉夫		332	327		1391	1918		4192	5861
大洋洲	**332**	**357**	**370**	**4516**	**4794**	**4956**	**13614**	**13435**	**13394**
澳大利亚	159	178	201	2424	2495	2887	15201	14042	14337
新西兰	48	48	47	858	1002	974	18072	20748	20833

14－11 猪的头数与胴体重

国家或地区	存栏头数(千头)			屠宰头数(千头)			每头胴体重(千克)		
	1990年	1995年	1998年	1990年	1995年	1998年	1990年	1995年	1998年
世界总计	**857619**	**903188**	**953614**	**922525**	**1027608**	**1086499**	**758**	**766**	**775**
亚　　洲	**436746**	**511905**	**577027**	**421904**	**544676**	**588603**	**702**	**731**	**749**
印　　度	12000	14306	16005	11900	14148	13386	350	350	350
印度尼西亚	7136	7825	10069	9900	10700	13800	550	550	550
以 色 列	124	143	168	121	140	165	760	760	758
日　　本	11817	10250	9800	20910	17606	16300	744	751	752
马来西亚	2678	3282	3400	4001	4200	4400	548	548	548
蒙　　古	192	23	21	130	12	15	606	500	400
缅　　甸	2278	2944	3501	1367	1766	2100	550	550	550
朝　　鲜	5800	3000	1600	4500	2300	1450	500	500	500
韩　　国	4528	6461	6700	8604	10178	12205	639	785	799
菲 律 宾				12222	14376	16917	580	675	650
斯里兰卡	85	87	76	23	32	30	690	721	689
泰　　国	4762	5369	4815	6750	6022	7400	500	500	500
土 耳 其	8	8	5	7	6	17	504	799	736
越　　南	12261	16306	18132	11800	16133	18000	617	624	682
非　　洲	**16550**	**21564**	**22355**	**12912**	**16795**	**17992**	**465**	**464**	**463**
埃　　及	24	27	29	59	65	68	415	431	434
尼日利亚	3410	7150	7600	2900	6100	7160	440	440	440
南　　非	1532	1628	1641	2360	2194	2150	554	577	591
北 美 洲	**85825**	**93485**	**94818**	**116385**	**132817**	**136205**	**782**	**796**	**819**
加 拿 大	10392	11291	11843	14683	15771	15800	765	809	816
墨 西 哥	15203	15923	15500	11652	16089	15781	650	573	609
美　　国	53788	59990	60915	85432	96326	99882	815	841	863
阿 根 廷	2400	3100	3200	1687	1790	1259	833	997	1088
巴　　西	33623	36062	31427	12500	17241	22300	840	829	758
委内瑞拉	2904	4182	4756	1847	1883	1750	580	597	599
欧　　洲		**213477**	**199726**		**293407**	**298126**		**840**	**836**
保加利亚	4352	1986	1480	5503	3500	2500			
捷克共和国		3867	3995		6311	5812		796	798
法　　国	12276	14593	15430	21304	24860	26610	811	862	864
德　　国	34178	24698	24795	49141	39353	41400	907	915	906
意 大 利	9254	8023	8281	12134	11992	12571	1099	1122	1123
荷　　兰	13915	14397	11438	19941	18616	18800	833	871	891
波　　兰	19464	20418	19168	19958	22668	21500	929	866	842
罗马尼亚	11671	7758	7097	9313	7906	7950	846	851	779
俄 罗 斯		24859	17305		24721	20800		754	673
西 班 牙	16911	18345	19346	23658	27539	31684	756	790	797
英　　国	7450	7627	8146	13877	14687	16041	682	689	706
南斯拉夫	7231				8152	8002		790	805
大 洋 洲	**4702**	**5154**	**5229**	**7042**	**7663**	**7417**	**575**	**599**	**610**
澳大利亚	2648	2653	2680	4942	5120	4856	642	686	707
新 西 兰	395	431	340	766	846	791	564	603	632

14-12 牛的存栏头数与胴体重

国家或地区	存栏头数(千头)			屠宰头数(千头)			每头胴体重(千克)		
	1990年	1995年	1998年	1990年	1995年	1998年	1990年	1995年	1998年
世界总计	**1444462**	**1490840**	**1480749**	**274040**	**286169**	**290404**	**201**	**194**	**195**
亚　洲	**544571**	**609629**	**607684**	**54765**	**82007**	**88515**	**134**	**143**	**144**
孟加拉国	24016	24859	24254	2363	2475	2346	60	61	70
印　度	283170	295868	301273	20984	23045	23550	115	118	118
印度尼西亚	13745	14663	15384	1566	1848	2173	197	195	184
伊　朗	7972	8794	9065	2066	2107	2590	106	126	126
以色列	342	391	370	110	108	110	326	352	355
日　本	4760	4916	4700	1391	1505	1320	395	399	399
马来西亚	873	846	875	120	149	186	126	124	121
蒙　古	2693	3005	3613	526	524	756	126	136	114
缅　甸	11371	12060	12829	848	899	956	126	126	126
朝　鲜	1000	750	500	230	172	120	150	150	150
韩　国	2126	3147	3279	555	780	1150	230	283	277
巴基斯坦	35050	37559	39213	4995	5530	6460	134	153	152
菲律宾	4394	4728	5399	729	873	988	171	169	178
斯里兰卡	2731	2468	2320	200	241	225	129	132	131
泰　国	10576	11319	11000	1151	1392	1270	212	209	211
土耳其	12602	12206	11379	3124	1859	2419	119	161	159
越　南	5971	6602	6936						
非　洲	**191473**	**205249**	**220538**	**23896**	**25338**	**27546**	**145**	**141**	**147**
埃　及	5515	6014	6172	2280	2727	3280	133	144	167
尼日利亚	13947	15405	19610	1444	1600	1800	142	167	165
南　非	13500	13015	13800	2935	2500	2985	225	208	227
北美洲	**159373**	**165367**	**158200**	**47598**	**49625**	**49472**	**276**	**291**	**297**
加拿大	11220	12709	13157	3354	3146	3650	268	295	308
墨西哥	32054	30191	25628	5300	6366	5973	210	222	231
美　国	95816	102785	99744	35277	37294	36922	297	311	317
南美洲	**273591**	**296585**	**301648**	**48244**	**48022**	**49961**	**186**	**197**	**198**
阿根廷	52845	53500	54600	13957	12867	11000	186	191	205
巴　西	148499	162870	162700	22500	24021	26750	183	198	196
委内瑞拉	13272	14737	15367	1819	1525	1700	210	207	213
欧　洲		**178247**	**156423**		**69155**	**61684**		**202**	**206**
保加利亚	1598	652	623	586	357	327	207	182	207
捷克共和国		2030	1690		752	617		225	243
法　国	21394	20524	20389	6672	6010	5780	287	280	276
德　国	20288	15962	15227	7354	4753	4591	287	296	318
意大利	112	108	162	4884	4732	4415	239	250	252
荷　兰	4926	4654	4292	2249	2379	2408	232	244	228
波　兰	10049	7306	6955	4257	2621	2647	170	147	163
罗马尼亚	6291	3481	3235	2159	1487	1386	147	136	132
俄罗斯		43320	31720		19767	16200		138	136
西班牙	5187	5248	5839	2065	1990	2155	249	256	255
英　国	12079	11733	11519	3524	3811	2296	284	261	302
南斯拉夫		1968	1910		981	974		231	265
大洋洲	**31879**	**35762**	**36254**	**10759**	**12023**	**13226**	**202**	**204**	**193**
澳大利亚	23162	25731	26710	7939	8268	9322	211	218	210
新西兰	8034	9272	8772	2706	3647	3792	177	173	150

14－13 羊的头数与胴体重

国家或地区	存栏头数(千头)			屠宰头数(千头)			每头胴体重(千克)		
	1990年	1995年	1998年	1990年	1995年	1998年	1990年	1995年	1998年
世界总计	**1784571**	**1749455**	**1764104**	**226795**	**268696**	**295526**	**117**	**124**	**124**
亚　洲	**700646**	**818049**	**840736**	**147241**	**183015**	**204553**	**118**	**127**	**127**
孟加拉国	21904	31400	34658	10516	15000	18000	70	70	70
印　度	161900	172550	177032	43000	45000	45800	100	100	100
印度尼西亚	17304	20478	23349	5300	5589	6450	100	100	109
伊　朗	69329	76646	80000	7100	7200	7800	140	140	140
以色列	500	421	420	70	66	42	160	160	160
日　本	65	56	45	6	5	4	238	306	300
马来西亚	537	581	575	52	60	67	91	91	91
蒙　古	19224	21028	24431	1551	1221	2208	159	147	142
缅　甸	1312	1492	1688	351	392	444	150	150	150
朝　鲜	1150	1110	1350	195	255	360	150	150	150
韩　国	215	682	605	64	204	180	150	150	150
巴基斯坦	61144	72829	80958				155	173	173
菲律宾	4820	6213	6530				139	300	300
斯里兰卡	548	610	531				198	200	199
泰　国	283	208	180				150	150	150
土耳其	55589	45210	38614				157	154	154
越　南							150	150	150
非　洲	**373703**	**414741**	**437139**	**54920**	**62925**	**69302**	**118**	**120**	**121**
埃　及	5764	7352	7500	1900	2800	2830	174	186	200
尼日利亚	35781	38500	38500				127	127	127
南　非	38765	35241	36980				165	162	162
北美洲	**34144**	**32194**	**29362**	**3549**	**3265**	**3295**	**130**	**146**	**144**
加拿大	622	645	663						
墨西哥	16285	16800	15113	2777	2519	2430	130	150	147
美　国	13258	10736	9016						
南美洲	**126609**	**114945**	**109716**	**6496**	**6972**	**7260**			
阿根廷	31871	25173	19860	1000	1100	1100	66	66	66
巴　西	31909	29608	30900	3000	3420	3770	114	114	114
委内瑞拉	2200	3781	4020				78	84	89
欧　洲		**198981**	**179191**		**11877**	**10564**		**99**	**99**
保加利亚	8563	4193	3814				107	122	126
捷克共和国		210	128		17	17		139	133
法　国	12435	11389	11505	1298	1058	1106	70	71	63
德　国	4212	2429	2412	9	12	14	178	180	170
意大利				557	513	391	71	78	89
荷　兰	1745	1724	1724	51	17	19	128	115	113
罗马尼亚	16452	11642	9547				82	97	153
俄罗斯		34500	18757					140	143
西班牙	26519	26215	27437				76	79	83
南斯拉夫		3004	2714					180	180
大洋洲	**230026**	**170546**	**167960**	**770**	**642**	**552**	**210**	**194**	**209**
澳大利亚	170857	121092	119830	530	382	341	250	250	250
新西兰	58915	49153	47822	162	164	110	123	112	164

14－14　棉花产量

单位：千吨

	1990年	1995年	1996年	1997年	1998年
世界总计	**18388**	**19585**	**19167**	**19898**	**18264**
亚　　洲	**8916**	**12128**	**11173**	**11942**	**11275**
孟加拉国	16	20	20	25	25
印　　度	1671	2186	2423	2635	2720
印度尼西亚	7	8	9	9	9
伊　　朗	119	165	176	132	141
以 色 列	51	43	51	54	54
缅　　甸	21	28	54	54	54
朝　　鲜	9	10	11	11	11
巴基斯坦	1638	1802	1594	1598	1562
菲 律 宾	6	2	2	1	3
泰　　国	30	25	24	22	25
土 耳 其	655	851	784	832	802
越　　南	1	4	4	5	6
非　　洲	**1278**	**1351**	**1690**	**1779**	**1680**
埃　　及	303	242	346	342	227
尼日利亚	90	115	116	90	55
南　　非	52	22	40	25	37
北 美 洲	**3651**	**4133**	**4401**	**4318**	**3234**
墨 西 哥	201	219	268	221	226
美　　国	3375	3897	4124	4092	3004
南 美 洲	**1365**	**1185**	**1100**	**757**	**907**
阿 根 廷	302	367	432	300	300
巴　　西	601	510	360	292	419
委内瑞拉	30	12	15	14	12
欧　　洲		**470**	**421**	**496**	**501**
保加利亚	3	5	4	3	7
西 班 牙	80	33	89	122	114
大 洋 洲	**289**	**317**	**381**	**608**	**666**
澳大利亚	289	317	381	608	666

14－15　肉类总产量

单位：千吨

	1990年	1995年	1996年	1997年	1998年
世界总计	**179099**	**202702**	**204882**	**211789**	**216201**
亚　　洲	**51316**	**74952**	**75519**	**81614**	**83734**
孟加拉国	308	371	418	438	426
印　　度	3900	4486	4548	4654	4589
印度尼西亚	1429	1932	2035	2026	2077
伊　　朗	976	1331	1358	1444	1508
以 色 列	229	307	318	322	311
日　　本	3503	3201	3079	3058	2987
马来西亚	620	956	950	950	950
蒙　　古	249	214	261	229	240
缅　　甸	268	335	362	384	388
朝　　鲜	312	168	153	126	114
韩　　国	942	1410	1525	1599	1677
巴基斯坦	1325	1857	1996	2126	2126
菲 律 宾	1114	1623	1759	1820	1895
斯里兰卡	53	91	90	92	91
泰　　国	1250	1521	1598	1720	1711
土 耳 其	1161	1191	1113	1255	1255
越　　南	1071	1384	1437	1503	1654
非　　洲	**8581**	**9479**	**9802**	**10134**	**10477**
埃　　及	780	1007	1128	1302	1282
尼日利亚	771	984	1046	1092	1146
南　　非	1344	1220	1229	1232	1422
北 美 洲	**35731**	**42315**	**42882**	**43703**	**44886**
加 拿 大	2796	3102	3175	3291	3416
墨 西 哥	2801	3799	3684	3902	4080
美　　国	28639	33863	34427	34889	35756
南 美 洲	**14130**	**19023**	**19525**	**20241**	
阿 根 廷	3290	3431	3285	3252	3160
巴　　西	7709	10091	10788	11423	11688
委内瑞拉	755	880	930	949	970
欧　　洲	**43878**	**52407**	**52550**	**51365**	**51661**
保加利亚	775	463	493	443	443
捷克共和国		855	846	828	844
法　　国	5744	6348	6567	6518	6512
德　　国	7246	5813	5927	5865	6155
意 大 利	3948	3983	4098	4060	4025
荷　　兰	2730	2860	2924	2674	2973
波　　兰	2965	2758	2896	2820	2787
罗马尼亚	1620	1251	1187	1185	1131
俄 罗 斯		5805	5348	4821	4427
西 班 牙	3467	3975	4132	4277	4373
英　　国	3319	3823	3568	3655	3755
南斯拉夫	1533	997	1097	995	
大 洋 洲	**4284**	**4739**	**4604**	**4732**	**4919**
澳大利亚	3068	3296	3187	3265	3517
新 西 兰	1119	1330	1302	1348	1282

14－16 鸡蛋产量

单位：千吨

	1990年	1995年	1996年	1997年	1998年
世界总计	**37523**	**46996**	**50065**	**52268**	**53128**
亚　洲	**15899**	**26342**	**29587**	**31437**	**32050**
孟加拉国	86	110	123	132	132
印　度	1161	1500	1547	1612	1612
印度尼西亚	485	736	780	769	588
伊　朗	295	466	520	486	625
以色列	103	96	90	92	93
日　本	2419	2551	2573	2567	2580
马来西亚	301	368	374	374	374
蒙　古	2				
缅　甸	40	54	57	63	63
朝　鲜	145	85	91	75	75
韩　国	395	456	472	480	467
巴基斯坦	225	285	277	291	277
菲律宾	340	366	428	488	500
斯里兰卡	46	49	49	49	50
泰　国	725	705	740	717	720
土耳其	385	550	612	756	756
越　南	97	136	145	155	155
非　洲	**1556**	**1776**	**1715**	**1776**	**1781**
埃　及	141	162	162	168	165
尼日利亚	337	390	325	350	350
南　非	213	251	290	285	285
北美洲	**5779**	**6414**	**6534**	**6701**	**6937**
加拿大	317	328	333	336	342
墨西哥	1010	1242	1236	1329	1422
美　国	4034	4417	2620	2691	4724
阿根廷	291	281	256	256	256
巴　西	1256	1440	1475	1525	1525
委内瑞拉	107	149	157	135	137
欧　洲	**7175**	**9584**	**9367**	**9415**	**9413**
保加利亚	138	110	97	89	89
捷克共和国		152	147	166	200
法　国	887	1025	994	1009	954
德　国	985	836	841	847	846
意大利	656	721	713	720	751
荷　兰	648	602	597	606	624
波　兰	422	351	392	426	404
罗马尼亚	411	278	301	277	304
俄罗斯		1898	1789	1789	1789
西班牙	668	696	621	591	592
英　国	628	632	636	656	656
南斯拉夫	242	83	89	91	
大洋洲	**246**	**214**	**241**	**247**	**247**
澳大利亚	188	158	185	190	190
新西兰	48	44	44	44	45

14－17 牛奶产量

单位：千吨

	1990年	1995年	1996年	1997年	1998年
世界总计	**540021**	**536162**	**538707**	**544475**	**545467**
亚　　洲	**105667**	**139227**	**143953**	**147415**	**149267**
孟加拉国	1594	1987	2094	2142	2142
印　　度	51181	62449	65440	68045	68045
印度尼西亚	581	730	754	752	762
伊　朗	3900	4540	4819	4895	5105
以 色 列	985	1165	1155	1155	1151
日　　本	8189	8382	8657	8645	8595
马来西亚	38	43	43	43	43
蒙　　古	300	337	337	371	377
缅　　甸	523	556	571	581	590
朝　　鲜	88	85	80	80	80
韩　　国	1754	2005	2040	1990	1906
巴基斯坦	14723	18936	19919	20950	22039
菲 律 宾	30	34	36	38	38
斯里兰卡	252	288	286	285	293
泰　　国	126	307	343	380	390
土 耳 其	9617	10602	10761	10077	10077
越　　南	63	76	78	79	81
非　　洲	**21206**	**23414**	**23952**	**24785**	**25092**
埃　　及	2292	2732	3026	3320	3348
尼日利亚	351	380	380	380	380
南　　非	2475	2794	2592	2720	2800
北 美 洲	**84974**	**89579**	**89313**	**90552**	**91529**
加 拿 大	7975	7920	7890	7800	7700
墨 西 哥	6456	7767	7945	8212	8617
美　　国	67005	70439	69855	70801	71375
南 美 洲	**30797**	**40199**	**41130**	**44002**	
阿 根 廷	6282	8771	9140	9405	9750
巴　　西	15076	17126	18441	20741	21771
委内瑞拉	1497	1413	1449	1475	1498
欧　　洲	**170899**	**227101**	**221291**	**217297**	**212950**
保加利亚	2458	1448	1433	1481	1484
捷克共和国		3049	3059	2721	2663
法　　国	26807	26093	25817	25646	25223
德　　国	31342	28629	28801	28724	28522
意 大 利	11956	12281	11857	11929	11929
荷　　兰	11226	11294	11013	10922	11100
波　　兰	15840	11644	11697	12125	11801
罗马尼亚	3813	5039	5063	5009	5310
俄 罗 斯		39305	35800	34300	32200
西 班 牙	6643	6762	6819	6717	6750
英　　国	15251	14844	14808	14576	13932
南斯拉夫	4640	1947	2049	2128	
大 洋 洲	**14034**	**17821**	**19067**	**20423**	**21086**
澳大利亚	6456	8460	8986	9304	9731
新 西 兰	7509	9285	10010	11052	11288

14－18 水产品产量

单位：千吨

	1990年	1993年	1994年	1995年	1996年
世界总计	**97432**	**120184**	**109585**	**112910**	
亚　　洲	**47124**	**28240**	**28677**	**63299**	**67229**
孟加拉国	848	162	110	1170	1170
印　　度	3795	2167	2196	4906	5260
印度尼西亚	3044	2460	2643	4145	4402
伊　　朗	270	217	212	368	382
以 色 列	24	4	4	21	24
日　　本	10356	5903	5222	6759	6759
马来西亚	1005	833	869	1240	1240
缅　　甸	744	613	585	832	873
朝　　鲜	1754	1589	1608	1850	1800
韩　　国	2844	1525	1690	2688	2772
巴基斯坦	479	456	381	542	555
菲 律 宾	2210	1501	1535	2269	2269
斯里兰卡	166	195	204	236	233
泰　　国	2790	2349	2341	3756	3648
土 耳 其	385	467	510	652	652
越　　南	960			1100	1000
非　　洲	**5137**	**3081**	**3131**	**5540**	**5541**
埃　　及	313	112	100	310	310
尼日利亚	316	126	152	366	366
南　　非	538	548	507	575	575
北 美 洲	**9584**	**5806**	**5790**	**8473**	**8475**
加 拿 大	1682	751	610	901	901
墨 西 哥	1401	869	906	1358	1358
美　　国	5868	3855	3947	5615	5615
南 美 洲		**16688**	**21483**		
阿 根 廷	556	705	717	1149	1149
巴　　西	803	488	522	805	850
委内瑞拉	339	307	335	505	490
欧　　洲	**11451**	**14766**	**14131**	**18633**	**18293**
保加利亚	57	11	8	17	17
捷克共和国				23	24
法　　国	869	503	494	793	793
德　　国	391	226	200	298	298
意 大 利	526	257	271	610	610
荷　　兰	507	407	369	521	521
波　　兰	473	343	394	451	451
罗马尼亚	128	5	12	69	32
俄 罗 斯		3859	3228	4374	4374
西 班 牙	1300			1370	1326
英　　国	817	755	761	1011	1011
南斯拉夫	66				
大洋洲	**746**	**659**	**654**	**1020**	**1004**
澳大利亚	220	134	124	219	219
新 西 兰	372	382	378	612	612

十五、区域农村经济

15－1 黄淮海地区农村经济情况

指　　标	单　位	1990年	1997年	1998年	1998年为1997年%
县个数	个	372	372	372	100.0
年末总人口	万人	24481.6	26474.9	26745.6	101.0
其中：乡村人口	万人	20537.4	21381.7	21388.1	100.0
乡村劳动力	万人	9652.7	10756.5	10859.1	101.0
农业机械总动力	万千瓦特	9331.1	16625.2	17893.7	107.6
有效灌溉面积	公顷	13089751.0	14901264.6	15017059.4	100.8
化肥使用量(折纯量)	吨	6788620.0	11623464.0	12040940.6	103.6
农村用电量	万千瓦小时	2147321.8	4976397.1	5053589.4	101.6
农作物总播种面积	公顷	33525860.0	34879330.7	35588090.9	102.0
粮食作物播种面积	公顷	26081533.0	26310844.3	26680256.1	101.4
粮食总产量	吨	104113768.0	135171090.0	134220386.0	99.3
棉花播种面积	公顷	3314402.0	1834383.5	1741112.8	94.9
棉花产量	吨	2502830.3	1707588.0	1769677.0	103.6
油料播种面积	公顷	2038990.0	2591524.9	2734249.6	105.5
油料产量	吨	4522413.0	6916787.0	8239736.0	119.1
第一产业增加值	万元		37344328.2	38587371.3	103.3
社会消费品零售额	万元		46269168.5	46745063.3	101.0

15－2 长江中下游地区农村经济情况

指　　标	单　位	1990年	1997年	1998年	1998年为1997年％
县个数	个	533	533	533	100.0
年末总人口	万人	30435.5	33368.0	33076.3	99.1
其中：乡村人口	万人	24861.6	25905.7	25463.3	98.3
乡村劳动力	万人	12209.1	13185.5	13084.9	99.2
农业机械总动力	万千瓦特	6898.3	9439.7	9786.0	103.7
有效灌溉面积	公顷	14115463.0	14203588.2	13857395.5	97.6
化肥使用量(折纯量)	吨	7558221.0	11432472.0	11372616.0	99.5
农村用电量	万千瓦小时	2766444.4	6880530.3	6604365.7	96.0
农作物总播种面积	公顷	38895339.0	40784054.4	40032097.2	98.2
粮食作物播种面积	公顷	27194461.0	26661555.6	25721705.2	96.5
粮食总产量	吨	133243713.0	149567034.0	141463673.0	94.6
棉花播种面积	公顷	1305870.0	1539285.7	1460680.2	94.9
棉花产量	吨	1251567.1	1767670.0	1367031.0	77.3
油料播种面积	公顷	3727654.0	4839691.2	4841944.0	100.0
油料产量	吨	4778806.0	7930884.0	6885320.0	86.8
第一产业增加值	万元		48221327.0	47282067.9	98.1
社会消费品零售额	万元		81678095.4	84981533.0	104.0

15－3 黄土高原地区农村经济情况

指　　标	单　位	1990 年	1997 年	1998 年	1998 年为 1997 年%
县个数	个	232	232	232	100.0
年末总人口	万人	7865.3	8535.0	8660.7	101.5
其中:乡村人口	万人	6311.7	6628.7	6566.2	99.1
乡村劳动力	万人	2740.3	3106.8	3148.4	101.3
农业机械总动力	万千瓦特	2262.9	3074.0	3218.4	104.7
有效灌溉面积	公顷	2679411.0	2588232.7	2716471.4	105.0
化肥使用量(折纯量)	吨	1549023.0	2328227.0	2590189.0	111.3
农村用电量	万千瓦小时	714241.8	1395022.4	1315999.4	94.3
农作物总播种面积	公顷	10984928.0	10386061.1	10937175.7	105.3
粮食作物播种面积	公顷	9113072.0	8598958.1	9156222.8	106.5
粮食总产量	吨	25453632.0	24245841.0	30378651.0	125.3
棉花播种面积	公顷	261405.0	124089.0	113798.0	91.7
棉花产量	吨	199381.8	69868.0	86800.0	124.2
油料播种面积	公顷	753799.0	715986.8	758494.6	105.9
油料产量	吨	811327.0	710406.0	926545.0	130.4
第一产业增加值	万元		5611837.0	6390339.2	113.9
社会消费品零售额	万元		11473854.4	13163684.6	114.7

15－4 民族地区农村经济情况

指　　标	单　位	1990年	1997年	1998年	1998年为1997年%
县个数	个	658	658	658	100.0
年末总人口	万人	14825.1	15850.4	16457.7	103.8
其中：乡村人口	万人	12138.9	12655.7	12737.6	100.6
乡村劳动力	万人	5602.0′	6323.8	6395.2	101.1
农业机械总动力	万千瓦特	3228.6	4751.7	5178.9	109.0
有效灌溉面积	公顷	6705260.0	7679086.9	8007551.6	104.3
化肥使用量(折纯量)	吨	2441957.0	4514563.0	4872521.0	107.9
农村用电量	万千瓦小时	625027.7	1047399.5	1069735.3	102.1
农作物总播种面积	公顷	21675794.0	25221381.9	25685846.1	101.8
粮食作物播种面积	公顷	16567607.0	17908331.0	18280287.5	102.1
粮食总产量	吨	52003865.0	66960777.7	71815152.7	107.2
棉花播种面积	公顷	275404.0	587722.4	654399.7	111.3
棉花产量	吨	278769.2	755416.3	936610.0	124.0
油料播种面积	公顷	1608407.0	1912034.5	1927891.0	100.8
油料产量	吨	1891874.0	2490684.0	2783047.2	111.7
第一产业增加值	万元		20927820.8	21688111.9	103.6
社会消费品零售额	万元		18251583.9	18687962.5	102.4

15－5 国家“八七”扶持贫困县农村经济情况

指　　标	单　位	1990年	1997年	1998年	1998年为1997年％
县个数	个	587	587	587	100.0
年末总人口	万人	20477.3	21961.9	22009.9	100.2
其中：乡村人口	万人	18703.2	19526.7	19542.0	100.1
乡村劳动力	万人	8427.1	9605.6	9707.6	101.1
农业机械总动力	万千瓦特	3508.6	5371.7	5973.0	111.2
有效灌溉面积	公顷	6460475.0	7615501.1	7631685.6	100.2
化肥使用量（折纯量）	吨	3454557.0	5863505.0	6317689.0	107.7
农村用电量	万千瓦小时	664980.4	1361088.3	1442020.9	105.9
农作物总播种面积	公顷	31205208.0	33487375.3	33978557.5	101.5
粮食作物播种面积	公顷	24656547.0	25298669.0	25885597.8	102.3
粮食总产量	吨	69521017.0	85224717.5	91524996.2	107.4
棉花播种面积	公顷	601938.0	550572.3	524228.0	95.2
棉花产量	吨	419981.6	449448.5	470531.0	104.7
油料播种面积	公顷	2508668.0	2893303.8	3017547.5	104.3
油料产量	吨	2750030.0	3674425.4	3976556.3	108.2
第一产业增加值	万元		21376426.2	22084892.7	103.3
社会消费品零售额	万元		15030232.3	16496129.7	109.8

15－6 丘陵地区农村经济情况

指　　标	单　位	1990年	1997年	1998年	1998年为1997年％
县个数	个	624	624	624	100.0
年末总人口	万人	34053.6	37210.3	37348.3	100.4
其中：乡村人口	万人	27317.3	28427.8	28429.3	100.0
乡村劳动力	万人	12797.7	14080.4	14280.0	101.4
农业机械总动力	万千瓦特	8074.9	11336.3	12066.4	106.4
有效灌溉面积	公顷	12260338.0	13006455.9	13079134.6	100.6
化肥使用量(折纯量)	吨	7567506.0	11504156.0	11994264.0	104.3
农村用电量	万千瓦小时	2224775.1	4975980.3	5204170.7	104.6
农作物总播种面积	公顷	44265665.0	47703063.8	48429298.3	101.5
粮食作物播种面积	公顷	34677807.0	35933713.2	36327704.5	101.1
粮食总产量	吨	143674440.0	170610952.8	179741118.3	105.4
棉花播种面积	公顷	615143.0	657412.8	611594.0	93.0
棉花产量	吨	513244.7	588776.7	534722.0	90.8
油料播种面积	公顷	3359395.0	3972099.7	4158150.5	104.7
油料产量	吨	4894047.0	6614930.9	7172961.1	108.4
第一产业增加值	万元		48880323.6	50899353.9	104.1
社会消费品零售额	万元		70314732.6	71722113.0	102.0

15－7 山区县农村经济情况

指　　标	单　位	1990年	1997年	1998年	1998年为1997年%
县个数	个	934	934	934	100.0
年末总人口	万人	29483.9	31331.5	31854.9	101.7
其中：乡村人口	万人	25584.9	26110.0	25992.5	99.5
乡村劳动力	万人	11881.7	13098.6	13166.2	100.5
农业机械总动力	万千瓦特	5306.3	7591.1	8362.0	110.2
有效灌溉面积	公顷	8443006.0	8819975.9	9051045.7	102.6
化肥使用量(折纯量)	吨	4950004.0	7790514.0	8089737.3	103.8
农村用电量	万千瓦小时	1424875.8	2804687.0	2798197.1	99.8
农作物总播种面积	公顷	36820670.0	39707883.3	39679768.2	99.9
粮食作物播种面积	公顷	28545073.0	28728391.7	28994422.5	100.9
粮食总产量	吨	97189775.0	111225765.9	118046160.4	106.1
棉花播种面积	公顷	147204.0	136647.0	138745.5	101.5
棉花产量	吨	103456.6	109037.6	110400.0	101.2
油料播种面积	公顷	2786870.0	3342072.2	3294910.4	98.6
油料产量	吨	3607314.0	4614432.1	5202437.1	112.7
第一产业增加值	万元		36514126.2	37182627.4	101.8
社会消费品零售额	万元		37189918.8	39060488.0	105.0

15－8 平原地区农村经济情况

指　　标	单　位	1990年	1997年	1998年	1998年为1997年%
县个数	个	798	798	798	100.0
年末总人口	万人	45104.9	50135.5	50055.0	99.8
其中：乡村人口	万人	34832.1	36792.6	36484.1	99.2
乡村劳动力	万人	16528.8	18394.6	18458.9	100.3
农业机械总动力	万千瓦特	14492.8	22967.9	24339.8	106.0
有效灌溉面积	公顷	24609686.0	27244917.9	27248707.3	100.0
化肥使用量(折纯量)	吨	12565111.0	20266720.0	20566099.4	101.5
农村用电量	万千瓦小时	4593087.2	11622237.0	11728504.0	100.9
农作物总播种面积	公顷	63326732.0	65484299.3	65765646.8	100.4
粮食作物播种面积	公顷	47487137.0	47712230.5	47441856.0	99.4
粮食总产量	吨	205427900.0	249914384.0	248844552.0	99.6
棉花播种面积	公顷	4559938.0	3487943.2	3429919.2	98.3
棉花产量	吨	3762921.0	3773146.0	3699810.0	98.1
油料播种面积	公顷	4416129.0	5083753.8	5291714.3	104.1
油料产量	吨	7179198.0	10432879.0	10495206.0	100.6
第一产业增加值	万元		69275603.2	70062646.7	101.1
社会消费品零售额	万元		117161255.3	124262880.5	106.1

15－9 陆地边境县农村经济情况

指　　标	单　位	1990年	1997年	1998年	1998年为1997年%
县个数	个	139	139	139	100.0
年末总人口	万人	2085.7	2243.5	2231.8	99.5
其中：乡村人口	万人	1374.3	1362.7	1357.9	99.6
乡村劳动力	万人	604.7	640.5	666.3	104.0
农业机械总动力	万千瓦特	753.4	928.1	1024.0	110.3
有效灌溉面积	公顷	1250260.0	1628057.3	1767515.8	108.6
化肥使用量(折纯量)	吨	355993.0	634120.0	658487.0	103.8
农村用电量	万千瓦小时	119699.9	174377.4	167935.8	96.3
农作物总播种面积	公顷	4121264.0	4639119.3	4769398.6	102.8
粮食作物播种面积	公顷	3449141.0	3740831.6	3773090.2	100.9
粮食总产量	吨	9377016.0	14667057.9	14731628.8	100.4
棉花播种面积	公顷	34202.0	74094.7	85392.0	115.2
棉花产量	吨	31962.3	83911.6	112196.0	133.7
油料播种面积	公顷	175271.0	192661.7	259796.1	134.8
油料产量	吨	212341.0	238557.7	349721.0	146.6
第一产业增加值	万元		3029747.9	3303922.8	109.0
社会消费品零售额	万元		3158538.1	3055455.4	96.7

15－10 沿海开放县农村经济情况

指　　　标	单　位	1990年	1997年	1998年	1998年为 1997年%
县个数	个	277	277	277	100.0
年末总人口	万人	19770.3	21604.2	21648.2	100.2
其中：乡村人口	万人	15232.2	15451.5	15492.8	100.3
乡村劳动力	万人	7493.4	7840.4	7827.7	99.8
农业机械总动力	万千瓦特	6262.4	8510.9	8786.1	103.2
有效灌溉面积	公顷	7963204.0	7725236.0	7667269.2	99.2
化肥使用量(折纯量)	吨	5139428.0	7213388.0	7125550.0	98.8
农村用电量	万千瓦小时	3068264.8	8650775.0	9155186.4	105.8
农作物总播种面积	公顷	19973338.0	19455987.6	19551737.4	100.5
粮食作物播种面积	公顷	14893263.0	13801363.0	13688102.9	99.2
粮食总产量	吨	73082019.0	76095677.0	78695829.0	103.4
棉花播种面积	公顷	623400.0	415690.3	408984.8	98.4
棉花产量	吨	516703.6	444573.0	451912.0	101.7
油料播种面积	公顷	1565794.0	1455696.1	1494598.6	102.7
油料产量	吨	3351816.0	3296251.0	3634443.0	110.3
第一产业增加值	万元		34017434.0	35598521.6	104.6
社会消费品零售额	万元		74875102.8	82149231.5	109.7

15－11 国家商品粮基地县农村经济情况

指　　标	单　位	1990年	1997年	1998年	1998年为1997年%
县个数	个	498	498	498	100.0
年末总人口	万人	33876.5	35905.8	35855.1	99.9
其中：乡村人口	万人	29732.6	30459.7	30230.2	99.2
乡村劳动力	万人	14125.9	15187.0	15307.0	100.8
农业机械总动力	万千瓦特	9897.7	14922.2	16189.9	108.5
有效灌溉面积	公顷	17402273.0	18780675.8	18727650.1	99.7
化肥使用量(折纯量)	吨	10273555.0	15457924.0	15905510.9	102.9
农村用电量	万千瓦小时	3172588.8	6836488.8	6839116.6	100.0
农作物总播种面积	公顷	52951596.0	54535513.5	54576404.3	100.1
粮食作物播种面积	公顷	41774801.0	41632744.8	41336570.1	99.3
粮食总产量	吨	193754796.0	223567566.0	229947056.0	102.9
棉花播种面积	公顷	1105131.0	933238.6	873383.5	93.6
棉花产量	吨	846509.2	856693.0	795434.0	92.8
油料播种面积	公顷	4070661.0	4554111.2	4721110.0	103.7
油料产量	吨	6750691.0	8595100.0	8588556.0	99.9
第一产业增加值	万元		56054758.0	57148353.3	102.0
社会消费品零售额	万元		55451774.3	61684289.9	111.2

十六、县(市)农村经济

县(市)农村经济主要指标(一)

(1998年,下同)

县　　名	乡村人口(万人)	乡村劳动力(万人)	农作物总播种面积(公顷)	粮　　食播种面积(公顷)	粮食产量(吨)
北京市辖区	111.4	49.0	99888.8	78637.3	432624.0
昌平县	24.9	10.3	37637.7	33813.1	170506.0
顺义县	43.1	18.8	93390.5	77827.9	443929.0
通　县	42.5	23.6	95877.7	77477.6	500344.0
大兴县	37.9	17.9	87075.3	56892.2	332873.0
平谷县	30.9	13.9	34521.4	26912.7	156311.0
怀柔县	19.0	8.1	23498.8	20856.5	133264.0
密云县	33.2	15.7	32261.0	25445.3	129593.0
延庆县	21.5	8.9	31262.1	24796.3	176539.0
天津市辖区	119.6	54.1	102383.4	72494.3	365648.0
宁河县	28.0	11.2	48060.0	35737.0	237291.0
武清县	70.5	35.3	143135.3	95454.1	537875.0
静海县	43.0	15.1	89260.0	78813.0	234403.0
宝坻县	56.6	21.8	113974.0	98834.0	541022.0
蓟　县	70.0	27.2	77208.1	62773.7	438160.0
石家庄市辖区	24.5	13.0	17079.0	7328.0	46400.0
井陉县	28.9	13.3	32908.0	29432.0	107357.0
正定县	48.4	27.1	65052.0	51465.0	398820.0
栾城县	33.2	18.5	54315.0	44067.0	324882.0
行唐县	37.3	18.3	56274.0	44530.0	299775.0
灵寿县	27.4	13.0	37345.0	31263.0	135706.0
高邑县	15.7	8.6	30389.0	21019.0	125623.0
深泽县	21.7	11.8	36909.0	31869.0	201638.0
赞皇县	20.9	10.4	26921.0	20965.0	70076.0
无极县	44.1	24.4	60977.0	51273.0	358026.0
平山县	41.4	19.9	45540.0	38351.0	196164.0
元氏县	35.2	18.4	53163.0	44669.0	231087.0
赵　县	51.0	26.9	77330.0	66245.0	483175.0
辛集市	54.3	28.9	111197.0	86246.0	543786.0
藁城市	69.1	38.2	107013.0	75198.0	577628.0
晋州市	47.2	25.1	70004.0	59293.0	381973.0
新乐市	38.5	18.0	53903.0	41588.0	321429.0
鹿泉市	30.9	14.8	45456.0	37219.0	212014.0
唐山市辖区	44.3	24.8	51252.0	37312.0	211893.0
丰润县	61.3	31.2	108293.0	83638.0	470812.0
滦　县	47.4	24.8	78635.0	54415.0	277174.0
滦南县	51.7	26.0	100043.0	69425.0	436038.0
乐亭县	43.9	25.2	94945.0	68570.0	462039.0
迁安县	56.0	29.8	75971.0	52513.0	228190.0
迁西县	31.4	15.6	22692.0	18761.0	96956.0

县(市)农村经济主要指标(二)

县　名	棉　花 播种面积 (公顷)	棉花产量 (吨)	油　料 播种面积 (公顷)	油料产量 (吨)	农林牧渔业 增加值 (万元)
北京市辖区			683.5	1447.0	
昌平县			19.1	78.0	45987.5
顺义县	29.1	22.0	321.3	1280.0	147885.9
通　县	1550.3	1323.0	449.0	1190.0	95698.0
大兴县	228.8	229.0	3647.6	11512.0	107804.2
平谷县	293.5	222.0	261.3	579.0	75290.8
怀柔县			646.4	2616.0	36680.5
密云县	113.0	1.0	3547.5	9585.0	60308.2
延庆县			76.4	104.0	69688.7
天津市辖区	85.0	44.0	2352.4	3653.0	180862.2
宁河县	1975.0	2437.0	951.0	2280.0	77605.0
武清县	2239.7	2339.0	10849.2	22469.0	140177.0
静海县	93.0	62.0	3053.0	3103.0	93045.0
宝坻县	1513.0	1269.0	1843.0	3323.0	124188.0
蓟　县	229.1	146.0	965.3	2742.0	117029.0
石家庄市辖区			217.0	563.0	44795.0
井陉县	92.0	33.0	1122.0	986.0	35715.0
正定县	672.0	476.0	6917.0	25525.0	139248.0
栾城县	108.0	73.0	1363.0	5012.0	105215.0
行唐县	667.0	500.0	8077.0	25764.0	56313.0
灵寿县	123.0	46.0	2924.0	5155.0	42439.0
高邑县	512.0	284.0	2043.0	7234.0	42207.0
深泽县	44.0	38.0	1548.0	5335.0	42930.0
赞皇县	133.0	22.0	4537.0	3609.0	33500.0
无极县	705.0	508.0	3084.0	9482.0	83094.0
平山县	667.0	452.0	3677.0	5500.0	68917.0
元氏县	720.0	810.0	3914.0	7834.0	63324.0
赵　县	118.0	109.0	3949.0	15072.0	110605.0
辛集市	6797.0	8340.0	8565.0	31868.0	204893.0
藁城市	213.0	146.0	3040.0	12417.0	189061.0
晋州市	2001.0	1207.0	3668.0	10505.0	110746.0
新乐市	667.0	759.0	6695.0	31626.0	109278.0
鹿泉市	26.0	22.0	1620.0	4423.0	82003.0
唐山市辖区	982.0	939.0	4505.0	11785.0	99426.0
丰润县	200.0	120.0	8030.0	25008.0	166010.0
滦　县	172.0	213.0	16783.0	51560.0	115734.0
滦南县	683.0	462.0	11131.0	35814.0	184698.0
乐亭县	1060.0	797.0	3266.0	18102.0	249636.0
迁安县			14181.0	29007.0	129013.0
迁西县	220.0	155.0	807.0	1982.0	68624.0

县(市)农村经济主要指标(一)

县　　名	乡村人口 (万人)	乡村劳动力 (万人)	农作物总播种面积 (公顷)	粮　食播种面积 (公顷)	粮食产量 (吨)
玉田县	57.6	29.8	112977.0	85811.0	445869.0
唐海县	10.8	6.5	25435.0	24580.0	235749.0
遵化市	61.9	26.8	80072.0	60046.0	306482.0
丰南市	45.2	22.9	90246.0	63241.0	355866.0
秦皇岛市辖区	18.5	10.4	13639.0	8470.0	58523.0
青龙自治县	46.5	22.2	38408.0	35573.0	174712.0
昌黎县	48.0	25.9	90318.0	67361.0	351029.0
抚宁县	46.2	23.6	57547.0	39086.0	210981.0
卢龙县	38.1	21.2	51529.0	44858.0	289227.0
邯郸市辖区	26.7	12.2	20023.0	16380.0	63872.0
邯郸县	35.0	15.0	53413.0	45446.0	202167.0
临漳县	52.4	23.5	93242.0	74035.0	488492.0
成安县	33.0	17.2	63175.0	46601.0	254116.0
大名县	65.4	28.5	124663.0	94005.0	449229.0
涉　县	34.2	17.3	35643.0	33329.0	107917.0
磁　县	56.4	28.9	70276.0	57247.0	252702.0
肥乡县	27.7	13.6	64128.0	48597.0	265514.0
永年县	73.4	37.3	106400.0	73592.0	441857.0
丘　县	18.4	8.7	48189.0	29615.0	164778.0
鸡泽县	23.2	9.7	40471.0	29775.0	143789.0
广平县	21.7	10.2	37536.0	31561.0	150907.0
馆陶县	25.4	12.9	52157.0	36461.0	203775.0
魏　县	73.1	32.1	98644.0	85322.0	396293.0
曲周县	35.8	15.2	78180.0	61986.0	324903.0
武安市	62.0	31.1	86860.0	74301.0	256941.0
邢台市辖区	9.1	4.8	7044.0	3961.0	18490.0
邢台县	42.2	21.7	55040.0	46121.0	223840.0
临城县	17.1	8.0	30149.0	24450.0	63750.0
内丘县	23.2	10.6	41629.0	35018.0	125975.0
柏乡县	16.3	7.8	32441.0	27836.0	162376.0
隆尧县	43.1	18.3	87778.0	73371.0	410442.0
任　县	28.1	10.7	49201.0	45926.0	224484.0
南和县	28.6	13.1	50923.0	46138.0	239100.0
宁晋县	64.8	30.6	122636.0	109914.0	560661.0
巨鹿县	32.8	17.4	59745.0	45612.0	156142.0
新河县	14.4	6.1	36910.0	29621.0	102191.0
广宗县	24.9	12.2	48320.0	33127.0	138121.0
平乡县	25.3	10.7	39167.0	35895.0	140324.0
威　县	49.3	24.3	105006.0	68468.0	291975.0
清河县	31.8	13.5	54388.0	48019.0	182953.0

县(市)农村经济主要指标(二)

县名	棉花播种面积(公顷)	棉花产量(吨)	油料播种面积(公顷)	油料产量(吨)	农林牧渔业增加值(万元)
玉田县	670.0	369.0	2455.0	5964.0	207815.0
唐海县	50.0	44.0	27.0	92.0	68896.0
遵化市	153.0	83.0	8658.0	38580.0	160778.0
丰南市	5947.0	4790.0	3741.0	9268.0	220878.0
秦皇岛市辖区			748.0	1761.0	41327.0
青龙自治县	6.0	8.0	747.0	1184.0	68781.0
昌黎县	65.0	62.0	11717.0	40521.0	140287.0
抚宁县	348.0	196.0	5424.0	15772.0	89845.0
卢龙县	371.0	300.0	3068.0	13107.0	99213.0
邯郸市辖区	91.0	43.0	321.0	286.0	21520.0
邯郸县	2360.0	1560.0	2167.0	2151.0	51046.0
临漳县	7554.0	8354.0	2964.0	5217.0	91482.0
成安县	10059.0	12755.0	1686.0	5124.0	57996.0
大名县	7333.0	4266.0	18458.0	57542.0	74585.0
涉　县	271.0	139.0	306.0	448.0	24958.0
磁　县	6987.0	5601.0	1803.0	1925.0	76489.0
肥乡县	9813.0	10386.0	1793.0	2753.0	65078.0
永年县	1828.0	1495.0	2723.0	7633.0	137557.0
丘县	14845.0	18570.0	2419.0	8937.0	42566.0
鸡泽县	3795.0	3586.0	679.0	1364.0	36001.0
广平县	1520.0	1488.0	1231.0	2885.0	30021.0
馆陶县	8271.0	7770.0	4351.0	16179.0	50500.0
魏县	7463.0	6437.0	3061.0	4413.0	88342.0
曲周县	9638.0	8256.0	1768.0	3510.0	75255.0
武安市	8086.0	4211.0	2272.0	1750.0	53629.0
邢台市辖区			315.0	555.0	9922.0
邢台县	2051.0	1456.0	3763.0	8366.0	73532.0
临城县	2055.0	1070.0	3046.0	4105.0	19814.0
内丘县	1437.0	669.0	4206.0	6275.0	24684.0
柏乡县	398.0	233.0	1701.0	4722.0	34775.0
隆尧县	2073.0	1331.0	4605.0	10871.0	84136.0
任县	692.0	568.0	1161.0	1823.0	42577.0
南和县	79.0	27.0	1335.0	3242.0	54398.0
宁晋县	2725.0	3283.0	3979.0	7814.0	96726.0
巨鹿县	4517.0	2633.0	6251.0	10260.0	26674.0
新河县	4000.0	4020.0	2376.0	3918.0	22850.0
广宗县	5427.0	4884.0	7633.0	17153.0	32820.0
平乡县	467.0	210.0	1492.0	2504.0	24329.0
威县	26341.0	27100.0	6918.0	20119.0	85749.0
清河县	1740.0	1094.0	2575.0	4105.0	26009.0

县(市)农村经济主要指标(一)

县　名	乡村人口 (万人)	乡村劳动力 (万人)	农作物总 播种面积 (公顷)	粮　食 播种面积 (公顷)	粮食产量 (吨)
临西县	28.6	12.3	56885.0	44888.0	230199.0
南宫市	41.4	14.9	92171.0	61098.0	229527.0
沙河市	38.1	16.2	45688.0	39877.0	171160.0
保定市辖区	11.4	6.7	9493.0	4685.0	29963.0
满城县	39.3	20.9	52596.0	41678.0	221921.0
清苑县	63.2	35.6	109090.0	88128.0	528201.0
涞水县	30.6	16.1	33867.0	29311.0	127288.0
阜平县	17.9	7.9	14223.0	13130.0	55047.0
徐水县	51.1	27.2	71677.0	65650.0	376455.0
定兴县	50.0	25.8	81343.0	63762.0	407293.0
唐　县	47.7	24.8	44667.0	40792.0	173160.0
高阳县	26.8	14.8	47312.0	40043.0	168403.0
容城县	22.1	12.6	34927.0	30928.0	210422.0
涞源县	22.0	12.0	22472.0	21697.0	68086.0
望都县	23.0	12.0	37098.0	30044.0	224739.0
安新县	37.7	21.4	42750.0	41758.0	182109.0
易　县	48.4	23.0	58863.0	47792.0	220294.0
曲阳县	48.1	23.5	44578.0	40504.0	155066.0
蠡　县	43.7	23.7	65842.0	57526.0	257129.0
顺平县	27.0	14.3	34399.0	28068.0	135121.0
博野县	23.1	13.3	33050.0	24457.0	159382.0
雄　县	30.5	17.4	54674.0	46154.0	248069.0
涿州市	41.9	23.3	74068.0	58545.0	311980.0
定州市	99.3	56.8	143460.0	103966.0	733096.0
安国市	34.8	15.3	54446.0	40434.0	280779.0
高碑店市	44.4	24.5	69300.0	57542.0	327443.0
张家口市辖区	15.7	8.6	20571.0	12819.0	44083.0
宣化县	26.6	13.9	53146.0	43626.0	175638.0
张北县	33.1	18.3	141395.0	107573.0	159423.0
康保县	25.7	13.0	115570.0	87957.0	133716.0
沽源县	19.6	10.8	108608.0	86314.0	128563.0
尚义县	17.0	9.6	73324.0	51327.0	69804.0
蔚　县	40.1	16.2	90472.0	66308.0	169196.0
阳原县	24.1	10.9	59175.0	44963.0	96352.0
怀安县	21.1	10.3	42734.0	32601.0	105113.0
万全县	19.1	9.2	29628.0	22825.0	98761.0
怀来县	27.1	14.3	34263.0	28354.0	110155.0
涿鹿县	28.5	13.9	44952.0	36564.0	170736.0
赤城县	25.7	10.5	50862.0	40602.0	101220.0
崇礼县	10.8	5.4	24008.0	18512.0	41692.0

县(市)农村经济主要指标(二)

县　名	棉　花 播种面积 (公顷)	棉花产量 (吨)	油　料 播种面积 (公顷)	油料产量 (吨)	农林牧渔业 增加值 (万元)
临西县	10150.0	11698.0	1214.0	4315.0	53429.0
南宫市	19071.0	19064.0	5521.0	9996.0	64261.0
沙河市	587.0	272.0	3632.0	6622.0	58155.0
保定市辖区					21775.0
满城县	820.0	609.0	1320.0	3908.0	79222.0
清苑县	760.0	570.0	8110.0	24633.0	131170.0
涞水县	442.0	166.0	2030.0	6328.0	46528.0
阜平县			418.0	293.0	24198.0
徐水县	307.0	211.0	2123.0	7717.0	72542.0
定兴县	1030.0	830.0	6479.0	25359.0	101551.0
唐县	1028.0	605.0	1356.0	2726.0	53281.0
高阳县	1478.0	1056.0	3453.0	6960.0	43008.0
容城县	343.0	283.0	1781.0	7075.0	47593.0
涞源县			240.0	314.0	12998.0
望都县	147.0	165.0	2106.0	7526.0	47121.0
安新县	9.0	5.0	160.0	338.0	54388.0
易县	1131.0	842.0	4119.0	12016.0	76610.0
曲阳县	76.0	34.0	1985.0	3645.0	49521.0
蠡县	641.0	530.0	3838.0	8645.0	49301.0
顺平县			1666.0	4215.0	50931.0
博野县	667.0	567.0	2870.0	10132.0	41111.0
雄县	140.0	102.0	4640.0	10866.0	44120.0
涿州市	104.0	57.0	5346.0	10799.0	73849.0
定州市	1173.0	1060.0	16152.0	55150.0	239158.0
安国市	283.0	215.0	5208.0	19587.0	75853.0
高碑店市	331.0	194.0	8606.0	28776.0	78949.0
张家口市辖区			1505.0	1565.0	24348.0
宣化县			5819.0	9112.0	40940.0
张北县			21819.0	15750.0	43698.0
康保县			22122.0	17680.0	32093.0
沽源县			16271.0	12379.0	33751.0
尚义县			16574.0	11500.0	21666.0
蔚县			14753.0	15212.0	44190.0
阳原县			8385.0	8712.0	20411.0
怀安县			5692.0	7786.0	24332.0
万全县			3061.0	3675.0	18942.0
怀来县			2635.0	3001.0	36387.0
涿鹿县			5307.0	8540.0	55895.0
赤城县			5625.0	4135.0	32938.0
崇礼县			1871.0	1496.0	14557.0

县(市)农村经济主要指标(一)

县　　名	乡村人口 (万人)	乡村劳动力 (万人)	农作物总播种面积 (公顷)	粮　　食播种面积 (公顷)	粮食产量 (吨)
承德市辖区	11.8	6.7	6563.0	4267.0	23528.0
承德县	42.4	21.3	44802.0	40318.0	245290.0
兴隆县	27.8	14.4	16670.0	15983.0	84004.0
平泉县	40.1	20.6	47877.0	44548.0	281014.0
滦平县	30.0	14.4	26596.0	24273.0	173004.0
隆化县	36.6	19.5	43525.0	38175.0	263662.0
丰宁自治县	33.1	16.2	70976.0	61902.0	158077.0
宽城自治县	20.2	9.4	12839.0	11808.0	57506.0
围场自治县	44.4	20.5	80068.0	63265.0	193049.0
沧州市辖区	10.5	5.0	12501.0	10603.0	38553.0
沧　县	62.6	31.5	138416.0	131455.0	426321.0
青　县	32.5	15.8	83285.0	66978.0	172275.0
东光县	30.6	14.5	66856.0	50322.0	238271.0
海兴县	17.4	8.5	40052.0	35657.0	100662.0
盐山县	37.0	18.6	73136.0	64957.0	274256.0
肃宁县	29.4	16.9	53480.0	43533.0	218886.0
南皮县	31.6	13.2	68809.0	51396.0	234235.0
吴桥县	24.1	13.5	58755.0	39336.0	227908.0
献　县	50.2	24.4	101160.0	88214.0	283403.0
孟村自治县	15.9	7.5	32781.0	29264.0	84266.0
泊头市	43.4	18.5	82090.0	75236.0	281581.0
任丘市	54.7	27.1	91025.0	78298.0	369898.0
黄骅市	33.5	13.7	81380.0	74432.0	207484.0
河间市	69.0	32.7	144191.0	116340.0	411562.0
廊坊市辖区	42.2	20.9	68490.0	54439.0	254352.0
固安县	35.6	17.2	67604.0	46746.0	333678.0
永清县	33.8	16.9	62582.0	42927.0	220497.0
香河县	27.8	13.4	44171.0	36186.0	235846.0
大城县	39.9	18.3	71814.0	65205.0	161844.0
文安县	40.3	19.5	83347.0	73551.0	216072.0
大厂自治县	9.1	4.0	17068.0	14773.0	98479.0
霸州市	43.9	20.3	73063.0	55446.0	226746.0
三河市	33.4	13.5	52523.0	43423.0	307558.0
衡水市	20.7	10.3	47025.0	38711.0	201505.0
冀州市	33.8	14.4	76944.0	53438.0	267572.0
深州市	52.3	25.2	112409.0	93405.0	452786.0
枣强县	33.8	14.4	80639.0	67278.0	324686.0
武邑县	29.6	14.0	70562.0	59016.0	269460.0
武强县	19.2	8.7	40081.0	32606.0	145714.0
饶阳县	26.3	12.8	59697.0	39523.0	186912.0

县(市)农村经济主要指标(二)

县　　名	棉　　花 播种面积 (公顷)	棉花产量 (吨)	油　　料 播种面积 (公顷)	油料产量 (吨)	农林牧渔业 增加值 (万元)
承德市辖区			49.0	72.0	18323.0
承德县			581.0	1766.0	71772.0
兴隆县			60.0	191.0	41727.0
平泉县			84.0	352.0	72516.0
滦平县			149.0	135.0	52247.0
隆化县			1423.0	1688.0	71208.0
丰宁自治县			5514.0	3825.0	48723.0
宽城自治县			135.0	150.0	20258.0
围场自治县			3286.0	3915.0	74221.0
沧州市辖区	12.0	11.0	137.0	260.0	11832.0
沧县	2028.0	879.0	2332.0	3964.0	112887.0
青县	1270.0	790.0	3978.0	4609.0	58500.0
东光县	13083.0	15890.0	1300.0	2930.0	45553.0
海兴县	876.0	436.0	2063.0	2830.0	21027.0
盐山县	4764.0	4001.0	1909.0	3845.0	47548.0
肃宁县	2156.0	2510.0	4414.0	9618.0	50258.0
南皮县	10086.0	7620.0	1668.0	1812.0	52418.0
吴桥县	13811.0	15798.0	451.0	1375.0	58856.0
献县	4639.0	3138.0	3645.0	8367.0	72826.0
孟村自治县	683.0	515.0	2054.0	3545.0	16754.0
泊头市	2921.0	2018.0	2106.0	3942.0	66298.0
任丘市	2042.0	2147.0	4119.0	6527.0	80069.0
黄骅市	888.0	471.0	4243.0	6011.0	73098.0
河间市	8219.0	5260.0	13130.0	11076.0	96376.0
廊坊市辖区	849.0	616.0	5378.0	10788.0	103853.0
固安县	60.0	27.0	4658.0	13474.0	98202.0
永清县	699.0	439.0	8617.0	24823.0	77964.0
香河县	300.0	164.0	853.0	2361.0	68621.0
大城县	249.0	79.0	4010.0	1932.0	40362.0
文安县	356.0	176.0	5112.0	4410.0	55295.0
大厂自治县	96.0	52.0	683.0	1066.0	26923.0
霸州市	837.0	458.0	4938.0	9911.0	65540.0
三河市	189.0	129.0	313.0	810.0	119311.0
衡水市	2912.0	2417.0	2343.0	6059.0	35158.0
冀州市	13382.0	12633.0	3975.0	11390.0	59305.0
深州市	5392.0	6573.0	10769.0	21723.0	74462.0
枣强县	6798.0	7377.0	2999.0	7736.0	56997.0
武邑县	2033.0	1505.0	4460.0	10150.0	44720.0
武强县	2667.0	1860.0	1954.0	2418.0	18468.0
饶阳县	3013.0	2736.0	6937.0	13681.0	48078.0

县(市)农村经济主要指标(一)

县　名	乡村人口 (万人)	乡村劳动力 (万人)	农作物总播种面积 (公顷)	粮　食播种面积 (公顷)	粮食产量 (吨)
安平县	23.7	11.6	50058.0	42150.0	215762.0
故城县	41.0	18.5	91470.0	71585.0	388359.0
景　县	44.7	20.6	105262.0	87727.0	409902.0
阜城县	29.7	12.0	63431.0	53733.0	278650.0
太原市辖区	46.7	24.1	38340.0	28840.0	121063.0
清徐县	25.5	12.7	36350.0	24780.0	100383.0
阳曲县	12.2	4.9	33890.0	29320.0	88520.0
娄烦县	9.3	4.5	17410.0	14190.0	26050.0
古交市	9.6	4.8	15720.0	10670.0	20080.0
大同市辖区	32.9	14.6	60560.0	38970.0	96109.0
阳高县	24.1	8.9	58480.0	42380.0	131867.0
天镇县	17.4	6.4	44430.0	32350.0	100138.0
广灵县	14.6	5.2	33390.0	26130.0	84225.0
灵丘县	19.1	7.5	36120.0	31500.0	84197.0
浑源县	28.8	11.8	46430.0	36600.0	143203.0
左云县	9.6	4.8	39360.0	27960.0	31044.0
大同县	13.4	5.1	40250.0	31650.0	100282.0
阳泉市辖区	18.7	8.5	11100.0	8950.0	18203.0
平定县	27.5	11.1	27390.0	23740.0	45827.0
盂　县	25.2	10.2	33630.0	29660.0	122539.0
长治市辖区	21.0	9.2	16800.0	12420.0	73450.0
长治县	29.1	13.2	27730.0	25110.0	155205.0
襄垣县	19.7	8.0	42750.0	35860.0	182062.0
屯留县	21.9	8.9	41740.0	38280.0	200198.0
平顺县	15.2	6.2	13680.0	12840.0	50828.0
黎城县	13.5	5.6	24690.0	20810.0	100876.0
壶关县	25.2	10.2	22210.0	20770.0	101386.0
长子县	30.8	12.7	42030.0	34240.0	185117.0
武乡县	18.5	6.3	31310.0	28510.0	122050.0
沁　县	14.3	4.7	26260.0	24370.0	131851.0
沁源县	13.9	4.5	18440.0	16940.0	64410.0
潞城市	16.6	6.2	22730.0	20790.0	124743.0
晋城市辖区	56.3	23.9	77860.0	69720.0	259859.0
沁水县	18.6	7.4	34620.0	28860.0	97287.0
阳城县	34.9	14.5	53400.0	43840.0	166183.0
陵川县	22.8	9.3	27280.0	24750.0	111057.0
高平市	41.5	20.0	51660.0	48720.0	202006.0
朔州市辖区	39.3	15.9	120280.0	90390.0	245063.0
山阴县	16.4	5.5	53080.0	36570.0	92637.0
应　县	24.1	9.4	54580.0	37920.0	171712.0

县(市)农村经济主要指标(二)

县　　名	棉　　花 播种面积 (公顷)	棉花产量 (吨)	油　　料 播种面积 (公顷)	油料产量 (吨)	农林牧渔业 增加值 (万元)
安平县	1679.0	509.0	4302.0	7567.0	33480.0
故城县	8726.0	10616.0	4569.0	13525.0	83888.0
景县	4443.0	5850.0	6590.0	10407.0	67374.0
阜城县	4551.0	4202.0	1316.0	2359.0	39696.0
太原市辖区		1.0	500.0	521.0	62866.0
清徐县	840.0	988.0	1220.0	1800.0	62375.0
阳曲县			3160.0	3131.0	19000.0
娄烦县			2590.0	2156.0	4758.0
古交市			3910.0	3201.0	9032.0
大同市辖区			10660.0	10306.0	26243.0
阳高县			4930.0	5490.0	30516.0
天镇县			3580.0	6008.0	21626.0
广灵县			4260.0	4098.0	14532.0
灵丘县			3510.0	5499.0	9793.0
浑源县			5250.0	6764.0	17002.0
左云县			8190.0	6523.0	8152.0
大同县			3650.0	3524.0	20027.0
阳泉市辖区			30.0	42.0	6267.0
平定县			1100.0	752.0	10865.0
盂县			2020.0	2082.0	14287.0
长治市辖区			10.0	18.0	19605.0
长治县			200.0	281.0	26192.0
襄垣县			2070.0	3308.0	29557.0
屯留县			380.0	339.0	30903.0
平顺县	50.0	15.0	180.0	201.0	10694.0
黎城县	190.0	107.0	1650.0	2511.0	16611.0
壶关县			400.0	1057.0	12378.0
长子县			120.0	108.0	39596.0
武乡县			1390.0	1493.0	18446.0
沁县			600.0	717.0	15059.0
沁源县			530.0	705.0	10534.0
潞城市	50.0	40.0	530.0	746.0	15948.0
晋城市辖区	1000.0	429.0	3110.0	4509.0	42197.0
沁水县	1280.0	785.0	3330.0	5017.0	16375.0
阳城县	2670.0	1365.0	5070.0	7063.0	28003.0
陵川县			1070.0	2389.0	16715.0
高平市			1220.0	1479.0	30495.0
朔州市辖区			20600.0	23258.0	51597.0
山阴县			8740.0	9993.0	31983.0
应县			6170.0	10221.0	47249.0

县(市)农村经济主要指标(一)

县　　名	乡村人口 (万人)	乡村劳动力 (万人)	农作物总 播种面积 (公顷)	粮　　食 播种面积 (公顷)	粮食产量 (吨)
右玉县	8.5	4.0	54540.0	39740.0	60653.0
怀仁县	17.0	7.0	39880.0	27870.0	88634.0
忻州市	32.7	13.4	52890.0	45940.0	226008.0
原平市	34.8	12.3	59190.0	52850.0	251475.0
定襄县	17.7	6.6	26010.0	22390.0	125438.0
五台县	27.8	8.7	33520.0	29120.0	113628.0
代　县	15.8	6.3	28290.0	24400.0	83669.0
繁峙县	20.4	6.9	38260.0	33480.0	52712.0
宁武县	10.8	4.3	25510.0	21180.0	29290.0
静乐县	13.6	5.5	33190.0	28270.0	40011.0
神池县	8.1	2.9	43050.0	19690.0	38960.0
五寨县	8.5	3.1	41190.0	23760.0	42465.0
岢岚县	6.4	2.1	26020.0	18140.0	39202.0
河曲县	10.8	3.7	28570.0	21970.0	35000.0
保德县	12.6	3.3	23240.0	20500.0	25000.0
偏关县	8.8	3.3	30880.0	22410.0	41767.0
孝义市	29.4	11.8	37200.0	35000.0	102905.0
汾阳县	31.5	13.1	52790.0	46080.0	127062.0
文水县	36.4	14.9	50960.0	42270.0	202826.0
交城县	17.8	7.0	16650.0	14720.0	44109.0
兴　县	23.2	8.5	76350.0	56780.0	54178.0
临　县	50.5	18.8	102910.0	78080.0	74102.0
柳林县	23.6	8.2	34770.0	28180.0	26498.0
石楼县	8.6	2.8	29230.0	21480.0	30129.0
岚　县	14.7	6.6	31950.0	27530.0	50295.0
方山县	11.5	4.1	19140.0	14410.0	33654.0
离石县	13.4	5.2	23000.0	18510.0	21311.0
中阳县	10.2	3.3	17630.0	14710.0	25628.0
交口县	8.6	3.1	17980.0	16160.0	31795.0
榆次市	26.8	12.0	53070.0	40040.0	141650.0
介休市	27.6	11.9	35800.0	31690.0	96914.0
榆社县	11.8	4.5	15160.0	13920.0	58183.0
左权县	13.9	6.1	14690.0	13730.0	54165.0
和顺县	11.4	4.0	16240.0	15380.0	60180.0
昔阳县	21.0	10.0	25410.0	23970.0	91282.0
寿阳县	18.0	7.2	49760.0	46340.0	186465.0
太谷县	21.0	9.8	36630.0	29640.0	126732.0
祁　县	20.8	9.3	34290.0	27190.0	138607.0
平遥县	41.9	17.9	62920.0	50970.0	190241.0
灵石县	16.4	7.9	25810.0	24090.0	65150.0

县(市)农村经济主要指标(二)

县　　名	棉　　花 播种面积 (公顷)	棉花产量 (吨)	油　　料 播种面积 (公顷)	油料产量 (吨)	农林牧渔业 增加值 (万元)
右玉县			8930.0	8506.0	17012.0
怀仁县			2640.0	2659.0	24490.0
忻州市	10.0	4.0	3010.0	2834.0	37469.0
原平市			4040.0	5392.0	37101.0
定襄县	360.0	320.0	1810.0	1562.0	16970.0
五台县			3060.0	3660.0	15163.0
代县			2960.0	4017.0	14312.0
繁峙县			3980.0	3465.0	7153.6
宁武县			3790.0	2650.0	5713.0
静乐县			4460.0	3140.0	8595.0
神池县			18330.0	30167.0	11706.0
五寨县			15090.0	20696.0	14186.0
岢岚县			7090.0	11189.0	9750.0
河曲县	10.0	6.0	4800.0	5000.0	4065.0
保德县			1800.0	1500.0	8836.0
偏关县			7150.0	9888.0	8094.0
孝义市		2.0	1050.0	973.0	21969.0
汾阳县	380.0	273.0	3860.0	6232.0	32001.0
文水县	1680.0	1353.0	2960.0	6216.0	48092.0
交城县	180.0	116.0	620.0	826.0	9463.0
兴　县	50.0	33.0	18430.0	8784.0	9342.0
临　县	730.0	98.0	19180.0	10274.0	24224.0
柳林县	390.0	64.0	4010.0	2618.0	10183.0
石楼县	100.0	25.0	7030.0	4834.0	5916.0
岚　县			3790.0	3538.0	8104.0
方山县			4060.0	5013.0	7189.0
离石县	10.0	2.0	3360.0	1093.0	3253.0
中阳县			2330.0	1504.0	5899.0
交口县			1690.0	1177.0	6045.0
榆次市	1320.0	1077.0	2440.0	3201.0	43355.0
介休市	220.0	122.0	880.0	1127.0	19508.0
榆社县		3.0	490.0	677.0	9644.0
左权县			330.0	763.0	11713.0
和顺县			500.0	1003.0	10861.0
昔阳县	10.0	5.0	670.0	531.0	11868.0
寿阳县			1430.0	1864.0	19938.0
太谷县	710.0	448.0	890.0	584.0	32086.0
祁　县	1270.0	837.0	2270.0	3466.0	31795.0
平遥县	2150.0	1771.0	4070.0	8821.0	33964.0
灵石县			740.0	866.0	10402.0

县(市)农村经济主要指标(一)

县　名	乡村人口（万人）	乡村劳动力（万人）	农作物总播种面积（公顷）	粮　食播种面积（公顷）	粮食产量（吨）
临汾市	42.0	21.6	56780.0	51460.0	189087.0
侯马市	10.8	5.1	16380.0	11780.0	56833.0
霍州市	18.2	7.9	20650.0	18380.0	63336.0
曲沃县	18.8	9.5	32220.0	25050.0	114030.0
翼城县	25.1	10.0	43660.0	39320.0	159546.0
襄汾县	41.7	20.1	65310.0	59810.0	215980.0
洪洞县	59.5	27.7	78990.0	71790.0	294942.0
古　县	7.0	2.2	15450.0	13980.0	50325.0
安泽县	6.5	2.3	15510.0	13900.0	85162.0
浮山县	10.7	3.7	25080.0	21890.0	85468.0
吉　县	8.5	2.9	20000.0	16730.0	59690.0
乡宁县	17.8	6.2	29420.0	27210.0	109245.0
蒲　县	7.4	2.8	16690.0	14470.0	52627.0
大宁县	4.7	1.6	12960.0	10600.0	38773.0
永和县	5.3	1.6	18650.0	11980.0	27342.0
隰　县	8.0	2.9	20380.0	16830.0	61639.0
汾西县	12.0	5.2	22690.0	21250.0	50883.0
运城市	39.6	19.5	70380.0	57580.0	227989.0
永济市	34.2	17.3	65100.0	44200.0	226179.0
河津市	27.2	12.0	25290.0	22950.0	104441.0
芮城县	33.5	17.0	50360.0	43770.0	186392.0
临猗县	47.6	20.5	116920.0	99280.0	390651.0
万荣县	38.1	13.9	64940.0	48250.0	110830.0
新绛县	26.4	13.6	45580.0	36030.0	142973.0
稷山县	29.2	14.7	43090.0	37940.0	126794.0
闻喜县	32.2	15.1	65700.0	52280.0	166913.0
夏　县	30.8	16.5	45090.0	36340.0	143039.0
绛　县	21.7	11.3	35630.0	31280.0	124471.0
平陆县	20.9	10.2	32540.0	27060.0	98771.0
垣曲县	15.3	6.6	25020.0	20820.0	85975.0
呼市市辖区	24.3	12.8	45118.0	35300.0	136145.0
土默特左旗	29.2	13.8	68089.0	54115.0	295852.0
托克托县	15.3	8.1	41275.1	28690.8	143900.0
和林格尔县	16.4	7.2	63400.0	50900.0	146785.0
清水河县	11.1	4.5	43200.0	33400.0	84241.0
包头市辖区	16.9	10.5	29054.0	19089.0	69631.0
土默特右旗	29.1	15.2	91445.0	61409.0	228142.0
固阳县	17.2	9.0	100800.0	83178.0	125006.0
赤峰市辖区	63.3	27.4	162340.0	133107.0	733025.0
阿鲁科尔沁旗	25.6	10.5	103760.0	100830.0	165902.0

县(市)农村经济主要指标(二)

县　名	棉　花 播种面积 (公顷)	棉花产量 (吨)	油　料 播种面积 (公顷)	油料产量 (吨)	农林牧渔业 增加值 (万元)
临汾市	1070.0	542.0	1340.0	2709.0	33115.0
侯马市	740.0	736.0	1250.0	2445.0	15569.0
霍州市	750.0	333.0	280.0	518.0	12841.0
曲沃县	610.0	543.0	2520.0	5117.0	24310.0
翼城县	1220.0	756.0	1110.0	1857.0	23930.0
襄汾县	960.0	971.0	2370.0	4667.0	33853.0
洪洞县	1130.0	593.0	1520.0	2851.0	51103.0
古　县	130.0	93.0	1050.0	2737.0	7958.0
安泽县			780.0	2255.0	13028.0
浮山县	1210.0	699.0	750.0	1119.0	12581.0
吉　县	250.0	127.0	1340.0	1805.0	10347.0
乡宁县			1160.0	3344.0	14108.0
蒲　县	30.0	15.0	1440.0	1558.0	7586.0
大宁县	930.0	370.0	880.0	2006.0	6365.0
永和县	880.0	383.0	4080.0	6004.0	6600.0
隰　县			1670.0	4065.0	11479.0
汾西县	40.0	37.0	830.0	980.0	7500.0
运城市	4280.0	4684.0	5250.0	6658.0	32203.0
永济市	8720.0	12028.0	4890.0	8830.0	46963.0
河津市	510.0	502.0	1010.0	1768.0	13256.0
芮城县	2290.0	2172.0	3170.0	4735.0	38041.0
临猗县	7960.0	7196.0	3790.0	7745.0	97901.0
万荣县	1550.0	1216.0	3430.0	5139.0	32774.0
新绛县	1440.0	1624.0	930.0	1422.0	26381.0
稷山县	1120.0	1328.0	2020.0	4352.0	18309.0
闻喜县	3340.0	1828.0	2230.0	2868.0	23643.0
夏　县	4270.0	4261.0	1240.0	1618.0	24728.0
绛　县	1080.0	532.0	770.0	1491.0	15406.0
平陆县	1800.0	1022.0	1250.0	1285.0	17034.0
垣曲县	1470.0	1051.0	830.0	1284.0	14387.0
呼市市辖区			3056.0	3389.0	46066.0
土默特左旗			9657.3	30751.0	67409.0
托克托县			8714.1	16694.0	37801.0
和林格尔县			9900.0	7756.0	31130.0
清水河县			8100.0	9087.0	23051.0
包头市辖区			3187.0	5205.0	41031.8
土默特右旗			20735.0	19324.0	68351.2
固阳县			12400.0	10078.0	31935.1
赤峰市辖区			11340.0	20138.0	101112.0
阿鲁科尔沁旗			950.0	125.0	29333.9

县(市)农村经济主要指标(一)

县　　名	乡村人口 (万人)	乡村劳动力 (万人)	农作物总 播种面积 (公顷)	粮　　食 播种面积 (公顷)	粮食产量 (吨)
巴林左旗	29.9	15.5	113880.0	105518.0	220034.0
巴林右旗	13.6	3.9	43007.0	41597.0	90278.0
林西县	18.5	7.4	74994.0	62702.0	169058.0
克什克腾旗	19.3	9.4	84524.0	73056.0	161514.0
翁牛特旗	41.0	15.2	140752.0	115390.0	440942.0
喀喇沁旗	32.3	12.0	56556.0	49719.0	204014.0
宁城县	52.4	20.0	106556.9	95540.0	505031.0
敖汉旗	51.6	20.9	163570.0	143950.0	642230.0
海拉尔市	2.1	0.2	22004.0	17016.0	53488.0
满州里市	0.1		1249.0	313.0	1070.0
扎兰屯市	26.1	6.6	171921.0	151409.0	268473.0
牙克石市	4.6	2.1	76145.0	51012.0	113100.0
根河市			2031.0	1506.0	3561.0
额尔古纳市	0.2	0.1	97379.0	75923.0	278721.0
阿荣旗	23.5	7.1	223266.0	207955.0	341430.0
莫力达瓦旗	22.3	5.6	271164.0	269756.0	452750.0
鄂伦春自治旗	5.8	2.6	89836.0	88941.0	106973.0
鄂温克自治旗	1.8	0.8	47407.0	34246.0	71775.0
新巴尔右旗	1.5	0.8	3004.0	77.0	180.0
新巴尔左旗	1.8	1.1	33283.0	21729.0	61818.0
陈巴尔旗	1.1	0.7	37341.0	27945.0	93656.0
乌兰浩特市	6.2	2.9	22600.0	18260.0	59595.0
科尔沁右冀前	31.0	11.2	199839.0	175937.0	522945.0
科尔沁右冀中	16.4	4.4	101710.0	95870.0	126406.0
扎赉特旗	31.8	8.9	224270.0	207600.0	644752.0
突泉县	24.6	10.5	125930.0	117010.0	423322.0
通辽市	43.5	15.9	135407.0	102111.0	905007.0
霍林郭勒市	0.9	0.5	17442.0	14726.0	30520.0
科尔沁左中旗	39.6	11.2	213420.0	165230.0	924117.0
科尔沁左后旗	29.1	8.2	126250.0	119650.0	555147.0
开鲁县	30.0	13.7	100730.0	88780.0	401164.0
库伦旗	13.2	4.6	75450.0	66050.0	281000.0
奈曼旗	36.6	13.3	106980.0	86730.0	414114.0
扎鲁特旗	22.1	7.3	112590.0	108100.0	284189.0
二连浩特市			30.0		
锡林浩特市	1.1	0.6	9900.0	5490.0	10214.0
阿巴嘎旗	2.2	1.4	1910.0		
苏尼特左旗	1.7	1.0	280.0		
苏尼特右旗	3.1	1.8	4490.0	2930.0	3070.0
东乌珠穆沁旗	2.9	1.7	19160.0	15350.0	36052.0

县(市)农村经济主要指标(二)

县　　名	棉　　花 播种面积 (公顷)	棉花产量 (吨)	油　　料 播种面积 (公顷)	油料产量 (吨)	农林牧渔业 增加值 (万元)
巴林左旗			830.0	671.0	40956.0
巴林右旗			757.0	580.0	25587.0
林西县			4711.0	6054.0	40605.0
克什克腾旗			4681.0	4988.0	38226.5
翁牛特旗			20311.0	27510.0	70417.5
喀喇沁旗	4.0	2.0	1506.0	2076.0	27393.2
宁城县			700.0	693.0	79128.0
敖汉旗	32.0	71.0	7230.0	7897.0	96974.0
海拉尔市			3545.0	4113.0	17363.0
满州里市			447.0	22.0	7555.0
扎兰屯市			7269.0	1540.0	49668.0
牙克石市			22045.0	12116.0	26048.5
根河市			303.0	251.0	4855.8
额尔古纳市			21043.0	24268.0	39241.8
阿荣旗			3113.0	654.0	64002.0
莫力达瓦旗			54.0	30.0	63918.0
鄂伦春自治旗			312.0	72.0	18416.0
鄂温克自治旗			12068.0	6336.0	24125.4
新巴尔右旗			2866.0	20149.0	15610.0
新巴尔左旗			11267.0	10140.0	23120.0
陈巴尔旗			9177.0	12811.0	27027.0
乌兰浩特市			2320.0	849.0	17093.4
科尔沁右冀前			16942.0	12736.0	83996.5
科尔沁右冀中			4350.0	2786.0	19517.1
扎赉特旗			10270.0	6566.0	55960.4
突泉县			6580.0	4599.0	56831.3
通辽市			3287.0	2372.0	146001.2
霍林郭勒市			2402.0	483.0	5237.8
科尔沁左中旗			33680.0	57998.0	95833.0
科尔沁左后旗			2110.0	1316.0	87203.1
开鲁县			550.0	325.0	71318.0
库伦旗	30.0	30.0	4690.0	6107.0	24200.0
奈曼旗			14150.0	16023.0	74756.0
扎鲁特旗			2130.0	2626.0	71903.0
二连浩特市					185.0
锡林浩特市			1220.0	1031.0	20701.8
阿巴嘎旗					18309.0
苏尼特左旗			30.0	27.0	14800.0
苏尼特右旗			680.0	508.0	12433.0
东乌珠穆沁旗			2060.0	2415.0	32452.4

县(市)农村经济主要指标(一)

县　　名	乡村人口 (万人)	乡村劳动力 (万人)	农作物总播种面积 (公顷)	粮　食播种面积 (公顷)	粮食产量 (吨)
西乌珠穆沁旗	3.4	1.6	4160.0	1750.0	2074.0
太仆寺旗	17.3	8.9	77840.0	63980.0	124496.0
镶黄旗	1.5	0.7	2380.0	330.0	303.0
正镶白旗	5.5	2.8	24600.0	11190.0	12653.0
正蓝旗	5.2	2.4	20810.0	11840.0	18736.0
多伦县	7.0	3.4	70100.0	42000.0	65375.0
集宁市	1.6	1.0	2100.0	1100.0	1502.0
丰镇市	22.6	10.2	77100.0	67600.0	140338.0
武川县	14.2	7.4	87356.7	76700.0	145690.0
卓资县	16.5	9.5	68400.0	59600.0	127577.0
化德县	11.3	6.4	56700.0	51100.0	82484.0
商都县	25.9	14.1	114600.0	95200.0	156457.0
兴和县	25.2	11.6	95100.0	78800.0	144430.0
凉城县	19.0	7.9	65300.0	57200.0	151652.0
察哈尔右前旗	22.0	9.4	83000.0	67100.0	131408.0
察哈尔右中旗	16.9	9.2	85300.0	68300.0	153935.0
察哈尔右后旗	14.7	7.7	59800.0	51600.0	98282.0
达尔罕联合旗	7.9	4.1	59160.0	47326.0	63603.0
四子王旗	16.4	8.3	85500.0	70200.0	116844.0
东胜市	6.2	3.4	19370.0	15090.0	48641.0
达拉特旗	26.8	15.6	92780.0	69380.0	404042.0
准格尔旗	20.7	10.1	57720.0	46400.0	130241.0
鄂托克前旗	5.0	2.2	12030.0	9020.0	51670.0
鄂托克旗	5.9	2.4	6990.0	6120.0	28257.0
杭锦旗	10.7	5.2	36360.0	24900.0	125071.0
乌审旗	7.6	3.4	22500.0	19320.0	104992.0
伊金霍洛旗	11.7	6.7	28030.0	21190.0	91486.0
临河市	26.6	14.2	82090.0	54940.0	441704.0
五原县	21.2	9.4	81680.0	53280.0	314730.0
磴口县	5.6	3.1	22030.0	14230.0	101186.0
乌拉特前旗	23.8	10.0	89240.0	56980.0	325834.0
乌拉特中旗	9.6	4.4	34580.0	28460.0	127466.0
乌拉特后旗	2.0	1.1	3400.0	2350.0	15125.0
杭锦后旗	24.1	11.7	65940.0	43240.0	345905.0
阿拉善左旗	4.6	3.0	12871.0	10236.0	48795.0
阿拉善右旗	0.9	0.5	873.0	430.0	2575.0
额济纳旗	0.4	0.2	1374.0	413.0	1735.0
沈阳市辖区	103.0	43.0	167673.0	129505.0	908477.0
辽中县	43.0	16.0	86078.0	70206.0	485575.0
康平县	27.0	10.0	79115.0	69180.0	436667.0

县(市)农村经济主要指标(二)

县　　名	棉　　花 播种面积 (公顷)	棉花产量 (吨)	油　　料 播种面积 (公顷)	油料产量 (吨)	农林牧渔业 增加值 (万元)
西乌珠穆沁旗			470.0	352.0	40648.0
太仆寺旗			11770.0	14195.0	21576.4
镶黄旗			110.0	83.0	5967.0
正镶白旗			2320.0	1987.0	9585.9
正蓝旗			3150.0	3240.0	19586.7
多伦县			6700.0	6190.0	19268.9
集宁市			300.0	156.0	6358.4
丰镇市			6700.0	6102.0	32067.0
武川县			7617.2	8912.0	26607.0
卓资县			7500.0	6201.0	25469.7
化德县			5300.0	7651.0	19442.5
商都县			15400.0	11142.0	36984.0
兴和县			11200.0	9400.0	31590.3
凉城县			5500.0	6135.0	27220.0
察哈尔右前旗			6600.0	7058.0	36296.1
察哈尔右中旗			7600.0	8780.0	28499.8
察哈尔右后旗			7700.0	8802.0	25110.3
达尔罕联合旗			6730.0	5206.0	22903.4
四子王旗			7500.0	7507.0	35585.1
东胜市			3460.0	4704.0	15194.2
达拉特旗			16700.0	41762.0	66960.7
准格尔旗	10.0	1.0	8170.0	5830.0	35007.9
鄂托克前旗			670.0	1360.0	20854.3
鄂托克旗			340.0	618.0	17624.7
杭锦旗			8950.0	27502.0	29982.6
乌审旗			1140.0	2268.0	28094.0
伊金霍洛旗			6210.0	10552.0	26331.6
临河市			11120.0	62309.0	125957.9
五原县			16280.0	62533.0	76901.1
磴口县			2650.0	9138.0	33390.3
乌拉特前旗			22900.0	86487.0	97414.2
乌拉特中旗			4440.0	11251.0	49576.0
乌拉特后旗			890.0	1525.0	8760.5
杭锦后旗			12650.0	69920.0	88384.2
阿拉善左旗	7.0	8.0	580.0	1046.0	24199.0
阿拉善右旗	21.0	36.0	35.0	200.0	6003.6
额济纳旗	801.0	2259.0	3.6	5.0	3908.0
沈阳市辖区			1634.0	4151.0	212519.0
辽中县	33.0	25.0	1814.0	3854.0	113523.0
康平县			3462.0	6562.0	58172.0

县(市)农村经济主要指标(一)

县　　名	乡村人口（万人）	乡村劳动力（万人）	农作物总播种面积（公顷）	粮　　食播种面积（公顷）	粮食产量（吨）
法库县	39.0	16.0	107756.0	94779.0	719000.0
新民市	56.0	20.0	147087.0	118232.0	709048.0
大连市辖区	62.2	28.1	61836.0	45230.0	238379.0
长海县	6.6	3.2	2151.0	1889.0	8237.0
瓦房店市	72.9	30.1	97185.0	88575.0	405016.0
普兰店市	67.7	28.6	80532.0	68429.0	384014.0
庄河市	70.6	24.0	102307.1	94517.1	441000.0
鞍山市辖区	17.0	8.0	14052.0	8982.0	49859.0
台安县	30.0	12.0	69321.0	58109.0	387562.0
岫岩自治县	41.0	16.0	46709.0	39985.0	150096.0
海城市	85.0	23.0	99326.0	86426.0	600481.0
抚顺市辖区	16.1	9.2	15031.0	7985.0	53253.0
抚顺县	16.0	9.5	23589.0	18729.0	130099.0
新宾自治县	24.1	11.7	27761.0	25399.0	145690.0
清原自治县	24.0	12.0	24993.0	22064.0	151870.0
本溪市辖区	14.3	7.8	11253.0	5561.0	25592.0
本溪自治县	19.7	7.8	19900.0	17928.0	91315.0
桓仁自治县	23.1	9.4	21169.0	18953.0	120287.0
丹东市辖区	12.0	6.0	11906.0	6370.0	20635.0
宽甸自治县	32.0	13.0	33775.0	28975.0	112590.0
东港市	55.0	25.0	84917.0	71406.0	430843.0
凤城市	43.0	17.0	57572.0	46983.0	203198.0
锦州市辖区	14.3	6.5	14924.0	10400.0	52481.0
北镇自治县	45.3	15.4	80714.0	60866.0	378816.0
黑山县	50.3	16.9	129673.0	101369.0	608046.0
义　县	37.4	14.4	70649.0	57411.0	272994.0
凌海市	53.7	23.1	100009.0	80728.0	557818.0
营口市辖区	13.5	5.2	7823.0	7029.0	67835.0
盖州市	72.3	28.5	47479.0	41420.0	235258.0
大石桥市	54.4	22.9	51312.0	47278.0	420000.0
阜新市辖区	14.7	5.4	13361.0	10279.0	57816.0
阜新自治县	66.9	31.7	184231.0	158924.0	1160216.0
彰武县	33.7	15.6	105193.0	94815.0	601724.0
辽阳市辖区	12.5	5.3	12877.0	8616.0	52804.0
辽阳县	49.8	17.3	72240.0	58871.0	398013.0
灯塔县	41.2	17.2	64314.0	57330.0	385515.0
盘锦市辖区	7.0	3.6	7400.0	7033.0	55045.0
大洼县	31.0	12.0	52429.0	46814.0	450009.0
盘山县	27.8	3.7	34537.0	31124.0	325151.0
铁岭市辖区	10.7	3.4	13067.0	10794.0	68600.0

县(市)农村经济主要指标(二)

县　　名	棉　　花 播种面积 (公顷)	棉花产量 (吨)	油　　料 播种面积 (公顷)	油料产量 (吨)	农林牧渔业 增加值 (万元)
法库县	102.0	79.0	5299.0	10807.0	75941.0
新民市	719.0	794.0	2547.0	4116.0	188632.0
大连市辖区			1707.0	4718.0	417753.0
长海县			4.0	8.0	43034.0
瓦房店市	17.0	9.0	654.0	1380.0	204759.0
普兰店市			3297.0	9055.0	176494.0
庄河市			908.0	1602.0	173160.0
鞍山市辖区			9.0	22.0	38882.0
台安县			1393.0	2943.0	124888.0
岫岩自治县			332.0	635.0	63097.0
海城市	41.0	18.0	552.0	1372.0	191128.0
抚顺市辖区			197.0	513.0	41310.0
抚顺县			1314.0	3857.0	36011.0
新宾自治县			317.0	1018.0	40909.0
清原自治县			424.0	1145.0	42303.0
本溪市辖区			274.0	577.0	35031.0
本溪自治县			220.0	538.0	33150.0
桓仁自治县			284.0	779.0	41171.0
丹东市辖区			79.0	112.0	18947.0
宽甸自治县			329.0	746.0	45669.0
东港市			1172.0	3887.0	172878.0
凤城市			1344.0	3039.0	75004.0
锦州市辖区	2.0	7.0	135.0	271.0	48617.0
北镇自治县	27.0	18.0	6628.0	12302.0	197584.0
黑山县	4516.0	3448.0	10810.0	24319.0	171763.0
义县	62.0	63.0	3825.0	8549.0	98467.0
凌海市	38.0	18.0	4671.0	8941.0	114154.0
营口市辖区			1.0	3.0	34296.0
盖州市	63.0	36.0	457.0	1452.0	116158.0
大石桥市	84.0	58.0	415.0	884.0	94023.0
阜新市辖区			92.0	160.0	22073.0
阜新自治县	582.0	1806.0	14299.0	26433.0	129369.0
彰武县	923.0	568.0	3597.0	6744.0	64573.0
辽阳市辖区			32.0	91.0	24747.0
辽阳县	58.0	46.0	1252.0	5654.0	95472.0
灯塔县	14.0	14.0	186.0	478.0	97083.0
盘锦市辖区	20.0	1.0			21467.0
大洼县					156279.0
盘山县					133418.0
铁岭市辖区			49.0	114.0	18566.0

县(市)农村经济主要指标(一)

县　　名	乡村人口 (万人)	乡村劳动力 (万人)	农作物总 播种面积 (公顷)	粮　食 播种面积 (公顷)	粮食产量 (吨)
铁岭县	35.5	12.7	65860.0	58126.0	441739.0
西丰县	27.5	8.3	44522.0	39846.0	325335.0
昌图县	83.6	25.7	235232.0	207525.0	1750428.0
铁法市	6.4	1.8	11164.0	8270.0	60595.0
开原市	44.5	14.8	66701.0	58804.0	474623.0
朝阳市辖区	15.4	8.1	15116.0	11338.0	56557.0
朝阳县	59.2	30.2	85102.0	70680.0	351306.0
建平县	48.6	24.4	121218.0	91114.0	575040.0
喀喇沁左翼县	36.2	18.9	48068.0	38750.0	239521.0
北票市	42.3	20.5	86699.0	70691.0	336597.0
凌源市	49.5	25.7	50375.0	45799.0	275432.0
葫芦岛市辖区	45.9	10.3	56654.0	46069.0	253276.0
绥中县	53.4	15.4	64311.0	53006.0	297301.0
建昌县	53.1	19.1	52681.0	48167.0	275066.0
兴城市	42.8	14.8	58570.0	44000.0	254071.0
长春市辖区	79.1	34.4	153773.0	120014.0	921171.0
农安县	95.4	37.7	299539.0	272958.0	2560908.0
九台市	64.6	29.2	160119.0	143355.0	1011654.0
榆树市	110.9	50.3	292299.0	267989.0	2355981.0
德惠市	79.3	32.2	217266.0	180169.0	1416051.0
吉林市辖区	22.3	9.5	31246.0	21787.0	153548.0
永吉县	60.0	24.8	114701.0	105949.0	749789.0
磐石县	33.0	14.8	65534.0	59574.0	503483.0
蛟河市	24.9	12.0	50102.0	42931.0	291664.0
桦甸市	21.1	10.8	47919.0	42370.0	353195.0
舒兰市	41.7	18.1	83134.0	77948.0	626092.0
四平市辖区	8.0	3.6	12860.0	11395.0	100088.0
梨树县	64.6	28.9	186822.0	178479.0	1941729.0
伊通自治县	36.4	16.1	88174.0	86158.0	797749.0
双辽县	27.1	11.9	101429.0	96588.0	794334.0
公主岭市	67.0	17.0	219396.0	164895.0	2066100.0
辽源市辖区	5.0	2.4	6055.0	2757.0	16418.0
东丰县	28.0	13.1	74653.0	69231.0	610002.0
东辽县	31.2	12.3	66755.0	62727.0	578502.0
通化市辖区	6.6	3.2	6413.0	2637.0	15627.0
通化县	16.4	7.9	31457.0	27646.0	174171.0
辉南县	20.7	10.9	40330.0	36798.0	374952.0
柳河县	26.0	11.1	44753.0	42655.0	348047.0
梅河口市	36.4	14.4	63693.0	58599.0	600006.0
集安市	14.2	6.5	18143.0	14994.0	81000.0

县(市)农村经济主要指标(二)

县　　名	棉　　花 播种面积 (公顷)	棉花产量 (吨)	油　　料 播种面积 (公顷)	油料产量 (吨)	农林牧渔业 增加值 (万元)
铁岭县			204.0	579.0	78157.0
西丰县			456.0	1402.0	50727.0
昌图县			4767.0	9432.0	169818.0
铁法市			25.0	53.0	18604.0
开原市			158.0	421.0	90765.0
朝阳市辖区	63.0	38.0	820.0	935.0	25208.0
朝阳县	4550.0	3658.0	4328.0	5103.0	73597.0
建平县	2.0	3.0	11814.0	16382.0	79631.0
喀喇沁左翼县	3074.0	3284.0	1979.0	2519.0	46182.0
北票市	3129.0	1833.0	6466.0	6099.0	57541.0
凌源市	22.0	29.0	166.0	208.0	67998.0
葫芦岛市辖区	312.0	83.0	3119.0	5749.0	81854.0
绥中县	96.0	83.0	2425.0	4713.0	102388.0
建昌县	1655.0	1688.0	46.0	55.0	51893.0
兴城市	241.0	166.0	9577.0	15989.0	62875.0
长春市辖区			1670.0	3378.0	183561.0
农安县			7664.0	19020.0	378491.0
九台市			572.0	846.0	112743.0
榆树市			136.0	198.0	310149.0
德惠市			4188.0	6537.0	247272.0
吉林市辖区					65444.0
永吉县			794.0	3037.0	133104.0
磐石县			492.0	738.0	114094.0
蛟河市			340.0	891.0	83896.0
桦甸市			200.0	603.0	93958.0
舒兰市			482.0	724.0	141327.0
四平市辖区					14884.0
梨树县			133.0	276.0	271563.0
伊通自治县			75.0	154.0	107415.0
双辽县			2573.0	3100.0	94372.0
公主岭市			40.0	59.0	359598.0
辽源市辖区			20.0	40.0	9797.0
东丰县			24.0	29.0	86597.0
东辽县			11.0	22.0	71650.0
通化市辖区			64.0	142.0	18310.0
通化县			515.0	841.0	37197.0
辉南县			155.0	475.0	36450.0
柳河县			108.0	177.0	65541.0
梅河口市			15.0	33.0	138706.0
集安市			211.0	467.0	31486.0

县(市)农村经济主要指标(一)

县名	乡村人口(万人)	乡村劳动力(万人)	农作物总播种面积(公顷)	粮食播种面积(公顷)	粮食产量(吨)
白山市辖区	6.6	2.5	8466.0	6455.0	30461.0
抚松县	9.7	3.9	15792.0	12101.0	65346.0
靖宇县	5.9	2.5	10976.0	9331.0	55746.0
长白自治县	3.3	1.5	7914.0	6229.0	32515.0
江源县	5.7	2.2	7045.0	5503.0	29257.0
临江市	6.6	3.7	11689.0	9269.0	57294.0
松原市辖区	16.1	8.1	41112.0	35936.0	308788.0
前郭尔罗斯县	42.3	16.0	199963.0	191611.0	1480865.0
长岭县	48.8	18.0	187226.0	159904.0	1523988.0
乾安县	20.0	9.0	102445.0	99250.0	744000.0
扶余县	64.2	32.6	223691.0	195844.0	1751141.0
白城市辖区	17.3	7.6	82389.0	65130.0	293055.0
镇赉县	16.6	7.0	97694.0	89715.0	122709.0
通榆县	22.1	9.7	144966.0	116514.0	323000.0
洮南市	27.6	11.7	129386.0	109474.0	547000.0
大安市	26.1	9.6	91611.0	75250.0	305758.0
延吉市	3.8	2.2	7508.0	5679.0	12560.0
图们市	3.2	1.7	8320.0	6958.0	11685.0
敦化市	19.6	9.0	64530.0	51300.0	185068.0
珲春市	7.1	4.0	21863.0	20355.0	31200.0
龙井市	10.3	5.5	34938.0	29009.0	75275.0
和龙市	8.6	4.2	24057.0	21032.0	30326.0
汪清县	11.6	5.9	34971.0	31434.0	49072.0
安图县	9.4	4.5	26447.0	23358.0	52200.0
哈尔滨市辖区	47.7	22.3	59200.0	38889.0	215512.0
呼兰县	51.3	30.8	147961.0	140542.0	1001093.0
依兰县	24.5	12.3	120965.0	117697.0	620090.0
方正县	12.8	6.5	36027.0	34341.0	209831.0
宾县	46.5	26.8	139301.0	123264.0	661315.0
阿城市	37.8	18.4	80239.0	77060.0	604690.0
齐齐哈尔市辖	30.1	16.6	96608.0	65519.0	145937.0
龙江县	45.1	24.1	215454.0	181648.0	781364.0
依安县	37.9	19.5	210724.0	188052.0	606134.0
泰来县	23.2	12.8	107134.0	89348.0	254652.0
甘南县	23.6	12.2	186909.0	139549.0	328951.0
富裕县	19.0	10.0	104223.0	87044.0	226729.0
克山县	45.1	20.2	202016.0	176881.0	574207.0
克东县	21.3	11.3	94338.0	80996.0	415327.0
拜泉县	46.2	21.6	240905.0	195610.0	781017.0
讷河市	56.8	30.2	265121.0	221298.0	914070.0

县(市)农村经济主要指标(二)

县　　名	棉　　花 播种面积 (公顷)	棉花产量 (吨)	油　　料 播种面积 (公顷)	油料产量 (吨)	农林牧渔业 增加值 (万元)
白山市辖区			190.0	301.0	26153.0
抚松县			332.0	746.0	50691.0
靖宇县			84.0	152.0	12329.0
长白自治县			44.0	80.0	17086.0
江源县			44.0	63.0	21587.0
临江市			355.0	739.0	28407.0
松原市辖区			117.0	356.0	22000.0
前郭尔罗斯县			4370.0	10750.0	172346.0
长岭县			18574.0	50677.0	164656.0
乾安县	103.0	150.0	1337.0	1976.0	49388.0
扶余县			20854.0	34150.0	194342.0
白城市辖区	496.0	115.0	8347.0	6556.0	30784.0
镇赉县	1877.0	1171.0	3252.0	2147.0	25643.0
通榆县	68.0	11.0	21934.0	32907.0	51026.0
洮南市	3767.0	2667.0	10128.0	12941.0	61320.0
大安市	270.0	646.0	8062.0	11601.0	50323.0
延吉市			134.0	125.0	7696.0
图们市			65.0	103.0	4376.0
敦化市			1050.0	1860.0	70035.0
珲春市			5.0	8.0	11434.0
龙井市			274.0	363.0	16418.0
和龙市			648.0	827.0	12391.0
汪清县			159.0	321.0	21379.0
安图县			1070.0	1241.0	28013.0
哈尔滨市辖区			9.0	21.0	
呼兰县			346.0	8.0	169240.0
依兰县			23.0	22.0	84714.0
方正县			110.0	234.0	44019.0
宾县			520.0	758.0	146620.0
阿城市			46.0	70.0	118110.0
齐齐哈尔市辖			6027.0	1066.0	41431.0
龙江县			12463.0	3097.0	98219.0
依安县			2303.0	2659.0	100520.0
泰来县			9673.0	9115.0	33114.0
甘南县			19394.0	2756.0	27422.0
富裕县			8075.0	3444.0	28625.0
克山县			1419.0	566.0	98933.0
克东县			794.0	1174.0	62810.0
拜泉县			6546.0	7753.0	84221.0
讷河市			10098.0	10240.0	169416.0

县(市)农村经济主要指标(一)

县　　名	乡村人口（万人）	乡村劳动力（万人）	农作物总播种面积（公顷）	粮　食播种面积（公顷）	粮食产量（吨）
鸡西市辖区	15.1	7.9	26851.0	20557.0	77121.0
鸡东县	19.0	9.5	81576.0	69144.0	411155.0
虎林县	8.4	5.2	258771.0	246253.0	1363698.0
鹤岗市辖区	5.5	3.0	51233.0	45919.0	215575.0
萝北县	4.9	2.8	196958.0	188802.0	888352.0
绥滨县	8.7	4.6	137099.0	125155.0	462649.0
双鸭山市辖区	5.1	2.6	33054.0	27875.0	119645.0
集贤县	20.0	9.7	125170.0	109297.0	562982.0
友谊县			92060.0	84888.0	451091.0
宝清县	20.7	8.8	248342.0	225480.0	1097460.0
饶河县	4.6	2.8	160372.0	154193.0	730730.0
大庆市辖区	24.3	13.7	86504.0	68953.0	369556.0
肇州县	34.6	17.0	122054.0	97626.0	718049.0
肇源县	34.4	16.4	123333.0	94844.0	256079.0
林甸县	18.2	10.2	86387.0	64625.0	95971.0
杜尔伯特县	16.3	8.9	72978.0	69024.0	138941.0
伊春市辖区	3.0	1.4	31647.0	20208.0	49042.0
嘉荫县	4.2	2.1	52645.0	49450.0	91025.0
铁力市	8.9	4.5	61204.0	56286.0	256347.0
佳木斯市辖区	19.2	8.2	65935.0	57036.0	248198.0
桦南县	28.5	13.4	128526.0	111643.0	561692.0
桦川县	14.1	7.2	107439.0	103303.0	557250.0
汤原县	15.8	7.8	86659.0	81357.0	360536.0
抚远县	2.4	1.3	103285.0	99638.0	311570.0
同江市	5.4	3.0	181050.0	179228.0	807512.0
富锦市	24.4	11.5	265002.0	253368.0	1477455.0
七台河市辖区	11.8	4.8	17578.0	13494.0	52885.0
勃利县	22.6	10.4	109656.0	97869.0	434126.0
牡丹江市辖区	11.9	5.9	16553.0	11184.0	42285.0
东宁县	11.1	6.6	31296.0	26243.0	140588.0
林口县	28.6	15.9	75939.0	63941.0	376542.0
绥芬河市	1.0	0.6	1946.0	1506.0	5920.0
密山市	24.4	12.4	202343.0	180851.0	1033561.0
海林市	15.9	8.9	51023.0	42707.0	246091.0
宁安市	28.2	16.8	106990.0	84464.0	399878.0
穆棱市	17.4	9.8	37705.0	30194.0	275036.0
黑河市辖区	5.3	2.5	68207.0	62629.0	154443.0
嫩江县	23.0	11.9	319047.0	292122.0	851042.0
逊克县	5.1	2.6	92405.0	87505.0	250184.0
孙吴县	4.8	2.3	53797.0	49555.0	136636.0

县(市)农村经济主要指标(二)

县　名	棉　花 播种面积 (公顷)	棉花产量 (吨)	油　料 播种面积 (公顷)	油料产量 (吨)	农林牧渔业 增加值 (万元)
鸡西市辖区			1219.0	1374.0	24168.0
鸡东县			1460.0	1918.0	76966.0
虎林县			4304.0	3524.0	113884.0
鹤岗市辖区			21.0	130.0	
萝北县			28.0	30.0	77423.0
绥滨县			286.0	198.0	62202.0
双鸭山市辖区			1578.0	3178.0	
集贤县			2118.0	3325.0	65385.0
友谊县			290.0	424.0	28693.0
宝清县			5844.0	8488.0	83283.0
饶河县			2768.0	3136.0	55385.0
大庆市辖区			549.0	395.0	
肇州县			2400.0	1634.0	69999.0
肇源县			16060.0	10501.0	41584.0
林甸县			2548.0	472.0	12848.0
杜尔伯特县			406.0	519.0	36111.0
伊春市辖区			40.0	66.0	42202.0
嘉荫县			275.0	250.0	19506.0
铁力市			1070.0	1083.0	41773.0
佳木斯市辖区			69.0	71.0	47153.0
桦南县			8668.0	8035.0	66466.0
桦川县			20.0	26.0	36927.0
汤原县			26.0	43.0	48391.0
抚远县			13.0	20.0	27327.0
同江市			185.0	214.0	62755.0
富锦市			2216.0	3852.0	146802.0
七台河市辖区			2025.0	1266.0	16366.0
勃利县			2170.0	2025.0	55633.0
牡丹江市辖区			124.0	126.0	20959.0
东宁县			1114.0	1135.0	33052.0
林口县			451.0	1159.0	61936.0
绥芬河市			7.0	6.0	2956.0
密山市			12538.0	9702.0	110021.0
海林市			1469.0	2177.0	48396.0
宁安市			180.0	232.0	81132.0
穆棱市			1610.0	1935.0	45229.0
黑河市辖区			3152.0	2633.0	
嫩江县			947.0	801.0	100468.0
逊克县			3810.0	4446.0	30413.0
孙吴县			1405.0	1967.0	13719.0

县(市)农村经济主要指标(一)

县　名	乡村人口（万人）	乡村劳动力（万人）	农作物总播种面积（公顷）	粮　食播种面积（公顷）	粮食产量（吨）
北安市	18.5	8.2	180243.0	150742.0	605814.0
五大连池市	14.4	6.7	222757.0	190130.0	564030.0
双城市	62.1	36.1	189385.0	180170.0	1651495.0
尚志市	35.9	15.2	64575.0	56517.0	413918.0
五常市	68.7	31.8	162271.0	154446.0	1536429.0
巴彦县	53.3	17.1	178043.0	168372.0	1199289.0
木兰县	21.4	10.1	66372.0	61485.0	314213.0
通河县	12.2	5.1	44660.0	43120.0	138738.0
延寿县	16.9	7.0	55078.0	49362.0	299806.0
绥化市	57.3	26.7	173787.0	151934.0	1060451.0
安达市	27.2	13.8	100929.0	83411.0	443091.0
肇东市	65.1	27.7	200952.0	175770.0	1526608.0
海伦市	62.2	26.2	265352.0	230553.0	1498162.0
望奎县	36.1	14.7	141633.0	120379.0	600103.0
兰西县	39.1	17.6	143841.0	114430.0	708767.0
青冈县	34.7	14.7	141787.0	105946.0	580381.0
庆安县	28.4	12.3	103926.0	94682.0	622736.0
明水县	25.1	8.8	105959.0	84199.0	400535.0
绥棱县	18.8	11.2	84673.0	78226.0	436450.0
呼玛县	2.4	1.3	23716.0	22819.0	45437.0
塔河县	0.8	0.5	6929.0	6239．0	6272.0
漠河县	0.4	0.3	2890.0	2372.0	2518.0
南汇县	57.0	36.1	68296.6	35971.0	225501.0
奉贤县	39.4	22.3	58195.8	38198.3	238748.0
青浦县	33.8	21.3	56634.1	38719.1	250428.0
崇明县	51.8	31.1	104025.0	57369.0	316805.0
南京市辖区	36.9	18.9	44170.0	19570.0	119097.0
江宁县	61.3	36.8	112220.0	78350.0	476036.0
江浦县	23.8	10.7	43900.0	30450.0	184644.0
六合县	56.2	30.9	104000.0	73150.0	441275.0
溧水县	35.1	17.9	64670.0	42570.0	272553.0
高淳县	37.4	23.4	61030.0	40090.0	275506.0
无锡市辖区	32.2	13.5	13640.0	8310.0	54965.0
江阴市	94.0	50.6	79400.0	69110.0	438480.0
宜兴市	85.2	48.4	110590.0	91030.0	582381.0
锡山市	83.1	46.0	82570.0	65370.0	421903.0
徐州市辖区	43.9	19.4	56360.0	46000.0	266323.0
丰　县	94.0	46.6	131810.0	98310.0	441935.0
沛　县	95.1	44.3	150160.0	97420.0	519065.0
铜山县	112.1	51.1	178270.0	137220.0	758655.0

县(市)农村经济主要指标(二)

县　　名	棉　　花 播种面积 (公顷)	棉花产量 (吨)	油　　料 播种面积 (公顷)	油料产量 (吨)	农林牧渔业 增加值 (万元)
北安市			8521.0	9764.0	68116.0
五大连池市			13009.0	12012.0	69590.0
双城市			221.0	212.0	244757.0
尚志市			577.0	1002.0	90797.0
五常市			50.0	113.0	240116.0
巴彦县			68.0	104.0	157970.0
木兰县			91.0	124.0	40269.0
通河县			118.0	690.0	24166.0
延寿县			176.0	245.0	38683.0
绥化市			260.0	442.0	178910.0
安达市			518.0	279.0	84246.0
肇东市			3122.0	3964.0	271448.0
海伦市			190.0	585.0	171668.0
望奎县			777.0	895.0	90154.0
兰西县			2201.0	1765.0	104162.0
青冈县			10460.0	8081.0	104012.0
庆安县			160.0	342.0	110284.0
明水县			3666.0	1761.0	39163.0
绥棱县			53.0	98.0	73138.0
呼玛县			173.0	136.0	6914.0
塔河县			7.0	11.0	9059.0
漠河县					8529.0
南汇县	600.3	749.0	5222.4	5420.0	114047.0
奉贤县	1205.9	1284.0	4533.7	5324.0	75940.0
青浦县			5049.5	7836.0	80981.0
崇明县	661.0	1042.0	13741.0	14750.0	119760.0
南京市辖区	590.0	607.0	5250.0	7099.0	67410.0
江宁县	630.0	715.0	19100.0	20385.0	117831.0
江浦县	200.0	225.0	6190.0	8877.0	58620.0
六合县	2940.0	2810.0	11750.0	19733.0	105539.0
溧水县	400.0	396.0	14280.0	20495.0	62030.0
高淳县	80.0	85.0	16030.0	29915.0	85513.0
无锡市辖区			920.0	1411.0	34427.0
江阴市			1740.0	1941.0	141954.0
宜兴市			12070.0	10384.0	165241.0
锡山市			5200.0	6561.0	122622.0
徐州市辖区	3120.0	3068.0	1320.0	3725.0	69244.0
丰　县	6350.0	7144.0	4690.0	11769.0	144287.0
沛　县	2330.0	2272.0	3380.0	10070.0	177464.0
铜山县	8530.0	10240.0	1160.0	2344.0	214374.0

县(市)农村经济主要指标(一)

县　　名	乡村人口（万人）	乡村劳动力（万人）	农作物总播种面积（公顷）	粮　食播种面积（公顷）	粮食产量（吨）
睢宁县	109.4	58.3	173040.0	141050.0	646219.0
新沂市	83.0	41.5	126100.0	88390.0	497854.0
邳州市	139.6	71.1	198600.0	137190.0	729958.0
常州市辖区	26.3	14.6	17250.0	13790.0	81311.0
武进县	107.3	57.1	124580.0	103650.0	638934.0
溧阳市	63.1	34.4	105830.0	68310.0	478183.0
金坛市	44.3	25.3	67990.0	50640.0	334337.0
苏州市辖区	33.0	18.2	29240.0	18470.0	115395.0
吴　县	79.3	45.0	96330.0	74020.0	485543.0
常熟市	86.8	48.7	100100.0	70290.0	440432.0
张家港市	66.0	31.9	78370.0	54190.0	329327.0
昆山市	41.1	24.7	80360.0	58670.0	374626.0
吴江市	59.5	35.6	84160.0	53610.0	384396.0
太仓市	33.0	19.1	64240.0	42060.0	266552.0
南通市辖区	21.6	12.7	18530.0	12890.0	77673.0
海安县	82.3	45.1	112520.0	88900.0	547482.0
如东县	98.3	55.0	182620.0	131930.0	704205.0
启东市	102.3	69.2	151830.0	98090.0	401137.0
如皋市	126.2	66.9	167020.0	126670.0	671588.0
通州市	125.9	69.0	158520.0	105150.0	583393.0
海门市	88.0	57.0	111200.0	65640.0	278153.0
连云港市辖区	17.2	9.3	25390.0	16630.0	108607.0
赣榆县	89.2	42.2	101570.0	81700.0	486924.0
东海县	97.7	48.5	186960.0	154840.0	890152.0
灌云县	79.9	35.5	152820.0	103690.0	609899.0
淮阴市辖区	20.6	11.7	27530.0	18260.0	114811.0
淮阴县	71.9	35.8	113030.0	81170.0	459416.0
灌南县	62.7	30.8	86510.0	72650.0	423685.0
沭阳县	148.6	73.0	238420.0	194900.0	1043505.0
泗阳县	99.8	49.3	126290.0	105640.0	573765.0
涟水县	91.2	46.9	143090.0	112230.0	680502.0
泗洪县	85.7	45.0	199430.0	181120.0	920621.0
洪泽县	29.3	16.8	51500.0	45910.0	300610.0
盱眙县	59.1	32.1	158250.0	120990.0	714644.0
金湖县	26.7	14.7	69860.0	57830.0	351846.0
宿迁市	96.0	50.1	111960.0	95950.0	626279.0
淮安市	101.4	53.8	154650.0	125730.0	837818.0
盐城市辖区	101.2	44.5	150780.0	106490.0	654334.0
响水县	44.5	18.6	97400.0	62660.0	354148.0
滨海县	90.7	37.2	144570.0	103960.0	604547.0

县(市)农村经济主要指标(二)

县　名	棉　花 播种面积 (公顷)	棉花产量 (吨)	油　料 播种面积 (公顷)	油料产量 (吨)	农林牧渔业 增加值 (万元)
睢宁县	6580.0	5737.0	7140.0	21148.0	145753.0
新沂市			10670.0	40324.0	161824.0
邳州市	8940.0	10728.0	2770.0	6115.0	229869.0
常州市辖区			690.0	589.0	35807.0
武进县			5060.0	4599.0	193667.0
溧阳市	1280.0	952.0	24350.0	21365.0	118152.0
金坛市	270.0	248.0	9730.0	9492.0	93034.0
苏州市辖区			3100.0	3110.0	57193.0
吴　县			10010.0	8716.0	179939.0
常熟市	7000.0	8348.0	6730.0	6545.0	149815.0
张家港市	4970.0	10824.0	4950.0	4336.0	104031.0
昆山市	20.0	33.0	12420.0	11030.0	116018.0
吴江市			20380.0	18104.0	147622.0
太仓市	4230.0	5079.0	4250.0	4621.0	127828.0
南通市辖区	170.0	154.0	2660.0	3725.0	22382.0
海安县	3500.0	4385.0	4660.0	10767.0	179012.0
如东县	24030.0	23745.0	12800.0	24058.0	256638.0
启东市	18720.0	15850.0	20750.0	51054.0	254471.0
如皋市	8560.0	7420.0	10900.0	20374.0	165102.0
通州市	15620.0	12442.0	22620.0	36389.0	206423.0
海门市	10740.0	9970.0	20320.0	42667.0	162363.0
连云港市辖区	4370.0	6003.0		39.0	64477.0
赣榆县	490.0	643.0	12540.0	61691.0	213315.0
东海县	1220.0	1710.0	15000.0	60231.0	223098.0
灌云县	28320.0	40018.0	220.0	578.0	192813.0
淮阴市辖区			580.0	1261.0	30004.0
淮阴县	50.0	58.0	12450.0	35390.0	133119.0
灌南县	7390.0	7627.0	1100.0	2228.0	110447.0
沭阳县	7170.0	9147.0	8100.0	24061.0	237432.0
泗阳县	5700.0	5407.0	7340.0	16863.0	154591.0
涟水县	4770.0	4442.0	11790.0	22512.0	147611.0
泗洪县	3230.0	3039.0	9940.0	36164.0	187085.0
洪泽县			1800.0	3750.0	68149.0
盱眙县	110.0	130.0	25300.0	52978.0	129800.0
金湖县	3120.0	4164.0	5960.0	7214.0	87409.0
宿迁市	2640.0	2921.0	2510.0	5427.0	140438.0
淮安市	240.0	152.0	6650.0	10428.0	194666.0
盐城市辖区	19310.0	22581.0	7940.0	11674.0	241712.0
响水县	16970.0	16902.0	5460.0	9676.0	92480.0
滨海县	15950.0	14478.0	8770.0	19837.0	160821.0

县(市)农村经济主要指标(一)

县　　名	乡村人口 (万人)	乡村劳动力 (万人)	农作物总播种面积 (公顷)	粮　食播种面积 (公顷)	粮食产量 (吨)
阜宁县	91.9	40.7	136290.0	103220.0	620857.0
射阳县	86.9	33.5	217150.0	128720.0	733605.0
建湖县	68.0	29.8	100580.0	79030.0	499126.0
大丰县	60.4	31.5	226550.0	108290.0	561793.0
东台市	100.4	47.2	233960.0	141800.0	825731.0
扬州市辖区	12.0	5.7	9830.0	4830.0	26861.0
宝应县	75.2	43.1	120190.0	88830.0	540909.0
邗江县	49.9	24.4	59640.0	46620.0	286116.0
仪征市	43.7	22.5	68500.0	60140.0	305331.0
泰州市	35.9	18.6	36120.0	29530.0	176419.0
兴化市	131.6	70.7	227250.0	178070.0	1140010.0
高邮市	64.2	37.1	126020.0	99470.0	625738.0
泰兴市	105.2	54.0	126000.0	107140.0	603568.0
靖江市	51.9	29.5	60300.0	49070.0	301042.0
姜堰市	77.3	44.7	114310.0	87460.0	512493.0
江都市	85.4	45.3	108700.0	85450.0	527890.0
镇江市辖区	11.6	6.4	10810.0	6710.0	37367.0
丹徒县	36.1	20.4	50990.0	42510.0	254674.0
句容县	49.3	25.5	88750.0	59030.0	355923.0
丹阳市	64.2	36.6	95240.0	79500.0	506870.0
扬中市	22.9	13.7	19340.0	17580.0	113890.0
杭州市辖区	34.9	24.1	44471.0	21213.0	118423.0
桐庐县	33.1	20.5	41830.0	30490.0	163215.0
临安县	44.2	27.8	42426.0	32007.0	175017.0
淳安县	39.9	24.3	50073.0	40994.0	137492.0
萧山市	91.4	56.4	122090.0	85640.0	441880.0
建德市	40.9	23.9	48359.0	38675.0	166453.0
富阳市	52.8	32.7	57379.0	46317.0	235063.0
余杭市	62.1	40.1	83388.0	56530.0	329847.0
宁波市辖区	49.8	32.9	81572.0	52548.0	308789.0
象山县	45.0	27.6	48310.0	36211.0	187969.0
宁海县	51.7	31.2	47421.0	34784.0	161886.0
鄞　县	63.9	41.0	94287.0	61248.0	395073.0
余姚市	69.4	42.4	95973.0	58390.0	358415.0
慈溪市	88.2	58.2	94852.0	39895.0	195880.0
奉化市	40.9	26.0	48318.0	34686.0	195879.0
温州市辖区	66.1	40.9	38588.0	27365.0	147966.0
洞头县	10.4	6.0	1784.0	1372.0	4611.0
永嘉县	80.2	44.3	46099.0	38687.0	180429.0
平阳县	69.9	36.1	48288.0	38949.0	195784.0

县(市)农村经济主要指标(二)

县　　名	棉　　花 播种面积 (公顷)	棉花产量 (吨)	油　　料 播种面积 (公顷)	油料产量 (吨)	农林牧渔业 增加值 (万元)
阜宁县	8190.0	7400.0	8760.0	13552.0	152760.0
射阳县	41910.0	51044.0	9310.0	22785.0	240028.0
建湖县	6540.0	7066.0	5140.0	6728.0	130549.0
大丰县	26930.0	41219.0	12240.0	30539.0	233900.0
东台市	24280.0	31176.0	23400.0	57248.0	296000.0
扬州市辖区			710.0	1348.0	17542.0
宝应县	7520.0	8735.0	8830.0	11292.0	167860.0
邗江县	140.0	191.0	6060.0	8960.0	72000.0
仪征市	20.0	37.0	4150.0	4436.0	56370.0
泰州市	30.0	32.0	2190.0	3342.0	41662.0
兴化市	17480.0	23578.0	13270.0	18411.0	259200.0
高邮市	10010.0	11723.0	9200.0	13850.0	155058.0
泰兴市			7280.0	14343.0	145012.0
靖江市	2350.0	1683.0	2170.0	3593.0	63423.0
姜堰市	2630.0	3398.0	9410.0	14287.0	107606.0
江都市	3230.0	3995.0	9100.0	11803.0	125252.0
镇江市辖区		2.0	1180.0	1335.0	14775.0
丹徒县	130.0	123.0	6530.0	6965.0	55160.0
句容县	3720.0	2790.0	17580.0	17591.0	85318.0
丹阳市	200.0	222.0	6720.0	7955.0	130386.0
扬中市			30.0	23.0	34626.0
杭州市辖区	601.0	503.0	1616.0	2054.0	134320.0
桐庐县	10.0	5.0	6010.0	8270.0	63710.0
临安县			3946.0	4456.0	115157.0
淳安县	51.0	39.0	5003.0	5597.0	84212.0
萧山市	4950.0	5116.0	5910.0	7978.0	181800.0
建德市	21.0	34.0	3212.0	3811.0	100421.0
富阳市			4488.0	6355.0	113159.0
余杭市	50.0	50.0	8480.0	9029.0	167779.0
宁波市辖区	658.0	587.0	5599.0	7377.0	121783.0
象山县	1735.0	1791.0	2156.0	4394.0	160283.0
宁海县	3038.0	3641.0	3099.0	4759.0	92345.0
鄞　县	337.0	296.0	4093.0	8132.0	117905.0
余姚市	5740.0	6345.0	7810.0	5939.0	174435.0
慈溪市	14289.0	14262.0	10498.0	18499.0	140119.0
奉化市	16.0	13.0	957.0	1400.0	81295.0
温州市辖区	327.0	417.0	758.0	799.0	59863.0
洞头县			191.0	182.0	27308.0
永嘉县	42.0	26.0	577.0	914.0	44716.0
平阳县			534.0	745.0	59177.0

县(市)农村经济主要指标(一)

县　　名	乡村人口 (万人)	乡村劳动力 (万人)	农作物总播种面积 (公顷)	粮　　食播种面积 (公顷)	粮食产量 (吨)
苍南县	109.7	54.4	60853.0	49227.0	252177.0
文成县	34.7	19.0	21482.0	15673.0	78335.0
泰顺县	32.2	16.4	22657.0	16791.0	81713.0
瑞安市	103.0	61.3	73751.0	52053.0	281538.0
乐清市	102.3	54.2	59229.0	45220.0	259129.0
嘉兴市辖区	51.8	29.5	108910.0	78208.0	486263.0
嘉善县	30.2	18.9	63218.0	46670.0	260904.0
海盐县	29.8	18.0	53417.0	34545.0	211750.0
海宁市	51.7	30.3	62111.0	42247.0	230125.0
平湖市	39.2	23.3	75084.0	46228.0	286451.0
桐乡市	54.9	30.5	58257.0	39478.0	241917.0
湖州市辖区	76.1	39.9	111691.0	86418.0	545423.0
德清县	32.3	19.1	39456.0	32945.0	193459.0
长兴县	50.3	31.9	96791.0	59802.0	363246.0
安吉县	38.6	22.9	46970.0	33220.0	170053.0
绍兴市辖区	9.1	5.5	9400.0	5980.0	43154.0
绍兴县	86.4	42.0	105711.0	77770.0	480929.0
嵊　县	66.0	35.2	77664.0	59646.0	315204.0
新昌县	37.7	23.3	37529.0	25134.0	125681.0
诸暨市	94.8	57.8	125520.0	86940.0	510445.0
上虞市	65.8	35.3	96186.0	60783.0	345433.0
金华市辖区	14.6	9.1	16276.0	9884.0	54927.0
金华县	51.7	32.6	78209.0	55282.0	280938.0
武义县	28.5	18.0	41620.0	30461.0	153581.0
浦江县	33.7	20.3	32821.0	25108.0	129732.0
磐安县	18.8	10.1	18477.0	12222.0	45351.0
兰溪市	64.5	32.8	72474.0	51483.0	242633.0
义乌市	56.6	31.6	60091.0	46674.0	268538.0
东阳市	70.7	41.0	69270.0	53533.0	265813.0
永康市	46.8	27.7	48701.0	34670.0	175928.0
衢州市辖区	10.9	6.9	12412.0	8927.0	40812.0
衢　县	49.0	26.1	56925.0	42581.0	200531.0
常山县	27.8	15.9	30933.0	24114.0	118189.0
开化县	30.2	18.8	40403.0	30570.0	117826.0
龙游县	34.0	20.3	58506.0	42461.0	221209.0
江山市	49.6	26.3	69301.0	45930.0	245818.0
舟山市辖区	48.9	29.6	34308.0	22353.0	108604.0
岱山县	17.9	10.1	4649.0	3087.0	15350.0
嵊泗县	6.8	4.0	211.0	28.0	150.0
台州市辖区	118.4	72.9	97207.0	70827.0	405091.0

县(市)农村经济主要指标(二)

县　　名	棉　　花播种面积(公顷)	棉花产量(吨)	油　　料播种面积(公顷)	油料产量(吨)	农林牧渔业增加值(万元)
苍南县			08.0	862.0	87213.0
文成县	4.0	1.0	232.0	297.0	23080.0
泰顺县	20.0	14.0	891.0	1315.0	27472.0
瑞安市	142.0	140.0	2544.0	2672.0	95168.0
乐清市	70.0	105.0	410.0	501.0	116500.0
嘉兴市辖区	31.0	14.0	12488.0	14607.0	127745.0
嘉善县			4110.0	4360.0	88372.0
海盐县	1787.0	1790.0	10385.0	13125.0	76743.0
海宁市	499.0	574.0	8201.0	7291.0	108150.0
平湖市	2286.0	2201.0	16754.0	18120.0	89114.0
桐乡市			6400.0	6698.0	107943.0
湖州市辖区			15839.0	22348.0	201138.0
德清县			4804.0	5356.0	79657.0
长兴县			24137.0	30708.0	125378.0
安吉县			6310.0	5112.0	96060.0
绍兴市辖区			205.0	298.0	27483.0
绍兴县	320.0	283.0	3910.0	5016.0	148688.0
嵊　县	179.0	203.0	2714.0	3932.0	140115.0
新昌县	166.0	216.0	3165.0	5799.0	64974.0
诸暨市	80.0	72.0	2930.0	4681.0	186977.0
上虞市	8542.0	8417.0	11198.0	13802.0	170226.0
金华市辖区	47.0	45.0	765.0	1300.0	30080.0
金华县	2692.0	3271.0	5314.0	7931.0	102835.0
武义县	68.0	61.0	3444.0	4485.0	47721.0
浦江县	963.0	874.0	1820.0	2320.0	27756.0
磐安县	8.0	6.0	469.0	731.0	31396.0
兰溪市	3247.0	2912.0	7484.0	8387.0	67299.0
义乌市	102.0	173.0	1833.0	3010.0	66292.0
东阳市	95.0	104.0	1110.0	1609.0	78351.0
永康市	15.0	17.0	1501.0	1752.0	40801.0
衢州市辖区	9.0	9.0	625.0	702.0	21532.0
衢　县	310.0	306.0	6291.0	7250.0	85784.0
常山县	229.0	183.0	2797.0	2939.0	49466.0
开化县	152.0	112.0	5359.0	5593.0	55130.0
龙游县	1310.0	1585.0	7191.0	8882.0	53024.0
江山市	1990.0	2253.0	7720.0	9644.0	86916.0
舟山市辖区	1102.0	1054.0	3058.0	4727.0	172400.0
岱山县	6.0	16.0	568.0	1008.0	85985.0
嵊泗县					48883.0
台州市辖区	761.0	913.0	115.0	181.0	203459.0

县(市)农村经济主要指标(一)

县　名	乡村人口 (万人)	乡村劳动力 (万人)	农作物总播种面积 (公顷)	粮　食播种面积 (公顷)	粮食产量 (吨)
玉环县	32.4	18.7	16297.0	13704.0	77597.0
三门县	36.7	22.5	38501.0	29791.0	145108.0
天台县	49.9	29.4	43289.0	37889.0	179191.0
仙居县	40.5	25.1	43755.0	35760.0	163636.0
温岭市	100.2	62.2	91915.0	62381.0	355249.0
临海市	95.7	59.6	77244.0	69280.0	342308.0
丽水市	24.7	14.4	33172.0	22354.0	99769.0
龙泉市	23.2	12.7	31621.0	24228.0	114912.0
青田县	43.8	24.1	21224.0	18527.0	78184.0
云和县	9.2	5.3	11458.0	8662.0	39222.0
庆元县	17.2	9.3	16050.0	13910.0	70123.0
缙云县	39.5	22.7	28576.0	22477.0	106624.0
遂昌县	19.3	11.6	31994.0	22510.0	95060.0
松阳县	20.8	12.5	31973.0	23833.0	110689.0
景宁自治县	15.9	7.2	17760.0	12451.0	58172.0
合肥市辖区	24.1	14.6	23088.0	10709.0	72338.0
长丰县	87.6	45.5	169157.0	119980.0	621580.0
肥东县	96.5	46.6	171506.0	103094.0	565951.0
肥西县	82.7	46.1	138093.0	85275.0	526471.0
芜湖市辖区	13.3	7.8	12832.0	6063.0	38027.0
芜湖县	47.7	29.9	74153.0	43377.0	249723.0
繁昌县	40.6	25.2	50948.0	23579.0	153152.0
南陵县	50.6	29.3	85134.0	55147.0	303585.0
蚌埠市辖区	23.4	13.2	31679.0	22081.0	96341.0
怀远县	108.3	55.2	243659.0	181522.0	877051.0
五河县	59.9	33.6	139784.0	101478.0	447865.0
固镇县	54.7	31.5	145808.0	83451.0	350523.0
淮南市辖区	51.3	30.7	81438.0	72316.0	332146.0
凤台县	57.5	28.7	108926.0	96723.0	468606.0
马鞍山市辖区	11.0	2.1	9552.0	5857.0	33003.0
当涂县	56.9	24.2	90264.0	59587.0	336966.0
淮北市辖区	21.3	10.9	20270.0	14710.0	55318.0
濉溪县	90.5	32.7	232233.0	178631.0	458159.0
铜陵市辖区	3.5	5.8	9525.0	7290.0	43020.0
铜陵县	30.8	16.6	37647.0	19384.0	99226.0
安庆市辖区	19.4	10.9	24389.0	11956.0	65904.0
桐城县	67.3	15.3	94877.0	61749.0	321244.0
怀宁县	70.9	43.0	98079.0	59065.0	303881.0
枞阳县	88.8	55.6	91456.0	66586.0	335027.0
潜山县	51.6	28.9	60874.0	39063.0	224424.0

县(市)农村经济主要指标(二)

县　　名	棉　　花 播种面积 (公顷)	棉花产量 (吨)	油　　料 播种面积 (公顷)	油料产量 (吨)	农林牧渔业 增加值 (万元)
玉环县	432.0	525.0	195.0	295.0	149920.0
三门县	2214.0	2127.0	417.0	587.0	71051.0
天台县	36.0	31.0	434.0	790.0	60420.0
仙居县	26.0	42.0	1099.0	1615.0	48303.0
温岭市	571.0	607.0	177.0	252.0	265334.0
临海市	319.0	371.0	76.0	143.0	127093.0
丽水市	16.0	13.0	1819.0	2792.0	65591.0
龙泉市			518.0	616.0	46500.0
青田县	40.0	32.0	311.0	380.0	34131.0
云和县	6.0	7.0	259.0	315.0	19019.0
庆元县			5.0	8.0	35430.0
缙云县	25.0	34.0	1435.0	1984.0	43117.0
遂昌县	18.0	16.0	2045.0	2381.0	33158.0
松阳县	11.0	15.0	2045.0	2973.0	43929.0
景宁自治县	26.0	21.0	312.0	289.0	24951.0
合肥市辖区	191.0	167.0	4945.0	6307.0	48335.0
长丰县	8895.0	7443.0	31764.0	23592.0	109929.0
肥东县	5115.0	4696.0	52354.0	74050.0	126827.0
肥西县	5577.0	5113.0	40856.0	52948.0	80266.0
芜湖市辖区	4.0	4.0	3405.0	3664.0	19308.0
芜湖县	2481.0	2002.0	20864.0	24164.0	76948.0
繁昌县	3807.0	2283.0	10809.0	15260.0	60356.0
南陵县	2067.0	1767.0	7723.0	7833.0	79641.0
蚌埠市辖区	22.0	25.0	791.0	1075.0	27152.0
怀远县	13676.0	14363.0	24507.0	60541.0	161342.0
五河县	3282.0	4187.0	22016.0	73192.0	115351.0
固镇县	3824.0	3926.0	45130.0	162107.0	106210.0
淮南市辖区	79.0	78.0	1449.0	2382.0	64970.0
凤台县	1233.0	1564.0	5257.0	10029.0	115030.0
马鞍山市辖区	67.0	74.0	2578.0	2922.0	15024.0
当涂县	4930.0	2707.0	22128.0	20816.0	111521.0
淮北市辖区	493.0	453.0	1057.0	1447.0	21433.0
濉溪县	14499.0	13423.0	30376.0	43123.0	102070.0
铜陵市辖区	303.0	302.0	806.0	1021.0	9520.0
铜陵县	4658.0	4003.0	8211.0	9559.0	38826.0
安庆市辖区	3145.0	2129.0	5179.0	5054.0	16022.0
桐城县	3390.0	2346.0	10212.0	9481.0	8888.0
怀宁县	2583.0	2268.0	10329.0	10482.0	93077.0
枞阳县	7990.0	5062.0	13270.0	12310.0	93337.0
潜山县	2062.0	2010.0	5952.0	5740.0	50145.0

县(市)农村经济主要指标(一)

县　　名	乡村人口（万人）	乡村劳动力（万人）	农作物总播种面积（公顷）	粮　食播种面积（公顷）	粮食产量（吨）
太湖县	51.6	25.2	53750.0	34300.0	180591.0
宿松县	69.0	43.3	88454.0	52796.0	202730.0
望江县	54.6	30.2	80596.0	39252.0	250072.0
岳西县	36.3	17.6	26936.0	20829.0	100677.0
黄山市辖区	27.7	16.8	36500.0	22458.0	120735.0
歙　县	45.6	28.0	34620.0	21971.0	78054.0
休宁县	24.8	16.1	36543.0	23685.0	109531.0
黟　县	8.1	5.2	10854.0	6601.0	32460.0
祁门县	14.9	9.1	16901.0	10241.0	42866.0
滁州市	24.9	22.6	69720.0	43956.0	265245.0
来安县	38.3	21.7	93294.0	57738.0	381941.0
全椒县	31.8	17.3	82748.0	50298.0	370027.0
定远县	75.7	17.3	222817.0	162705.0	841637.0
凤阳县	58.0	33.9	157568.0	106649.0	598392.0
天长市	48.7	32.0	113357.0	84092.0	568789.0
明光市	47.9	24.8	122224.0	86794.0	405767.0
阜阳市	136.4	67.8	201614.0	156960.0	583571.0
亳州市	115.0	79.6	252008.0	155539.0	662858.0
界首市	59.4	28.3	84246.0	68758.0	337366.0
临泉县	167.2	72.1	231885.0	160991.0	496930.0
太和县	135.6	73.3	219195.0	167195.0	641811.0
涡阳县	119.0	58.8	256554.0	207300.0	772378.0
蒙城县	101.6	49.7	243866.0	192867.0	894544.0
阜南县	130.6	61.7	201867.0	159535.0	550499.0
颍上县	131.4	66.0	210539.0	186384.0	827799.0
利辛县	125.5	60.6	230411.0	195471.0	630739.0
宿州市	122.7	57.0	264694.0	204153.0	640229.0
砀山县	76.7	28.5	90481.0	67044.0	198620.0
萧　县	106.4	46.6	168584.0	143610.0	556045.0
灵璧县	95.9	43.4	219977.0	155521.0	457036.0
泗　县	74.6	36.0	172327.0	127327.0	413522.0
六安市	150.7	79.3	180582.0	126147.0	702669.0
寿　县	116.6	61.9	232931.0	169307.0	950450.0
霍丘县	148.5	73.0	256863.0	185743.0	1034248.0
舒城县	88.2	45.8	106668.0	71333.0	350882.0
金寨县	55.7	25.4	42246.0	33701.0	149896.0
霍山县	32.0	13.0	28400.0	22591.0	115067.0
宣州市	70.9	32.7	140248.0	79680.0	414748.0
郎溪县	28.6	13.7	54963.0	36500.0	178002.0
广德县	45.5	18.0	57403.0	34049.0	197003.0

县(市)农村经济主要指标(二)

县　　名	棉　　花 播种面积 (公顷)	棉花产量 (吨)	油　　料 播种面积 (公顷)	油料产量 (吨)	农林牧渔业 增加值 (万元)
太湖县	3736.0	4455.0	6230.0	5083.0	74900.0
宿松县	11742.0	10825.0	14828.0	14946.0	75567.0
望江县	17406.0	21018.0	18817.0	20000.0	72747.0
岳西县	13.0	9.0	2110.0	1452.0	36871.0
黄山市辖区	43.0	69.0	6640.0	5089.0	59806.0
歙　县	73.0	70.0	7542.0	6876.0	41990.0
休宁县	40.0	30.0	7018.0	6010.0	42938.0
黟　县	26.0	13.0	2958.0	2521.0	13449.0
祁门县	76.0	37.0	4516.0	3594.0	22915.0
滁州市	5404.0	3839.0	13602.0	18318.0	66236.0
来安县	3198.0	2472.0	19170.0	25619.0	79589.0
全椒县	4976.0	4478.0	22263.0	39653.0	89903.0
定远县	9907.0	6644.0	42629.0	67200.0	147755.0
凤阳县	5214.0	4614.0	20229.0	45773.0	99409.0
天长市	2850.0	2145.0	21896.0	33373.0	105448.0
明光市	2888.0	2249.0	20242.0	37749.0	96462.0
阜阳市	9965.0	7821.0	6057.0	9531.0	177038.0
亳州市	8816.0	8331.0	11341.0	19405.0	173592.0
界首市	5119.0	5657.0	4442.0	8915.0	85075.0
临泉县	9567.0	7891.0	27145.0	26538.0	243210.0
太和县	5577.0	4520.0	7906.0	16056.0	176726.0
涡阳县	7571.0	7513.0	11543.0	15420.0	177870.0
蒙城县	15610.0	19304.0	19342.0	41566.0	171073.0
阜南县	5350.0	4134.0	16669.0	23870.0	166344.0
颍上县	4539.0	3708.0	6126.0	8157.0	143103.0
利辛县	9825.0	8050.0	10805.0	15573.0	167980.0
宿州市	15634.0	12338.0	20333.0	30910.0	192785.0
砀山县	5680.0	5004.0	6472.0	11566.0	126835.0
萧　县	9304.0	8136.0	7510.0	12079.0	122546.0
灵璧县	12286.0	8649.0	31819.0	73130.0	159364.0
泗　县	10073.0	7581.0	18200.0	53234.0	129100.0
六安市	1919.0	1292.0	36177.0	33913.0	144842.0
寿　县	8818.0	5896.0	44555.0	40294.0	148661.0
霍丘县	5782.0	3577.0	47802.0	45046.0	154949.0
舒城县	1571.0	1151.0	19218.0	11722.0	82000.0
金寨县	15.0	9.0	3251.0	2892.0	58103.0
霍山县	31.0	18.0	2508.0	2791.0	38579.0
宣州市	7573.0	8451.0	29806.0	28214.0	120940.0
郎溪县	671.0	440.0	13878.0	16397.0	67400.0
广德县	123.0	78.0	14274.0	13782.0	56861.0

县(市)农村经济主要指标(一)

县　　名	乡村人口 (万人)	乡村劳动力 (万人)	农作物总播种面积 (公顷)	粮　　食播种面积 (公顷)	粮食产量 (吨)
宁国县	31.7	13.3	30973.0	19115.0	107367.0
泾　县	31.5	17.1	52088.0	34318.0	150916.0
旌德县	13.1	4.5	21820.0	13283.0	73650.0
绩溪县	15.1	5.2	16486.0	11456.0	57553.0
巢湖市	61.3	35.5	95900.0	53116.0	316083.0
庐江县	104.3	66.3	177683.0	112821.0	627813.0
无为县	126.5	85.9	186747.0	82976.0	501102.0
含山县	36.0	20.0	42804.0	23609.0	213133.0
和　县	51.7	34.6	98397.0	52995.0	308994.0
贵池市	50.3	28.5	74063.0	50551.0	246418.0
东至县	47.9	25.1	75224.0	40994.0	194355.0
石台县	10.0	5.4	10773.0	6780.0	29988.0
青阳县	24.9	13.0	40449.0	28621.0	136490.0
福州市辖区	43.0	20.5	22808.0	9815.0	61310.0
闽侯县	55.5	24.7	63773.0	40340.0	235927.0
连江县	57.5	27.3	42791.0	30022.0	163104.0
罗源县	22.5	8.2	22660.0	17674.0	97507.0
闽清县	25.2	11.4	48495.0	31335.0	150275.0
永泰县	31.9	14.0	39373.0	27245.0	133737.0
平潭县	34.3	16.4	13594.0	7072.0	29808.0
福清市	107.4	50.1	93836.0	72560.0	387132.0
长乐市	60.3	26.0	46988.0	30735.0	191275.0
厦门市辖区	23.9	13.0	13194.0	6355.0	34051.0
同安县	51.7	27.3	49355.0	27301.0	166315.0
莆田市辖区	71.4	32.5	35772.0	26436.0	136087.0
莆田县	106.7	44.1	65624.0	50664.0	275355.0
仙游县	90.5	42.3	56905.0	43061.0	238882.0
三明市辖区	6.9	3.0	12721.0	8074.0	35786.0
明溪县	9.5	4.3	27571.0	19772.0	98873.0
清流县	11.0	4.6	28553.0	19314.0	92848.0
宁化县	30.2	11.5	66562.0	45519.0	232409.0
大田县	31.4	11.3	53748.0	30593.0	144334.0
尤溪县	37.6	15.6	67542.0	41562.0	224891.0
沙　县	17.7	6.4	36217.0	23464.0	126842.0
将乐县	13.9	6.1	34575.0	24709.0	128938.0
泰宁县	10.8	4.7	24351.0	16418.0	86583.0
建宁县	12.4	4.9	46901.0	21432.0	117235.0
永安市	18.8	8.6	35961.0	24797.0	125781.0
泉州市辖区	66.2	32.0	30472.0	22327.0	113762.0
惠安县	84.8	41.5	48248.0	36559.0	143165.0

县(市)农村经济主要指标(二)

县名	棉花播种面积(公顷)	棉花产量(吨)	油料播种面积(公顷)	油料产量(吨)	农林牧渔业增加值(万元)
宁国县	118.0	145.0	6606.0	6033.0	80066.0
泾　县	805.0	632.0	6948.0	6216.0	43644.0
旌德县	30.0	26.0	3613.0	2636.0	18914.0
绩溪县	45.0	40.0	3252.0	2536.0	33437.0
巢湖市	5083.0	3798.0	28323.0	41299.0	91120.0
庐江县	6669.0	5101.0	25284.0	30765.0	193133.0
无为县	36494.0	26180.0	37047.0	52223.0	190578.0
含山县	4263.0	4324.0	11253.0	20087.0	68605.0
和　县	4462.0	3052.0	30665.0	30306.0	88007.0
贵池市	4008.0	3854.0	15327.0	14128.0	69383.0
东至县	10077.0	8209.0	17531.0	16818.0	65761.0
石台县	37.0	24.0	2907.0	2816.0	12449.0
青阳县	70.0	54.0	6685.0	5562.0	30911.0
福州市辖区			16.0	33.0	96068.0
闽侯县			1016.0	1408.0	143800.0
连江县			1266.0	1592.0	233818.0
罗源县			95.0	158.0	87469.0
闽清县			553.0	993.0	67741.0
永泰县			663.0	1393.0	94654.0
平潭县			3633.0	7573.0	116247.0
福清市			7854.0	21470.0	299500.0
长乐市			470.0	1301.0	146225.0
厦门市辖区			1379.0	3116.0	97590.0
同安县			8335.0	23995.0	119855.0
莆田市辖区			3089.0	8034.0	101320.0
莆田县			4653.0	10241.0	166099.0
仙游县			2409.0	5510.0	87654.0
三明市辖区			232.0	394.0	39099.0
明溪县			810.0	1485.0	32163.0
清流县			1066.0	1834.0	37219.0
宁化县	139.0	157.0	1937.0	2823.0	61452.0
大田县	36.0	68.0	790.0	1632.0	73460.0
尤溪县			878.0	2018.0	142523.0
沙　县			789.0	1238.0	69012.0
将乐县			770.0	1173.0	47984.0
泰宁县	9.0	11.0	1068.0	1776.0	49409.0
建宁县			1086.0	1700.0	42459.0
永安市			464.0	860.0	67225.0
泉州市辖区			2711.0	5942.0	92089.0
惠安县			8087.0	18205.0	152144.0

县(市)农村经济主要指标(一)

县　　名	乡村人口 (万人)	乡村劳动力 (万人)	农作物总 播种面积 (公顷)	粮　　食 播种面积 (公顷)	粮食产量 (吨)
安溪县	96.0	41.6	57221.0	45476.0	199801.0
永春县	48.5	20.0	39304.0	32114.0	157080.0
德化县	26.5	11.7	24136.0	17679.0	98047.0
石狮市	25.5	10.0	8625.0	5180.0	28349.0
晋江市	93.9	46.3	48886.0	32623.0	158844.0
南安市	137.4	61.0	78204.0	58140.0	294827.0
漳州市辖区	26.0	13.1	20383.0	9806.0	47975.0
云霄县	33.1	15.2	35998.0	23012.0	134995.0
漳浦县	72.9	31.9	84959.0	52174.0	310140.0
诏安县	47.8	25.9	44589.0	30373.0	176168.0
长泰县	15.6	7.6	28794.0	16938.0	98285.0
东山县	13.2	6.9	7452.0	2426.0	12255.0
南靖县	29.8	13.8	42012.0	28365.0	151763.0
平和县	49.1	21.6	54295.0	40032.0	204427.0
华安县	13.7	5.7	25251.0	14545.0	79398.0
龙海市	67.4	32.5	63572.0	45944.0	311145.0
南平市辖区	28.2	14.0	43518.0	33388.0	121966.0
顺昌县	17.3	8.6	31081.0	22936.0	105610.0
浦城县	32.5	12.9	94585.0	62104.0	290700.0
光泽县	11.6	5.5	27429.0	19885.0	98346.0
松溪县	13.6	6.6	25747.0	19375.0	78607.0
政和县	18.0	7.6	27518.0	22621.0	88058.0
邵武市	20.2	9.7	57999.0	40050.0	206150.0
武夷山市	15.7	7.7	40732.0	30093.0	150526.0
建瓯市	42.2	16.3	73580.0	56813.0	268631.0
建阳市	24.5	10.5	64553.0	49376.0	236486.0
宁德市	32.3	12.3	36603.0	24435.0	104373.0
福安市	51.7	16.6	60235.0	41818.0	184613.0
福鼎市	46.2	22.0	47411.0	32156.0	136505.0
霞浦县	39.7	17.4	42626.0	29485.0	146440.0
古田县	39.1	17.5	42570.0	36200.0	172799.0
屏南县	16.2	5.2	20557.0	17857.0	93649.0
寿宁县	23.3	9.4	23784.0	16893.0	81876.0
周宁县	17.0	6.7	17060.0	13383.0	67460.0
柘荣县	8.6	3.9	14503.0	9031.0	37702.0
龙岩市	26.6	11.6	33932.0	24321.0	135391.0
漳平市	22.4	10.7	28075.0	18686.0	105906.0
长汀县	44.5	21.6	57196.0	39952.0	203153.0
永定县	41.7	19.5	50982.0	38086.0	195567.0
上杭县	44.1	21.9	64754.0	47307.0	236832.0

县(市)农村经济主要指标(二)

县　　名	棉　　花 播种面积 (公顷)	棉花产量 (吨)	油　　料 播种面积 (公顷)	油料产量 (吨)	农林牧渔业 增加值 (万元)
安溪县			721.0	1393.0	104489.0
永春县			11.0	13.0	85693.0
德化县			21.0	50.0	43688.0
石狮市			1269.0	2407.0	40018.0
晋江市			7885.0	14802.0	120843.0
南安市			5462.0	12819.0	151418.0
漳州市辖区			1198.0	2854.0	50831.0
云霄县			2073.0	5878.0	76605.0
漳浦县			6566.0	15558.0	148514.0
诏安县			2936.0	6499.0	144882.0
长泰县			1433.0	3471.0	58079.0
东山县			1352.0	3403.0	91259.0
南靖县	3.0	4.0	1329.0	3998.0	101547.0
平和县			1032.0	2513.0	105247.0
华安县			568.0	1150.0	47408.0
龙海市			1546.0	3417.0	177283.0
南平市辖区			492.0	1696.0	80610.0
顺昌县	7.0	3.0	539.0	797.0	48695.0
浦城县	20.0	7.0	7454.0	6022.0	69756.0
光泽县			1288.0	1835.0	30355.0
松溪县			422.0	610.0	36851.0
政和县			173.0	367.0	38479.0
邵武市			1265.0	1840.0	77957.0
武夷山市			497.0	916.0	42476.0
建瓯市			874.0	1053.0	95190.0
建阳市			1116.0	1010.0	87102.0
宁德市			480.0	811.0	88335.0
福安市	200.0	144.0	508.0	851.0	109070.0
福鼎市	107.0	77.0	2320.0	2178.0	99768.0
霞浦县			1388.0	2130.0	131424.0
古田县			141.0	236.0	78653.0
屏南县					34183.0
寿宁县			5.0	10.0	75998.0
周宁县			104.0	152.0	23115.0
柘荣县			164.0	159.0	21037.0
龙岩市			1164.0	3568.0	79234.0
漳平市			269.0	515.0	59563.0
长汀县			4230.0	5351.0	80909.0
永定县			402.0	737.0	76518.0
上杭县			1164.0	2019.0	97045.0

县(市)农村经济主要指标(一)

县　　名	乡村人口（万人）	乡村劳动力（万人）	农作物总播种面积（公顷）	粮　食播种面积（公顷）	粮食产量（吨）
武平县	33.6	15.3	55322.0	40839.0	188287.0
连城县	29.1	12.3	44190.0	31559.0	162047.0
南昌市辖区	25.5	12.1	29276.0	14281.0	60161.0
南昌县	83.4	40.7	192140.0	113636.0	488766.0
新建县	55.7	27.0	127764.0	70443.0	207221.0
安义县	18.3	4.7	50871.0	29009.0	134678.0
进贤县	58.7	29.9	143543.0	79885.0	255328.0
景德镇市辖区	8.2	4.0	13079.0	6574.0	23783.0
浮梁县	22.5	9.7	50510.0	31502.0	141045.0
乐平市	61.3	26.3	98077.0	58177.0	245267.0
萍乡市辖区	45.3	22.6	37237.0	22665.0	164176.0
莲花县	20.4	9.6	38273.0	24040.0	119454.0
九江市辖区	14.9	4.6	11846.0	8670.0	30567.0
九江县	26.7	11.0	40016.0	15812.0	54438.0
武宁县	29.4	12.3	52334.0	31994.0	113406.0
修水县	63.0	27.8	87366.0	57957.0	229428.0
永修县	27.2	6.2	63003.0	25430.0	54494.0
德安县	10.7	2.7	20447.0	8641.0	33319.0
星子县	19.2	7.9	23129.0	12374.0	35470.0
都昌县	60.9	30.7	74491.0	34983.0	82840.0
湖口县	21.8	10.2	37498.0	16192.0	49303.0
彭泽县	28.9	10.0	41841.0	13215.0	34956.0
瑞昌市	31.3	8.8	38832.0	20518.0	67825.0
新余市辖区	49.3	23.8	114969.0	56423.0	298149.0
分宜县	21.9	10.7	52883.0	30500.0	145091.0
鹰潭市辖区	8.1	3.7	15372.0	8492.0	29392.0
贵溪县	41.3	19.3	91684.0	58010.0	240000.0
余江县	27.9	13.4	60475.0	37148.0	151108.0
赣州市	16.3	9.6	21786.0	10207.0	50935.0
瑞金市	48.9	23.1	60534.0	35807.0	175622.0
南康市	66.2	38.5	77967.0	41599.0	223261.0
赣　县	46.2	24.8	65454.0	41102.0	191762.0
信丰县	55.1	30.3	77711.0	46767.0	248832.0
大余县	20.5	10.4	31491.0	19928.0	110067.0
上犹县	24.4	15.7	33212.0	19755.0	106398.0
崇义县	16.0	8.2	18780.0	12840.0	71438.0
安远县	27.7	14.1	31143.0	22752.0	115249.0
龙南县	26.3	15.9	30125.0	17255.0	82398.0
定南县	16.6	9.0	21310.0	13392.0	64953.0
全南县	13.2	6.5	30731.0	16587.0	79374.0

县(市)农村经济主要指标(二)

县　　名	棉　　花 播种面积 (公顷)	棉花产量 (吨)	油　　料 播种面积 (公顷)	油料产量 (吨)	农林牧渔业 增加值 (万元)
武平县			1491.0	2551.0	62054.0
连城县			344.0	691.0	63910.0
南昌市辖区	2.0	2.0	1664.0	1530.0	43780.0
南昌县	11.0	8.0	32275.0	23452.0	172814.0
新建县	1690.0	1214.0	32092.0	17021.0	66296.0
安义县	1031.0	653.0	15611.0	11344.0	33376.0
进贤县	1539.0	1307.0	38774.0	21706.0	92915.0
景德镇市辖区	26.0	17.0	2008.0	951.0	11631.0
浮梁县	149.0	71.0	8016.0	3317.0	26293.0
乐平市	1961.0	902.0	13109.0	9720.0	50482.0
萍乡市辖区	13.0	17.0	2518.0	2740.0	51846.0
莲花县	64.0	43.0	4821.0	3826.0	20788.0
九江市辖区	490.0	371.0	1980.0	3903.0	15186.0
九江县	9251.0	4209.0	9841.0	11230.0	21568.0
武宁县	2105.0	1810.0	10633.0	10902.0	45468.0
修水县	439.0	406.0	9278.0	8342.0	64620.0
永修县	9440.0	1513.0	15816.0	14720.0	17166.0
德安县	3915.0	3037.0	5151.0	4698.0	19163.0
星子县	2570.0	1000.0	6758.0	8357.0	13723.0
都昌县	10500.0	3007.0	23059.0	14829.0	17232.0
湖口县	5737.0	3190.0	11714.0	13623.0	29885.0
彭泽县	11795.0	12862.0	14139.0	18913.0	42312.0
瑞昌市	3093.0	1459.0	8463.0	8185.0	22022.0
新余市辖区	10939.0	14209.0	21926.0	10898.0	85975.0
分宜县	180.0	154.0	7386.0	2976.0	41012.0
鹰潭市辖区	1.0	1.0	733.0	1215.0	5713.0
贵溪县	14.0	11.0	5444.0	6988.0	53957.0
余江县	10.0	9.0	4727.0	6869.0	38830.0
赣州市	8.0	7.0	2729.0	4733.0	25270.0
瑞金市	13.0	11.0	10655.0	12493.0	64783.0
南康市	10.0	10.0	11282.0	17068.0	72764.0
赣　县	2.0	2.0	7150.0	9486.0	60624.0
信丰县			8830.0	14358.0	84646.0
大余县	3.0	3.0	4222.0	10069.0	36134.0
上犹县	1.0	2.0	2259.0	2895.0	39249.0
崇义县	1.0	1.0	575.0	1067.0	32261.0
安远县	7.0	5.0	809.0	878.0	42996.0
龙南县			2027.0	4921.0	36864.0
定南县			929.0	1148.0	27249.0
全南县	6.0	4.0	3263.0	4524.0	31255.0

县(市)农村经济主要指标(一)

县　　名	乡村人口 (万人)	乡村劳动力 (万人)	农作物总播种面积 (公顷)	粮　　食播种面积 (公顷)	粮食产量 (吨)
宁都县	59.6	31.6	97327.0	58319.0	294172.0
于都县	69.5	34.6	89801.0	53900.0	238627.0
兴国县	59.5	35.8	76653.0	46314.0	206783.0
会昌县	36.2	21.3	50219.0	33440.0	166488.0
寻乌县	24.0	11.3	33931.0	24608.0	117854.0
石城县	23.3	12.5	36007.0	22419.0	117833.0
宜春市	72.9	35.8	116651.0	74084.0	400365.0
丰城市	94.7	42.0	248278.0	148808.0	800825.0
樟树市	41.1	20.0	115329.0	68428.0	353787.0
高安市	58.2	27.4	158899.0	88195.0	495772.0
奉新县	22.5	7.6	69469.0	42712.0	243363.0
万载县	40.0	18.8	68814.0	43764.0	237142.0
上高县	24.3	8.3	82990.0	43959.0	279367.0
宜丰县	17.8	9.8	56495.0	38183.0	230229.0
靖安县	9.2	3.8	24144.0	13590.0	82180.0
铜鼓县	9.6	4.4	19293.0	11679.0	53845.0
上饶市	15.7	7.6	17368.0	9535.0	41357.0
德兴市	19.0	8.7	39299.0	24829.0	105721.0
上饶县	58.2	24.2	63300.0	41736.0	182233.0
广丰县	67.2	31.2	59826.0	39844.0	184949.0
玉山县	47.2	20.7	60901.0	38004.0	156879.0
铅山县	33.7	14.8	57564.0	35004.0	152312.0
横峰县	15.9	7.4	27916.0	17684.0	74992.0
弋阳县	26.9	9.7	62644.0	40482.0	158011.0
余干县	75.7	33.0	114165.0	64644.0	288178.0
波阳县	109.5	49.9	156201.0	83380.0	269024.0
万年县	28.7	9.0	59093.0	34986.0	139958.0
婺源县	26.8	11.3	49931.0	31155.0	118281.0
吉安市	13.6	6.5	35294.0	21325.0	78209.0
井冈山市	3.1	1.7	8202.0	5183.0	26873.0
吉安县	49.2	22.4	103480.0	69286.0	284351.0
吉水县	40.9	18.9	100306.0	66775.0	294262.0
峡江县	12.3	5.8	54952.0	31714.0	150236.0
新干县	25.5	12.6	74596.0	48509.0	240027.0
永丰县	33.5	15.8	85074.0	53770.0	230318.0
泰和县	42.4	19.5	107621.0	65658.0	275055.0
遂川县	47.1	23.1	58384.0	39917.0	186185.0
万安县	23.6	10.9	48619.0	31266.0	132378.0
安福县	28.5	14.1	87586.0	56874.0	250285.0
永新县	39.1	21.5	63320.0	44578.0	214039.0

县(市)农村经济主要指标(二)

县　　名	棉　　花 播种面积 (公顷)	棉花产量 (吨)	油　　料 播种面积 (公顷)	油料产量 (吨)	农林牧渔业 增加值 (万元)
宁都县	35.0	48.0	12890.0	17068.0	88711.0
于都县	16.0	26.0	17939.0	27493.0	71782.0
兴国县	1.0	1.0	7505.0	7298.0	82444.0
会昌县	13.0	13.0	4001.0	3756.0	51453.0
寻乌县	5.0	2.0	1294.0	2239.0	34351.0
石城县	8.0	9.0	2269.0	2880.0	44935.0
宜春市	201.0	149.0	13319.0	11537.0	89848.0
丰城市	4475.0	3440.0	40308.0	20911.0	150592.0
樟树市	701.0	830.0	22604.0	23372.0	75018.0
高安市	8207.0	8127.0	44170.0	29615.0	84879.0
奉新县	1558.0	2015.0	11654.0	11044.0	55754.0
万载县	72.0	52.0	8305.0	7218.0	52243.0
上高县	1106.0	1434.0	14500.0	15503.0	74207.0
宜丰县	79.0	99.0	7043.0	4968.0	43890.0
靖安县	51.0	79.0	3842.0	4770.0	21185.0
铜鼓县	42.0	46.0	1614.0	2086.0	23400.0
上饶市	66.0	68.0	1511.0	1504.0	27577.0
德兴市	96.0	132.0	5738.0	4099.0	30063.0
上饶县	111.0	84.0	5171.0	4390.0	48385.0
广丰县	55.0	38.0	5246.0	5543.0	51090.0
玉山县	106.0	121.0	7508.0	7801.0	44403.0
铅山县	22.0	16.0	3539.0	3515.0	45585.0
横峰县	41.0	49.0	3350.0	4294.0	16901.0
弋阳县	40.0	57.0	7910.0	7796.0	32814.0
余干县	198.0	47.0	23429.0	16250.0	55876.0
波阳县	3826.0	1101.0	48646.0	33833.0	5.9
万年县	2273.0	1909.0	10823.0	8804.0	47948.0
婺源县	138.0	75.0	7673.0	5603.0	33900.0
吉安市	1.0	1.0	6904.0	3346.0	30351.0
井冈山市			914.0	1043.0	9180.0
吉安县	31.0	12.0	20139.0	15977.0	73728.0
吉水县	4.0	3.0	18057.0	13309.0	53670.0
峡江县	74.0	74.0	9195.0	9039.0	27959.0
新干县	72.0	81.0	18270.0	13242.0	44011.0
永丰县	6.0	4.0	11121.0	8648.0	53663.0
泰和县	26.0	10.0	25487.0	27220.0	83442.0
遂川县	2.0	3.0	8106.0	4638.0	45321.0
万安县	6.0	3.0	9829.0	10494.0	42792.0
安福县	40.0	16.0	21399.0	14666.0	53967.0
永新县			11586.0	11490.0	43640.0

县(市)农村经济主要指标(一)

县　　名	乡村人口 (万人)	乡村劳动力 (万人)	农作物总播种面积 (公顷)	粮　　食 播种面积 (公顷)	粮食产量 (吨)
宁冈县	7.3	3.2	10302.0	6739.0	38957.0
临川市	68.5	32.6	155206.0	83141.0	450849.0
南城县	23.4	11.0	57062.0	30860.0	195037.0
黎川县	18.7	8.3	44405.0	27046.0	160959.0
南丰县	21.2	11.1	58170.0	32730.0	201527.0
崇仁县	24.5	11.5	66246.0	31381.0	181427.0
乐安县	26.1	12.2	52611.0	40842.0	207621.0
宜黄县	16.7	7.8	48460.0	24639.0	150088.0
金溪县	23.3	11.0	72861.0	40039.0	202331.0
资溪县	7.9	3.7	17150.0	9729.0	48772.0
东乡县	33.6	15.9	78491.0	43937.0	214799.0
广昌县	19.0	9.0	32019.0	15616.0	72340.0
济南市辖区	97.6	51.3	108549.0	91597.0	455031.0
长清县	44.6	22.3	70790.0	57637.0	332167.0
平阴县	28.4	13.8	49199.0	40297.0	240434.0
商河县	47.5	27.1	121151.0	90097.0	531844.0
济阳县	52.0	26.9	124641.0	94846.0	603307.0
章丘市	86.2	45.2	135666.0	110217.0	568010.0
青岛市辖区	76.2	39.2	33492.0	22206.0	124331.0
胶州市	62.5	33.6	102393.0	75762.0	503581.0
即墨市	96.0	52.0	140404.0	103391.0	645170.0
平度市	118.5	63.3	261436.6	163746.1	1151171.0
胶南市	72.1	36.4	113697.0	82007.0	507326.0
莱西市	64.4	34.0	120363.0	83359.0	538207.0
淄博市辖区	152.0	78.8	173109.0	138186.4	845407.0
桓台县	41.6	22.1	57055.0	49186.0	412693.0
高青县	30.8	17.8	70861.8	49131.2	302914.0
沂源县	48.1	26.4	41799.3	32330.0	139727.0
枣庄市辖区	145.3	74.6	211315.0	165087.0	921874.0
滕州市	127.8	67.8	156901.0	106514.0	653113.0
东营市辖区	21.2	10.1	64200.0	53473.0	202829.0
垦利县	17.4	6.2	63338.0	57319.0	180932.0
利津县	25.2	14.0	67947.0	55499.0	215623.0
广饶县	41.0	20.0	91222.0	70028.0	422253.0
烟台市辖区	86.4	39.7	96629.0	70385.0	376737.0
海阳县	61.8	31.9	102414.0	79719.0	453972.0
长岛县	3.0	1.2	318.0	302.0	1073.0
龙口市	50.2	24.2	49205.0	41022.0	326183.0
莱阳市	77.8	35.7	117561.0	81943.0	485655.0
莱州市	76.0	38.3	109517.0	85306.0	521563.0

县(市)农村经济主要指标(二)

县　　名	棉　　花 播种面积 (公顷)	棉花产量 (吨)	油　　料 播种面积 (公顷)	油料产量 (吨)	农林牧渔业 增加值 (万元)
宁冈县			880.0	942.0	8531.0
临川市	4588.0	2295.0	19703.0	17856.0	100436.0
南城县	84.0	91.0	6023.0	10765.0	46007.0
黎川县	57.0	70.0	4126.0	4828.0	26425.0
南丰县	3.0	4.0	6447.0	9011.0	46120.0
崇仁县	2689.0	1660.0	11107.0	14367.0	42559.0
乐安县	122.0	92.0	4089.0	5630.0	36875.0
宜黄县	17.0	14.0	4985.0	3868.0	26859.0
金溪县	17.0	20.0	5754.0	5232.0	31785.0
资溪县			338.0	451.0	14504.0
东乡县	6.0	5.0	10368.0	10197.0	46359.0
广昌县			2635.0	1671.0	16348.0
济南市辖区	545.0	520.0	1484.0	3446.0	198613.0
长清县	18.0	24.0	4319.0	13932.0	137026.0
平阴县	774.0	548.0	1525.0	5181.0	110413.0
商河县	5727.0	4416.0	1635.0	5322.0	156038.0
济阳县	12028.0	12076.0	192.0	681.0	142242.0
章丘市	2797.0	2704.0	2609.0	6664.0	237668.0
青岛市辖区			1922.0	6375.0	205298.0
胶州市	24.0	19.0	8127.0	37983.0	184953.0
即墨市			24842.0	128273.0	226335.0
平度市	4000.0	4140.0	31005.0	165172.0	360083.0
胶南市			21624.0	107082.0	236954.0
莱西市			21214.0	101912.0	190213.0
淄博市辖区	371.3	334.0	1994.8	4141.0	240886.0
桓台县	552.5	696.0	111.0	427.0	68582.0
高青县	12416.3	15194.0	757.4	2290.0	72337.0
沂源县	162.9	184.0	3239.6	8509.0	57572.0
枣庄市辖区	3241.0	3164.0	13060.0	44961.0	200202.0
滕州市	303.0	266.0	10703.0	44075.0	184119.0
东营市辖区	5565.0	5174.0	730.0	2001.0	74480.0
垦利县	2533.0	1408.0	524.0	990.0	55031.0
利津县	5301.0	3371.0	1671.0	5028.0	92031.0
广饶县	8155.0	6110.0	309.0	1004.0	125756.0
烟台市辖区			16713.0	52077.0	168532.0
海阳县			14572.0	59305.0	168578.0
长岛县					57047.0
龙口市			3829.0	11384.0	166116.0
莱阳市			21227.0	73919.0	157752.0
莱州市			16544.0	58279.0	213733.0

县(市)农村经济主要指标(一)

县　　名	乡村人口 （万人）	乡村劳动力 （万人）	农作物总播种面积 （公顷）	粮　　食播种面积 （公顷）	粮食产量 （吨）
蓬莱市	42.4	20.5	59037.0	43164.0	279310.0
招远市	47.2	22.2	65045.0	48452.0	330543.0
栖霞市	59.4	29.4	79890.0	58286.0	356559.0
潍坊市辖区	73.5	35.4	115250.0	96493.0	581114.0
临朐县	78.3	38.6	84672.0	68659.0	377457.0
昌乐县	52.5	24.2	76955.0	46050.0	253526.0
青州市	73.6	33.6	106250.0	85606.0	502312.0
诸城市	88.7	42.0	146085.0	94525.0	691612.0
寿光市	88.4	39.8	138061.0	93567.0	707357.0
安丘市	97.7	47.4	154920.0	89731.0	572461.0
高密市	72.9	34.7	142093.0	105364.0	710019.0
昌邑市	59.9	27.9	113656.0	89220.0	526577.0
济宁市辖区	61.8	35.1	90676.0	75716.0	467545.0
微山县	57.3	31.1	53122.0	48948.0	286086.0
鱼台县	37.6	20.7	58653.0	49867.0	337705.0
金乡县	54.0	29.0	122876.0	46300.0	208831.0
嘉祥县	66.5	35.5	101590.0	85322.0	387152.0
汶上县	64.5	32.9	95715.0	71216.0	424618.0
泗水县	52.9	26.0	61220.0	44929.0	233369.0
梁山县	60.9	29.3	102121.0	74850.0	365788.0
曲阜市	51.6	27.4	74769.0	62488.0	390362.0
兖州市	41.5	23.1	78552.0	51519.0	375472.0
邹城市	83.3	40.1	107883.0	80310.0	541442.0
泰安市辖区	103.5	54.1	148942.0	84960.0	691790.0
宁阳县	68.2	34.3	109165.0	72906.0	472062.0
东平县	68.5	31.9	105876.0	76474.0	383259.0
新泰市	101.9	57.5	105255.0	77328.0	521919.0
肥城市	73.5	33.5	101651.0	79218.0	569239.0
威海市辖区	23.6	11.6	27461.0	19196.0	108013.0
文登市	54.8	28.9	101507.0	74427.0	440259.0
荣成市	56.2	26.8	99441.0	70222.0	396347.0
乳山市	56.1	29.4	83100.0	58380.0	328227.0
日照市	90.6	47.5	102410.5	75836.0	471548.0
五莲县	43.0	25.3	58275.0	41897.0	276322.0
莒县	99.6	57.0	116986.7	84706.7	509588.0
莱芜市辖区	92.0	52.1	99854.0	68114.0	520047.0
临沂市辖区	128.4	71.1	141554.0	123337.0	610368.0
沂南县	81.4	46.0	109578.0	80192.0	362910.0
郯城县	86.3	51.3	110660.0	90136.0	447017.0
沂水县	100.9	51.2	114412.0	85043.0	515624.0

县(市)农村经济主要指标(二)

县 名	棉 花 播种面积 (公顷)	棉花产量 (吨)	油 料 播种面积 (公顷)	油料产量 (吨)	农林牧渔业 增加值 (万元)
蓬莱市			12550.0	50992.0	148553.0
招远市			15375.0	74772.0	78062.0
栖霞市			18803.0	65646.0	163503.0
潍坊市辖区	3828.0	3835.0	4623.0	11065.0	133166.0
临朐县	17.0	15.0	3121.0	11118.0	130429.0
昌乐县	659.0	571.0	4608.0	17282.0	110048.0
青州市	288.0	291.0	134.0	294.0	178735.0
诸城市	4317.0	4089.0	7888.0	33086.0	220578.0
寿光市	4507.0	4803.0	373.0	1434.0	297026.0
安丘市	3207.0	3904.0	7248.0	26696.0	234372.0
高密市	10623.0	10349.0	7667.0	35903.0	160747.0
昌邑市	7371.0	6989.0	1981.0	8046.0	139598.0
济宁市辖区	167.0	232.0	1870.0	8544.0	90386.0
微山县	155.0	141.0	480.0	1598.0	102138.0
鱼台县	5000.0	6239.0			88874.0
金乡县	11797.0	10803.0	1017.0	3237.0	134882.0
嘉祥县	4767.0	3793.0	1263.0	4305.0	79245.0
汶上县	4473.0	4467.0	5371.0	22894.0	93482.0
泗水县	189.0	281.0	7426.0	21991.0	96032.0
梁山县	6260.0	5454.0	6272.0	20253.0	114352.0
曲阜市	459.0	383.0	4150.0	13092.0	72818.0
兖州市	344.0	311.0	5138.0	25679.0	130923.0
邹城市	330.0	259.0	16575.0	63320.0	130443.0
泰安市辖区	974.0	729.0	7684.0	31815.0	195788.0
宁阳县	3175.0	2439.0	14636.0	58344.0	110902.0
东平县	1270.0	781.0	5611.0	22535.0	109221.0
新泰市	8.0	6.0	16040.0	60520.0	118385.0
肥城市	3674.0	2953.0	2164.0	7361.0	126932.0
威海市辖区			5877.0	24244.0	176133.0
文登市			22677.0	86473.0	266026.0
荣成市			22389.0	89849.0	467732.0
乳山市			19343.0	71583.0	220341.0
日照市			21188.0	99366.0	252675.0
五莲县	520.0	416.0	10914.0	44701.0	73540.0
莒县	439.3	364.0	13360.2	54357.0	154292.0
莱芜市辖区	120.0	140.0	5181.0	14759.0	142837.0
临沂市辖区	163.0	168.0	6006.0	23335.0	148800.0
沂南县	219.0	196.0	13010.0	40908.0	90000.0
郯城县	2570.0	2105.0	5925.0	23850.0	109071.0
沂水县	3054.0	2658.0	12135.0	48063.0	115700.0

县(市)农村经济主要指标(一)

县名	乡村人口（万人）	乡村劳动力（万人）	农作物总播种面积（公顷）	粮食播种面积（公顷）	粮食产量（吨）
苍山县	105.9	57.2	153778.0	115966.0	492992.0
费县	83.8	46.9	110772.0	78027.0	414914.0
平邑县	85.2	48.9	82763.0	60924.0	348135.0
莒南县	88.2	51.1	109026.0	77469.0	427911.0
蒙阴县	45.2	24.2	49600.0	36294.0	249529.0
临沭县	53.4	31.7	80494.0	56151.0	233043.0
德州市辖区	23.9	11.6	34189.0	25733.0	157203.0
陵县	45.6	22.2	106898.0	77950.0	482140.0
宁津县	38.5	19.2	82069.0	61463.0	385754.0
庆云县	23.2	14.1	42413.0	38435.0	190208.0
临邑县	42.1	20.5	91874.0	77966.0	416653.0
齐河县	50.6	27.1	119010.0	98360.0	557267.0
平原县	36.9	20.1	84956.0	69779.0	401550.0
夏津县	31.3	22.5	82081.0	56237.0	286633.0
武城县	25.4	14.9	70431.0	52081.0	292434.0
乐陵市	57.5	27.6	109460.0	93754.0	589247.0
禹城市	31.7	21.2	94314.0	71730.0	426911.0
滨州市	38.7	17.9	73401.0	57100.0	302037.0
惠民县	53.7	29.2	114532.0	77966.0	410938.0
阳信县	37.9	16.7	69268.0	57672.0	326612.0
无棣县	36.9	15.6	75433.0	67846.0	300394.0
沾化县	34.3	14.7	72359.0	59201.0	272500.0
博兴县	39.2	19.0	79475.0	65298.0	355950.0
邹平县	60.3	32.7	121643.0	90947.0	527421.0
聊城市	67.4	29.3	135324.0	100607.0	484205.0
临清市	55.5	28.6	103634.0	74487.0	340266.0
阳谷县	67.0	29.8	122815.0	95521.0	460590.0
莘县	84.4	38.0	147855.0	113249.0	557289.0
茌平县	48.0	23.8	116180.0	86338.0	432169.0
东阿县	37.7	17.6	77303.0	63754.0	294712.0
冠县	68.1	32.1	139649.0	90271.0	425888.0
高唐县	40.1	20.4	105691.0	73422.0	361166.0
菏泽市	90.4	45.5	149331.0	97730.0	467171.0
曹县	115.5	64.1	184493.0	121712.0	521104.0
定陶县	49.7	26.0	93883.0	53746.0	250859.0
成武县	56.0	30.0	102182.0	54972.0	277706.0
单县	105.0	51.2	161903.0	96910.0	417397.0
巨野县	78.5	36.0	135415.0	67903.0	326479.0
郓城县	94.5	46.2	186310.0	134945.0	561595.0
鄄城县	67.6	33.0	111059.0	77303.0	301952.0

县(市)农村经济主要指标(二)

县　　名	棉　　花 播种面积 (公顷)	棉花产量 (吨)	油　　料 播种面积 (公顷)	油料产量 (吨)	农林牧渔业 增加值 (万元)
苍山县	2022.0	1608.0	6690.0	21564.0	145600.0
费县	102.0	96.0	14386.0	61440.0	119000.0
平邑县			13044.0	44700.0	105400.0
莒南县	31.0	44.0	24138.0	117103.0	119800.0
蒙阴县	287.0	360.0	8300.0	34831.0	73100.0
临沭县	696.0	564.0	18648.0	80810.0	67000.0
德州市辖区	896.0	1105.0	465.0	1271.0	47053.0
陵县	6612.0	9001.0	970.0	2537.0	104624.0
宁津县	5933.0	6051.0	920.0	2870.0	63789.0
庆云县	454.0	322.0	7.0	7.0	22732.0
临邑县	4167.0	4906.0	127.0	318.0	85861.0
齐河县	2059.0	2540.0	1728.0	6602.0	106524.0
平原县	4758.0	2696.0	247.0	750.0	78742.0
夏津县	17386.0	21011.0	2807.0	7221.0	58460.0
武城县	10667.0	11379.0	1184.0	3914.0	41841.0
乐陵市	3513.0	4215.0	944.0	3003.0	108657.0
禹城市	3603.0	3799.0	1353.0	3896.0	81404.0
滨州市	5687.0	5332.0	247.0	1041.0	77158.0
惠民县	14623.0	16113.0	3020.0	6968.0	104608.0
阳信县	4441.0	4466.0	68.0	155.0	68585.0
无棣县	5093.0	3549.0	436.0	532.0	75881.0
沾化县	10667.0	9200.0	1000.0	442.0	70569.0
博兴县	7125.0	7732.0	198.0	690.0	79586.0
邹平县	13019.0	14195.0	952.0	2840.0	142001.0
聊城市	3993.0	2852.0	7943.0	29260.0	130907.0
临清市	7051.0	7071.0	4128.0	11915.0	97869.0
阳谷县	2964.0	2497.0	7306.0	31827.0	123646.0
莘　县	4240.0	3098.0	15344.0	49583.0	142047.0
茌平县	3252.0	3395.0	7454.0	21344.0	111045.0
东阿县	915.0	905.0	181.0	480.0	62159.0
冠　县	3907.0	4209.0	27145.0	102614.0	122977.0
高唐县	11571.0	13246.0	7771.0	26819.0	86065.0
菏泽市	8422.0	7011.0	10348.0	34995.0	132072.0
曹　县	18604.0	19763.0	20513.0	66834.0	130761.0
定陶县	10164.0	9247.0	4943.0	18112.0	88705.0
成武县	13502.0	16809.0	3536.0	14141.0	90765.0
单　县	7920.0	7325.0	26680.0	95860.0	153445.0
巨野县	23962.0	26045.0	8953.0	34794.0	115728.0
郓城县	10553.0	10317.0	14084.0	54411.0	156691.0
鄄城县	4134.0	3562.0	11842.0	39682.0	99488.0

县(市)农村经济主要指标(一)

县　名	乡村人口 (万人)	乡村劳动力 (万人)	农作物总播种面积 (公顷)	粮　食播种面积 (公顷)	粮食产量 (吨)
东明县	58.9	26.0	135494.0	83359.0	378092.0
郑州市辖区	57.2	30.3	65140.0	46770.0	215602.0
中牟县	58.4	32.1	112350.0	71900.0	351837.0
巩义市	66.4	34.5	61640.0	55930.0	211181.0
新密市	63.6	31.1	71170.0	63310.0	240024.0
荥阳市	56.7	26.0	74980.0	63740.0	261556.0
新郑市	52.4	27.5	75490.0	60420.0	292387.0
登封市	53.3	27.4	61190.0	52290.0	205650.0
开封市辖区	18.2	10.1	23210.0	13067.0	65030.0
杞　县	90.1	48.9	168490.0	93780.0	466384.0
通许县	52.4	26.4	101530.0	50720.0	228206.0
尉氏县	72.7	36.9	140180.0	88450.0	378303.0
开封县	63.1	30.4	139700.0	88250.0	425215.0
兰考县	61.9	29.1	120250.0	81250.0	380620.0
洛阳市辖区	44.1	24.0	29479.0	24546.0	128912.0
孟津县	40.5	20.8	54630.0	48290.0	219727.0
新安县	43.8	23.0	61010.0	57140.0	227272.0
栾川县	28.3	14.7	22170.0	20740.0	87414.0
嵩　县	47.5	24.6	52220.0	45930.0	171319.0
汝阳县	38.2	20.4	42070.0	36710.0	146159.0
宜阳县	56.9	29.3	93750.0	77950.0	323780.0
洛宁县	39.1	22.4	64550.0	56390.0	250221.0
伊川县	65.6	33.4	81090.0	73250.0	341156.0
偃师市	74.0	39.2	79920.0	69980.0	364758.0
平顶山市辖区	27.3	13.7	21855.0	16696.0	68179.0
宝丰县	41.7	25.8	61700.0	50280.0	200185.0
叶　县	75.2	42.3	128300.0	107730.0	430104.0
鲁山县	74.1	39.2	64520.0	54840.0	199214.0
郏　县	50.6	31.4	75380.0	55560.0	280572.0
襄城县	74.0	47.7	104480.0	79820.0	448602.0
舞钢市	25.0	13.2	37890.0	31320.0	125615.0
汝州市	82.6	42.0	101300.0	86480.0	355888.0
安阳市辖区	21.3	13.4	15590.0	11340.0	60857.0
安阳县	106.7	50.8	135610.0	116130.0	528241.0
汤阴县	37.9	17.9	72790.0	55650.0	304998.0
滑　县	110.0	64.5	220790.0	163050.0	917977.0
内黄县	64.0	30.5	122730.0	64950.0	332417.0
林州市	93.0	36.3	87160.0	76230.0	293708.0
鹤壁市辖区	22.2	9.1	28710.0	24420.0	105039.0
浚　县	57.4	28.3	115970.0	97940.0	540372.0

县(市)农村经济主要指标(二)

县　　名	棉　　花 播种面积 (公顷)	棉花产量 (吨)	油　　料 播种面积 (公顷)	油料产量 (吨)	农林牧渔业 增加值 (万元)
东明县	5507.0	4358.0	14228.0	44388.0	127093.0
郑州市辖区	240.0	137.0	5020.0	11160.0	52301.0
中牟县	2970.0	3565.0	16350.0	46494.0	104125.0
巩义市	670.0	332.0	2900.0	4144.0	34742.0
新密市	110.0	106.0	3150.0	5500.0	39930.0
荥阳市	490.0	353.0	4600.0	8875.0	58918.0
新郑市	370.0	325.0	9010.0	24782.0	58237.0
登封市	1140.0	930.0	3600.0	6916.0	39840.0
开封市辖区			3370.0	7323.0	35584.0
杞　县	26620.0	31547.0	16170.0	79203.0	166638.0
通许县	14950.0	16807.0	8580.0	35151.0	110482.0
尉氏县	23810.0	26444.0	14260.0	44734.0	120725.0
开封县	8960.0	10669.0	27840.0	79677.0	125365.0
兰考县	12070.0	13233.0	20270.0	68768.0	96921.0
洛阳市辖区	50.0	78.0	576.0	1805.0	35561.0
孟津县	200.0	97.0	3430.0	6026.0	28194.0
新安县	290.0	184.0	1360.0	1867.0	31079.0
栾川县	50.0	42.0	330.0	616.0	22100.0
嵩　县	580.0	276.0	3030.0	3568.0	33250.0
汝阳县	560.0	368.0	3180.0	6221.0	28261.0
宜阳县	960.0	499.0	7590.0	14554.0	48878.0
洛宁县	270.0	132.0	2340.0	2638.0	47084.0
伊川县	940.0	777.0	2730.0	3310.0	50006.0
偃师市	850.0	539.0	3740.0	6048.0	73503.0
平顶山市辖区	10.0	9.0	1170.0	2097.0	24733.0
宝丰县	370.0	318.0	3760.0	5982.0	42867.0
叶　县	50.0	38.0	9780.0	14706.0	89845.0
鲁山县	30.0	15.0	4470.0	9973.0	54097.0
郏　县	360.0	390.0	4490.0	10614.0	58426.0
襄城县	510.0	439.0	3330.0	7752.0	90697.0
舞钢市	480.0	345.0	2500.0	3583.0	28242.0
汝州市	1840.0	1082.0	6460.0	12926.0	105575.0
安阳市辖区	280.0	146.0	350.0	364.0	15494.0
安阳县	10010.0	5836.0	1630.0	2298.0	90559.0
汤阴县	7080.0	6696.0	1650.0	4042.0	58960.0
滑　县	10240.0	10517.0	37700.0	156449.0	157996.0
内黄县	18170.0	22306.0	17120.0	66928.0	120907.0
林州市	3650.0	1605.0	2450.0	3136.0	58997.0
鹤壁市辖区	840.0	423.0	730.0	925.0	32565.0
浚　县	1740.0	1284.0	11870.0	36043.0	94345.0

县(市)农村经济主要指标(一)

县　名	乡村人口 (万人)	乡村劳动力 (万人)	农作物总播种面积 (公顷)	粮　食 播种面积 (公顷)	粮食产量 (吨)
淇　县	21.7	11.2	39140.0	36210.0	183059.0
新乡市辖区	13.5	6.6	12126.0	8512.0	55685.0
新乡县	37.4	19.4	55800.0	42886.0	257785.0
获嘉县	32.7	14.0	46310.0	40579.0	307504.0
原阳县	50.2	24.6	92701.0	75547.0	507222.0
延津县	39.5	16.7	78095.0	48501.0	254371.0
封丘县	63.2	29.9	110952.0	85568.0	517156.0
长垣县	69.1	39.2	107075.0	86115.0	415281.0
卫辉市	36.8	19.0	65859.0	54661.0	284115.0
辉县市	66.9	31.2	101592.0	87349.0	430430.0
焦作市辖区	17.3	9.2	18590.0	15650.0	81335.0
修武县	23.6	10.6	39400.0	30690.0	215542.0
博爱县	34.9	16.5	38840.0	26660.0	217570.0
武陟县	54.9	24.9	65590.0	53520.0	432577.0
温　县	34.9	20.2	42680.0	34320.0	283596.0
孟　县	28.5	15.6	38430.0	29990.0	226762.0
济源市	49.4	27.5	61690.0	54190.0	281383.0
沁阳市	35.3	19.0	49710.0	45070.0	328448.0
濮阳市辖区	17.8	9.1	25810.0	16840.0	103343.0
清丰县	56.6	27.6	102650.0	72080.0	431342.0
南乐县	43.2	18.8	72180.0	55290.0	343764.0
范　县	39.5	14.9	55540.0	49370.0	162063.0
台前县	30.3	15.9	31840.0	27740.0	68999.0
濮阳县	95.3	43.8	158360.0	127220.0	490458.0
许昌市辖区	7.9	4.5	7366.0	5342.0	34121.0
许昌县	75.8	41.8	124170.0	99220.0	594432.0
鄢陵县	55.4	31.8	117690.0	71990.0	407883.0
禹州市	103.2	62.2	124790.0	105100.0	531091.0
长葛市	56.4	32.0	77890.0	59380.0	407611.0
漯河市辖区	6.6	4.4	5360.0	3080.0	12969.0
舞阳县	51.4	30.9	92240.0	74400.0	252800.0
临颍县	61.0	34.8	112840.0	69570.0	316451.0
郾城县	81.6	47.9	143380.0	106770.0	501816.0
三门峡市辖区	7.8	3.9	6704.0	5342.0	21859.0
渑池县	28.0	14.3	56700.0	47020.0	172570.0
陕　县	29.2	15.5	44010.0	36610.0	151103.0
卢氏县	34.1	16.8	43130.0	34250.0	85252.0
义马市	4.3	2.2	4310.0	3400.0	11712.0
灵宝市	61.7	35.6	75740.0	56370.0	192993.0
南阳市辖区	111.8	59.1	200720.0	118490.0	599702.0

县(市)农村经济主要指标(二)

县　　名	棉　　花 播种面积 (公顷)	棉花产量 (吨)	油　　料 播种面积 (公顷)	油料产量 (吨)	农林牧渔业 增加值 (万元)
淇　县	200.0	127.0	1280.0	2921.0	51862.0
新乡市辖区	3.0	2.0	156.0	287.0	19929.0
新乡县	2136.0	2176.0	5051.0	22370.0	84825.0
获嘉县	560.0	517.0	1297.0	3831.0	49526.0
原阳县	2338.0	2224.0	11710.0	45523.0	96227.0
延津县	8485.0	7448.0	18210.0	61460.0	57668.0
封丘县	8847.0	8014.0	9950.0	31840.0	103471.0
长垣县	2409.0	2214.0	13117.0	34657.0	86626.0
卫辉市	3414.0	3582.0	4177.0	13932.0	83205.0
辉县市	126.0	79.0	7234.0	13756.0	100330.0
焦作市辖区	10.0	9.0	380.0	492.0	21678.0
修武县	800.0	776.0	2360.0	7018.0	61865.0
博爱县	160.0	186.0	200.0	794.0	60668.0
武陟县	1150.0	1313.0	5210.0	21569.0	92853.0
温　县	480.0	493.0	2550.0	8309.0	59022.0
孟　县	630.0	716.0	4900.0	13492.0	50602.0
济源市	480.0	260.0	2120.0	4163.0	70048.0
沁阳市	100.0	65.0	1250.0	3122.0	61453.0
濮阳市辖区	420.0	412.0	3130.0	10061.0	35892.0
清丰县	5620.0	5562.0	14780.0	65938.0	113927.0
南乐县	3480.0	3833.0	5300.0	25805.0	79993.0
范　县	1210.0	626.0	2240.0	2371.0	38818.0
台前县	180.0	2.0	1490.0	1127.0	26113.0
濮阳县	9510.0	7491.0	9240.0	16237.0	109030.0
许昌市辖区	3.0	3.0	161.0	435.0	9565.0
许昌县	5680.0	6518.0	7490.0	23843.0	114661.0
鄢陵县	28670.0	32680.0	4430.0	15181.0	130075.0
禹州市	2060.0	2142.0	4640.0	10426.0	115518.0
长葛市	2550.0	2670.0	7290.0	23659.0	104954.0
漯河市辖区			130.0	173.0	6196.0
舞阳县	2550.0	3219.0	5480.0	7915.0	72426.0
临颍县	11380.0	12463.0	5070.0	14495.0	115867.0
郾城县	5770.0	6748.0	8540.0	20997.0	165769.0
三门峡市辖区	81.0	46.0	351.0	622.0	6835.0
渑池县	420.0	216.0	3030.0	5527.0	45180.0
陕　县	720.0	400.0	2370.0	2990.0	34876.0
卢氏县	120.0	70.0	400.0	320.0	33331.0
义马市	20.0	4.0	130.0	130.0	2819.0
灵宝市	2150.0	1280.0	5860.0	12582.0	102528.0
南阳市辖区	40900.0	47225.0	13730.0	35512.0	197114.0

县(市)农村经济主要指标(一)

县　名	乡村人口（万人）	乡村劳动力（万人）	农作物总播种面积（公顷）	粮　食播种面积（公顷）	粮食产量（吨）
桐柏县	33.5	18.1	71060.0	45980.0	194435.0
方城县	89.7	45.0	180780.0	129470.0	489161.0
淅川县	63.5	31.4	100560.0	65220.0	231874.0
镇平县	83.1	42.3	130120.0	95770.0	385580.0
唐河县	113.7	60.2	266500.0	166680.0	723954.0
南召县	49.7	21.0	45710.0	36170.0	146511.0
内乡县	54.6	27.1	83700.0	55600.0	238714.0
新野县	66.7	37.6	127960.0	60320.0	313682.0
社旗县	56.6	28.8	127820.0	92930.0	405768.0
西峡县	37.3	18.1	34930.0	29950.0	116578.0
邓州市	134.4	68.4	276520.0	169830.0	757880.0
商丘市	47.6	24.8	78871.0	47355.0	230127.0
虞城县	97.3	57.4	189100.0	137650.0	511974.0
商丘县	63.4	31.2	121320.0	71610.0	324415.0
民权县	71.9	37.7	126410.0	74410.0	295025.0
宁陵县	53.0	29.1	87010.0	50010.0	192263.0
睢县	67.5	37.9	119110.0	76140.0	349094.0
夏邑县	98.9	52.7	164600.0	127850.0	474622.0
柘城县	85.7	45.1	139780.0	82050.0	365132.0
永城县	118.9	66.6	214370.0	160030.0	583897.0
周口市	12.5	8.2	12640.0	9070.0	33397.0
项城市	99.2	53.5	131470.0	104420.0	385308.0
扶沟县	60.6	31.7	131560.0	62150.0	277955.0
西华县	72.6	40.2	145170.0	85940.0	443049.0
商水县	104.6	61.4	184690.0	141240.0	509600.0
太康县	118.4	70.6	213930.0	143690.0	748222.0
鹿邑县	104.2	69.3	158040.0	123760.0	515686.0
郸城县	113.0	72.0	198620.0	154230.0	655631.0
淮阳县	117.2	66.1	195100.0	118990.0	469186.0
沈丘县	102.7	70.2	134830.0	115040.0	428133.0
驻马店市	11.2	6.6	20810.0	16920.0	59864.0
确山县	52.7	33.2	127470.0	87940.0	316654.0
泌阳县	83.3	44.0	166540.0	115650.0	397102.0
遂平县	56.0	30.1	126920.0	102780.0	405932.0
西平县	75.7	44.7	142470.0	105490.0	458663.0
上蔡县	123.8	63.3	192690.0	147540.0	531537.0
汝南县	73.6	42.4	163830.0	102610.0	346867.0
平舆县	85.0	48.8	154370.0	98160.0	277716.0
新蔡县	94.0	52.3	168800.0	112020.0	351355.0
正阳县	65.4	38.9	193040.0	113820.0	367259.0

县(市)农村经济主要指标(二)

县　　名	棉　　花 播种面积 (公顷)	棉花产量 (吨)	油　　料 播种面积 (公顷)	油料产量 (吨)	农林牧渔业 增加值 (万元)
桐柏县	850.0	685.0	20600.0	52040.0	68521.0
方城县	6380.0	5532.0	28530.0	66636.0	114585.0
淅川县	50.0	41.0	11050.0	12281.0	96890.0
镇平县	8220.0	7704.0	13200.0	34906.0	121604.0
唐河县	30390.0	30496.0	28400.0	73565.0	208475.0
南召县			6290.0	19589.0	53823.0
内乡县	2870.0	3125.0	3350.0	7891.0	96765.0
新野县	28470.0	31942.0	13240.0	36710.0	152964.0
社旗县	12040.0	13208.0	10890.0	17149.0	109800.0
西峡县	10.0	2.0	970.0	1910.0	69716.0
邓州市	34000.0	36924.0	26410.0	82194.0	234176.0
商丘市	18350.0	20973.0	3786.0	14018.0	84662.0
虞城县	15360.0	15443.0	11790.0	38093.0	145725.0
商丘县	19140.0	24239.0	8770.0	27043.0	114960.0
民权县	21870.0	25639.0	16840.0	71367.0	110327.0
宁陵县	13050.0	13830.0	14290.0	55499.0	68691.0
睢　县	14110.0	14155.0	14150.0	44795.0	113134.0
夏邑县	13710.0	12843.0	7650.0	20735.0	133749.0
柘城县	19540.0	24841.0	6220.0	20598.0	126722.0
永城县	12170.0	12113.0	10480.0	25182.0	175874.0
周口市	40.0	36.0	590.0	2612.0	14562.0
项城市	4750.0	5782.0	8280.0	11859.0	112775.0
扶沟县	46780.0	54244.0	6040.0	22208.0	126426.0
西华县	29840.0	36700.0	13970.0	51246.0	148610.0
商水县	10460.0	8795.0	14150.0	25871.0	118887.0
太康县	55920.0	68301.0	6500.0	25311.0	198799.0
鹿邑县	13740.0	17966.0	6410.0	15467.0	119737.0
郸城县	15780.0	21248.0	5440.0	13165.0	143429.0
淮阳县	21200.0	21780.0	31290.0	115554.0	149402.0
沈丘县	5310.0	3258.0	6830.0	9053.0	94032.0
驻马店市	10.0	4.0	1830.0	1956.0	13671.0
确山县	290.0	174.0	31400.0	65624.0	71751.0
泌阳县	6830.0	5294.0	33400.0	55163.0	113677.0
遂平县	2380.0	1669.0	13580.0	18224.0	95252.0
西平县	890.0	712.0	14870.0	31656.0	128537.0
上蔡县	5950.0	4372.0	26610.0	32843.0	92629.0
汝南县	5150.0	3952.0	44100.0	99894.0	101095.0
平舆县	4670.0	2637.0	32690.0	28944.0	81700.0
新蔡县	19020.0	14931.0	23610.0	25222.0	101278.0
正阳县	1250.0	724.0	62600.0	191337.0	114370.0

县(市)农村经济主要指标(一)

县　　名	乡村人口 (万人)	乡村劳动力 (万人)	农作物总播种面积 (公顷)	粮　食播种面积 (公顷)	粮食产量 (吨)
信阳市	36.2	19.5	33710.0	23400.0	154018.0
息县	79.5	42.9	176030.0	124430.0	514301.0
淮滨县	55.4	30.4	104610.0	74090.0	282587.0
信阳县	60.3	32.9	101070.0	72780.0	361465.0
潢川县	63.7	35.5	108510.0	79600.0	450418.0
光山县	68.8	34.4	95840.0	67270.0	375850.0
固始县	136.1	76.9	187390.0	131720.0	746888.0
商城县	61.8	33.5	66060.0	50250.0	288046.0
罗山县	61.7	32.2	115750.0	73070.0	417909.0
新　县	27.4	13.5	27710.0	17880.0	99763.0
武汉市辖区	35.4	18.5	101940.0	28490.0	147901.0
汉阳县	31.6	12.3	70860.0	30920.0	155851.0
武昌县	42.4	14.8	122880.0	63810.0	325238.0
黄陂县	91.0	40.4	143670.0	93470.0	503171.0
新洲县	73.6	34.4	117890.0	69230.0	414908.0
黄石市辖区	5.8	2.7	5260.0	1820.0	4375.0
大冶县	65.6	21.2	106290.0	75960.0	300117.0
十堰市辖区	8.0	3.4	7040.0	3430.0	14296.0
郧县	50.2	21.8	79910.0	64660.0	243793.0
郧西县	43.6	20.6	88520.0	67380.0	179308.0
竹山县	41.7	18.7	87180.0	65590.0	208729.0
竹溪县	30.3	12.8	70480.0	48060.0	182506.0
房县	40.6	17.6	71090.0	59110.0	204050.0
丹江口市	31.8	14.5	38720.0	28780.0	144384.0
宜昌市辖区	10.9	5.3	14940.0	5240.0	23226.0
宜昌县	47.3	20.6	83650.0	54010.0	244977.0
枝江县	38.2	16.8	99080.0	54590.0	305309.0
远安县	16.3	8.0	29450.0	20900.0	105390.0
兴山县	14.8	7.4	33240.0	24790.0	77073.0
秭归县	34.8	17.4	56780.0	42120.0	146926.0
长阳自治县	36.4	19.4	72590.0	51740.0	174600.0
五峰自治县	18.6	9.0	44830.0	31310.0	92043.0
枝城市	29.4	14.1	47660.0	34920.0	154727.0
当阳市	31.4	12.8	93400.0	50710.0	385008.0
襄樊市辖区	9.0	2.6	10820.0	3300.0	29505.0
襄阳县	99.2	44.9	218710.0	143710.0	1315959.0
南漳县	44.1	19.5	87110.0	62630.0	361866.0
谷城县	38.0	15.5	58060.0	38120.0	244704.0
保康县	24.1	13.3	52200.0	41560.0	139401.0
随州市	108.4	48.3	177410.0	120190.0	1187488.0

县(市)农村经济主要指标(二)

县　　名	棉　　花 播种面积 (公顷)	棉花产量 (吨)	油　　料 播种面积 (公顷)	油料产量 (吨)	农林牧渔业 增加值 (万元)
信阳市	60.0	55.0	2750.0	3856.0	51062.0
息县	10070.0	8305.0	19170.0	32786.0	101874.0
淮滨县	4430.0	3975.0	13270.0	19420.0	66195.0
信阳县	4240.0	1851.0	12350.0	24603.0	88725.0
潢川县	1900.0	1056.0	11260.0	9849.0	106011.0
光山县	3460.0	1814.0	16120.0	15771.0	83250.0
固始县	3910.0	2463.0	21320.0	20787.0	168139.0
商城县	1070.0	1388.0	5270.0	6762.0	84858.0
罗山县	3330.0	1138.0	17610.0	15467.0	98166.0
新　县	140.0	120.0	4730.0	6966.0	47456.0
武汉市辖区	8710.0	6345.0	7360.0	11589.0	196700.0
汉阳县	2640.0	2949.0	10980.0	16889.0	80735.0
武昌县	730.0	591.0	27710.0	31109.0	166005.0
黄陂县	3770.0	4039.0	22960.0	38382.0	192238.0
新洲县	11820.0	12177.0	15400.0	29919.0	162864.0
黄石市辖区	80.0	29.0	540.0	660.0	14656.0
大冶县	1000.0	1110.0	18030.0	19625.0	82424.0
十堰市辖区			370.0	1125.0	13060.0
郧县	180.0	242.0	6760.0	8871.0	66892.0
郧西县		28.0	7010.0	8361.0	50209.0
竹山县	30.0	18.0	11390.0	15332.0	52482.0
竹溪县			11080.0	18011.0	54621.0
房县	20.0	21.0	5000.0	5851.0	50000.0
丹江口市	90.0	47.0	5500.0	8432.0	78947.0
宜昌市辖区	3190.0	2502.0	1600.0	3116.0	30660.0
宜昌县	100.0	121.0	12080.0	22063.0	125900.0
枝江县	13350.0	8448.0	14590.0	38537.0	109573.0
远安县	120.0	133.0	4370.0	8499.0	42372.0
兴山县			3420.0	6037.0	30124.0
秭归县			7730.0	11529.0	41332.0
长阳自治县	10.0	7.0	9640.0	13366.0	57223.0
五峰自治县			3410.0	4681.0	31619.0
枝城市	360.0	278.0	7080.0	13905.0	54344.0
当阳市	4150.0	3528.0	23670.0	59199.0	150477.0
襄樊市辖区	520.0	509.0	1070.0	4684.0	45584.0
襄阳县	19420.0	21472.0	26170.0	110586.0	380686.0
南漳县	4040.0	3264.0	8410.0	13103.0	101894.0
谷城县	760.0	483.0	5970.0	11704.0	100766.0
保康县	40.0	33.0	4370.0	5617.0	48869.0
随州市	14680.0	11949.0	13350.0	30141.0	307166.0

县(市)农村经济主要指标(一)

县　　名	乡村人口 (万人)	乡村劳动力 (万人)	农作物总播种面积 (公顷)	粮　　食播种面积 (公顷)	粮食产量 (吨)
老河口市	35.0	13.6	72590.0	41550.0	352901.0
枣阳市	82.1	36.1	197520.0	128910.0	1105824.0
宜城市	44.4	16.7	99400.0	51320.0	519228.0
鄂州市辖区	72.0	34.6	104950.0	58190.0	342175.0
荆门市辖区	80.2	36.4	224340.0	126680.0	1042717.0
孝感市辖区	54.8	26.6	79490.0	53250.0	297623.0
孝昌县	56.8	25.9	73360.0	53150.0	341149.0
大悟县	53.5	23.6	52450.0	36240.0	272621.0
云梦县	47.1	27.0	60810.0	37020.0	234971.0
汉川县	78.2	39.2	126180.0	67270.0	372352.0
应城市	47.1	21.9	102980.0	65600.0	410054.0
安陆市	48.0	22.4	77010.0	56410.0	410455.0
广水市	77.5	36.9	80250.0	57040.0	450242.0
荆沙市辖区	65.5	30.0	176730.0	100410.0	665980.0
松滋县	69.0	35.7	152150.0	97280.0	486307.0
公安县	86.7	41.5	168010.0	92010.0	501944.0
监利县	99.9	44.6	293730.0	159650.0	1001787.0
京山县	44.8	20.9	138110.0	89210.0	638989.0
仙桃市	126.9	58.6	273880.0	129010.0	809338.0
潜江市	50.8	20.1	145740.0	77470.0	526440.0
天门市	136.8	54.5	230330.0	134860.0	625983.0
钟祥市	73.1	31.6	169230.0	106610.0	906540.0
石首市	48.9	26.6	103600.0	46430.0	269821.0
洪湖市	56.4	25.5	137090.0	69300.0	472175.0
麻城市	87.8	39.4	127060.0	84070.0	472218.0
武穴市	56.6	18.5	86170.0	52420.0	326125.0
黄州市	45.5	21.7	69750.0	41670.0	238075.0
红安县	50.8	22.7	78130.0	45130.0	272339.0
罗田县	46.6	20.8	59080.0	42710.0	211500.0
英山县	31.6	16.4	47100.0	30980.0	183605.0
浠水县	85.8	39.8	118810.0	68110.0	457528.0
蕲春县	69.8	27.6	104980.0	69730.0	351598.0
黄梅县	73.5	33.7	112730.0	69820.0	267605.0
咸宁市	29.6	12.4	87240.0	44970.0	224746.0
蒲圻市	35.6	11.5	96490.0	49550.0	229478.0
嘉鱼县	24.6	11.2	77980.0	38510.0	134666.0
通城县	35.6	15.8	52460.0	33610.0	189299.0
崇阳县	35.2	13.7	76830.0	46970.0	226512.0
通山县	35.2	11.2	45910.0	33770.0	144295.0
阳新县	67.3	23.8	106680.0	70070.0	239461.0

县(市)农村经济主要指标(二)

县　　名	棉　　花 播种面积 (公顷)	棉花产量 (吨)	油　　料 播种面积 (公顷)	油料产量 (吨)	农林牧渔业 增加值 (万元)
老河口市	6400.0	6160.0	7690.0	22011.0	134168.0
枣阳市	16880.0	10763.0	18080.0	77083.0	364700.0
宜城市	8000.0	6750.0	20780.0	84686.0	150941.0
鄂州市辖区	8280.0	6616.0	18350.0	41992.0	169214.0
荆门市辖区	11450.0	11732.0	45810.0	105856.0	363401.0
孝感市辖区	2960.0	2169.0	10380.0	14655.0	108092.0
孝昌县	1830.0	1193.0	8870.0	19016.0	106546.0
大悟县	380.0	346.0	7590.0	21189.0	81332.0
云梦县	2610.0	2522.0	6390.0	10512.0	102178.0
汉川县	17630.0	12469.0	17650.0	24767.0	186357.0
应城市	5070.0	4695.0	13260.0	16152.0	145420.0
安陆市	830.0	612.0	7580.0	15168.0	127332.0
广水市	4310.0	4982.0	5770.0	16256.0	144981.0
荆沙市辖区	20320.0	15782.0	30700.0	60270.0	279390.0
松滋县	13550.0	8044.0	23640.0	41794.0	143894.0
公安县	21910.0	21776.0	29970.0	55166.0	171814.0
监利县	22410.0	12261.0	58350.0	64966.0	245462.0
京山县	6730.0	10301.0	19180.0	35923.0	214546.0
仙桃市	21010.0	11348.0	52750.0	96880.0	358348.0
潜江市	22470.0	21100.0	21270.0	43540.0	219040.0
天门市	37000.0	26053.0	32010.0	46836.0	265388.0
钟祥市	10160.0	10222.0	28280.0	115401.0	339882.0
石首市	9910.0	8206.0	19170.0	37972.0	123238.0
洪湖市	12680.0	8978.0	23660.0	38076.0	178390.0
麻城市	8290.0	9523.0	20030.0	39004.0	146657.0
武穴市	5560.0	8998.0	20350.0	44669.0	102958.0
黄州市	4540.0	3256.0	11650.0	20225.0	75232.0
红安县	1740.0	1743.0	23030.0	60669.0	84147.0
罗田县	190.0	407.0	9230.0	15050.0	68477.0
英山县	230.0	345.0	5560.0	11005.0	75536.0
浠水县	3130.0	2284.0	18880.0	39655.0	132744.0
蕲春县	1670.0	1548.0	16230.0	24313.0	104655.0
黄梅县	12690.0	12695.0	18260.0	35994.0	120305.0
咸宁市	570.0	408.0	23880.0	34120.0	64444.0
蒲圻市	1600.0	851.0	19700.0	20730.0	95093.0
嘉鱼县	2990.0	904.0	11230.0	12914.0	65392.0
通城县	40.0	25.0	3720.0	2903.0	59138.0
崇阳县	100.0	77.0	6480.0	6463.0	65243.0
通山县	20.0	14.0	5440.0	5394.0	43936.0
阳新县	2990.0	1191.0	20470.0	18125.0	76441.0

县(市)农村经济主要指标(一)

县　　名	乡村人口（万人）	乡村劳动力（万人）	农作物总播种面积（公顷）	粮　　食播种面积（公顷）	粮食产量（吨）
恩施市	62.5	30.4	124560.0	82700.0	296724.0
利川市	73.4	32.3	138310.0	99630.0	378828.0
建始县	44.4	20.4	86760.0	58480.0	204761.0
巴东县	42.7	19.8	91810.0	71120.0	222688.0
宣恩县	30.6	14.4	61060.0	41430.0	144495.0
咸丰县	32.0	16.1	63650.0	44670.0	170536.0
来凤县	25.5	12.6	46670.0	30950.0	137989.0
鹤峰县	19.4	8.7	39240.0	28740.0	93646.0
神农架林区	5.2	2.1	14920.0	12890.0	25211.0
长沙市辖区	31.0	17.5	32250.0	14510.0	80089.0
长沙县	73.0	38.7	125870.0	85860.0	527072.0
望城县	66.0	35.7	111420.0	76580.0	420806.0
宁乡县	119.0	71.1	200590.0	141400.0	850968.0
浏阳市	125.5	68.7	168240.0	107200.0	739065.0
株洲市辖区	20.0	10.1	24680.0	16820.0	124095.0
株洲县	40.2	19.7	60120.0	43090.0	321391.0
攸　县	67.6	38.1	95080.0	61650.0	464329.0
茶陵县	52.7	25.7	62290.0	47660.0	337009.0
炎陵县	15.1	8.0	23910.0	18120.0	122490.0
醴陵市	86.2	45.8	77710.0	62530.0	476448.0
湘潭市辖区	14.7	6.5	10820.0	7000.0	51322.0
湘潭县	105.5	58.7	139170.0	110780.0	783530.0
湘乡市	80.2	45.1	102440.0	73580.0	516214.0
韶山市	8.6	4.9	11510.0	9150.0	66309.0
衡阳市辖区	19.8	9.4	20270.0	12160.0	76616.0
衡阳县	109.2	57.7	164550.0	98180.0	684393.0
衡南县	101.3	43.9	157840.0	94080.0	575246.0
衡山县	37.0	19.5	38360.0	29860.0	213247.0
衡东县	60.2	30.8	84340.0	59680.0	420255.0
常宁县	69.4	37.4	101170.0	70650.0	391537.0
祁东县	83.4	42.7	87570.0	65080.0	465245.0
耒阳市	103.5	52.5	124690.0	82140.0	471500.0
邵阳市辖区	28.0	16.7	25430.0	18640.0	93299.0
邵东县	104.0	50.2	109340.0	77840.0	493653.0
新邵县	69.6	34.7	72090.0	58520.0	300281.0
邵阳县	87.5	49.6	107080.0	77320.0	392879.0
隆回县	96.7	51.7	124070.0	83080.0	432927.0
洞口县	68.0	40.6	105430.0	72230.0	453014.0
绥宁县	30.7	15.6	42370.0	23510.0	156357.0
新宁县	52.1	29.2	75140.0	54530.0	301424.0

县(市)农村经济主要指标(二)

县　　名	棉　　花 播种面积 (公顷)	棉花产量 (吨)	油　　料 播种面积 (公顷)	油料产量 (吨)	农林牧渔业 增加值 (万元)
恩施市	50.0	51.0	12540.0	16962.0	83707.0
利川市			7740.0	9516.0	94777.0
建始县	10.0	6.0	8770.0	12626.0	67343.0
巴东县			9250.0	12721.0	64773.0
宣恩县			7480.0	10079.0	44207.0
咸丰县			8370.0	13429.0	58538.0
来凤县	40.0	11.0	7390.0	12842.0	41733.0
鹤峰县			4010.0	4486.0	35159.0
神农架林区			740.0	526.0	5845.0
长沙市辖区		5.0	170.0	293.0	71562.0
长沙县	70.0	47.0	4020.0	4576.0	164703.0
望城县			2650.0	3253.0	108652.0
宁乡县	530.0	751.0	4320.0	9866.0	200517.0
浏阳市	440.0	411.0	9190.0	9493.0	167061.0
株洲市辖区			610.0	1036.0	40000.0
株洲县	1320.0	1266.0	1660.0	3543.0	68673.0
攸　县	2200.0	2849.0	9660.0	13001.0	147688.0
茶陵县	450.0	592.0	7220.0	7580.0	86812.0
炎陵县	50.0	35.0	2280.0	2091.0	28214.0
醴陵市	140.0	178.0	3260.0	3383.0	126074.0
湘潭市辖区			200.0	595.0	25318.0
湘潭县	220.0	219.0	2540.0	3472.0	175862.0
湘乡市	430.0	320.0	1100.0	1435.0	131662.0
韶山市	30.0	20.0	140.0	262.0	12938.0
衡阳市辖区	10.0	6.0	1340.0	2043.0	39335.0
衡阳县	8390.0	13597.0	40320.0	58672.0	215380.0
衡南县	5880.0	9261.0	25670.0	39818.0	187151.0
衡山县	140.0	222.0	1280.0	1902.0	58481.0
衡东县	270.0	238.0	7910.0	8328.0	103727.0
常宁县	340.0	291.0	10020.0	11788.0	108351.0
祁东县	50.0	55.0	4060.0	6915.0	123753.0
耒阳市	2330.0	2100.0	11220.0	13923.0	140645.0
邵阳市辖区	40.0	22.0	1350.0	1904.0	23191.0
邵东县	270.0	136.0	4900.0	9040.0	184476.0
新邵县	130.0	133.0	1590.0	3089.0	73779.0
邵阳县	310.0	253.0	13340.0	23133.0	107308.0
隆回县	80.0	81.0	9760.0	14482.0	99805.0
洞口县	120.0	154.0	15460.0	14002.0	127401.0
绥宁县	20.0	2.0	4580.0	5165.0	68114.0
新宁县			6040.0	9505.0	65004.0

县(市)农村经济主要指标(一)

县　　名	乡村人口 (万人)	乡村劳动力 (万人)	农作物总播种面积 (公顷)	粮　食播种面积 (公顷)	粮食产量 (吨)
城步自治县	21.5	11.9	21320.0	16830.0	95425.0
武冈市	63.8	37.9	90030.0	66170.0	438384.0
岳阳市辖区	30.3	11.7	72130.0	29460.0	140947.0
岳阳县	62.1	29.0	109650.0	71490.0	387163.0
华容县	62.7	31.4	136090.0	48260.0	299890.0
湘阴县	60.6	32.2	99180.0	65530.0	421049.0
平江县	95.7	45.0	104480.0	77280.0	448067.0
汨罗市	62.1	25.8	92110.0	66780.0	388207.0
临湘市	41.3	17.0	80970.0	48600.0	231818.0
常德市辖区	90.3	46.2	217640.0	119050.0	618682.0
安乡县	45.3	22.9	101640.0	40010.0	178610.0
汉寿县	63.9	35.7	146020.0	78050.0	435866.0
澧　县	73.6	38.4	146030.0	69390.0	337952.0
临澧县	38.6	20.6	91150.0	49080.0	288340.0
桃源县	87.8	46.7	210980.0	116080.0	561931.0
石门县	61.6	32.1	115540.0	74420.0	288005.0
津市市	13.9	7.7	38830.0	19480.0	94093.0
张家界市辖区	35.5	16.0	69980.0	41220.0	181149.0
慈利县	60.0	33.2	106240.0	67820.0	280699.0
桑植县	39.6	18.6	71200.0	50860.0	134571.0
益阳市辖区	95.2	52.4	134410.0	96020.0	510026.0
南县	59.1	31.6	131830.0	51270.0	290361.0
桃江县	73.9	40.1	91060.0	68860.0	325725.0
安化县	82.1	42.5	94910.0	67230.0	279130.0
沅江市	56.5	31.4	109630.0	45200.0	258610.0
郴州市辖区	38.4	19.1	48150.0	32010.0	185488.0
桂阳县	68.0	37.9	87370.0	55310.0	291653.0
宜章县	49.1	26.7	59400.0	39390.0	211750.0
永兴县	51.5	26.4	66120.0	45800.0	247610.0
嘉禾县	29.5	15.6	37100.0	25660.0	144930.0
临武县	26.8	14.7	34860.0	23300.0	133615.0
汝城县	32.5	16.2	42950.0	31800.0	158820.0
桂东县	15.4	8.5	15850.0	10210.0	56912.0
安仁县	38.8	19.8	50880.0	37090.0	263932.0
资兴市	24.3	14.9	39990.0	30030.0	178329.0
永州市辖区	80.4	41.8	152980.0	105700.0	538504.0
祁阳县	87.2	44.7	123880.0	90740.0	502429.0
东安县	51.5	23.0	94320.0	57740.0	305596.0
双牌县	13.8	6.6	17150.0	12160.0	56328.0
道县	58.4	31.3	103650.0	59840.0	276874.0

县(市)农村经济主要指标(二)

县　名	棉　花 播种面积 (公顷)	棉花产量 (吨)	油　料 播种面积 (公顷)	油料产量 (吨)	农林牧渔业 增加值 (万元)
城步自治县			2030.0	1654.0	22714.0
武冈市	140.0	113.0	7980.0	9902.0	101062.0
岳阳市辖区	10760.0	11271.0	10480.0	12814.0	99648.0
岳阳县	2670.0	3077.0	12810.0	16154.0	120687.0
华容县	26670.0	25172.0	30140.0	41321.0	150823.0
湘阴县	1380.0	755.0	10820.0	9041.0	135904.0
平江县	1110.0	737.0	9610.0	8944.0	106322.0
汨罗市	1300.0	1614.0	6110.0	6264.0	135762.0
临湘市	2810.0	962.0	9700.0	11877.0	67437.0
常德市辖区	10100.0	10908.0	38650.0	45782.0	227606.0
安乡县	18010.0	10003.0	31850.0	47139.0	85190.0
汉寿县	9540.0	9510.0	27980.0	35541.0	135798.0
澧　县	14310.0	14454.0	46550.0	64624.0	122562.0
临澧县	7330.0	7787.0	24220.0	33190.0	109136.0
桃源县	5470.0	6581.0	51830.0	72923.0	216659.0
石门县	3690.0	2909.0	26210.0	30366.0	96279.0
津市市	3960.0	4224.0	11550.0	16332.0	40594.0
张家界市辖区	430.0	274.0	16360.0	22984.0	52841.0
慈利县	4300.0	2895.0	19980.0	27943.0	62702.0
桑植县	50.0	5.0	14570.0	18419.0	25353.0
益阳市辖区	1400.0	1770.0	3940.0	4692.0	128066.0
南县	21840.0	18119.0	24100.0	25452.0	97189.0
桃江县	1360.0	1088.0	2740.0	3852.0	80877.0
安化县	250.0	220.0	11390.0	14337.0	68326.0
沅江市	15140.0	15893.0	19130.0	22456.0	118700.0
郴州市辖区	60.0	77.0	1010.0	2094.0	66497.0
桂阳县	10.0	12.0	2420.0	5481.0	102968.0
宜章县	20.0	10.0	2090.0	3228.0	57487.0
永兴县	70.0	52.0	2690.0	2976.0	68724.0
嘉禾县	10.0	6.0	1200.0	2890.0	45484.0
临武县	10.0	8.0	790.0	1960.0	39851.0
汝城县	170.0	154.0	1870.0	1633.0	41673.0
桂东县	10.0	13.0	940.0	1240.0	15588.0
安仁县	30.0	28.0	8350.0	9786.0	66805.0
资兴市	80.0	68.0	1420.0	2487.0	65199.0
永州市辖区	2420.0	2423.0	5540.0	8103.0	160024.0
祁阳县	670.0	581.0	9990.0	17890.0	146489.0
东安县	980.0	881.0	2260.0	4388.0	98152.0
双牌县	10.0	8.0	300.0	532.0	22422.0
道县	130.0	107.0	3570.0	6327.0	104397.0

县(市)农村经济主要指标(一)

县　　名	乡村人口 (万人)	乡村劳动力 (万人)	农作物总播种面积 (公顷)	粮　　食播种面积 (公顷)	粮食产量 (吨)
江永县	21.3	11.1	36560.0	20490.0	108455.0
宁远县	72.6	43.1	71980.0	49180.0	250262.0
蓝山县	31.4	17.1	34510.0	21270.0	111188.0
新田县	34.8	19.5	45350.0	25510.0	128847.0
江华自治县	41.0	21.8	57740.0	34980.0	151860.0
娄底市	18.4	9.6	23570.0	16570.0	96954.0
冷水江市	19.1	9.4	12650.0	9400.0	57494.0
涟源市	94.4	47.4	105410.0	83520.0	431690.0
双峰县	81.3	45.7	114070.0	84050.0	548492.0
新化县	120.8	60.5	105290.0	81980.0	440724.0
怀化市	11.6	5.4	20360.0	9850.0	60667.0
洪江市	38.7	21.6	52700.0	32570.0	168139.0
黔阳县	24.2	14.0	31960.0	18510.0	111925.0
沅陵县	54.6	27.2	94420.0	56620.0	213512.0
辰溪县	42.9	21.9	53600.0	31320.0	159433.0
溆浦县	76.3	36.5	101550.0	67820.0	349230.0
麻阳自治县	35.2	16.3	44710.0	24010.0	125281.0
新晃自治县	24.1	13.6	33530.0	22600.0	91528.0
芷江自治县	31.2	16.9	52990.0	32490.0	162787.0
会同县	31.4	17.7	38850.0	22040.0	123339.0
靖州自治县	22.0	11.8	32090.0	17710.0	115108.0
通道自治县	20.4	11.1	25620.0	14390.0	79168.0
吉首市	16.3	9.1	28640.0	13100.0	50044.0
泸溪县	24.6	13.0	40330.0	19240.0	79652.0
凤凰县	33.4	17.1	62390.0	30750.0	107440.0
花垣县	25.5	12.2	35580.0	24360.0	102463.0
保靖县	25.6	13.2	41730.0	26950.0	88259.0
古丈县	12.1	6.6	20480.0	11680.0	36337.0
永顺县	43.2	20.0	90980.0	60520.0	191434.0
龙山县	46.9	23.8	83070.0	56640.0	169690.0
广州市辖区	81.1	41.1	76603.2	25651.3	140405.0
番禺市	71.8	41.8	72126.9	36943.7	237841.0
花都市	43.1	13.2	46458.4	34067.6	199835.0
增城市	65.4	31.4	81132.5	51610.7	279345.0
从化市	38.7	19.7	49876.3	31992.9	178425.0
韶关市辖区	6.1	2.3	6438.0	1475.0	7519.0
曲江县	28.7	12.0	65478.3	32916.5	212700.0
始兴县	18.3	8.2	34949.0	16965.0	110520.0
南雄县	39.7	16.4	64730.6	38910.4	256268.0
仁化县	12.8	5.7	25668.0	14199.4	97028.0

县(市)农村经济主要指标(二)

县　　名	棉　　花 播种面积 (公顷)	棉花产量 (吨)	油　　料 播种面积 (公顷)	油料产量 (吨)	农林牧渔业 增加值 (万元)
江永县		3.0	3950.0	4976.0	38860.0
宁远县	340.0	402.0	2990.0	5197.0	86712.0
蓝山县			590.0	1571.0	46384.0
新田县		2.0	1050.0	2399.0	39686.0
江华自治县			3760.0	4380.0	54439.0
娄底市	40.0	25.0	780.0	1275.0	30020.0
冷水江市	10.0	11.0	240.0	444.0	19029.0
涟源市	130.0	123.0	2430.0	4444.0	90438.0
双峰县	410.0	462.0	12780.0	18796.0	166690.0
新化县	60.0	38.0	7190.0	10339.0	110610.0
怀化市	10.0	5.0	2890.0	2980.0	21060.0
洪江市	10.0	13.0	4820.0	4198.0	56827.0
黔阳县	330.0	293.0	3940.0	6060.0	37033.0
沅陵县	90.0	34.0	17330.0	17218.0	62935.0
辰溪县	390.0	401.0	6670.0	7735.0	42246.0
溆浦县	1610.0	1425.0	12430.0	14958.0	110410.0
麻阳自治县	170.0	54.0	7860.0	12805.0	38144.0
新晃自治县	10.0	4.0	3340.0	3223.0	23042.0
芷江自治县	30.0	24.0	7310.0	8192.0	45308.0
会同县	50.0	38.0	4990.0	6650.0	47795.0
靖州自治县	20.0	12.0	3210.0	2632.0	37754.0
通道自治县	90.0	37.0	2880.0	3149.0	20752.0
吉首市	260.0	165.0	6100.0	7333.0	24559.0
泸溪县	530.0	370.0	8140.0	11141.0	24482.0
凤凰县	100.0	70.0	12530.0	12830.0	23736.0
花垣县	30.0	14.0	6140.0	8788.0	21913.0
保靖县	470.0	194.0	7730.0	8626.0	18575.0
古丈县	280.0	71.0	4120.0	3580.0	10891.0
永顺县	130.0	77.0	18570.0	28881.0	40276.0
龙山县	130.0	89.0	12740.0	20025.0	42701.0
广州市辖区			1663.5	4141.0	270588.2
番禺市			711.4	1550.0	224161.5
花都市			1199.1	3039.0	126817.6
增城市			3201.5	7877.0	187607.7
从化市			2972.5	6729.0	79587.6
韶关市辖区			785.0	1667.0	17149.0
曲江县			12877.5	35226.0	99551.0
始兴县			3100.0	10067.0	51615.0
南雄县			6140.4	16429.0	81320.1
仁化县			3609.0	11849.0	38811.0

县(市)农村经济主要指标(一)

县　　名	乡村人口（万人）	乡村劳动力（万人）	农作物总播种面积（公顷）	粮　　食播种面积（公顷）	粮食产量（吨）
翁源县	28.5	12.0	47086.7	19833.4	135295.0
乳源自治县	17.3	7.4	24188.0	15866.0	76908.0
新丰县	17.6	8.8	27645.0	15735.0	84748.0
乐昌市	31.5	16.5	57628.1	26455.5	143196.0
深圳市辖区	28.6	15.5	11010.5	782.8	3781.0
珠海市辖区	10.5	2.7	6199.0	2433.0	12547.0
斗门县	23.2	10.8	33976.0	14919.0	84103.0
汕头市辖区	28.1	18.7	9811.0	5805.0	41774.0
南澳县	5.6	2.4	1044.0	654.0	6716.0
潮阳市	178.5	80.2	83178.9	64400.1	518061.0
澄海市	73.0	37.7	43269.0	23760.0	203121.0
佛山市辖区	5.7	4.0	1113.0	240.8	1387.0
顺德市	90.8	47.4	31115.5	6000.1	33723.0
南海市	99.6	48.9	64753.8	34045.0	180913.0
三水市	25.0	12.6	39192.9	21958.1	113433.0
高明市	18.3	9.1	31959.0	21119.0	119090.0
江门市辖区	14.0	9.1	9000.6	1236.5	6448.0
台山市	87.0	48.4	121787.1	89155.7	484897.0
新会市	68.8	36.9	69134.3	48333.5	276058.0
开平市	49.3	27.3	84880.3	58371.1	278337.0
鹤山市	23.5	14.3	43049.2	27441.0	148182.0
恩平市	33.6	19.0	64762.6	44678.9	195957.0
湛江市辖区	84.3	39.3	68183.3	38096.6	159554.0
遂溪县	75.4	37.6	132202.8	56718.2	260514.0
徐闻县	51.5	23.1	84846.1	31528.4	177432.0
廉江市	120.5	56.3	144119.5	89406.7	442919.0
雷州市	115.3	47.9	148019.7	62324.3	351016.0
吴川市	79.2	41.4	56497.3	42072.7	224748.0
茂名市辖区	36.4	14.0	33819.0	22050.0	125123.0
信宜县	93.3	46.0	93796.0	61418.0	409006.0
电白县	123.1	64.1	111122.0	70918.0	397833.0
高州市	127.6	59.0	91962.2	59860.6	415644.0
化州市	107.1	40.6	115842.9	74229.6	450799.0
肇庆市辖区	17.7	9.3	20267.2	12837.5	91507.0
广宁县	42.0	23.2	57457.0	33751.0	190343.0
怀集县	76.9	38.0	83572.7	53355.7	302274.0
封开县	36.5	22.1	61725.0	39267.0	229690.0
德庆县	27.9	13.5	38855.0	26757.8	153476.0
高要市	56.4	38.5	86591.2	52732.0	355971.0
四会市	28.3	12.5	49368.0	30219.0	194067.0

县(市)农村经济主要指标(二)

县　　名	棉　　花 播种面积 (公顷)	棉花产量 (吨)	油　　料 播种面积 (公顷)	油料产量 (吨)	农林牧渔业 增加值 (万元)
翁源县			6016.7	10156.0	60100.0
乳源自治县			2758.0	3017.0	20304.0
新丰县			2447.0	3121.0	27499.0
乐昌市			4156.6	8287.0	58688.0
深圳市辖区			214.9	498.0	150922.1
珠海市辖区			132.0	250.0	33112.0
斗门县			268.0	566.0	92300.0
汕头市辖区			517.0	1063.0	59955.0
南澳县			37.0	103.0	17051.0
潮阳市			1409.8	3444.0	237939.0
澄海市			943.0	3308.0	130053.8
佛山市辖区					5877.5
顺德市			32.1	86.0	177099.5
南海市			963.0	2358.0	241601.0
三水市			2147.7	4155.0	102014.9
高明市			1292.0	3621.0	93431.0
江门市辖区			10.1	24.0	21957.7
台山市			7222.3	17746.0	186720.0
新会市			986.6	2100.0	163841.4
开平市			6130.5	9936.0	120073.0
鹤山市			3872.8	9573.0	66376.0
恩平市			3900.9	7649.0	76058.0
湛江市辖区			6799.8	10511.0	159781.9
遂溪县			11773.5	27307.0	180744.7
徐闻县			4579.2	11294.0	143737.6
廉江市			10489.8	25167.0	211647.2
雷州市			7846.5	18254.0	268233.0
吴川市			7285.7	16561.0	83185.2
茂名市辖区			3620.0	8582.0	79539.0
信宜县			3893.0	10282.0	266133.0
电白县			14622.0	35854.0	290502.0
高州市			7311.8	21595.0	331793.6
化州市			8180.3	22385.0	272515.0
肇庆市辖区			616.1	1399.0	75836.3
广宁县			3132.0	5726.0	99832.0
怀集县			3820.8	7704.0	204468.4
封开县			3933.0	10051.0	104004.0
德庆县			3218.5	8282.0	63170.0
高要市			4420.0	12966.0	281241.3
四会市			4378.0	10936.0	130297.0

县(市)农村经济主要指标(一)

县　　名	乡村人口（万人）	乡村劳动力（万人）	农作物总播种面积（公顷）	粮　食播种面积（公顷）	粮食产量（吨）
惠州市辖区	9.0	3.7	7089.0	3552.0	17954.0
博罗县	58.1	32.9	99173.3	65895.3	363677.0
惠东县	47.5	31.6	78068.0	53150.0	286495.0
龙门县	27.9	12.6	41613.1	31022.8	182386.0
惠阳市	41.7	24.1	72247.0	49590.9	269563.0
梅州市辖区	10.6	4.7	7967.1	4372.7	30010.0
梅　县	51.2	25.7	65050.3	46321.4	291501.0
大埔县	46.8	16.9	40506.3	28239.8	151212.0
丰顺县	58.7	25.6	52101.3	34132.8	191748.0
五华县	106.2	42.4	77651.0	62360.0	329776.0
平远县	20.8	9.9	27318.0	19196.0	118623.0
蕉岭县	16.7	7.6	22203.3	13393.3	78808.0
兴宁市	98.0	41.8	82430.0	58231.0	392047.0
汕尾市辖区	27.5	15.9	12726.0	9132.0	48187.0
海丰县	63.4	24.7	57830.0	40617.0	220430.0
陆河县	21.7	10.2	19214.0	14845.0	69154.0
陆丰市	96.9	49.0	85746.7	64451.7	323245.0
河源市辖区	6.5	4.0	9241.0	4887.0	25614.0
紫金县	62.4	25.0	69697.0	55208.2	319330.0
龙川县	74.3	31.0	70355.0	58414.0	385449.0
连平县	28.9	14.5	38217.0	26477.5	158132.0
和平县	38.1	19.8	42139.8	32919.0	184216.0
东源县	43.2	20.7	56771.3	40202.0	226500.0
阳江市辖区	22.1	17.8	26682.0	20042.0	110805.0
阳西县	35.5	0.2	54479.0	35200.0	190224.0
阳东县	42.0	23.9	67573.0	43286.0	232327.0
阳春市	80.3	44.5	117626.0	75517.0	366491.0
清远市辖区	46.3	22.7	56792.0	35900.0	191909.0
佛冈县	24.0	11.4	28928.2	21519.7	117354.0
阳山县	43.3	19.6	68919.0	41174.0	184154.0
连山自治县	9.0	4.8	18485.5	10941.2	60657.0
连南自治县	12.0	5.7	18471.0	10460.0	48021.0
清新县	63.0	29.5	72695.9	49850.3	249773.0
英德市	78.3	25.1	112271.9	63100.5	321468.0
连州市	41.0	19.1	75695.0	34784.0	229810.0
东莞市辖区	110.9	67.0	73455.0	41626.0	247194.0
中山市辖区	111.1	56.8	80932.4	49642.3	282174.0
潮州市辖区	7.8	4.6	3170.0	1824.0	11990.0
潮安县	96.8	46.6	56604.9	41795.6	312677.0
饶平县	72.6	39.1	49172.5	35033.7	214140.0

县(市)农村经济主要指标(二)

县　　名	棉　　花 播种面积 (公顷)	棉花产量 (吨)	油　　料 播种面积 (公顷)	油料产量 (吨)	农林牧渔业 增加值 (万元)
惠州市辖区			592.0	1196.0	21570.0
博罗县			9794.9	22051.0	165256.0
惠东县	873.0		6332.0	12995.0	
龙门县			3082.3	6788.0	57572.0
惠阳市			6741.5	13700.0	157589.0
梅州市辖区			341.5	781.0	16947.5
梅　县			2708.0	5509.0	125923.0
大埔县			767.8	1552.0	47058.0
丰顺县			1719.5	3752.0	71488.0
五华县			2552.0	4374.0	93404.0
平远县			990.0	2629.0	37106.0
蕉岭县			1344.1	2458.0	30953.0
兴宁市			2200.0	3826.0	107277.0
汕尾市辖区			1081.0	1690.0	75460.0
海丰县			2777.0	4378.0	146009.0
陆河县			734.0	1139.0	40187.0
陆丰市			7102.3	11741.0	132454.3
河源市辖区			1432.0	4210.0	14561.0
紫金县			4124.0	10774.0	94233.0
龙川县			2264.0	4799.0	76703.0
连平县			3468.0	7329.0	50609.0
和平县			1380.4	2657.0	52228.0
东源县			6257.9	12331.0	54975.4
阳江市辖区			1597.0	2624.0	137475.0
阳西县			4496.0	8077.0	111500.0
阳东县			7615.0	15461.0	137785.0
阳春市			9486.0	16716.0	202430.0
清远市辖区			5408.0	11680.0	105811.0
佛冈县			1865.8	3381.0	
阳山县			5204.0	9137.0	84846.0
连山自治县			786.6	2023.0	18780.0
连南自治县			1262.0	1914.0	
清新县			5545.9	10704.0	97968.0
英德市			14269.9	28199.0	162732.5
连州市			3386.0	7149.0	74923.0
东莞市辖区			1122.0	2588.0	291444.0
中山市辖区			622.2	1727.0	235904.6
潮州市辖区			30.0		11251.8
潮安县			1123.2	3326.0	183074.0
饶平县			2135.1	4380.0	177300.0

县(市)农村经济主要指标(一)

县　　名	乡村人口（万人）	乡村劳动力（万人）	农作物总播种面积（公顷）	粮　食播种面积（公顷）	粮食产量（吨）
揭阳市辖区	43.0	20.4	14537.6	11919.8	105427.0
揭东县	103.6	56.2	71035.3	48939.9	396527.0
揭西县	76.2	36.1	55598.0	40830.0	222264.0
惠来县	88.4	33.1	62879.1	43698.7	267290.0
普宁市	144.6	64.4	61859.0	47521.0	307181.0
云浮市辖区	10.7	11.4	22397.4	14224.0	101021.0
新兴县	33.6	20.6	45590.9	27244.4	174182.0
郁南县	39.2	21.5	57302.3	34830.9	203401.0
云安县	20.8	14.7	32302.0	20523.0	125065.0
罗定市	68.1	42.2	92364.0	65579.0	411877.0
南宁市辖区	41.6	24.1	70531.0	28581.0	120259.0
邕宁县	80.0	44.2	173013.0	86553.0	380015.0
武鸣县	60.3	30.0	130419.0	63270.0	314185.0
柳州市辖区	10.8	6.1	20086.0	7311.0	34402.0
柳江县	48.1	23.4	95482.0	50723.0	217541.0
柳城县	38.9	17.6	97368.0	43528.0	183833.0
桂林市辖区	14.5	7.3	20210.0	9206.0	40010.0
阳朔县	27.2	14.5	51632.0	28836.0	133191.0
临桂县	39.6	21.2	84793.0	51709.0	224897.0
梧州市辖区	7.7	4.5	2502.0	1379.0	4826.0
苍梧县	58.6	33.8	66193.0	51862.0	324294.0
北海市辖区	31.8	17.6	47405.0	16706.0	64061.0
合蒲县	76.7	44.0	128009.0	78423.0	350825.0
防城港市辖区	33.9	16.3	49340.0	34603.0	126805.0
上思县	17.3	7.9	44854.0	22328.0	88605.0
东兴市	9.3	4.5	13027.0	10009.0	36828.0
钦州市辖区	109.1	61.4	159648.0	104503.0	500055.0
浦北县	71.1	37.6	70366.0	46136.0	252477.0
灵山县	117.7	60.3	129514.0	80637.0	509581.0
凭祥市	7.5	4.4	7508.0	5350.0	23115.0
横县	98.0	54.4	136084.0	82461.0	394743.0
宾阳县	82.5	45.7	115129.0	73228.0	333759.0
上林县	40.9	21.7	59787.0	41199.0	149121.0
隆安县	34.3	19.3	62554.0	36289.0	129568.0
马山县	45.7	23.7	52640.0	37749.0	107564.0
扶绥县	32.4	19.8	101592.0	45568.0	171227.0
崇左县	28.6	15.8	79539.0	28572.0	87846.0
大新县	30.4	17.0	64822.0	40478.0	128603.0
天等县	37.8	25.2	50861.0	38476.0	123227.0
宁明县	33.5	17.5	59769.0	33329.0	134932.0

县(市)农村经济主要指标(二)

县　名	棉　花 播种面积 (公顷)	棉花产量 (吨)	油　料 播种面积 (公顷)	油料产量 (吨)	农林牧渔业 增加值 (万元)
揭阳市辖区			5.0	13.0	51035.1
揭东县			1875.1	5341.0	191582.0
揭西县			3372.0	8887.0	113562.8
惠来县			5815.0	12958.0	193906.0
普宁市			504.0	948.0	160214.0
云浮市辖区			982.0	2479.0	57827.0
新兴县			2258.2	4592.0	102340.1
郁南县			3784.0	8649.0	96662.0
云安县			2720.0	5684.0	70435.0
罗定市			7528.0	17695.0	171067.0
南宁市辖区			4158.0	8715.0	98833.0
邕宁县			9382.0	18359.0	174824.0
武鸣县	15.0	4.0	8431.0	15655.0	166499.0
柳州市辖区			1560.0	3533.0	36225.0
柳江县	7.0	4.0	4923.0	7273.0	76873.0
柳城县			10022.0	13708.0	78933.0
桂林市辖区			515.0	816.0	30496.0
阳朔县			2104.0	3717.0	61733.0
临桂县			805.0	1018.0	91279.0
梧州市辖区			340.0	614.0	10414.0
苍梧县			2644.0	5454.0	118705.0
北海市辖区			4694.0	10550.0	165200.0
合浦县			9952.0	21408.0	222000.0
防城港市辖区			2367.0	2994.0	113851.0
上思县			1986.0	3615.0	42505.2
东兴市			593.0	1063.0	29863.0
钦州市辖区			5484.0	10026.0	284902.0
浦北县	38.0	21.0	1648.0	3813.0	176902.0
灵山县	33.0	27.0	2584.0	5716.0	161958.0
凭祥市			178.0	264.0	8979.0
横　县			4457.0	8069.0	174253.0
宾阳县			5235.0	8301.0	99131.0
上林县			5098.0	5367.0	59342.0
隆安县			1147.0	1568.0	53048.0
马山县	1.0		1230.0	2047.0	38167.0
扶绥县			9362.0	16075.0	90447.0
崇左县			4025.0	4090.0	78805.0
大新县			1315.0	1271.0	48589.0
天等县	9.0	3.0	856.0	634.0	41660.0
宁明县			2043.0	3347.0	56802.0

县(市)农村经济主要指标(一)

县　　名	乡村人口（万人）	乡村劳动力（万人）	农作物总播种面积（公顷）	粮　　食播种面积（公顷）	粮食产量（吨）
龙州县	24.6	13.3	53678.0	26031.0	80037.0
合山市	7.8	4.2	13242.0	8303.0	33284.0
鹿寨县	38.8	21.4	94518.0	50842.0	205785.0
象州县	32.5	16.1	79921.0	44010.0	215348.0
武宣县	35.9	20.2	83123.0	39785.0	161769.0
来宾县	84.4	39.0	193895.0	113698.0	345754.0
融安县	30.7	14.2	41456.0	25479.0	115819.0
三江自治县	31.7	17.7	31478.0	16738.0	76428.0
融水自治县	42.6	21.9	58379.0	29132.0	133035.0
金秀自治县	13.4	6.9	23531.0	14215.0	60886.0
忻城县	37.2	20.6	78867.0	53249.0	136540.0
灵川县	30.1	16.6	74231.0	38062.0	178869.0
全州县	68.7	36.8	145305.0	82285.0	448227.0
兴安县	32.7	18.4	74387.0	43429.0	231564.0
永福县	23.7	12.3	59546.0	34486.0	146745.0
灌阳县	25.3	13.7	40685.0	28028.0	153153.0
龙胜自治县	14.6	8.1	21549.0	13161.0	59463.0
资源县	15.2	7.4	22992.0	11347.0	64661.0
平乐县	39.2	20.3	67431.0	33117.0	183868.0
荔浦县	34.7	19.1	76435.0	35131.0	189820.0
恭城自治县	24.6	12.8	57666.0	28904.0	129575.0
岑溪县	70.5	35.4	91062.0	51864.0	312747.0
藤　县	81.0	41.4	94671.0	53005.0	348881.0
昭平县	35.4	18.5	52427.0	32225.0	160359.0
蒙山县	18.0	9.6	32643.0	17038.0	100654.0
贺　县	80.9	39.2	120654.0	64908.0	376901.0
钟山县	40.4	20.2	61022.0	36871.0	197946.0
富川自治县	25.3	13.2	64279.0	29594.0	124006.0
玉林市	68.4	37.0	78901.0	52977.0	372512.0
贵港市	146.5	70.1	187247.0	113562.0	556964.0
北流市	99.3	52.8	104852.0	73320.0	514843.0
桂平市	146.3	74.3	166901.0	108826.0	521079.0
平南县	109.8	54.5	121176.0	83496.0	445847.0
容　县	65.1	34.0	62015.0	40631.0	289442.0
陆川县	73.1	40.8	78575.0	55812.0	353230.0
博白县	129.2	62.0	156013.0	109218.0	641169.0
兴业县	63.4	35.0	75472.0	44284.0	305770.0
百色市	20.4	11.3	47884.0	20718.0	90583.0
田阳县	30.0	17.1	59081.0	29775.0	142395.0
田东县	34.4	18.5	60825.0	33264.0	151429.0

县(市)农村经济主要指标(二)

县　　名	棉　　花 播种面积 (公顷)	棉花产量 (吨)	油　　料 播种面积 (公顷)	油料产量 (吨)	农林牧渔业 增加值 (万元)
龙州县			2604.0	3042.0	49796.0
合山市			558.0	1120.0	10336.0
鹿寨县			11465.0	10268.0	70727.0
象州县			7804.0	9219.0	52495.0
武宣县			7003.0	9745.0	82367.0
来宾县			18489.0	28919.0	121250.0
融安县	1.0	1.0	2590.0	2225.0	29605.0
三江自治县	98.0	16.0	823.0	642.0	22671.0
融水自治县	13.0	3.0	7382.0	6420.0	38290.0
金秀自治县	1.0	1.0	2018.0	2977.0	17028.0
忻城县	43.0	18.0	3221.0	3451.0	46226.0
灵川县	25.0	17.0	1163.0	1799.0	99583.0
全州县	149.0	137.0	19590.0	32143.0	182648.0
兴安县	26.0	16.0	2601.0	5583.0	114441.0
永福县	8.0	7.0	2511.0	2817.0	57940.0
灌阳县	4.0	4.0	1750.0	2967.0	54342.0
龙胜自治县	15.0	39.0	378.0	613.0	32235.0
资源县	2.0	1.0	926.0	1330.0	25563.0
平乐县	16.0	14.0	6975.0	10980.0	110040.0
荔浦县	11.0	10.0	1690.0	4813.0	96985.0
恭城自治县	8.0	6.0	7893.0	13844.0	68366.0
岑溪县			5842.0	13027.0	170366.0
藤　县	17.0	12.0	3614.0	7826.0	197914.0
昭平县			2664.0	3932.0	99226.0
蒙山县			2962.0	4741.0	46924.0
贺　县	6.0	3.0	6446.0	15085.0	304905.0
钟山县			5574.0	6744.0	122422.0
富川自治县	11.0	9.0	12379.0	16857.0	62020.0
玉林市			2150.0	6055.0	105006.0
贵港市			11421.0	24601.0	148829.0
北流市	20.0	21.0	2293.0	5930.0	156176.0
桂平市			10544.0	17020.0	159316.0
平南县			4743.0	10636.0	131357.0
容　县			1591.0	3943.0	124777.0
陆川县			739.0	1446.0	96233.0
博白县			6603.0	11925.0	233375.0
兴业县	28.0	17.0	3033.0	8281.0	93129.0
百色市	247.0	29.0	404.0	555.0	53310.0
田阳县			465.0	914.0	66126.0
田东县	9.0	3.0	355.0	402.0	49525.0

县(市)农村经济主要指标(一)

县　　名	乡村人口(万人)	乡村劳动力(万人)	农作物总播种面积(公顷)	粮　食播种面积(公顷)	粮食产量(吨)
平果县	41.8	20.4	54536.0	34660.0	136278.0
德保县	31.6	16.5	49067.0	40648.0	106543.0
靖西县	52.8	28.8	80589.0	72272.0	202263.0
那坡县	17.1	9.4	27975.0	21049.0	51129.0
凌云县	16.8	7.9	29015.0	21148.0	42880.0
乐业县	13.2	5.9	17662.0	14231.0	43596.0
田林县	20.4	10.6	33726.0	25003.0	88482.0
隆林自治县	31.8	16.3	35514.0	25994.0	88513.0
西林县	11.3	6.6	29734.0	16153.0	50602.0
河池市	20.4	10.7	44974.0	26734.0	91082.0
宜州市	50.1	27.8	129976.0	82239.0	298824.0
罗城自治县	32.0	15.7	62180.0	36953.0	140693.0
环江自治县	30.2	13.1	57675.0	33324.0	136184.0
南丹县	22.2	9.6	34100.0	22840.0	85995.0
天峨县	12.4	5.3	27377.0	19957.0	48665.0
凤山县	16.4	7.9	35418.0	24068.0	47179.0
东兰县	25.5	11.9	31590.0	21041.0	60267.0
巴马自治县	21.8	9.8	43194.0	21353.0	65581.0
都安自治县	59.9	29.5	78669.0	66866.0	126919.0
大化自治县	35.1	18.1	37685.0	31334.0	61471.0
海口市辖区	10.5	4.3	9589.0	2702.0	9397.0
三亚市辖区	25.1	11.9	32311.0	20347.0	81796.0
通什市	5.4	2.8	13905.0	8520.0	35461.0
琼海市	39.0	14.5	55455.0	40776.0	185342.0
儋州市	52.1	24.8	115813.0	55713.0	265020.0
琼山市	48.5	21.7	87626.0	54868.0	199909.0
文昌市	42.9	17.5	83543.0	57960.0	479069.0
万宁县	38.1	14.7	41928.0	30671.0	140343.0
定安县	22.1	9.3	44001.0	28186.0	96398.0
屯昌县	18.0	6.1	39334.0	22657.0	86786.0
澄迈县	29.0	13.0	49004.0	38860.0	180639.0
临高县	32.9	13.0	57083.0	39959.0	169089.0
白沙自治县	9.2	4.6	33695.0	16907.0	72073.0
昌江自治县	14.5	6.0	35950.0	19519.0	55860.0
东方自治县	27.0	12.2	57621.0	32099.0	117314.0
乐东自治县	36.7	15.6	81453.0	50941.0	191329.0
陵水自治县	25.0	11.7	43529.0	30210.0	113722.0
保亭自治县	8.1	4.0	14214.0	10052.0	39242.0
琼中自治县	9.3	3.4	27885.0	15782.0	63962.0
成都市辖区	115.4	68.8	130250.4	77508.7	449558.0

县(市)农村经济主要指标(二)

县　名	棉　花 播种面积 (公顷)	棉花产量 (吨)	油　料 播种面积 (公顷)	油料产量 (吨)	农林牧渔业 增加值 (万元)
平果县	40.0	7.0	451.0	459.0	54793.0
德保县			96.0	100.0	41872.0
靖西县	1.0	1.0	918.0	787.0	64381.0
那坡县	21.0	5.0	105.0	62.0	15705.0
凌云县	2.0	1.0	1149.0	538.0	18955.0
乐业县	58.0	20.0	1497.0	560.0	9820.0
田林县	19.0	10.0	134.0	64.0	27117.0
隆林自治县	57.0	21.0	2056.0	883.0	22781.0
西林县	26.0	12.0	677.0	455.0	17300.0
河池市			3720.0	2637.0	33008.0
宜州市	202.0	131.0	13998.0	13630.0	110632.0
罗城自治县	37.0	48.0	9044.0	6469.0	43984.0
环江自治县	33.0	28.0	6352.0	7598.0	49155.0
南丹县	116.0	20.0	4581.0	3503.0	44450.0
天峨县	207.0	76.0	1683.0	561.0	19159.0
凤山县	145.0	35.0	1424.0	444.0	16167.0
东兰县	17.0	5.0	412.0	167.0	25010.0
巴马自治县	14.0	3.0	1656.0	680.0	33982.0
都安自治县	3.0		732.0	257.0	40351.0
大化自治县	198.0	32.0	836.0	360.0	27511.0
海口市辖区			700.0	612.0	28906.0
三亚市辖区			419.0	1161.0	13003.0
通什市			660.0	1179.0	13215.0
琼海市			1931.0	1961.0	175872.0
儋州市			8225.0	21232.0	266852.0
琼山市			5366.0	5003.0	149801.0
文昌市			8134.0	7265.0	135269.0
万宁县			1392.0	2975.0	108725.0
定安县			4064.0	6136.0	40478.7
屯昌县			2809.0	3574.0	55120.0
澄迈县			2531.0	3312.0	101282.0
临高县			1903.0	2929.0	114229.0
白沙自治县			255.0	482.0	39656.0
昌江自治县			1478.0	2704.0	46268.0
东方自治县			6750.0	11665.0	63457.0
乐东自治县			5996.0	17011.0	107664.0
陵水自治县			1542.0	2793.0	55644.0
保亭自治县			294.0	451.0	25769.0
琼中自治县			1425.0	2578.0	38918.0
成都市辖区			7511.1	14189.0	204353.0

县(市)农村经济主要指标(一)

县　名	乡村人口 (万人)	乡村劳动力 (万人)	农作物总 播种面积 (公顷)	粮　食 播种面积 (公顷)	粮食产量 (吨)
金堂县	73.2	46.3	129704.0	94086.0	371929.0
双流县	71.9	46.4	100658.0	67149.0	422402.0
温江县	22.7	13.9	33245.0	23065.0	164785.0
郫　县	39.8	25.5	65926.0	47451.0	296462.0
新都县	49.4	29.7	65329.0	44653.0	282547.0
大邑县	42.7	26.4	64944.0	49238.0	281596.0
蒲江县	22.6	12.0	46428.0	29008.0	160116.0
新津县	23.4	16.0	33492.0	24060.0	151657.0
都江堰市	42.9	27.6	59181.0	43874.0	266630.0
彭州市	66.8	41.9	104036.0	71864.0	420124.0
邛崃市	56.3	30.7	101757.0	69027.0	385655.0
崇州市	56.8	36.3	80272.0	61571.0	385121.0
自贡市辖区	58.0	31.7	58337.0	44955.0	241767.0
荣　县	81.4	45.8	120884.0	98833.0	517860.0
富顺县	112.6	60.6	103853.0	85205.0	504902.0
攀枝花市辖区	15.3	8.4	17506.0	13090.0	73122.0
米易县	17.1	8.7	19196.0	12244.0	72395.0
盐边县	16.0	8.9	19152.0	16770.0	70428.0
泸州市辖区	106.9	61.9	101584.0	85137.0	522969.0
泸　县	103.3	56.5	87664.0	78302.0	524375.0
合江县	78.3	44.7	95592.0	77850.0	455163.0
叙永县	58.1	30.6	90984.0	72850.0	276826.0
古蔺县	67.0	36.0	90290.0	74216.0	248311.0
德阳市辖区	38.2	23.5	56475.0	38447.0	282271.0
绵竹县	42.8	26.2	75412.0	49631.0	322564.0
中江县	126.5	80.6	148485.0	112595.0	715140.0
什邡县	35.5	23.1	56533.0	34952.0	232079.0
罗江县	21.2	13.7	39943.0	27085.0	175512.0
广汉市	45.8	29.4	74750.0	50166.0	325960.0
绵阳市辖区	66.0	36.6	98611.0	63697.0	396637.0
三台县	136.8	77.3	182349.0	129915.0	733852.0
盐亭县	54.4	28.6	84968.0	61611.0	245999.0
安　县	43.8	23.6	72396.0	51788.0	300470.0
梓潼县	35.5	17.9	63538.0	41456.0	185999.0
北川县	15.7	7.7	35192.0	28388.0	65195.0
平武县	16.4	9.6	55897.0	45356.0	80875.0
江油市	64.1	39.3	84212.0	61719.0	386747.0
广元市辖区	62.8	33.0	92910.0	69830.0	336827.0
旺苍县	34.5	19.7	44397.0	34974.0	185019.0
青川县	21.6	11.6	48612.0	41885.0	109739.0

县(市)农村经济主要指标(二)

县　　名	棉　　花 播种面积 (公顷)	棉花产量 (吨)	油　　料 播种面积 (公顷)	油料产量 (吨)	农林牧渔业 增加值 (万元)
金堂县	3343.0	2063.0	10807.0	20291.0	108804.0
双流县			10141.0	19981.0	104597.0
温江县			2205.0	4680.0	54787.0
郫　县			4457.0	8515.0	81556.0
新都县			6363.0	13720.0	87407.0
大邑县			6057.0	11962.0	70649.0
蒲江县			5349.0	9760.0	45083.0
新津县			3270.0	5520.0	41745.0
都江堰市			5433.0	9377.0	88202.0
彭州市			9056.0	16722.0	123402.0
邛崃市			11010.0	21267.0	95090.0
崇州市			7212.0	13208.0	90895.0
自贡市辖区			3635.0	6594.0	70841.0
荣　县	8.0	12.0	9606.0	16486.0	114801.0
富顺县			6222.0	11375.0	139242.0
攀枝花市辖区			264.0	299.0	22108.0
米易县			102.0	111.0	32716.0
盐边县			373.0	302.0	24108.0
泸州市辖区			2852.0	4412.0	128263.0
泸　县			2606.0	4810.0	122910.0
合江县			2439.0	2483.0	89098.0
叙永县			1210.0	1287.0	54934.0
古蔺县			4282.0	4664.0	52618.0
德阳市辖区	1.0		8145.0	19470.0	83935.0
绵竹县			9663.0	19746.0	98499.0
中江县	6700.0	4550.0	16747.0	37935.0	209000.0
什邡县			5708.0	12461.0	77765.0
罗江县	1.0	1.0	7146.0	13330.0	53263.0
广汉市			11358.0	27786.0	92706.0
绵阳市辖区	1253.0	1063.0	16612.0	39049.0	126592.0
三台县	8358.0	6669.0	29048.0	65546.0	185091.0
盐亭县	5946.0	4109.0	10213.0	15462.0	86531.0
安　县			10948.0	20081.0	84036.0
梓潼县	3609.0	2103.0	12332.0	22387.0	55019.0
北川县			1942.0	1487.0	21292.0
平武县			4717.0	3812.0	24166.0
江油市	4.0	4.0	10947.0	21882.0	108580.0
广元市辖区	2243.0	1693.0	10289.0	11928.0	73776.0
旺苍县			3381.0	4625.0	52454.0
青川县			4377.0	3531.0	30860.0

县(市)农村经济主要指标(一)

县　名	乡村人口（万人）	乡村劳动力（万人）	农作物总播种面积（公顷）	粮　食播种面积（公顷）	粮食产量（吨）
剑阁县	61.6	28.3	105387.0	71580.0	370217.0
苍溪县	68.0	39.1	83287.0	63653.0	362514.0
遂宁市辖区	117.7	58.1	161907.0	117895.0	606436.0
蓬溪县	69.0	36.7	93328.0	67558.0	368965.0
射洪县	83.2	44.2	107178.0	83316.0	421155.0
大英县	48.6	22.8	59377.0	42086.0	248479.0
内江市辖区	103.3	59.8	130472.0	90790.0	476707.0
乐至县	82.7	42.7	131663.0	96382.0	418038.0
安岳县	142.5	81.3	188121.0	149004.0	808809.0
威远县	63.0	33.5	83321.0	70537.0	362785.0
资中县	115.2	56.4	155508.0	121844.0	557850.0
隆昌县	65.2	39.7	54173.0	45808.0	260303.0
资阳市	89.3	45.7	185892.0	134666.0	526635.0
简阳市	125.1	61.6	238349.0	173078.0	714581.0
乐山市辖区	75.4	45.3	105121.0	77901.0	335920.0
仁寿县	137.9	65.0	204980.0	154222.0	743221.0
眉山县	68.7	41.6	107158.0	73287.0	425341.0
犍为县	51.1	24.2	69365.0	55010.0	251664.0
井研县	39.3	23.0	61153.0	47100.0	208908.0
夹江县	30.2	16.3	41735.0	28643.0	138915.0
洪雅县	30.5	17.4	40053.0	29395.0	175013.0
彭山县	26.7	15.7	40221.0	30856.0	169385.0
沐川县	23.3	13.3	43636.0	28028.0	97789.0
青神县	17.5	12.0	27159.0	17868.0	93049.0
丹棱县	13.7	8.5	23619.0	16460.0	100175.0
峨边自治县	11.6	6.3	23560.0	18141.0	50008.0
马边自治县	15.7	8.7	38177.0	31918.0	73115.0
峨眉山市	30.3	17.0	43667.0	31798.0	142482.0
南充市辖区	137.6	77.1	211550.0	167076.0	693473.0
南部县	119.9	81.4	167483.0	124674.0	483449.0
营山县	79.6	39.6	93173.0	78057.0	413996.0
蓬安县	61.1	30.6	98554.0	69301.0	305791.0
仪陇县	94.6	48.2	106357.0	85641.0	424238.0
西充县	62.1	37.1	93822.0	72768.0	295041.0
阆中市	78.1	45.8	101600.0	77124.0	302563.0
宜宾市	46.8	28.7	42754.0	35812.0	210393.0
宜宾县	92.0	47.5	106530.0	87534.0	428700.0
南溪县	34.6	20.4	36815.0	30648.0	162503.0
江安县	46.8	25.4	39777.0	34888.0	213803.0
长宁县	38.7	23.3	44399.0	38425.0	199220.0

县(市)农村经济主要指标(二)

县名	棉花播种面积(公顷)	棉花产量(吨)	油料播种面积(公顷)	油料产量(吨)	农林牧渔业增加值(万元)
剑阁县	4808.0	3016.0	19604.0	27505.0	74416.0
苍溪县			8181.0	14757.0	92238.0
遂宁市辖区	8056.0	6761.0	18885.0	36934.0	184409.0
蓬溪县	3563.0	2340.0	13078.0	26595.0	90852.0
射洪县	10072.0	4880.0	6976.0	16494.0	98407.0
大英县	6280.0	3894.0	6904.0	10059.0	60399.0
内江市辖区	76.0	50.0	13303.0	21637.0	115845.0
乐至县	8313.0	5792.0	14282.0	31175.0	120251.0
安岳县	4591.0	4652.0	9278.0	20924.0	179926.0
威远县			5190.0	10338.0	73397.0
资中县	143.0	304.0	16604.0	27914.0	97387.0
隆昌县			3812.0	6811.0	46230.0
资阳市	2202.0	1387.0	22763.0	38265.0	116152.0
简阳市	17650.0	16191.0	20916.0	33359.0	171435.0
乐山市辖区			7457.0	11126.0	94171.0
仁寿县	14248.0	11604.0	13318.0	16880.0	200845.0
眉山县			14951.0	24587.0	88109.0
犍为县			3273.0	4755.0	60554.0
井研县	997.0	602.0	2183.0	2212.0	50921.0
夹江县			6222.0	9872.0	46268.0
洪雅县			4567.0	5604.0	61042.0
彭山县			3042.0	4994.0	41197.0
沐川县			2927.0	2831.0	28474.0
青神县			3676.0	5972.0	23881.0
丹棱县			3696.0	4660.0	23301.0
峨边自治县			979.0	754.0	12579.0
马边自治县			2070.0	1553.0	18811.0
峨眉山市			3976.0	5786.0	38867.0
南充市辖区	8.0	6.0	16367.0	28548.0	118934.0
南部县	10067.0	6795.0	15728.0	32581.0	109269.0
营山县			8487.0	13448.0	85861.0
蓬安县			12962.0	21587.0	60347.0
仪陇县	3333.0	2900.0	9755.0	18402.0	95777.0
西充县	5020.0	3672.0	8466.0	17738.0	53106.0
阆中市	3602.0	1826.0	9180.0	15888.0	67608.0
宜宾市			2416.0	5801.0	55794.0
宜宾县			11549.0	19506.0	106515.0
南溪县			1949.0	4010.0	33205.0
江安县			1386.0	2350.0	46960.0
长宁县			957.0	1825.0	46768.0

县(市)农村经济主要指标(一)

县　　名	乡村人口 (万人)	乡村劳动力 (万人)	农作物总播种面积 (公顷)	粮　　食播种面积 (公顷)	粮食产量 (吨)
高　县	46.3	27.5	53880.0	44316.0	215764.0
筠连县	34.5	17.8	39102.0	33872.0	153952.0
珙　县	31.3	17.0	41516.0	33360.0	133696.0
兴文县	39.3	23.1	40738.0	35648.0	167426.0
屏山县	22.6	13.2	30632.0	25592.0	84341.0
达川市	16.5	8.8	21937.0	14740.0	77505.0
万源市	46.7	21.1	82476.0	61657.0	272937.0
达　县	109.4	59.9	158013.0	118676.0	631818.0
宣汉县	101.9	47.3	163659.0	119057.0	525257.0
开江县	45.8	23.4	64618.0	49342.0	262773.0
大竹县	92.2	41.7	134747.0	107878.0	525480.0
渠　县	113.7	52.1	135096.0	110054.0	581266.0
雅安市	20.3	12.7	30331.0	21713.0	120590.0
名山县	23.9	13.7	35198.0	25798.0	149528.0
荥经县	11.6	5.7	23403.0	18416.0	84045.0
汉源县	32.2	18.6	49864.0	42854.0	157438.0
石棉县	8.1	4.7	15973.0	14013.0	53952.0
天全县	12.6	6.6	26863.0	19889.0	94720.0
芦山县	10.8	4.5	16968.0	12233.0	71056.0
宝兴县	4.7	2.4	13884.0	9827.0	28415.0
汶川县	7.1	3.9	11287.0	8773.0	30900.0
理　县	3.6	2.0	4034.0	2913.0	14883.0
茂　县	8.7	4.5	13500.0	10512.0	33563.0
松潘县	5.8	3.1	10458.0	9875.0	28120.0
南坪县	4.6	2.6	8327.0	6858.0	19595.0
金川县	5.9	3.1	7089.0	6920.0	25401.0
小金县	6.7	3.6	9601.0	8791.0	24445.0
黑水县	4.8	2.8	7808.0	7497.0	24274.0
马尔康县	3.2	1.6	5051.0	4968.0	14841.0
壤塘县	2.7	1.4	2801.0	2697.0	4399.0
阿坝县	4.8	2.5	6744.0	6703.0	12520.0
若尔盖县	5.0	2.6	5203.0	4209.0	7819.0
红原县	2.4	1.2	393.0		
康定县	6.3	3.6	9925.0	8763.0	20332.0
泸定县	6.2	2.9	12026.0	10916.0	29392.0
丹巴县	4.7	2.5	6960.0	6676.0	19498.0
九龙县	4.3	2.8	4780.0	4582.0	14964.0
雅江县	3.4	1.9	3401.0	3289.0	7476.0
道孚县	3.7	2.0	5589.0	5446.0	10662.0
炉霍县	3.3	1.9	6008.0	5027.0	10916.0

县(市)农村经济主要指标(二)

县　　名	棉　　花播种面积（公顷）	棉花产量（吨）	油　　料播种面积（公顷）	油料产量（吨）	农林牧渔业增加值（万元）
高　县			3787.0	5507.0	46990.0
筠连县			1047.0	1245.0	35872.0
珙　县			2239.0	2835.0	33079.0
兴文县			828.0	852.0	34406.0
屏山县			1404.0	1389.0	23785.0
达川市			1792.0	3335.0	33574.0
万源市			8201.0	12380.0	62802.0
达　县			15627.0	26551.0	174749.0
宣汉县	1192.0	568.0	18575.0	36930.0	127095.0
开江县			8741.0	17861.0	69335.0
大竹县			10470.0	16506.0	135833.0
渠　县			9847.0	16336.0	126264.0
雅安市			3914.0	5094.0	26658.0
名山县			5900.0	8286.0	33499.0
荥经县			2456.0	3261.0	14962.0
汉源县			261.0	455.0	31455.0
石棉县			377.0	522.0	14265.0
天全县			3444.0	3291.0	20440.0
芦山县			1427.0	2232.0	17704.0
宝兴县			286.0	194.0	10534.0
汶川县			602.0	621.0	11205.0
理　县			75.0	158.0	4649.0
茂　县			222.0	322.0	9857.0
松潘县			294.0	448.0	8421.0
南坪县			251.0	268.0	5914.0
金川县			73.0	96.0	6835.0
小金县			565.0	1036.0	4822.0
黑水县			8.0	4.0	4588.0
马尔康县			9.0	11.0	4342.0
壤塘县			46.0	39.0	4862.0
阿坝县			18.0	20.0	10811.0
若尔盖县			829.0	635.0	16720.0
红原县			77.0	128.0	8805.0
康定县			13.0	20.0	8964.0
泸定县	12.0	7.0	326.0	342.0	5592.0
丹巴县			21.0	30.0	4326.0
九龙县					4260.0
雅江县					3482.0
道孚县			15.0	9.0	5837.0
炉霍县			81.0	134.0	6071.0

县(市)农村经济主要指标(一)

县　名	乡村人口 (万人)	乡村劳动力 (万人)	农作物总播种面积 (公顷)	粮　食播种面积 (公顷)	粮食产量 (吨)
甘孜县	5.0	2.6	10228.0	8800.0	20966.0
新龙县	3.6	1.5	3708.0	3533.0	7568.0
德格县	5.8	3.4	5688.0	4333.0	8078.0
白玉县	3.7	2.0	4673.0	3981.0	7057.0
石渠县	5.8	2.7	2704.0	1873.0	4856.0
色达县	3.1	1.8	759.0	754.0	1960.0
理塘县	4.1	2.2	4158.0	4092.0	7864.0
巴塘县	3.8	2.3	4687.0	4431.0	10091.0
乡城县	2.2	1.4	3239.0	2970.0	9654.0
稻城县	2.4	1.5	3517.0	3267.0	10005.0
得荣县	2.1	1.2	2720.0	2639.0	7652.0
西昌市	36.6	21.4	48264.0	41289.0	215152.0
木里自治县	10.5	5.8	16606.0	15342.0	35438.0
盐源县	27.9	16.6	48642.0	40007.0	115893.0
德昌县	15.7	9.9	24162.0	16570.0	80509.0
会理县	37.5	22.3	61787.0	46084.0	196865.0
会东县	33.1	19.0	51149.0	32511.0	144300.0
宁南县	16.2	8.3	21119.0	12671.0	64019.0
普格县	11.7	6.6	24910.0	15997.0	61519.0
布拖县	12.5	6.6	35019.0	18481.0	51503.0
金阳县	12.5	6.5	30920.0	19979.0	57503.0
昭觉县	18.2	10.8	41010.0	22753.0	85750.0
喜德县	11.4	6.5	22787.0	15124.0	60305.0
冕宁县	27.4	16.6	31666.0	27290.0	137506.0
越西县	20.7	12.5	26709.0	18611.0	95003.0
甘洛县	15.8	8.5	18843.0	16866.0	67587.0
美姑县	15.7	8.7	31087.0	20252.0	69179.0
雷波县	19.9	10.8	31843.0	25148.0	78024.0
华蓥市	25.5	13.5	27988.0	23103.0	102747.0
岳池县	101.5	54.9	119456.0	85291.0	531185.0
广安县	103.1	51.1	109832.0	89294.0	505031.0
武胜县	72.1	36.9	77113.0	59824.0	393209.0
邻水县	80.4	38.7	116821.0	95646.0	403698.0
巴中市	105.0	53.5	131423.0	101395.0	599125.0
通江县	64.6	33.2	89735.0	73267.0	332310.0
南江县	52.2	27.3	79954.0	62774.0	288500.0
平昌县	78.6	39.8	104193.0	81236.0	380539.0
贵阳市辖区	53.5	32.5	66285.0	38598.0	190120.0
六盘水市辖区	14.6	7.7	13761.0	10535.0	26587.0
盘县特区	90.5	45.4	89800.0	74273.0	300450.0

县(市)农村经济主要指标(二)

县　　名	棉　　花 播种面积 (公顷)	棉花产量 (吨)	油　　料 播种面积 (公顷)	油料产量 (吨)	农林牧渔业 增加值 (万元)
甘孜县					6689.0
新龙县					5682.0
德格县			1.0		8425.0
白玉县					5013.0
石渠县			63.0	30.0	5808.0
色达县					5206.0
理塘县					5893.0
巴塘县					3204.0
乡城县					2969.0
稻城县					3838.0
得荣县					2153.0
西昌市			1039.0	1925.0	80259.0
木里自治县			12.0	28.0	10602.0
盐源县			308.0	115.0	29580.0
德昌县			217.0	365.0	27939.0
会理县			536.0	757.0	76391.0
会东县			413.0	449.0	68727.0
宁南县			190.0	246.0	26794.0
普格县			474.0	317.0	15475.0
布拖县			55.0	42.0	13121.0
金阳县			126.0	215.0	14788.0
昭觉县			4.0	5.0	18557.0
喜德县			37.0	56.0	11925.0
冕宁县			1117.0	2340.0	40035.0
越西县			468.0	805.0	20061.0
甘洛县			720.0	559.0	16558.0
美姑县			84.0	41.0	14592.0
雷波县			667.0	665.0	21891.0
华蓥市			833.0	1074.0	31912.0
岳池县			11523.0	14090.0	95830.0
广安县			10840.0	14229.0	100623.0
武胜县			7244.0	12232.0	99761.0
邻水县			10898.0	15621.0	93720.0
巴中市	2093.0	1100.0	9848.0	16583.0	173039.0
通江县	670.0	398.0	7977.0	15852.0	69197.0
南江县	221.0	155.0	6942.0	10633.0	71703.0
平昌县	927.0	435.0	11418.0	16656.0	81545.0
贵阳市辖区			7418.0	9115.0	96519.0
六盘水市辖区					8017.0
盘县特区			929.0	510.0	53225.0

县(市)农村经济主要指标(一)

县　名	乡村人口 (万人)	乡村劳动力 (万人)	农作物总 播种面积 (公顷)	粮　食 播种面积 (公顷)	粮食产量 (吨)
六枝特区	45.6	23.7	53491.0	42419.0	160289.0
水城县	65.5	32.4	72897.0	56352.0	161873.0
遵义市	23.3	13.6	26577.0	16585.0	96810.0
赤水市	22.7	11.6	33740.0	27861.0	123262.0
仁怀市	50.7	29.8	78275.0	65444.0	270121.0
遵义县	119.2	66.0	187794.0	126796.0	587750.0
桐梓县	55.3	28.7	107426.0	85720.0	276946.0
绥阳县	44.1	24.2	84307.0	59431.0	276473.0
正安县	53.7	31.8	99884.0	74520.0	265765.0
道真自治县	29.1	14.7	60903.0	43274.0	136890.0
务川自治县	36.1	20.4	87104.0	65658.0	157430.0
凤冈县	36.3	20.6	70113.0	44415.0	201489.0
湄潭县	39.7	22.6	74473.0	50370.0	248445.0
余庆县	24.5	15.7	56870.0	35194.0	150065.0
习水县	60.5	29.6	99501.0	83374.0	289732.0
铜仁市	23.0	14.8	39322.0	25181.0	121768.0
江口县	19.3	12.0	30231.0	18838.0	83148.0
玉屏自治县	10.8	6.2	15703.0	10260.0	44800.0
石阡县	35.0	19.6	58458.0	45626.0	155624.0
思南县	54.8	33.7	84133.0	59909.0	259413.0
印江自治县	35.7	20.0	51725.0	36046.0	137372.0
德江县	39.0	22.4	74100.0	50595.0	170620.0
沿河自治县	48.1	27.3	61995.0	48521.0	151457.0
松桃自治县	56.3	34.1	71399.0	49366.0	245083.0
万山特区	4.6	2.6	5366.0	3877.0	16555.0
兴义市	57.9	31.6	84205.0	51873.0	227950.0
兴仁县	39.5	19.7	51652.0	39162.0	143988.0
普安县	24.8	12.7	32277.0	25050.0	80464.0
晴隆县	24.2	13.0	29867.0	24166.0	70132.0
贞丰县	30.1	16.6	38452.0	26398.0	98195.0
望谟县	24.6	12.7	41110.0	28368.0	84092.0
册亨县	18.9	10.3	28307.0	20664.0	57276.0
安龙县	36.7	20.4	45687.0	32676.0	152043.0
毕节市	89.3	54.5	168691.0	116263.0	365194.0
大方县	83.8	47.0	128950.0	91455.0	291014.0
黔西县	68.9	36.8	142678.0	92998.0	280661.0
金沙县	49.2	28.5	94475.0	60199.0	251120.0
织金县	79.1	42.5	134324.0	96178.0	269264.0
纳雍县	65.6	33.6	88371.0	66265.0	201127.0
威宁自治县	89.1	52.9	146883.0	76219.0	306801.0

县(市)农村经济主要指标(二)

县　　名	棉　　花 播种面积 (公顷)	棉花产量 (吨)	油　　料 播种面积 (公顷)	油料产量 (吨)	农林牧渔业 增加值 (万元)
六枝特区			4409.0	5285.0	25750.0
水城县	7.0	5.0	245.0	332.0	35721.0
遵义市			3856.0	7897.0	39521.0
赤水市			1166.0	1149.0	35147.0
仁怀市	40.0	23.0	3773.0	8137.0	61128.0
遵义县			30879.0	59258.0	193385.0
桐梓县	26.0	9.0	6951.0	11565.0	74865.0
绥阳县			11902.0	26836.0	63952.0
正安县	17.0	10.0	7924.0	12878.0	57442.0
道真自治县			6921.0	8432.0	33652.0
务川自治县	68.0	50.0	9849.0	10787.0	29649.0
凤冈县			10027.0	15295.0	43279.0
湄潭县	5.0	5.0	13406.0	19063.0	70658.0
余庆县	77.0	18.0	8458.0	16126.0	47261.0
习水县	43.0	4.0	4533.0	4944.0	47834.0
铜仁市	6.0	6.0	6982.0	9300.0	23412.0
江口县	3.0	2.0	5225.0	5937.0	17494.0
玉屏自治县			3529.0	4008.0	17615.0
石阡县			4719.0	6751.0	31876.0
思南县	6.0	6.0	8919.0	12549.0	70747.0
印江自治县	18.0	9.0	6075.0	8668.0	38183.0
德江县	9.0	5.0	7931.0	11687.0	69594.0
沿河自治县	1.0	1.0	4041.0	4823.0	39305.0
松桃自治县	12.0	6.0	9332.0	13254.0	52662.0
万山特区			620.0	723.0	4512.0
兴义市			5301.0	7363.0	55656.0
兴仁县			5039.0	3559.0	30231.0
普安县			1636.0	752.0	13500.0
晴隆县	3.0	1.0	1549.0	1079.0	11780.0
贞丰县			3784.0	3452.0	20496.0
望谟县	242.0	57.0	3852.0	3874.0	19619.0
册亨县	19.0	7.0	1363.0	1053.0	14815.0
安龙县			2818.0	2163.0	29178.0
毕节市	20.0	15.0	4989.0	4285.0	102073.0
大方县			5601.0	6560.0	62983.0
黔西县	212.0	182.0	15051.0	17151.0	67421.0
金沙县	128.0	338.0	12619.0	25643.0	55920.0
织金县			6806.0	6456.0	63684.0
纳雍县	1.0		1121.0	3040.0	48143.0
威宁自治县			1387.0	1318.0	79580.0

县(市)农村经济主要指标(一)

县名	乡村人口（万人）	乡村劳动力（万人）	农作物总播种面积（公顷）	粮食播种面积（公顷）	粮食产量（吨）
赫章县	52.7	26.6	93842.0	58357.0	143714.0
安顺市	54.4	31.3	62412.0	41948.0	209374.0
清镇市	38.3	21.3	40610.0	27473.0	125608.0
开阳县	36.4	19.9	50807.0	32266.0	140099.0
息烽县	20.2	11.2	33184.0	23328.0	72986.0
修文县	26.3	14.0	36468.0	27166.0	82216.0
平坝县	26.2	15.5	38606.0	27200.0	100278.0
普定县	36.0	18.4	34385.0	26906.0	108082.0
关岭自治县	29.0	16.4	31901.0	23804.0	96770.0
镇宁自治县	30.5	17.7	32882.0	25044.0	111552.0
紫云自治县	30.1	17.4	46674.0	32925.0	107210.0
凯里市	27.0	15.3	34988.0	22298.0	103861.0
黄平县	30.1	15.9	35360.0	23679.0	103934.0
施秉县	13.2	7.6	22113.0	13128.0	56775.0
三穗县	18.5	10.1	20893.0	14169.0	59573.0
镇远县	20.8	11.4	31694.0	20395.0	76254.0
岑巩县	18.7	9.9	27712.0	17683.0	73114.0
天柱县	35.5	21.7	37254.0	24559.0	123867.0
锦屏县	19.0	9.8	25598.0	15187.0	61849.0
剑河县	18.3	10.4	30187.0	20265.0	64886.0
台江县	14.2	7.5	17358.0	10819.0	47533.0
黎平县	43.3	22.6	56659.0	28406.0	158237.0
榕江县	28.1	15.8	33295.0	19146.0	94164.0
从江县	28.0	16.6	37390.0	22059.0	100043.0
雷山县	12.7	7.6	15849.0	11003.0	42575.0
麻江县	18.9	10.9	28989.0	18527.0	71891.0
丹寨县	13.7	7.9	19857.0	13239.0	48006.0
都匀市	29.4	16.4	34308.0	22773.0	92167.0
荔波县	14.3	8.5	17934.0	11356.0	51889.0
贵定县	22.9	11.9	32978.0	21320.0	80176.0
福泉县	25.4	15.0	33485.0	22293.0	101022.0
瓮安县	38.0	19.7	67502.0	42315.0	181475.0
独山县	28.5	16.1	37975.0	25726.0	112679.0
平塘县	26.9	15.9	39188.0	27051.0	100488.0
罗甸县	27.9	16.0	38750.0	27636.0	100602.0
长顺县	21.3	11.6	28090.0	17784.0	88099.0
龙里县	17.4	10.0	24943.0	16893.0	72745.0
惠水县	36.2	19.6	41936.0	34652.0	137033.0
三都自治县	28.0	14.6	28616.0	20877.0	91372.0
昆明市辖区	37.9	25.3	38896.0	29288.0	153601.0

县(市)农村经济主要指标(二)

县　　名	棉　　花 播种面积 (公顷)	棉花产量 (吨)	油　　料 播种面积 (公顷)	油料产量 (吨)	农林牧渔业 增加值 (万元)
赫章县			225.0	249.0	37559.0
安顺市			11676.0	28389.0	54678.0
清镇市			7238.0	9079.0	38206.0
开阳县	8.0	12.0	10020.0	16419.0	39540.0
息烽县			5832.0	8459.0	21823.0
修文县			4907.0	6263.0	32054.0
平坝县			6707.0	8484.0	19153.0
普定县			4966.0	9819.0	26811.0
关岭自治县			4283.0	3792.0	27980.0
镇宁自治县	2.0	1.0	4941.0	8223.0	24230.0
紫云自治县			7455.0	5195.0	32738.0
凯里市	6.0	5.0	3229.0	4959.0	29235.0
黄平县	15.0	2.0	5552.0	7080.0	21324.0
施秉县	20.0	6.0	3105.0	4371.0	11466.0
三穗县	2.0		2487.0	2339.0	19479.0
镇远县	17.0	5.0	4702.0	6000.0	25677.0
岑巩县	22.0	10.0	4566.0	5627.0	17510.0
天柱县	32.0	12.0	2966.0	3141.0	37327.0
锦屏县	112.0	36.0	3038.0	3512.0	13372.0
剑河县	128.0	26.0	2391.0	2598.0	17451.0
台江县	21.0	7.0	1779.0	2272.0	12720.0
黎平县	607.0	200.0	7539.0	8329.0	30669.0
榕江县	109.0	41.0	4885.0	5450.0	29220.0
从江县	550.0	204.0	4297.0	5701.0	26433.0
雷山县			749.0	986.0	7361.0
麻江县			4031.0	5119.0	13327.0
丹寨县	5.0	2.0	1611.0	2099.0	7440.0
都匀市			5803.0	5105.0	30550.0
荔波县	125.0	73.0	3884.0	4136.0	12335.0
贵定县			5182.0	7402.0	36114.0
福泉县			5730.0	5767.0	51373.0
瓮安县	12.0	7.0	9708.0	12107.0	47285.0
独山县	14.0	3.0	5353.0	5504.0	31164.0
平塘县	3.0	1.0	5928.0	5962.0	21711.0
罗甸县	200.0	72.0	3065.0	3244.0	35504.0
长顺县	30.0	5.0	3949.0	4041.0	14071.0
龙里县			4159.0	4595.0	13699.0
惠水县	11.0	5.0	2705.0	2092.0	40702.0
三都自治县	103.0	59.0	4503.0	5461.0	24882.0
昆明市辖区			289.0	560.0	118887.0

县(市)农村经济主要指标(一)

县　　名	乡村人口（万人）	乡村劳动力（万人）	农作物总播种面积（公顷）	粮　食播种面积（公顷）	粮食产量（吨）
呈贡县	11.9	8.2	13085.1	8557.8	45382.0
晋宁县	21.0	14.0	27387.5	21405.9	104012.0
富民县	11.8	7.8	14845.0	12182.0	59911.0
宜良县	34.6	22.5	47400.0	36340.0	178563.0
路南自治县	19.5	11.8	40405.0	24542.0	106544.0
嵩明县	29.5	17.4	41506.0	33547.0	143999.0
禄劝自治县	43.0	25.0	49768.0	40917.0	157563.0
安宁市	11.7	8.0	18398.0	14276.0	72247.0
东川市辖区	22.6	13.7	24856.0	18048.0	59133.0
昭通市	59.9	33.1	65719.0	41582.0	206674.0
鲁甸县	33.0	16.9	38803.0	27106.0	95965.0
巧家县	46.4	23.8	51224.0	38610.0	106773.0
盐津县	32.7	15.4	46205.0	36091.0	92352.0
大关县	22.9	10.8	37890.0	30097.0	62420.0
永善县	36.7	19.1	58994.0	46673.0	104262.0
绥江县	13.0	6.4	21693.0	17263.0	38809.0
镇雄县	112.0	53.5	156069.0	118475.0	255137.0
彝良县	46.0	23.8	61814.0	46206.0	107095.0
威信县	32.6	15.9	59783.0	48779.0	113500.0
水富县	7.2	3.0	9268.0	7793.0	19776.0
曲靖市	71.4	41.7	113248.0	84609.0	369763.0
宣威市	115.4	65.6	188910.0	127612.0	456565.0
马龙县	16.0	9.6	36041.0	26247.0	64300.0
富源县	57.9	29.9	89987.0	58969.0	224446.0
罗平县	46.3	27.0	72678.0	40291.0	166242.0
师宗县	30.4	16.8	54176.0	35953.0	126177.0
陆良县	50.1	27.9	62749.0	45694.0	220250.0
寻甸自治县	45.3	27.0	74068.0	54156.0	165000.0
会泽县	80.4	47.0	102574.0	65463.0	238018.0
楚雄市	35.0	21.0	49189.0	40981.0	194213.0
双柏县	13.9	8.4	24561.0	19735.0	59513.0
牟定县	18.3	11.1	25817.0	20550.0	81395.0
南华县	20.9	12.0	27569.0	22915.0	88415.0
姚安县	18.4	11.0	23145.0	18684.0	88316.0
大姚县	25.6	15.6	30933.0	25708.0	102417.0
永仁县	9.1	5.5	15649.0	12905.0	44941.0
元谋县	17.9	10.9	23580.0	14986.0	71943.0
武定县	24.1	14.7	33144.0	28699.0	91873.0
禄丰县	33.4	19.7	46558.0	38088.0	179970.0
玉溪市	27.5	17.5	21897.0	16130.0	119116.0

县(市)农村经济主要指标(二)

县　名	棉　花 播种面积 (公顷)	棉花产量 (吨)	油　料 播种面积 (公顷)	油料产量 (吨)	农林牧渔业 增加值 (万元)
呈贡县			276.8	448.0	25649.0
晋宁县			781.9	1551.0	42100.0
富民县			66.0	201.0	16671.0
宜良县			595.0	854.0	82370.0
路南自治县			441.0	751.0	31717.0
嵩明县			232.0	299.0	38982.0
禄劝自治县			306.0	452.0	43583.0
安宁市			341.0	441.0	28496.0
东川市辖区			823.0	838.0	13462.0
昭通市			754.0	605.0	56361.0
鲁甸县			668.0	547.0	24010.0
巧家县			456.0	423.0	31005.0
盐津县			2295.0	1951.0	20032.0
大关县			466.0	303.0	18361.0
永善县			1756.0	997.0	24082.0
绥江县			793.0	680.0	6080.0
镇雄县			1222.0	1031.0	61348.0
彝良县			569.0	569.0	29099.0
威信县			2639.0	2601.0	18026.0
水富县			491.0	329.0	7015.0
曲靖市			625.0	1435.0	99540.0
宣威市			382.0	147.0	91338.0
马龙县			1292.0	693.0	18226.0
富源县			2061.0	1258.0	73718.0
罗平县			8740.0	13875.0	36791.0
师宗县			1703.0	1459.0	39317.0
陆良县			610.0	2596.0	80473.0
寻甸自治县			3347.0	2272.0	41468.0
会泽县			1184.0	1390.0	34634.0
楚雄市			1630.0	3372.0	58326.0
双柏县			431.0	634.0	15198.0
牟定县			1093.0	1552.0	24718.0
南华县			643.0	921.0	24283.0
姚安县			588.0	131.0	27302.0
大姚县			482.0	585.0	27327.0
永仁县			298.0	325.0	13339.0
元谋县			661.0	1622.0	28418.0
武定县			354.0	450.0	26905.0
禄丰县			1264.0	2662.0	56038.0
玉溪市			1899.0	5451.0	27721.0

县(市)农村经济主要指标(一)

县　　名	乡村人口（万人）	乡村劳动力（万人）	农作物总播种面积（公顷）	粮　食播种面积（公顷）	粮食产量（吨）
江川县	23.0	14.4	18175.0	12509.0	81260.0
澄江县	12.7	8.3	15568.0	10522.0	51741.0
通海县	22.9	14.0	23398.0	14102.0	85846.0
华宁县	17.5	10.6	23637.0	16598.0	71860.0
易门县	13.3	8.5	22149.0	16473.0	68314.0
峨山自治县	11.6	7.3	18953.0	11227.0	57747.0
新平自治县	23.3	13.0	37455.0	20497.0	100922.0
元江自治县	15.3	8.7	25511.0	15364.0	73845.0
个旧市	16.4	9.8	20383.0	15798.0	64591.0
开远市	15.3	9.5	26991.0	19059.0	75946.0
蒙自县	24.8	15.3	44888.0	31776.0	104498.0
屏边自治县	12.9	7.0	22732.0	17389.0	53121.0
建水县	41.6	26.3	52037.0	35443.0	165481.0
石屏县	25.4	15.4	32000.0	22138.0	85638.0
弥勒县	42.2	26.3	64909.0	43902.0	166853.0
泸西县	32.9	19.7	44752.0	31580.0	122087.0
元阳县	33.5	18.7	40421.0	30367.0	102983.0
红河县	25.1	13.1	23241.0	17323.0	69369.0
金平自治县	28.9	16.0	42228.0	32914.0	95277.0
绿春县	18.3	10.1	25744.0	21129.0	60028.0
河口自治县	4.3	2.1	5464.0	4680.0	14956.0
文山县	33.5	18.7	56840.0	41559.0	117936.0
砚山县	38.4	21.5	63876.0	45486.0	131254.0
西畴县	22.4	12.6	38662.0	28677.0	72028.0
麻栗坡县	24.7	14.0	44352.0	35347.0	72649.0
马关县	31.5	18.0	72388.0	53933.0	105058.0
丘北县	39.6	20.2	66607.0	52931.0	148789.0
广南县	68.7	38.4	100954.0	76158.0	202426.0
富宁县	35.2	20.4	48453.0	35451.0	102086.0
思茅市	10.4	5.6	21735.0	17952.0	50047.0
普洱自治县	15.4	8.8	28840.0	25124.0	71431.0
墨江自治县	32.5	17.6	51507.0	42329.0	101759.0
景东自治县	32.6	18.4	55819.0	45928.0	130962.0
景谷自治县	25.8	15.3	49193.0	34003.0	107696.0
镇沅自治县	18.3	9.3	37732.0	31763.0	71800.0
江城自治县	8.1	4.4	17830.0	9467.0	31880.0
孟连自治县	9.6	4.9	24213.0	17338.0	44484.0
澜沧自治县	41.2	22.1	92270.0	68367.0	142889.0
西盟自治县	7.0	3.5	18771.0	15685.0	30296.0
景洪市	21.1	11.5	44787.0	36608.0	132968.0

县(市)农村经济主要指标(二)

县　　名	棉　　花 播种面积 (公顷)	棉花产量 (吨)	油　　料 播种面积 (公顷)	油料产量 (吨)	农林牧渔业 增加值 (万元)
江川县			822.0	2493.0	38481.0
澄江县			120.0	258.0	13087.0
通海县			541.0	1505.0	38714.0
华宁县			428.0	756.0	25128.0
易门县			242.0	575.0	20253.0
峨山自治县			2161.0	3775.0	18475.9
新平自治县			338.0	424.0	28416.0
元江自治县	6.0	13.0	359.0	458.0	29679.0
个旧市	12.0	8.0	638.0	779.0	24950.0
开远市			441.0	778.0	34947.0
蒙自县			1210.0	1433.0	35814.0
屏边自治县	6.0	1.0	351.0	361.0	13435.0
建水县			1521.0	2540.0	53149.0
石屏县	1.0	1.0	577.0	759.0	41503.0
弥勒县			1681.0	2205.0	40385.0
泸西县			1690.0	2221.0	25742.0
元阳县	83.0	24.0	1351.0	1176.0	25472.0
红河县	118.0	38.0	451.0	514.0	23487.0
金平自治县	312.0	147.0	1220.0	1221.0	16266.9
绿春县	80.0	11.0	600.0	475.0	7514.0
河口自治县			167.0	122.0	7870.0
文山县			5281.0	2774.0	32660.0
砚山县			5114.0	3309.0	24946.0
西畴县			953.0	726.0	17308.0
麻栗坡县	5.0		787.0	451.0	22758.0
马关县	8.0	4.0	3307.0	2117.0	24059.0
丘北县			3844.0	2117.0	28385.0
广南县	32.0	13.0	5276.0	4005.0	57926.0
富宁县	285.0	145.0	1561.0	1072.0	31584.0
思茅市			1297.0	1680.0	17880.0
普洱自治县			1017.0	860.0	17667.0
墨江自治县	59.0	19.0	2031.0	2460.0	18416.0
景东自治县			477.0	606.0	42830.0
景谷自治县	6.0	2.0	2339.0	1904.0	22698.0
镇沅自治县	4.0	1.0	722.0	794.0	15110.0
江城自治县	73.0	3.0	392.0	249.0	11467.0
孟连自治县	64.0	16.0	535.0	619.0	10689.0
澜沧自治县			1469.0	974.0	28061.0
西盟自治县			115.0	64.0	3301.0
景洪市	249.0	50.0	739.0	612.0	67434.0

县(市)农村经济主要指标(一)

县　　名	乡村人口 (万人)	乡村劳动力 (万人)	农作物总 播种面积 (公顷)	粮　　食 播种面积 (公顷)	粮食产量 (吨)
勐海县	24.9	13.0	55680.0	33391.0	132496.0
勐腊县	11.3	5.6	30951.0	20495.0	78252.0
大理市	31.2	18.1	25645.0	23553.0	157572.0
漾濞自治县	8.3	4.8	14022.0	12487.0	39404.0
祥云县	40.7	24.9	39761.0	32007.0	154126.0
宾川县	29.3	17.4	43149.0	29219.0	161963.0
弥渡县	28.3	17.0	28902.0	22051.0	125264.0
南涧自治县	19.7	11.7	28442.0	23320.0	77871.0
巍山自治县	27.4	15.7	34519.0	28478.0	112318.0
永平县	15.5	8.1	26308.0	21479.0	74711.0
云龙县	17.9	8.7	29311.0	27396.0	83449.0
洱源县	29.9	16.3	36931.0	31608.0	140229.0
剑川县	14.9	7.6	21355.0	19288.0	64504.0
鹤庆县	24.1	12.6	28876.0	25095.0	102866.0
保山市	71.3	40.8	79700.0	60512.0	333229.0
施甸县	30.1	17.6	47448.0	34222.0	137853.0
滕冲县	53.3	29.3	82597.0	60943.0	208895.0
龙陵县	24.1	14.1	48185.0	36223.0	91187.0
昌宁县	30.3	17.5	61950.0	41330.0	132919.0
畹町市	0.5	0.3	1364.0	915.0	5046.0
瑞丽市	6.5	3.8	17375.0	9714.0	50844.0
潞西县	26.3	14.4	50875.0	33683.0	131836.0
梁河县	14.3	7.5	21714.0	11864.0	40569.0
盈江县	22.1	11.4	48441.0	27365.0	106718.0
陇川县	12.9	6.8	32927.0	15074.0	61958.0
丽江自治县	27.6	16.5	56947.0	48890.0	133186.0
永胜县	35.0	21.0	44081.0	37406.0	142086.0
华坪县	12.9	7.0	21242.0	18429.0	62452.0
宁蒗自治县	20.5	10.2	35710.0	30603.0	49484.0
泸水县	12.1	6.7	25870.0	22875.0	51130.0
福贡县	7.8	4.4	13743.0	9896.0	28337.0
贡山自治县	2.8	1.4	9165.0	7683.0	10144.0
兰坪自治县	16.9	9.2	34692.0	32353.0	65122.0
中甸县	10.6	5.7	19260.0	17653.0	54148.0
德钦县	5.2	2.9	8126.0	7945.0	21241.0
维西自治县	13.0	7.3	30735.0	25871.0	51597.0
临沧县	22.3	12.4	36028.0	28599.0	90324.0
凤庆县	39.4	18.8	64009.0	53853.0	139061.0
云　县	36.9	19.9	59207.0	49262.0	123202.0
永德县	29.6	16.2	69066.0	53331.0	122049.0

县(市)农村经济主要指标(二)

县　　名	棉　　花 播种面积 (公顷)	棉花产量 (吨)	油　　料 播种面积 (公顷)	油料产量 (吨)	农林牧渔业 增加值 (万元)
勐海县	145.0	44.0	824.0	633.0	41908.0
勐腊县	74.0	26.0	448.0	352.0	53548.0
大理市			398.0	943.0	64382.0
漾濞自治县			231.0	328.0	8580.0
祥云县			734.0	1607.0	60315.0
宾川县	104.0	158.0	2423.0	4689.0	81013.0
弥渡县			475.0	1115.0	26376.0
南涧自治县			87.0	158.0	27127.0
巍山自治县			1300.0	3791.0	35975.0
永平县			620.0	883.0	31506.0
云龙县			393.0	496.0	21339.0
洱源县			1026.0	2291.0	42942.0
剑川县			434.0	555.0	14087.0
鹤庆县			179.0	244.0	17659.0
保山市			406.0	902.0	104359.0
施甸县			598.0	1166.0	39006.0
滕冲县			8187.0	11628.0	62976.0
龙陵县			1262.0	843.0	33047.0
昌宁县			1734.0	1907.0	48559.0
畹町市			4.0	2.0	1618.0
瑞丽市			330.0	435.0	16627.0
潞西县			869.0	834.0	45061.0
梁河县			2325.0	2561.0	10076.0
盈江县			2859.0	2351.0	38102.0
陇川县			2872.0	3192.0	26247.0
丽江自治县			2082.0	3612.0	29787.0
永胜县	19.0	18.0	650.0	1068.0	29761.0
华坪县			683.0	670.0	12322.0
宁蒗自治县			926.0	475.0	14152.0
泸水县			297.0	214.0	9646.0
福贡县			647.0	439.0	6699.0
贡山自治县			176.0	42.0	3274.0
兰坪自治县			123.0	217.0	10516.0
中甸县			605.0	695.0	11475.0
德钦县			7.0	12.0	4285.0
维西自治县	6.0	2.0	76.0	15.0	13409.0
临沧县			2323.0	6534.0	29067.0
凤庆县			917.0	1137.0	41378.0
云　县			506.0	779.0	48568.0
永德县	8.0	1.0	510.0	503.0	30155.0

县(市)农村经济主要指标(一)

县　　名	乡村人口（万人）	乡村劳动力（万人）	农作物总播种面积（公顷）	粮　食播种面积（公顷）	粮食产量（吨）
镇康县	14.2	7.5	37017.0	26768.0	53310.0
双江自治县	14.3	5.8	26191.0	19999.0	56835.0
耿马自治县	19.9	10.1	56730.0	34656.0	82156.0
沧源自治县	13.4	5.9	36534.0	27412.0	56041.0
拉萨市辖区	1.4	0.7	2025.4	1505.4	6787.0
林周县	5.1	2.5	11869.2	10426.3	48830.0
当雄县	3.6	1.5			
尼木县	2.8	1.4	2821.2	2580.2	12864.0
曲水县	2.8	1.5	4229.4	3830.4	23289.0
堆龙德庆县	3.5	2.0	6364.2	5528.9	30250.0
达孜县	2.4	1.2	4579.1	3999.0	24195.0
墨竹工卡县	4.0	1.4	5722.9	4485.7	19336.0
昌都县	6.8	2.4	5832.7	5139.6	13284.0
江达县	6.5	3.2	4700.4	4471.7	8637.0
贡觉县	4.2	1.8	4140.9	3804.0	10390.0
类乌齐县	3.8	1.2	3309.5	2635.6	6270.0
丁青县	5.6	2.3	7573.8	6683.6	16470.0
察雅县	5.2	2.1	3436.0	3202.3	12239.0
八宿县	3.5	1.3	3000.0	2600.0	8102.0
左贡县	3.9	1.8	3796.7	3465.5	12435.0
芒康县	7.0	3.4	6664.4	5972.2	18554.0
洛隆县	3.8	1.3	6298.8	5627.1	15851.0
边坝县	2.9	0.9	3425.1	3054.8	7793.0
乃东县	3.5	1.8	4246.4	3671.8	29510.0
扎囊县	3.5	1.5	4347.4	3855.6	16003.0
贡嘎县	4.3	1.9	5118.1	4651.6	25711.0
桑日县	1.5	0.7	1411.9	1121.6	7724.9
琼结县	1.6	0.9	1840.2	1552.8	11584.0
曲松县	1.4	0.7	1675.4	1245.4	5263.0
措美县	1.2	0.7	1013.9	860.7	3477.0
洛扎县	1.7	0.8	1970.3	1737.3	9059.2
加查县	1.6	0.6	1705.4	1499.4	7780.0
隆子县	3.0	1.4	2926.7	2500.3	18364.3
错那县	1.4	0.7	1510.5	1258.6	4245.0
浪卡子县	3.2	1.5	2439.3	2068.7	7438.0
日喀则市	6.0	2.9	12060.0	10616.5	62033.0
南木林县	7.0	3.4	7158.3	6316.5	28989.2
江孜县	5.4	2.4	9867.0	8259.0	56557.4
定日县	4.4	2.2	6566.7	6224.6	22599.0
萨迦县	4.0	2.0	7660.0	6660.0	20121.0

县(市)农村经济主要指标(二)

县　　名	棉　　花 播种面积 (公顷)	棉花产量 (吨)	油　　料 播种面积 (公顷)	油料产量 (吨)	农林牧渔业 增加值 (万元)
镇康县	3.0	1.0	56.0	36.0	17391.0
双江自治县	4.0	1.0	192.0	305.0	18044.0
耿马自治县	20.0	3.0	516.0	598.0	40641.0
沧源自治县	3.0	1.0	732.0	563.0	17552.0
拉萨市辖区			13.0	53.1	2886.0
林周县			1093.9	2172.0	7654.0
当雄县					7442.0
尼木县			90.8	460.0	3638.0
曲水县			209.2	1104.0	4848.0
堆龙德庆县			456.9	1706.0	7046.0
达孜县			373.1	1055.0	5743.0
墨竹工卡县			1237.2	2791.0	4951.0
昌都县			150.0	91.0	10074.8
江达县			86.9	51.0	8481.2
贡觉县			293.3	185.0	5524.0
类乌齐县					
丁青县			223.0	77.0	8830.2
察雅县			80.9	198.0	9796.0
八宿县			68.6	59.0	4237.3
左贡县			28.4	25.0	6515.9
芒康县			103.6	90.0	13127.9
洛隆县			266.7	165.0	6816.2
边坝县			103.4	68.0	4140.0
乃东县			293.7	1031.0	4243.5
扎囊县			232.1	382.0	3277.6
贡嘎县			203.5	650.0	2927.4
桑日县			233.7	429.0	1393.4
琼结县			167.9	302.0	1168.6
曲松县			280.5	441.0	1082.0
措美县			90.6	123.0	1508.7
洛扎县			201.9	364.0	1409.2
加查县			82.0	210.0	2810.9
隆子县			341.3		3367.6
错那县			143.9	235.0	528.3
浪卡子县			144.3	235.0	3358.2
日喀则市			1168.3	2458.0	12654.0
南木林县			582.6	1301.3	8570.0
江孜县			1567.3	4467.0	11463.0
定日县			288.0	434.0	5978.9
萨迦县			997.0	1127.0	4812.0

县(市)农村经济主要指标(一)

县　名	乡村人口 (万人)	乡村劳动力 (万人)	农作物总播种面积 (公顷)	粮　食播种面积 (公顷)	粮食产量 (吨)
拉孜县	4.5	2.3	7810.0	6241.9	32642.0
昂仁县	4.3	1.9	5707.1	5423.1	13575.4
谢通门县	3.9	1.9	4433.8	4095.2	12260.0
白朗县	4.0	2.0	5527.0	5057.0	35639.0
仁布县	2.9	1.5	3730.9	3162.0	12204.0
康马县	1.8	0.8	3180.6	2987.9	9705.0
定结县	1.6	0.9	2400.0	2267.0	6051.0
仲巴县	1.6	0.8			
亚东县		0.5	741.1	467.8	1412.0
吉隆县	1.1	0.5	957.2	874.4	3682.0
聂拉木县	1.2	0.6	1208.0	1033.0	4082.0
萨嘎县	1.0	0.4	448.9	383.2	1233.3
岗巴县	0.8	0.5	1234.4	1018.3	2685.0
那曲县	6.0	2.7			
嘉黎县	2.2	0.9	317.6	262.3	761.0
比如县	4.2	1.6	1766.0	1376.0	2660.0
聂荣县	2.6	1.0			
安多县	2.9	1.3			
申扎县	1.4	0.6			
索　县	3.3	1.3	2248.7	1862.5	3499.0
班戈县	2.9	1.5			
巴青县	3.3	1.8	220.0	163.5	213.0
尼玛县	2.3	1.2	94.0	94.0	121.0
普兰县	0.7	0.4	736.5	715.3	3075.0
札达县	0.5	0.2	572.7	561.7	1116.0
噶尔县	0.6	0.3	409.7	387.7	572.0
日土县	0.6	0.3	330.8	323.1	735.0
革吉县	1.2	0.9	52.9	52.9	27.0
改则县	1.5	0.9	30.0	30.0	27.0
措勤县	1.1	0.6			
林芝县	1.3	0.5	2689.6	2145.5	8708.0
工布江达县	2.1	0.9	2875.7	2376.6	7199.0
米林县	1.2	0.6	2739.5	2319.4	8524.0
墨脱县	0.9	0.3	1672.0	1497.0	5103.0
波密县	2.0	0.9	4109.0	3593.4	16425.0
察隅县	2.0	1.0	4320.0	4007.0	15818.0
朗　县	1.0	0.6	1182.8	1042.5	5216.0
重庆市辖区	483.2	269.8	703116.0	545755.0	2406072.0
长寿县	72.3	38.3	107401.0	91218.0	465130.0
綦江县	75.8	38.1	125706.0	102475.0	464317.0

县(市)农村经济主要指标(二)

县　　名	棉　　花 播种面积 (公顷)	棉花产量 (吨)	油　　料 播种面积 (公顷)	油料产量 (吨)	农林牧渔业 增加值 (万元)
拉孜县			1489.0	2362.0	5244.0
昂仁县			180.9	377.9	6701.0
谢通门县			303.1	614.5	4808.0
白朗县			469.3	1185.0	7349.0
仁布县			466.2	750.4	3698.7
康马县			165.2	523.0	3743.0
定结县			127.0	255.0	2654.0
仲巴县					3917.1
亚东县			8.2	4.0	2769.1
吉隆县			69.4		1958.0
聂拉木县			73.0	204.0	2755.0
萨嘎县			45.7	34.0	2143.3
岗巴县			193.3	136.0	1643.6
那曲县					4398.7
嘉黎县			9.0	9.0	990.9
比如县					3790.9
聂荣县					1884.9
安多县					3286.6
申扎县					1538.1
索　县				2.0	2569.7
班戈县					4111.6
巴青县					3931.4
尼玛县					4808.3
普兰县			21.2	35.0	1170.6
札达县			0.2		968.2
噶尔县					1662.1
日土县			3.4	1.0	2440.7
革吉县					2830.3
改则县					3210.1
措勤县					1578.7
林芝县			323.3	506.0	3808.0
工布江达县			377.7	309.0	3498.1
米林县			342.6	366.0	2836.0
墨脱县			24.0	22.0	861.6
波密县			192.0	596.0	4886.1
察隅县			90.0	87.0	2645.0
朗　县			118.0	139.0	2131.0
重庆市辖区			21566.0	25825.0	682982.0
长寿县	3.0	2.0	4410.0	6717.0	98391.0
綦江县			5284.0	6197.0	128676.0

县(市)农村经济主要指标(一)

县　名	乡村人口（万人）	乡村劳动力（万人）	农作物总播种面积（公顷）	粮　食播种面积（公顷）	粮食产量（吨）
潼南县	84.0	44.3	105928.0	83742.0	425878.0
铜梁县	71.6	37.0	85694.0	73298.0	382026.0
大足县	81.7	40.0	78565.0	62703.0	490193.0
荣昌县	65.7	32.5	76941.0	61638.0	306634.0
璧山县	51.8	30.6	57233.0	49188.0	253542.0
永川市	83.3	42.5	97687.0	83010.0	502893.0
江津市	126.4	75.8	161388.0	128134.0	734955.0
合川市	134.2	76.6	166479.0	141259.0	756060.0
开县	134.5	63.0	190861.0	152521.0	595910.0
忠县	87.9	45.2	118245.0	94222.0	425331.0
梁平县	78.3	45.1	99982.0	86450.0	366506.0
云阳县	113.8	61.5	166420.0	134844.0	467500.0
奉节县	89.8	43.2	137806.0	109944.0	390166.0
巫山县	52.8	25.4	107470.0	83480.0	231052.0
巫溪县	46.4	24.8	86560.0	75424.0	217329.0
城口县	20.1	9.1	51753.0	40659.0	109810.0
南川市	56.2	28.4	87795.0	70264.0	324460.0
垫江县	77.1	42.6	79598.0	68910.0	361817.0
丰都县	66.9	39.5	125323.0	99010.0	335414.0
武隆县	35.3	20.5	75020.0	55238.0	165024.0
石柱自治县	42.5	25.7	83598.0	64014.0	288404.0
秀山自治县	52.8	28.9	91621.0	69498.0	326130.0
黔江自治县	41.7	25.2	93015.0	71477.0	287609.0
酉阳自治县	65.1	34.5	139918.0	111741.0	366263.0
彭水自治县	54.1	28.3	113323.0	90540.0	292398.0
西安市辖区		75.0	169474.0	144595.0	666666.0
长安县	78.3	41.9	93778.0	88970.0	363059.0
蓝田县	56.1	29.9	75692.0	72768.0	270461.0
临潼县	54.7	28.5	90645.0	81903.0	366973.0
周至县	57.2	31.3	72359.0	69214.0	300597.0
户　县	48.2	27.1	70589.0	63740.0	312473.0
高陵县	20.6	11.7	32440.0	30445.0	215533.0
铜川市辖区	13.4	6.6	19383.0	17889.0	51344.0
耀　县	23.2	11.9	36070.0	32024.0	121651.0
宜君县	8.1	4.0	19838.0	17593.0	60846.0
宝鸡市辖区	10.4	5.9	12076.0	9278.0	29160.0
宝鸡县	61.9	31.8	90996.0	85376.0	279196.0
凤翔县	46.6	22.3	76446.0	69369.0	261500.0
岐山县	38.8	18.9	56943.0	51652.0	232090.0
扶风县	41.6	21.9	60976.0	55812.0	273156.0

县(市)农村经济主要指标(二)

县　　名	棉　　花 播种面积 (公顷)	棉花产量 (吨)	油　　料 播种面积 (公顷)	油料产量 (吨)	农林牧渔业 增加值 (万元)
潼南县	1200.0	964.0	9245.0	15083.0	113493.0
铜梁县			2380.0	2461.0	95298.0
大足县			3884.0	5104.0	112879.0
荣昌县			5139.0	7909.0	92026.0
璧山县			1972.0	2847.0	60583.0
永川市			3321.0	5717.0	126495.0
江津市			5739.0	7385.0	229039.0
合川市			7020.0	7958.0	158932.0
开县	12.0	8.0	14554.0	22538.0	147131.0
忠县			9795.0	14448.0	82399.0
梁平县	1.0	1.0	5207.0	7683.0	70708.0
云阳县	117.0	76.0	9820.0	9985.0	100808.0
奉节县	77.0	51.0	7580.0	10040.0	91205.0
巫山县	351.0	62.0	9189.0	6494.0	45901.0
巫溪县			1786.0	1953.0	38182.0
城口县			1367.0	1223.0	18771.0
南川市			7051.0	10207.0	91471.0
垫江县			2259.0	3532.0	66037.0
丰都县	24.0	14.0	7255.0	9059.0	62940.0
武隆县			3011.0	3027.0	44135.0
石柱自治县	21.0	12.0	5541.0	7925.0	40176.0
秀山自治县	2.0	2.0	11889.0	15419.0	50020.0
黔江自治县	104.0	107.0	8899.0	11036.0	44537.0
酉阳自治县			9146.0	12136.0	50513.0
彭水自治县	4.0	2.0	8021.0	11224.0	55811.0
西安市辖区	1284.0	646.0	4199.0	6379.0	203376.0
长安县	61.0	44.0	2436.0	4698.0	77438.0
蓝田县	233.0	135.0	1322.0	1935.0	53380.0
临潼县	1196.0	588.0	3140.0	4641.0	81057.0
周至县	86.0	39.0	1002.0	1856.0	83209.0
户　县	88.0	92.0	453.0	885.0	60860.0
高陵县	17.0	10.0	359.0	811.0	40799.0
铜川市辖区		1.0	476.0	360.0	15246.0
耀　县	77.0	64.0	2896.0	3172.0	16354.0
宜君县			1550.0	654.0	9718.0
宝鸡市辖区			282.0	401.0	8833.0
宝鸡县	34.0	22.0	2782.0	2833.0	31145.0
凤翔县	13.0	9.0	1441.0	1937.0	49505.0
岐山县			1973.0	4233.0	25980.0
扶风县	184.0	136.0	1791.0	3327.0	32736.0

县(市)农村经济主要指标(一)

县　　名	乡村人口 (万人)	乡村劳动力 (万人)	农作物总播种面积 (公顷)	粮　　食播种面积 (公顷)	粮食产量 (吨)
眉　县	26.5	14.8	38351.0	35452.0	148311.0
陇　县	21.5	10.8	52904.0	43170.0	107962.0
千阳县	11.1	4.1	29651.0	24546.0	67546.0
麟游县	7.5	3.3	27623.0	23333.0	54220.0
凤　县	7.6	4.0	16454.0	14467.0	37961.0
太白县	4.0	2.0	9586.0	7415.0	18505.0
咸阳市辖区	32.9	18.6	51270.0	46188.0	223535.0
三原县	32.4	17.3	56321.0	45891.0	202672.0
泾阳县	46.0	22.1	56318.0	53669.0	238000.0
乾　县	49.8	25.2	70200.0	63206.0	273507.0
礼泉县	40.6	19.6	51527.0	47754.0	181813.0
永寿县	16.5	8.3	29988.0	25142.0	56997.0
彬　县	28.6	11.8	36255.0	30593.0	90146.0
长武县	15.6	7.7	18062.0	15537.0	50138.0
旬邑县	24.0	10.5	33955.0	28794.0	80657.0
淳化县	16.7	7.0	40280.0	35525.0	89078.0
武功县	36.7	22.2	45850.0	43694.0	199953.0
兴平市	42.9	22.5	52466.0	51384.0	228055.0
渭南市辖区	65.9	36.5	114636.0	94841.0	389204.0
华县	28.8	15.0	36644.0	30359.0	125188.0
潼关县	11.3	6.0	17580.0	15767.0	49048.0
大荔县	62.6	33.0	101969.0	72000.0	281745.0
合阳县	39.1	21.0	71439.0	59781.0	222213.0
澄城县	30.7	13.5	57328.0	50968.0	150633.0
浦城县	64.5	36.6	102323.0	94956.0	321600.0
白水县	23.3	14.3	33953.0	31874.0	90539.0
富平县	67.1	36.9	90123.0	79500.0	359337.0
韩城市	26.9	13.1	37387.0	33331.0	105337.0
华阴市	17.6	9.4	23806.0	20612.0	68085.0
汉中市	27.7	15.2	31722.0	25266.0	157957.0
南郑县	46.5	25.7	61112.0	48500.0	217071.0
城固县	42.7	19.0	62160.0	44173.0	212114.0
洋　县	36.7	16.2	52937.0	41312.0	164209.0
西乡县	34.7	14.3	53107.0	44357.0	134240.0
勉　县	34.0	16.8	50686.0	42141.0	162739.0
宁强县	28.9	14.5	52566.0	44880.0	104325.0
略阳县	14.8	6.2	31608.0	30004.0	62364.0
镇巴县	25.0	9.8	60587.0	54093.0	105541.0
留坝县	3.8	2.0	6869.0	6251.0	18251.0
佛坪县	2.7	0.7	3147.0	2948.0	12262.0

县(市)农村经济主要指标(二)

县　　名	棉　　花 播种面积 (公顷)	棉花产量 (吨)	油　　料 播种面积 (公顷)	油料产量 (吨)	农林牧渔业 增加值 (万元)
眉　县	63.0	53.0	1363.0	2127.0	26464.0
陇　县			2238.0	1348.0	27337.0
千阳县			1107.0	1144.0	13601.0
麟游县			2333.0	1400.0	6787.0
凤　县			403.0	313.0	9849.0
太白县			448.0	201.0	5385.0
咸阳市辖区	1340.0	578.0	2835.0	5743.0	66312.0
三原县	133.0	60.0	1500.0	1260.0	54333.0
泾阳县	1373.0	927.0	1276.0	2694.0	69620.0
乾　县	1340.0	704.0	2614.0	3922.0	62870.0
礼泉县	333.0	53.0	1864.0	2918.0	85920.0
永寿县	185.0	67.0	1101.0	903.0	12732.0
彬　县			2357.0	1541.0	22552.0
长武县	1.0		512.0	506.0	11380.0
旬邑县			682.0	1256.0	24247.0
淳化县			2562.0	1514.0	25741.0
武功县	10.0	6.0	1730.0	3841.0	32327.0
兴平市	62.0	9.0	770.0	1500.0	52213.0
渭南市辖区	7042.0	5242.0	6350.0	12314.0	64072.0
华县	356.0	236.0	1807.0	2106.0	16174.0
潼关县	670.0	253.0	1138.0	1498.0	7025.0
大荔县	7272.0	6857.0	14420.0	39245.0	61384.0
合阳县	3747.0	1205.0	3746.0	7199.0	31928.0
澄城县	1269.0	561.0	1796.0	2059.0	41659.0
浦城县	1845.0	1276.0	3171.0	4383.0	68317.0
白水县	133.0	84.0	960.0	1074.0	32609.0
富平县	1155.0	1040.0	3160.0	3090.0	45115.0
韩城市	1354.0	558.0	620.0	857.0	28459.0
华阴市	613.0	388.0	1619.0	2122.0	12295.0
汉中市	3.0	4.0	3975.0	7852.0	30434.0
南郑县	10.0	3.0	7652.0	12745.0	58839.0
城固县	18.0	15.0	7307.0	12072.0	85005.0
洋　县	218.0	140.0	5524.0	8255.0	28808.0
西乡县	2.0	1.0	8744.0	12011.0	33741.0
勉　县	49.0	44.0	4752.0	7694.0	44587.0
宁强县			3771.0	4980.0	32032.0
略阳县			928.0	841.0	11666.0
镇巴县			2499.0	2997.0	22559.0
留坝县			392.0	313.0	4466.0
佛坪县			199.0	246.0	2236.0

县(市)农村经济主要指标(一)

县　　名	乡村人口 (万人)	乡村劳动力 (万人)	农作物总 播种面积 (公顷)	粮　　食 播种面积 (公顷)	粮食产量 (吨)
安康市	73.9	36.9	98282.0	86198.0	280435.0
汉阴县	26.0	12.7	40815.0	33040.0	118939.0
石泉县	16.9	6.6	34030.0	29361.0	76789.0
宁陕县	6.1	2.9	17016.0	14903.0	35716.0
紫阳县	30.9	15.1	71420.0	66234.0	136717.0
岚皋县	15.2	6.9	40104.0	22286.0	75484.0
平利县	20.4	8.2	48277.0	38861.0	97882.0
镇坪县	4.9	2.2	15005.0	12813.0	25680.0
旬阳县	42.6	18.8	99764.0	81644.0	164078.0
白河县	19.0	9.8	35870.0	32969.0	74078.0
商州市	46.3	19.9	48801.0	45660.0	141413.0
洛南县	40.3	17.7	71874.0	62254.0	174863.0
丹凤县	27.2	11.3	29264.0	28151.0	77189.0
商南县	21.7	11.3	26865.0	23546.0	62123.0
山阳县	39.2	16.6	54364.0	48440.0	132981.0
镇安县	28.0	12.2	58428.0	50112.0	115872.0
柞水县	13.9	6.0	16764.0	14849.0	49631.0
延安市	19.4	8.9	39623.0	36488.0	131585.0
延长县	11.8	4.2	32386.0	28526.0	64035.0
延川县	13.6	4.1	37927.0	35965.0	70582.0
子长县	18.7	6.9	44026.0	41426.0	102910.0
安塞县	13.8	5.2	34437.0	30449.0	89468.0
志丹县	10.2	4.1	24667.0	22307.0	78800.0
吴旗县	10.2	4.1	32400.0	24733.0	80931.0
甘泉县	5.2	2.3	18453.0	16203.0	48223.0
富　县	11.4	5.5	21375.0	17339.0	71911.0
洛川县	16.1	6.7	33930.0	29968.0	108708.0
宜川县	9.8	4.2	23364.0	18848.0	52658.0
黄龙县	3.2	1.0	10018.0	8975.0	31128.0
黄陵县	8.1	3.7	15168.0	12595.0	45827.0
榆林市	29.0	12.9	70890.0	59270.0	172361.0
神木县	29.0	12.9	68090.0	56510.0	117041.0
府谷县	19.6	8.7	48000.0	36104.0	55082.0
横山县	28.6	14.8	81446.0	73210.0	111812.0
靖边县	23.4	10.0	60160.0	49900.0	109303.0
定边县	25.4	11.0	119745.0	87339.0	124531.0
绥德县	29.9	11.6	53310.0	39180.0	31257.0
米脂县	19.0	7.1	31640.0	25496.0	49435.0
佳　县	22.2	8.2	41355.0	38696.0	44190.0
吴堡县	6.8	2.0	11581.0	9651.0	6502.0

县(市)农村经济主要指标(二)

县　　名	棉　花 播种面积 (公顷)	棉花产量 (吨)	油　料 播种面积 (公顷)	油料产量 (吨)	农林牧渔业 增加值 (万元)
安康市	14.0	12.0	7307.0	10365.0	59346.0
汉阴县	51.0	47.0	4722.0	8150.0	25732.0
石泉县	14.0	6.0	3207.0	4285.0	13930.0
宁陕县			786.0	764.0	12100.0
紫阳县			4348.0	3350.0	29894.0
岚皋县			1524.0	1231.0	16052.0
平利县			4725.0	5286.0	31625.0
镇坪县			780.0	473.0	4625.0
旬阳县	42.0	22.0	5459.0	5538.0	44037.0
白河县			2901.0	2839.0	24424.0
商州市			440.0	472.0	23104.0
洛南县			3701.0	1933.0	36052.0
丹凤县	5.0		520.0	5.0	21366.0
商南县	6.0	3.0	2243.0	3745.0	14695.0
山阳县	20.0	12.0	3004.0	1670.0	28130.0
镇安县	7.0	19.0	3974.0	1485.0	27692.0
柞水县			820.0	234.0	10028.0
延安市			902.0	1448.0	26213.0
延长县	574.0	323.0	1249.0	1882.0	12794.0
延川县	99.0	46.0	768.0	1240.0	13744.0
子长县			817.0	1068.0	20719.0
安塞县			2568.0	2987.0	24174.0
志丹县			1400.0	3078.0	15924.0
吴旗县			6667.0	7847.0	19484.0
甘泉县			483.0	705.0	8892.0
富　县			451.0	370.0	18835.0
洛川县			820.0	222.0	44614.0
宜川县	134.0	63.0	1012.0	637.0	9514.0
黄龙县			230.0	134.0	8491.0
黄陵县			909.0	621.0	16202.0
榆林市			2728.0	4740.0	31120.0
神木县			4586.0	3947.0	22602.0
府谷县	14.0	4.0	3125.0	2517.0	9664.0
横山县			3298.0	3014.0	19593.0
靖边县			8300.0	5022.0	19230.0
定边县			28918.0	18654.0	15765.0
绥德县	80.0	30.0	11678.0	9523.0	8638.0
米脂县			2182.0	3232.0	6391.0
佳　县			2000.0	576.0	9223.0
吴堡县	68.0	21.0	1435.0	972.0	2863.0

县(市)农村经济主要指标(一)

县　　名	乡村人口 (万人)	乡村劳动力 (万人)	农作物总 播种面积 (公顷)	粮　　食 播种面积 (公顷)	粮食产量 (吨)
清涧县	19.4	7.6	53367.0	46371.0	53404.0
子洲县	27.1	12.2	53342.0	44735.0	60289.0
兰州市辖区	32.5	17.6	24420.0	13366.7	52272.0
永登县	44.7	23.1	81300.0	72166.7	198037.0
皋兰县	15.3	6.9	25773.3	20900.0	64104.0
榆中县	38.8	20.0	77080.0	61926.7	133112.0
嘉峪关市辖区	2.0	1.3	3593.3	1746.7	15496.0
金昌市辖区	4.6	2.7	9613.3	4613.3	27011.0
永昌县	18.5	9.8	35186.7	28833.3	186224.0
白银市辖区	16.9	7.5	27173.3	21213.3	59185.0
靖远县	41.5	16.9	69700.0	57280.0	165210.0
会宁县	54.8	24.9	131620.0	109253.3	146300.0
景泰县	19.1	9.3	39300.0	32153.3	131750.0
天水市辖区	85.9	34.0	131213.3	108246.7	246544.0
清水县	27.8	10.2	70893.3	50426.7	108667.0
秦安县	53.4	22.8	81960.0	64140.0	126720.0
甘谷县	52.9	20.7	69913.3	56406.7	99841.0
武山县	38.5	17.5	48086.7	39120.0	50719.0
张家川自治县	27.8	10.9	41286.7	33633.3	72200.0
玉门市	6.8	3.6	20826.7	11580.0	94386.0
酒泉市	22.0	10.7	48346.7	28840.0	247673.0
敦煌市	9.4	3.5	19326.7	5313.3	38855.0
金塔县	10.3	5.3	22760.0	9486.7	92105.0
肃北自治县	0.6	0.3	660.0	526.7	3805.0
阿克塞自治县	0.3	0.2	133.3	86.7	626.0
安西县	5.4	2.7	15793.3	6573.3	52384.0
张掖市	34.3	20.0	57593.3	37293.3	337380.0
肃南自治县	2.4	0.9	3393.3	2486.7	11650.0
民乐县	21.5	12.2	55526.7	42846.7	229524.0
临泽县	12.1	5.6	17740.0	13673.3	141689.0
高台县	13.2	7.1	21520.0	14160.0	170129.0
山丹县	14.6	7.7	31793.3	21786.7	118599.0
武威市	77.4	39.9	114853.3	74120.0	462150.0
民勤县	26.0	9.7	44700.0	29020.0	156275.0
古浪县	35.4	17.8	61033.3	49926.7	152452.0
天祝自治县	19.0	10.5	22566.7	17180.0	48120.0
定西县	39.3	19.5	113640.0	95600.0	161031.0
通渭县	42.7	19.1	132620.0	89326.7	132687.0
陇西县	42.4	19.2	84446.7	57520.0	113010.0
渭源县	32.8	15.5	53320.0	43086.7	102670.0

县(市)农村经济主要指标(二)

县　　名	棉　　花 播种面积 (公顷)	棉花产量 (吨)	油　　料 播种面积 (公顷)	油料产量 (吨)	农林牧渔业 增加值 (万元)
清涧县	273.0	86.0	4629.0	4294.0	12941.0
子洲县			5145.0	5843.0	9371.0
兰州市辖区			840.0	1429.0	69440.3
永登县			5693.3	4855.0	35225.9
皋兰县			1953.3	3211.0	20517.0
榆中县			6160.0	6277.0	27247.3
嘉峪关市辖区	13.3	18.0	173.3	452.0	7382.6
金昌市辖区		6.0	733.3	1925.0	12579.2
永昌县			4280.0	9892.0	33804.7
白银市辖区			2640.0	2835.0	20221.5
靖远县			4233.3	4997.0	44187.2
会宁县			11600.0	7600.0	32684.6
景泰县	6.7	6.0	2860.0	4103.0	25279.0
天水市辖区			10186.7	9851.0	53456.6
清水县			7246.7	4787.0	16420.9
秦安县			4913.3	3496.0	22455.8
甘谷县			3866.7	2532.0	24642.2
武山县			4120.0	3203.0	14361.1
张家川自治县			3146.7	1913.0	12900.9
玉门市	666.7	765.0	1846.7	3575.0	18250.3
酒泉市	280.0	393.0	1706.7	3459.0	57264.8
敦煌市	11353.3	18795.0	6.7	227.0	30570.1
金塔县	6260.0	12500.0	1000.0	2791.0	30287.7
肃北自治县			93.3	254.0	1621.2
阿克塞自治县			6.7	7.0	823.6
安西县	6520.0	9969.0	280.0	20596.0	20173.6
张掖市	140.0	390.0	3673.3	9161.0	84463.3
肃南自治县	226.7	200.0	393.3	528.0	8986.9
民乐县			10406.7	28700.0	41555.5
临泽县	440.0	1002.0	546.7	1689.0	36835.5
高台县	1726.7	2226.0	746.7	2727.0	50893.2
山丹县			8346.7	20201.0	28825.1
武威市			12853.3	32390.0	128658.4
民勤县	3860.0	6498.0	280.0	5763.0	44113.6
古浪县			3793.3	6056.0	28204.9
天祝自治县			3286.7	5821.0	11839.2
定西县			12953.3	11115.0	32463.5
通渭县			14506.7	8479.0	22464.1
陇西县			9960.0	11267.0	24729.6
渭源县			4080.0	4869.0	18854.0

县(市)农村经济主要指标(一)

县　　名	乡村人口 (万人)	乡村劳动力 (万人)	农作物总 播种面积 (公顷)	粮　　食 播种面积 (公顷)	粮食产量 (吨)
临洮县	48.8	22.5	77453.3	57533.3	166968.0
漳　县	17.3	8.0	34860.0	26020.0	68201.0
岷　县	40.2	18.9	41560.0	34360.0	88124.0
武都县	47.5	22.4	59240.0	53600.0	94750.0
宕昌县	26.8	13.5	30806.7	25426.7	46125.0
成　县	21.5	8.9	40700.0	35666.7	117486.0
康　县	18.7	8.7	33126.7	31420.0	62935.0
文　县	21.1	9.3	29966.7	27426.7	58816.0
西和县	34.0	15.2	41840.0	37726.7	119750.0
礼　县	47.0	20.8	68293.3	60133.3	92527.0
两当县	4.0	1.8	10606.7	10033.3	30039.0
徽　县	18.6	8.8	45666.7	36840.0	149337.0
平凉市	30.4	12.7	86340.0	64433.3	166516.0
泾川县	30.0	11.2	71926.7	54573.3	151976.0
灵台县	20.6	6.3	73046.7	54126.7	143164.0
崇信县	8.2	3.7	32180.0	23986.7	50017.0
华亭县	12.8	5.4	37026.7	29293.3	75808.0
庄浪县	38.7	19.6	72506.7	54186.7	133020.0
静宁县	43.7	21.0	119273.3	84893.3	152081.0
西峰市	24.0	9.8	54440.0	43440.0	138868.0
庆阳县	23.0	7.8	72873.3	58473.3	92936.0
环　县	30.7	12.0	102220.0	78546.7	128015.0
华池县	10.8	4.3	34606.7	26193.3	65492.0
合水县	14.3	4.8	37466.7	26046.7	80074.0
正宁县	20.8	8.6	39320.0	29726.7	92250.0
宁　县	47.6	17.7	84300.0	69686.7	207506.0
镇原县	47.1	17.5	133166.7	106606.7	207525.0
临夏市	9.3	4.6	4713.3	3093.3	23400.0
临夏县	35.4	17.9	30746.7	25593.3	97799.0
康乐县	22.2	8.6	23120.0	20453.3	74627.0
永靖县	16.5	7.2	24113.3	20013.3	59044.0
广河县	18.4	7.6	16140.0	12020.0	55242.0
和政县	17.9	7.5	15826.7	14326.7	45577.0
东乡族自治县	24.8	9.3	26613.3	24746.7	59307.0
积石山自治县	21.2	9.0	21440.0	18180.0	52457.0
和作市	3.5	1.9	8626.7	5126.7	10022.0
临潭县	13.4	6.8	18486.7	15333.3	33520.0
卓尼县	8.7	4.3	11326.7	8686.7	20525.0
舟曲县	11.5	6.2	13186.7	12546.7	28097.0
迭部县	3.7	2.0	5713.3	5240.0	14590.0

县(市)农村经济主要指标(二)

县名	棉花播种面积(公顷)	棉花产量(吨)	油料播种面积(公顷)	油料产量(吨)	农林牧渔业增加值(万元)
临洮县			6586.7	7423.0	32614.8
漳　县			4086.7	4827.0	13902.7
岷　县			3440.0	3711.0	17477.8
武都县	261.0	391.0	1566.7	782.0	17680.7
宕昌县			1366.7	1537.0	12987.6
成　县			1813.3	2103.0	20574.3
康　县			240.0	201.0	11629.7
文　县	13.3	1.0	420.0	826.0	10465.6
西和县			1133.3	855.0	19535.3
礼　县			4713.3	3752.0	17803.2
两当县			306.7	403.0	4240.7
徽　县	206.0	324.0	4126.7	5592.0	29149.6
平凉市			7546.7	7267.0	34802.7
泾川县			4780.0	3744.0	42244.0
灵台县			6026.7	5106.0	39901.0
崇信县			2566.7	2537.0	14612.5
华亭县			2026.7	2210.0	21200.1
庄浪县			7533.3	5946.0	30701.0
静宁县			11273.3	9107.0	34300.4
西峰市			3620.0	4151.0	33015.0
庆阳县			7453.3	8380.0	24234.7
环　县			15800.0	17524.0	24562.8
华池县			4680.0	5630.0	7803.2
合水县			3506.7	6114.0	16064.5
正宁县			4346.7	6010.0	18494.7
宁　县			7806.7	8359.0	21426.7
镇原县			10466.7	9745.0	31227.0
临夏市			13.3	39.0	14293.6
临夏县			1366.7	2219.0	17291.5
康乐县			2060.0	5011.0	13737.4
永靖县			1680.0	1667.0	10020.3
广河县			1000.0	1407.0	10946.1
和政县			1066.7	2280.0	12877.9
东乡族自治县			1053.3	2808.0	10887.3
积石山自治县			2446.7	4733.0	9347.1
和作市			1480.0	1332.0	4416.3
临潭县			2600.0	3402.0	6505.3
卓尼县			1620.0	2106.0	7769.6
舟曲县			280.0	559.0	7457.8
迭部县			340.0	410.0	4792.6

县(市)农村经济主要指标(一)

县　　名	乡村人口 (万人)	乡村劳动力 (万人)	农作物总 播种面积 (公顷)	粮　　食 播种面积 (公顷)	粮食产量 (吨)
玛曲县	3.0	1.5			
碌曲县	2.3	1.2	2100.0	1246.7	2367.0
夏河县	6.2	3.2	9780.0	5173.3	13238.0
西宁市辖区	10.2	5.4	6901.0	3911.0	21249.0
大通自治县	32.7	17.8	53008.0	40962.0	152936.0
平安县	7.8	4.4	14093.0	10700.0	35742.0
民和自治县	33.5	15.2	49918.0	40744.0	127048.0
乐都县	25.3	12.8	46149.0	33396.0	103080.0
湟中县	42.5	22.8	65733.0	55333.0	200250.0
湟源县	10.5	5.7	19428.0	13651.0	44510.0
互助自治县	34.4	18.0	69907.0	57380.0	200025.0
化隆自治县	20.1	8.5	33566.0	24610.0	76667.0
循化自治县	9.9	4.0	10442.0	8326.0	34536.0
门源自治县	11.6	5.7	32912.0	10831.0	40226.0
祁连县	3.2	1.4	2655.0	1858.0	5226.0
海晏县	1.8	1.0	2943.0	1533.0	3448.0
刚察县	2.4	1.0	9305.0	1963.0	2914.0
同仁县	5.4	2.7	7692.0	6474.0	19098.0
尖扎县	3.8	2.0	6023.0	4833.0	18700.0
泽库县	4.7	1.7	5520.0	300.0	337.0
河南自治县	2.6	1.3			
共和县	7.0	3.1	21656.0	13175.0	32288.0
同德县	3.8	1.5	12391.0	4050.0	14001.0
贵德县	7.8	3.8	10712.0	8998.0	48006.0
兴海县	4.7	2.0	5452.0	2685.0	10910.0
贵南县	4.9	2.0	33020.0	5859.0	20414.0
玛沁县	1.9	0.9	118.0	75.0	187.0
班玛县	1.7	0.7	1111.0	1072.0	2743.0
甘德县	1.9	0.8			
达日县	1.9	0.8			
久治县	1.5	0.7			
玛多县	0.8	0.4			
玉树县	5.3	2.1	3880.0	3091.0	6553.0
杂多县	3.3	1.0			
称多县	3.5	1.9	2986.0	2500.0	3790.0
治多县	2.0	1.2			
囊谦县	5.2	2.2	7896.0	5078.0	6654.0
曲麻莱县	1.9	0.8			
格尔木市	1.2	0.6	3274.0	1990.0	11377.0
德令哈市	1.3	0.7	8214.0	5196.0	21034.0

县(市)农村经济主要指标(二)

县名	棉花播种面积(公顷)	棉花产量(吨)	油料播种面积(公顷)	油料产量(吨)	农林牧渔业增加值(万元)
玛曲县					9724.0
碌曲县			440.0	335.0	4834.4
夏河县			2733.3	2926.0	9884.0
西宁市辖区			722.0	2270.0	13165.5
大通自治县			10529.0	22703.0	33247.4
平安县			2013.0	3000.0	8102.8
民和自治县			4202.0	5551.0	30308.5
乐都县			3915.0	5800.0	20081.4
湟中县			9667.0	18160.0	34391.0
湟源县			5265.0	8130.0	10071.9
互助自治县			11440.0	22215.0	40994.4
化隆自治县			6140.0	7607.0	13103.7
循化自治县			1342.0	2010.0	7684.5
门源自治县			19775.0	37513.0	19202.4
祁连县			734.0	846.0	8936.8
海晏县			871.0	1052.0	3714.6
刚察县			6864.0	6196.0	8062.4
同仁县			640.0	642.0	8238.7
尖扎县			525.0	978.0	4313.1
泽库县			3920.0	4704.0	11578.1
河南自治县					9626.2
共和县			8330.0	6494.0	10503.9
同德县			8250.0	10452.0	12646.0
贵德县			1605.0	2980.0	9123.8
兴海县			2634.0	3212.0	9059.7
贵南县			27161.0	35593.0	17218.2
玛沁县			8.0	9.0	5672.8
班玛县			39.0	53.0	3756.2
甘德县					3163.4
达日县					2533.8
久治县					2751.8
玛多县					1783.6
玉树县			653.0	509.0	5828.2
杂多县					4131.5
称多县			358.0	186.0	2631.7
治多县					3376.2
囊谦县			889.0	195.0	4588.0
曲麻莱县					3988.6
格尔木市			817.0	1900.0	4706.3
德令哈市			2972.0	4611.0	4611.1

县(市)农村经济主要指标(一)

县　　名	乡村人口（万人）	乡村劳动力（万人）	农作物总播种面积（公顷）	粮　食播种面积（公顷）	粮食产量（吨）
乌兰县	1.9	1.0	3832.0	2835.0	9196.0
都兰县	3.6	1.9	16191.0	11442.0	48800.0
天峻县	1.3	0.6			
银川市辖区	11.0	6.0	34782.0	28540.0	175153.0
永宁县	15.0	8.0	38154.0	34863.0	247246.0
贺兰县	14.2	10.8	42876.0	39713.0	267309.0
石嘴山市辖区	0.4	0.5	1827.0	1550.0	8073.0
平罗县	19.7	10.7	66360.0	54468.0	273469.0
陶乐县	1.6	0.9	11536.0	8953.0	32629.0
惠农县	6.0	3.0	23226.0	18794.0	87798.0
吴忠市	18.3	7.0	33872.0	29485.0	186399.0
青铜峡市	16.9	8.4	49905.0	41426.0	254341.0
中卫县	25.6	13.8	42815.0	31316.0	172002.0
中宁县	18.0	7.0	34847.0	25687.0	193003.0
灵武县	16.0	6.0	34612.0	30296.0	195597.0
盐池县	12.4	5.4	62363.0	48596.0	52217.0
同心县	31.6	14.8	98596.0	81216.0	140486.0
固原县	43.3	20.6	119525.0	89972.0	158227.0
海原县	34.0	14.0	89264.0	70765.0	141865.0
西吉县	42.2	19.2	78371.0	67180.0	143098.0
隆德县	20.0	9.0	42943.0	34623.0	77029.0
泾源县	10.0	5.0	17902.0	15990.0	36888.0
彭阳县	23.0	11.4	81573.0	64680.0	102957.0
乌鲁木齐市辖	1.0	0.5	1080.0	668.0	2986.0
乌鲁木齐县	11.5	7.4	22399.5	14068.9	60489.0
克拉玛依市辖	0.2	0.1	1580.0	490.0	2651.0
吐鲁番市	15.9	7.0	15240.0	6330.0	25794.0
鄯善县	14.1	6.6	13080.0	4350.0	14369.0
托克逊县	8.0	4.3	16770.0	7830.0	31779.0
哈密市	9.6	5.0	19920.0	9480.0	49204.0
巴里坤自治县	6.6	3.1	16020.0	12460.0	53291.0
伊吾县	0.7		2230.0	810.0	3220.0
昌吉市	9.0	5.1	41200.0	14850.0	100525.0
阜康市	5.7	2.9	19290.0	10980.0	86809.0
米泉县	9.7	5.9	13190.0	9260.0	75335.0
呼图壁县	6.5	3.2	34230.0	14800.0	101817.0
玛纳斯县	8.2	4.3	43030.0	13500.0	103670.0
奇台县	14.0	7.0	70250.0	55460.0	320454.0
吉木萨尔县	8.8	4.5	28470.0	19920.0	119123.0
木垒自治县	6.8	3.3	28650.0	25350.0	80894.0

县(市)农村经济主要指标(二)

县　　名	棉　　花 播种面积 (公顷)	棉花产量 (吨)	油　　料 播种面积 (公顷)	油料产量 (吨)	农林牧渔业 增加值 (万元)
乌兰县			994.0	1306.0	3047.3
都兰县			4510.0	6765.0	9289.2
天峻县					6660.9
银川市辖区			584.0	932.0	39302.0
永宁县			1310.0	865.0	38679.0
贺兰县			519.0	1392.0	37419.0
石嘴山市辖区			72.0	142.0	2352.0
平罗县	1.0	1.0	4154.0	7698.0	42301.0
陶乐县			399.0	496.0	5321.0
惠农县			1324.0	2029.0	15508.0
吴忠市			1239.0	539.0	58628.0
青铜峡市			5921.0	3157.0	40752.0
中卫县			5547.0	3438.0	34583.0
中宁县			7381.0	5594.0	34083.0
灵武县			2405.0	2702.0	40232.0
盐池县			11291.0	5450.0	11813.0
同心县			12373.0	6544.0	18738.0
固原县			17835.0	17893.0	27822.0
海原县			12759.0	8341.0	21025.0
西吉县			8224.0	6023.0	16976.0
隆德县			4918.0	5074.0	9749.0
泾源县			1236.0	1052.0	4550.0
彭阳县			11432.0	6224.0	16713.0
乌鲁木齐市辖			79.0	190.0	1323.6
乌鲁木齐县			1167.3	2086.0	22025.9
克拉玛依市辖	600.0	750.0	20.0	30.0	9016.3
吐鲁番市	7320.0	8970.0			41108.0
鄯善县	6730.0	9250.0			27204.0
托克逊县	8360.0	9537.0	30.0	135.0	12950.3
哈密市	6730.0	10126.0	770.0	1411.0	27753.0
巴里坤自治县	40.0	46.0	370.0	349.0	14310.0
伊吾县	370.0	429.0	140.0	204.0	4568.0
昌吉市	8270.0	10168.0	2120.0	5724.0	57347.0
阜康市	2350.0	2603.0	1700.0	3827.0	21637.6
米泉县	440.0	492.0	1110.0	2021.0	24867.5
呼图壁县	13730.0	19570.0	520.0	1081.0	65629.5
玛纳斯县	25180.0	42642.0	760.0	1816.0	129847.0
奇台县	190.0	37.0	7450.0	12985.0	38234.0
吉木萨尔县	620.0	612.0	3950.0	6585.0	27023.1
木垒自治县			1670.0	1928.0	17651.8

县(市)农村经济主要指标(一)

县　　名	乡村人口（万人）	乡村劳动力（万人）	农作物总播种面积（公顷）	粮　食播种面积（公顷）	粮食产量（吨）
博乐市	7.5	2.8	27400.0	9690.0	71339.0
精河县	6.8	3.0	22790.0	4600.0	44514.0
温泉县	4.2	1.7	19660.0	10290.0	54355.0
库尔勒市	6.3	2.5	29140.0	9410.0	50747.0
轮台县	6.0	1.9	16080.0	8400.0	49731.0
尉犁县	3.4	1.3	21670.0	4700.0	21924.0
若羌县	1.3	0.4	3140.0	1430.0	9196.0
且末县	3.3	1.0	10980.0	5240.0	26166.0
焉耆自治县	5.9	2.0	21010.0	9660.0	55429.0
和静县	6.5	2.6	18040.0	9770.0	66531.0
和硕县	2.0	0.9	13380.0	4650.0	29983.0
博湖县	3.3	1.4	12670.0	4970.0	27856.0
阿克苏市	12.6	3.8	49680.0	19510.0	111878.0
温宿县	11.0	4.1	43540.0	21110.0	132525.0
库车县	26.3	10.9	62490.0	32530.0	167585.0
沙雅县	14.6	4.4	50530.0	19340.0	95930.0
新和县	10.3	4.3	32720.0	14380.0	80220.0
拜城县	12.8	5.8	43150.0	31800.0	176950.0
乌什县	14.2	4.3	34530.0	21340.0	117884.0
阿瓦提县	13.0	6.3	48980.0	17400.0	102900.0
柯坪县	3.1	1.3	3640.0	2330.0	12726.0
阿图什市	14.1	4.6	14990.0	12130.0	57895.0
阿克陶县	12.9	0.3	24120.0	17480.0	86619.0
阿合奇县	2.4	0.5	3910.0	2920.0	10256.0
乌恰县	2.4	0.7	3440.0	2280.0	7599.0
喀什市	9.5	3.3	10150.0	6990.0	47594.0
疏附县	33.1	4.2	51870.0	33540.0	145532.0
疏勒县	23.8	7.6	46890.0	24740.0	125005.0
英吉沙县	16.5	2.4	27060.0	17130.0	93736.0
泽普县	9.4	2.8	31750.0	15240.0	107115.0
莎车县	47.1	5.5	112500.0	61830.0	328548.0
叶城县	26.2	3.0	57340.0	33530.0	182601.0
麦盖提县	11.6	3.1	42490.0	18100.0	89166.0
岳普湖县	10.2	4.0	21770.0	11040.0	50058.0
伽师县	26.4	3.0	49650.0	27190.0	143595.0
巴楚县	18.2	4.3	54310.0	22630.0	108901.0
塔什库尔干县	2.4	1.1	3830.0	3610.0	5370.0
和田市	7.5	2.1	5550.0	4330.0	32985.0
和田县	23.7	7.9	29720.0	21400.0	136302.0
墨玉县	35.3	11.6	47520.0	35240.0	183425.0

县(市)农村经济主要指标(二)

县　　名	棉　　花 播种面积 (公顷)	棉花产量 (吨)	油　　料 播种面积 (公顷)	油料产量 (吨)	农林牧渔业 增加值 (万元)
博乐市	11760.0	17739.0	1950.0	4917.0	25144.0
精河县	14020.0	21560.0	500.0	813.0	25529.0
温泉县			6320.0	15388.0	14637.0
库尔勒市	17890.0	24273.0			42159.0
轮台县	7330.0	11000.0			20013.0
尉犁县	16750.0	27105.0			16222.0
若羌县	1660.0	2452.0			4771.9
且末县	4630.0	7310.0	110.0	165.0	13103.8
焉耆自治县	610.0	643.0	1260.0	3022.0	18318.0
和静县	3020.0	3324.0	1960.0	3245.0	41696.3
和硕县	5570.0	6740.0	270.0	335.0	15194.2
博湖县	2530.0	1800.0	1470.0	2781.0	11017.6
阿克苏市	25060.0	41540.0	660.0	1372.0	147884.0
温宿县	19050.0	29716.0	530.0	877.0	42566.9
库车县	28330.0	42330.0	410.0	580.0	72315.1
沙雅县	29330.0	51978.0	530.0	1437.0	66230.4
新和县	16670.0	22516.0	160.0	210.0	38637.4
拜城县	2670.0	2540.0	5340.0	14054.0	24598.2
乌什县	5330.0	7165.0	2130.0	4640.0	24647.7
阿瓦提县	31000.0	53473.0			46253.8
柯坪县	1000.0	1276.0	30.0	402.0	3420.9
阿图什市	1370.0	1753.0	170.0	538.0	14972.1
阿克陶县	5400.0	4993.0	290.0	1093.0	11998.0
阿合奇县			650.0	840.0	3318.0
乌恰县			130.0	221.0	3603.8
喀什市	800.0	1092.0		180.0	11264.0
疏附县	13200.0	14039.0	150.0	1465.0	42700.0
疏勒县	21330.0	28654.0		614.0	46245.0
英吉沙县	9660.0	10895.0			29093.0
泽普县	15000.0	23785.0	20.0	81.0	25078.5
莎车县	45710.0	53023.0	60.0	171.0	63567.3
叶城县	17980.0	20029.0	1070.0	1527.0	45107.8
麦盖提县	23330.0	36208.0	10.0	55.0	56637.0
岳普湖县	10400.0	16538.0		800.0	12527.6
伽师县	19340.0	28000.0		200.0	45148.0
巴楚县	31000.0	54141.0			63581.8
塔什库尔干县			30.0	10.0	4276.3
和田市	660.0	993.0			7390.6
和田县	7490.0	8957.0		118.0	39984.0
墨玉县	8670.0	10868.0	80.0	842.0	46011.2

县(市)农村经济主要指标(一)

县名	乡村人口（万人）	乡村劳动力（万人）	农作物总播种面积（公顷）	粮食播种面积（公顷）	粮食产量（吨）
皮山县	15.4	5.7	26520.0	18690.0	96036.0
洛浦县	20.0	7.4	34550.0	22640.0	113231.0
策勒县	11.3	3.6	20040.0	12060.0	65328.0
于田县	17.9	5.3	30660.0	19540.0	105963.0
民丰县	2.0	0.7	4260.0	2690.0	15980.0
伊宁市	8.0	3.1	12130.0	8010.0	43274.0
伊宁县	31.3	15.2	70420.0	52570.0	340221.0
察布查尔县	9.5	3.7	29850.0	18450.0	97571.0
霍城县	17.5	9.3	39820.0	23210.0	147611.0
巩留县	10.4	3.7	26260.0	22980.0	126171.0
新源县	17.3	6.9	37210.0	26670.0	132404.0
昭苏县	7.1	2.6	39050.0	20130.0	76624.0
特克斯县	8.6	4.1	17280.0	13300.0	70390.0
尼勒克县	8.9	2.8	20800.0	17750.0	72240.0
塔城市	5.8	2.9	59280.0	31250.0	142521.0
额敏县	7.5	2.9	50470.0	24850.0	105988.0
乌苏县	9.6	4.9	47950.0	18410.0	140829.0
沙湾县	13.3	7.3	57890.0	22270.0	158426.0
托里县	4.1	1.4	13350.0	8150.0	23402.0
裕民县	2.6	1.2	23660.0	7970.0	31662.0
和布克赛尔县	1.8	0.8	5190.0	3780.0	14278.0
阿勒泰市	5.8	2.4	21090.0	11350.0	48307.0
布尔津县	3.8	1.6	18240.0	8800.0	35866.0
富蕴县	3.3	2.0	15230.0	9700.0	35371.0
福海县	3.4	1.3	15610.0	4630.0	23479.0
哈巴河县	4.2	1.5	19800.0	11650.0	50045.0
青河县	3.7	1.1	9070.0	5630.0	26300.0
吉木乃县	1.3	0.7	7340.0	4030.0	19259.0
石河子市辖区	1.6	1.0	6782.0	2727.0	17260.0

县(市)农村经济主要指标(二)

县　　名	棉　　花 播种面积 (公顷)	棉花产量 (吨)	油　　料 播种面积 (公顷)	油料产量 (吨)	农林牧渔业 增加值 (万元)
皮山县	5330.0	6181.0	20.0	314.0	19111.2
洛浦县	8670.0	11000.0	60.0	210.0	25295.0
策勒县	4330.0	5577.0	550.0	902.0	18093.8
于田县	9150.0	9683.0	40.0	139.0	27705.4
民丰县	950.0	1350.0	70.0	192.0	4432.7
伊宁市	60.0	70.0	870.0	1766.0	19148.0
伊宁县	460.0	451.0	4660.0	8400.0	65296.0
察布查尔县	760.0	680.0	4130.0	4183.0	23756.4
霍城县	1360.0	1530.0	3170.0	6568.0	66229.3
巩留县			1270.0	2274.0	20412.0
新源县			3730.0	6103.0	54919.0
昭苏县			16930.0	20841.0	32168.5
特克斯县			3220.0	5657.0	21645.7
尼勒克县			1920.0	3153.0	17627.8
塔城市			17390.0	32508.0	25164.1
额敏县			14600.0	23289.0	37619.0
乌苏县	23330.0	36600.0	1310.0	3811.0	64009.0
沙湾县	25760.0	40202.0	2420.0	6142.0	72309.0
托里县	30.0	25.0	2180.0	3054.0	7357.8
裕民县			7990.0	6230.0	9447.6
和布克赛尔县	30.0	30.0	430.0	912.0	6042.0
阿勒泰市			1700.0	3487.0	28475.0
布尔津县			800.0	1503.0	12243.0
富蕴县			130.0	277.0	19930.3
福海县			470.0	876.0	19945.1
哈巴河县			1380.0	3795.0	13043.3
青河县					10516.2
吉木乃县			110.0	84.0	5937.0
石河子市辖区	3300.0	5346.0	147.0	307.0	6209.0

附录：主要指标解释

乡(镇)是指农村体制改革后设立的我国基层政府组织。根据宪法规定，它除执行本级人民代表大会的决议和上级国家行政机关的决定和命令外，管理本行政区域内的行政工作。

乡村人口是指乡村户数中的常住人口。包括常住人口中外出的民工、工厂合同工及户口在家的在外学生，但不包括户口在家领取工资的国家职工。

乡村劳动力指乡村人口中经常参加合作经济组织(包括乡村办企业事业单位)和从事家庭经营生产劳动的整、半劳动力。其行业的划分是按从事的主业划分的，如以农为主、兼营商业的，仍作为农业劳动力。

乡村户数指户口在农村的常住户数，包括参加乡村各级举办的各种行业的合作经济组织，并从中取得实物或货币收入的家庭户数。但不包括在乡村地区内的国有经济的机关、团体、学校、企业、事业单位的集体户。在统计乡村户数时按公安部门的常住户进行统计，凡符合 1993 年 6 月关于统计上城乡划分标准规定的乡村地区范围内上述条件的居民户均包括在内。集体户口无论其人数多少，都以一户进行统计。

耕地面积指种植农作物，经常进行耕锄的田地。包括熟地，当年新开荒地，连续撩荒未满三年的耕地和当年的休闲地(轮歇地)。以种植农作物为主附带种植桑树、茶树、果树和其他林木的土地以及沿海、沿湖地区已围垦利用的“海涂”、“湖田”等也应包括在内。但专业性的桑园、茶园、果园、果木苗圃、林地、芦苇地、天然草原等不应包括在内。

灌溉面积指有效灌溉面积，即具有一定的水源，地块比较平整，灌溉工程或设备已经配套，在一般年景下当年能够进行正常灌溉的耕地面积。

农业机械总动力指主要用于农、林、牧、渔业的各种动力机械的动力总和。包括耕作机械、排灌机械、收获机械、农产品加工机械、运输机械、植物保护机械、牧业机械、林业机械、渔业机械和其他农业机械(内燃机按引擎马力折成瓦特计算)。不包括专业用于乡办工业、基本建设、非农业运输、科学试验和教学等非农业生产方面的动力机械与作业机械。

农作物播种面积指实际种植或移植有农作物的面积。凡是实际种植有农作物的面积，无论种植在耕地上还是种植在非耕地上，均包括在农作物种植面积中，同时还包括因遭灾而重新改种和补种的农作物面积，种一亩算一亩。

农用化肥施用量指实际用于农业生产的化肥数量。包括氮肥、磷肥、钾肥和复合肥。化肥施用量分别按实物量和折纯量两种方法计算。折纯法化肥施用量是把氮肥、磷肥和钾肥分别按含氮、含五氧化二磷、含氧化钾的百分之一百成份折算后的数量。复合肥按其所含主要成份折算。

农村用电量指本年度内，扣除在农村中的国有经济工业交通、基建等单位的用电量以后的农村生产和生活的全年用电总量(计量单位千瓦小时，按全年累计数统计)既包括国家供电网、供电量，也包括农村自办电站供电量。

生产性固定资产是指用于物质生产的固定资产。运输业、商业等流通过程用的固定资产，也作为生产性固定资产。

农林牧渔业总产值指以货币表现的农林牧渔业全部产品的总量，它反映一定时期内农林牧渔业生产的总规模和总成果。

农、林、牧、渔四业的统计范围是：

(1) 农业，包括种植业和其他农业的主产品和副产品。其中，农作物种植业，包括粮、棉、油料、麻类、烟叶、蔬菜、药材、瓜类和其他农作物的种植，以及茶园、桑园、果园的生产经营。其他农业包括采集野生植物和农民家庭兼营的商品性工业。

(2)林业，包括林木的栽培(不包括茶园、桑园和果园的栽培、管理和收获等活动)、林产品的采集和村及村以下(即原生产大队、生产队和社员)的竹木采伐。

(3)牧业，包括除渔业养殖以外的一切动物饲养和放牧。

(4)渔业，包括水生动物和海藻类植物的养殖和捕捞。

从所有制看，包括全民所有制的各种专业农(林、牧、渔)场和农业试验场、所；集体所有制的农村各种经济组织经营的农林牧渔业；农民自营的农作物栽培和动物饲养等。

农林牧渔业总产值的计算方法通常是以农林牧渔业产品及其副产品的产量乘以该项产品的单位价格而得到该项产品的产值，少数生产周期较长当年没有产品或产品产量不易统计的，则采用间接方法匡算产值。四业产品产值之和即为农林牧渔业总产值。

1957年以前的农林牧渔业总产值中包括厩肥和农民自给性手工业，(如农民自制衣服、鞋、袜，自己从事粮食初步加工等)。1958年以后农林牧渔业总产值，林业中增加了村及村以下竹木采伐产值；牧业中取消了厩肥产值；副业中取消了农村自给性手工业产值，增加了村及村以下办的工业产值；渔业中增加了机械化捕鱼产值。1980年及以后的农业总产值，在副业中增加了农民商品性家庭手工业的产值。从1984年起村及村以下办工业产值划归工业。从1993年起副业中采集、农民家庭兼营工业划入农业，捕猎划入牧业。

农林牧渔业增加值是指农林牧渔业各单位生产经营或劳务活动的最终成果，即本单位或本行业对社会所作的贡献。

农林牧渔业中间消耗是指在农林牧渔业生产过程中所消耗的物质产品和劳务价值。

粮食总产量指全社会的产量。包括国营农场等全民所有制经济的、集体统一经营的和农民家庭经营的产量，还包括工矿企业家属办的农场和其他生产单位的产量。粮食除包括稻谷、小麦、玉米、高粱、谷子、其他杂粮外，还包括薯类和大豆。其产量计算方法，豆类按去豆荚后的干豆计算；薯类(包括甘薯和马铃薯，不包括芋头和木薯)1963年以前按每4千克鲜薯折1千克粮食计算，从1964年以后按5千克鲜薯折1千克粮食计算。其他粮食一律按脱粒后的原粮计算。

水产品产量指人工养殖的水产品和天然生长的水产品捕捞量。包括海水的鱼类、虾蟹类、贝类和藻类以及淡水的鱼类、虾蟹类和贝类，不包括淡水水生植物。

猪、牛、羊肉产量指当年出栏并已屠宰的猪、牛、羊的肉产量。即屠宰后除去头蹄下水后带骨肉(即胴体重)的重量。

役畜年底头数指专门从事农田生产活动，如耕翻、播种、中耕、浇水、施肥、送粪、拉运农作物等农事劳役的牲畜，到年底实际存活的头数。包括有时或附带参加碾米、磨面、运输等副业劳役，但主要或经常参加农田劳役的牲畜头数。

不包括由于年岁太小或已经衰老不能经常参加农事劳役的牲畜，也不包括专门用于副业生产和专业性运输的牲畜头数。

农民家庭纯收入指农民全年总收入扣除费用性支出后可以直接用于进行生产和非生产性建设投资、改善生活的那部分收入，是反映农民实际收入水平和经济效益的主要指标。

全年纯收入的计算公式是：

全年纯收入＝全年总收入－家庭经营费用支出－缴纳税款－生产性固定资产折旧－上交集体承包任务－调查补贴

农民家庭总支出指农民家庭全年用于生产、生活和再分配等方面的全部实际支出。包括家庭经营支出、缴纳税款、购买生产性固出、上交集体的承包任务，生活消费支出和其他非借贷性支出。储蓄借贷性支出不包括在内。

乡镇企业原来仅指农村人民公社和生产大队两级集体经济举办的社队企业。在农村政社组织管理体制分设以后，除了包括乡、村合作经济组织办企业外，还包括组办、联户办和个体办的企业。1984年3月确定将这类企业统称"乡镇企业"。

乡镇企业单位一般应拥有固定的组织、生产场所、生产设备和人员；有核算制度，承担经济责任和纳税义务；是一个比较稳定的经济实体。

农村居民消费价格指数是反映农村居民及其家庭所购买的生活消费品和服务项目价格变动趋势及其程度的相对数。

农副产品收购价格指数是反映国营商业、集体商业、个体商业、外贸部门、国家机关、社会团体等各种经济类型的商业企业和有关部门收购农副产品价格的变动趋势和程度的相对数。农副产品收购价格指数可以观察和研究农副产品收购价格总水平的变化情况，以及对农民货币收入的影响，作为制订和检查农副产品价格政策的依据。1990年计算指数所选的商品有11大类、包括276种农副土特产品。采用加权倒数平均公式(即按报告期实际收购金额加权综合法)计算。

三大经济地带本年鉴中的三大经济地带是根据"七五"计划要求，按照经济社会发展水平并参考地理位置划分的。

具体划分是：东部经济地带包括辽宁省、北京市、天津市、上海市、河北省、山东省、江苏省、浙江省、福建省、广东省、广西壮族自治区、海南省；中部地带包括黑龙江省、吉林省、山西省、内蒙古自治区、安徽省、江西省、河南省、湖北省和湖南省；西部地带包括重庆市、四川省、云南省、贵州省、西藏自治区、陕西省、甘肃省、青海省、宁夏回族自治区、新疆维吾尔自治区。